永大高速公路项目
建设管理与关键技术运用实践 3

# 施工关键技术

殷华富 朱文伟 ◎ 编著

西南交通大学出版社
·成 都·

### 图书在版编目（CIP）数据

永大高速公路项目建设管理与关键技术运用实践. 3, 施工关键技术 / 殷华富，朱文伟编著. -- 成都：西南交通大学出版社，2025.8. -- ISBN 978-7-5774-0526-1

Ⅰ．U412.36

中国国家版本馆 CIP 数据核字第 2025JA5832 号

Yong-Da Gaosu Gonglu Xiangmu Jianshe Guanli yu Guanjian Jishu Yunyong Shijian 3:
Shigong Guanjian Jishu

**永大高速公路项目建设管理与关键技术运用实践 3：施工关键技术**

殷华富　朱文伟 / 编著

策划编辑 / 李晓辉　左廷亮
责任编辑 / 姜锡伟
责任校对 / 李晓辉
封面设计 / 成都三三九广告有限公司

西南交通大学出版社出版发行
（四川省成都市金牛区二环路北一段 111 号西南交通大学创新大厦 21 楼　610031）
营销部电话：028-87600564　　028-87600533
网址：https://www.xnjdcbs.com
印刷：四川煤田地质制图印务有限责任公司

成品尺寸　185 mm×260 mm
印张　16.5　字数　412 千
版次　2025 年 8 月第 1 版　　印次　2025 年 8 月第 1 次

书号　ISBN 978-7-5774-0526-1
定价　98.00 元

图书如有印装质量问题　本社负责退换
版权所有　盗版必究　举报电话：028-87600562

# "永大高速公路项目建设管理与关键技术丛书"
## 编委会

**主　编**　殷华富　朱文伟

**副主编**　张永礼　陈天宇　沈清卫　饶正东

**编　委**　向万军　邓俊川　常阿娜　姬　军　郑旭超
　　　　　张立杰　李　云　姚　禹　秦小雷　黄　文
　　　　　王　睿　赵正春　李本佑　李茂鸿　刘乔外
　　　　　王三雄　简义东　蒋　谦　崔云龙　冯智江
　　　　　沐　川　顾锡荣　舒承龙　刘亚东　党国平
　　　　　胡相伟　刘正豪　杨维应　冠　聪　陈　佺
　　　　　张举奎　周守琼　赖劲飞　许正强　张　麟
　　　　　张德福　李晓明　李从兴　董亚生　祝能清
　　　　　范永刚　姚德辉　缪祥辉　农玉华　周功臣
　　　　　马正尧

鸣谢单位：

云南省建设投资控股集团有限公司

云南建投钢结构股份有限公司

云南省 S35 永金高速永仁至大姚段项目经理部土建五分部

云南省 S35 永金高速永仁至大姚段项目经理部土建六分部

云南省 S35 永金高速永仁至大姚段项目经理部土建七分部

云南省 S35 永金高速永仁至大姚段项目经理部土建八分部

云南省 S35 永金高速永仁至大姚段项目经理部土建九分部

云南省 S35 永金高速永仁至大姚段项目经理部土建 10-1 分部

云南省 S35 永金高速永仁至大姚段项目经理部土建 10-2 分部

云南省 S35 永金高速永仁至大姚段项目经理部绿化分部

# FOREWORD 前言

永大高速公路所经区域地质条件复杂，山川峡谷纵横交错，气候条件也为建设增添了诸多阻碍，如强风、大温差等。面对这些不利因素，项目团队并未退缩，而是积极探索、勇于创新，在施工技术上取得了一系列突破与应用成果。

在桥梁施工方面，针对永仁大桥（江底河特大桥）主桥复杂的结构与严苛的施工环境，技术团队成功研发并应用了一套完整的悬索桥混凝土高塔快速施工技术。通过对爬模体系等工艺的优化，主塔施工速度显著提升，达到 1.2 m/d，提前半年完成塔柱封顶，极大地推动了工程进度。同时，主桥采用钢-UHPC 组合结构的桥面铺装技术，利用 UHPC 的高强、高耐久性能，有效提升了桥面横向刚度，降低了局部应力集中，缓解了正交异性桥面板的疲劳开裂问题，减少了后期运营维护成本。这一"四新技术"的成功应用，为桥梁工程的质量与耐久性提供了有力保障。隧道施工同样面临着诸多难题，如地层不稳定、涌水等不确定因素。项目以无中导连拱隧道施工为主，严格遵循"管超前、短进尺、弱爆破、强支护、快封闭、勤量测"的原则，通过优化工序管理，实现了钻爆、装运、喷锚、衬砌等机械化作业的有机配合，确保了隧道的顺利掘进与快速建造。在复杂的地质条件下，这些技术的合理运用有效地保障了施工安全与工程进度。

本书详细阐述了这些关键技术的研发背景、实施过程、应用效果以及创新点，旨在为同类项目在面对相似的地质、气候等难题时，提供可借鉴的技术方案与实施路径。书中内容均基于项目建设过程中的实际经验与数据总结而来，具有极高的真实性与实用性。无论是高速公路建设领域的专业技术人员、科研工作者，还是相关院校的师生，都能从本书中汲取到宝贵的知识与灵感。希望本书的分享，能够进一步推动高速公路建设技术的发展与创新，为我国交通基础设施建设事业贡献一份力量。

作 者<br>
2025 年 5 月

# 目录
CONTENTS

1 悬索桥快速建造技术 ·················································· 1
   1.1 技术运用背景 ················································· 1
   1.2 桩基施工 ······················································ 1
   1.3 锚碇快速施工 ················································· 3
   1.4 索塔快速施工 ················································· 3
   1.5 主缆施工 ······················································ 41
   1.6 桥面 UHPC 施工 ············································ 43

2 悬索桥钢箱梁制造安装技术 ······································ 46
   2.1 概　述 ························································· 46
   2.2 施工策划 ······················································ 48
   2.3 加工制造 ······················································ 49
   2.4 现场组装 ······················································ 63
   2.5 验算结果 ······················································ 82
   2.6 移动焊接防火槽 ·············································· 83

3 桥梁施工监测与健康监控技术 ··································· 85
   3.1 永仁大桥主桥部分施工监测 ································ 85
   3.2 永仁大桥引桥部分施工监测 ································ 96
   3.3 永仁大桥健康监测技术 ······································ 103

4 永仁大桥主桥荷载试验分析 ······································ 114
   4.1 桥梁概况 ······················································ 114
   4.2 测验内容与分析 ·············································· 114
   4.3 测试结果 ······················································ 116
   4.4 结　论 ························································· 119

# 5 山区大跨度钢箱梁及小半径钢桥梁顶推施工技术 ... 120

## 5.1 山区大跨度钢箱梁顶推桥梁概述 ... 120
## 5.2 山区大跨度钢箱梁顶推施工流程 ... 120
## 5.3 山区大跨度钢箱梁顶推施工工艺 ... 120
## 5.4 山区大跨度钢箱梁顶推钢梁顶推 ... 126
## 5.5 山区大跨度钢箱梁顶推落梁 ... 128
## 5.6 山区大跨度钢箱梁顶推施工模拟计算 ... 130
## 5.7 山区大跨度钢箱梁顶推抗倾覆验算 ... 135
## 5.8 小半径钢箱梁顶推施工技术 ... 138
## 5.9 小半径钢箱梁顶推施工难点及解决措施 ... 138
## 5.10 小半径钢箱梁顶推过程实例 ... 144

# 6 大跨度预应力连续刚构施工技术 ... 147

## 6.1 桥梁概况 ... 147
## 6.2 0 号块施工技术 ... 147
## 6.3 挂篮施工技术 ... 154
## 6.4 边跨现浇施工技术 ... 173
## 6.5 中跨合龙施工技术 ... 178

# 7 连拱隧道施工技术 ... 197

## 7.1 隧道概况 ... 197
## 7.2 施工工艺技术参数 ... 203
## 7.3 施工方法 ... 204

# 8 连拱隧道转分离式隧道施工技术 ... 222

## 8.1 隧道概况 ... 222
## 8.2 工程重难点分析 ... 222
## 8.3 施工工艺技术 ... 223
## 8.4 工程工艺及施工方法 ... 228

# 9 滇中红层运用研究及创面生态修复创新实践技术 ... 242

## 9.1 云南滇中红层概况 ... 242
## 9.2 滇中红层红砂岩粗集料在高速公路水稳基层中的运用研究 ... 243
## 9.3 滇中红层干旱区域工程创面生态修复创新实践 ... 253
## 9.4 抗侵蚀纤维 ... 255
## 9.5 采用上述两项创面修复技术的经济效益及社会效益 ... 256

# 1 悬索桥快速建造技术

## 1.1 技术运用背景

云南省 S35 永金高速公路永仁至大姚段公路工程是云南省高速公路网规划中第 12 条纵线永仁—大姚—姚安—牟定—楚雄—双柏—元江—红河—元阳—曼耗—金平—金水河高速公路的重要组成部分,是云南省北进四川等西部省级行政区及南下东南亚地区的国际大通道之一,也是楚雄州骨架路网的重要组成部分,为云南省的一条地方经济干线。

江底河特大桥位于永仁至大姚高速公路 K29+406 m 处,为跨越江底河峡谷而设,为永大高速公路控制性工程之一,是云南省第三大悬索桥。结合受控因素以及地形、地貌、地质、水文等情况,主桥采用(255+920+255)m 双塔单跨钢箱梁悬索桥,引桥采用左、右幅分离式设计,孔跨布置相同:永仁岸引桥为 2×(50+65+50)m 钢混组合梁桥,大姚岸引桥为(60+70+60)m 钢混组合梁桥,永仁岸引桥为重力式桥台,大姚岸引桥均为桩柱式桥台,单幅长 1 670 m(含主引桥及桥台、填方路基)。永仁岸索塔高 197 m,大姚岸索塔高 108 m,桥面距离谷底最深 350 m。

## 1.2 桩基施工

本工程桩基础均按照摩擦桩设计。两岸索塔采用哑铃形承台,每个承台下面布置 16 根 $D=2.5$ m 的钻孔灌注桩基础,行列式布置,两岸索塔桩长为 50 m,单个索塔桩基共 32 根,两岸总计 64 根。

1. 施工顺序

施工主塔桩基础时,先施工桩基础,再进行承台基坑开挖;总体施工顺序为先施工主塔桩基础,再施工引桥桩基础。

索塔塔基础为群桩基础,桩径 $D$ 为 2.5 m,桩间距为 3.8 m(净距)。为避免桩基施工对相邻桩基础的影响,索塔桩基础采用间隔跳挖法施工,永仁岸引桥桩基础从大里程至小里程依次推进,大姚岸引桥桩基础从小里程至大里程依次推进。索塔先施工桩基础,完成后再进行承台基坑开挖。

2. 桩基钻进成孔

(1)先使用直径 2.0 m 双底截齿捞砂钻斗钻进取土,钻进至设计孔底标高。

(2)再使用直径 2.5 m 双底截齿捞砂钻斗将孔径由 1.5 m 扩至 2.5 m。

(3)使用清底钻斗清除孔底钻渣。

（4）钻机钻进过程中现场挖机与运渣车随时等候将产生的弃渣及时装车，并将其运送至弃土场。

3. 桩基成孔检查

为防止塌孔造成孔底沉渣不符合要求，采取人工孔底清渣作业（为确保安全，在钢筋笼安装完成后进行）。下孔作业采用专业吊笼，以确保人员安全。采用检孔器对孔径、孔型的进行检测，判断是否满足要求；利用测绳测探孔底边缘与孔口的相对位置，检查孔的垂直度。使用全站仪对孔的中心位置进行检查。

4. 钢筋笼加工

采用公路工程钢筋加工机械化配套施工技术，主筋采用全自动数控锯切套丝机切丝；采用钢筋机加工钢筋笼，主筋采用专用胎架控制间距，加强筋每隔 2 m 焊接一道；采用长线法加工钢筋笼，钢筋笼主筋先在胎架上按照长线法组拼完成，再分节放置在钢筋笼绕筋机上制作盘条，钢筋笼以钢筋 12 m 定尺长度分节。

5. 钢筋笼安装

钢筋笼在孔口安装时的临时支撑受力较大，为满足钢筋笼下放时的起吊和孔口支撑要求，根据施工方案设计专用的支撑架及吊架。支撑架使用 20b 工字钢焊接而成。支撑点共 4 个，布置在呈 90°的 4 个方向上；吊架采用［20b 及钢板组合为整体，共设置 4 个吊点，确保钢筋笼在吊装过程中稳定，使上下两节钢筋笼顺直对齐连接。孔口支撑架及吊架如图 1-1 所示。

图 1-1　孔口支撑架及吊架

6. 桩基混凝土浇筑

钢筋笼安装完毕后人工下至孔底第二次清理孔内沉渣，并通过密闭铁桶运输至孔外，保证孔底无沉渣（设计要求沉渣厚度不大于 10 cm）。

清孔完成并报指挥部验收合格后，下放导管。导管通过灌注架分节吊装进入孔内，灌注导管为已经进行试拼装和试压检验合格的成套产品。现场共计安装 59.5 m（2 m 及 2.5 m 长调整节 2 段 + 17 根×3 m 长标准节 + 4 m 长底节）灌注导管，实际导管口距离桩底 0.4 m。

混凝土运输至现场后，直接送混凝土进料斗内，再通过导管输送至孔内灌注面。在灌注过程中适时拔管拆管，保证混凝土导管埋深小于 0.5 m。灌注至桩内的混凝土使用振捣棒振捣密实。灌注的混凝土按 50 cm 高度分层振捣。振捣工作由 2 名工人使用 2 台 50 型振捣棒进行；振捣时快插慢拔，以混凝土不再下沉、气泡不再上浮、表面泛浆为振捣限度，确保密实而不过振。

## 1.3 锚碇快速施工

总体开挖顺序为由锚碇基坑四周向中部开挖（出渣通道处保留），基坑防护作业要求需开挖一级防护一级。这种方案能确保尽早提供边坡防护作业面，及时对边坡进行防护，为下一级边坡开挖做好前置条件。锚碇基坑开挖过程分三个阶段。第一阶段主要开挖锚碇基坑第六级及部分第五级土石方，同时为第二阶段锚碇基坑开挖做准备；第二阶段主要开挖锚碇基坑第五级及部分第四级土石方，同时为第三阶段锚碇基坑开挖做准备。这样确保了阶段之间工序转换的连续性，进而加快锚碇的快速开挖。

第一阶段主要开挖锚碇基坑第六级及部分第五级土石方。该阶段将渣土外运至弃土场，利用小里程挖方路基作为出渣通道。出渣通道宽 5.5 m。基坑正式开挖前先进行小里程侧路基处通道开挖，标高以第五级边坡顶 1 714.655 m 进行控制，在第六级边坡顺接小里程侧出渣通道。该部分通道设置纵坡由 12% 逐渐渐变为 0%，以完成第六级锚碇基坑开挖完成。第六级边坡开挖完成后，顺接路基处既有出渣通道进行第五级土石方开挖，出渣通道纵坡由 0% 逐渐调整为 -6%，完成出渣通道 6% 范围内的土石方。该阶段同时修建第二阶段的出渣通道。

第二阶段主要开挖锚碇基坑第五级及部分第四级土石方。该阶段将渣土外运至弃土场。在第一阶段土石方开挖过程中，同时在锚碇第四级左侧坡顶，标高为 1 704.655 m 处设置第二阶段锚碇基坑开挖所用出渣通道，出渣通道宽为 5.5 m，锚碇区内出渣通道纵坡由 12% 渐变为 0% 以完成第五级边坡开挖。第五级边坡开挖完成后，逐渐将锚碇区内出渣通道的纵坡由 0% 渐变至 -6% 进行部分第四级边坡开挖。该阶段同时修建第三阶段的出渣通道

第三阶段主要开挖锚碇基坑剩余土石方。该部分土石方通过第三阶段出渣通道直接运送至锚碇左侧弃土场。出渣通道宽度为 5.5 m。逐层往下开挖，开挖过程中逐渐调整通道纵坡。第四级边坡开挖完成后，出渣通道纵坡逐渐由 0% 渐变至 -10%，基坑底部 3 m 范围内土石方采用退挖法出渣，直至基坑开挖完成。锚碇左侧弃土场作为第三阶段基坑开挖弃渣所用。

## 1.4 索塔快速施工

### 1.4.1 工程概况

江底河特大桥两岸主塔均为钢筋混凝土门形塔，索塔均采用 C55 防渗混凝土，防渗等级为 P8 级。

1. 永仁岸主塔设计参数

永仁岸塔柱总高度为 192.7 m，其中鞍室高度为 5.7 m，上塔柱高 102 m，下塔柱高 85 m，截面顺桥向宽度由 9.953 m 变化至 7 m，桥塔壁厚 1 m，截面横桥向宽 6 m，桥塔壁厚 1 m，

塔顶设置 4.5 m 厚实心段，塔底设置 3 m 厚实心段。塔柱竖向主筋净保护层厚度 6.2 cm，索塔竖向主筋外壁采用 HRB500 钢筋，设置 2 层叠合的 C36 钢筋；内壁采用 HRB400 钢筋，设置 1 层 C32 钢筋。为降低塔柱内外温差，改善通风状况，在上、下塔柱横桥向内侧设置 $\phi$10 cm 的 PVC（聚氯乙烯）管作为通气孔，通气孔沿塔高度按 8 m 间距布置，通风孔由里向下倾斜 3°，浇筑混凝土时可用木塞堵住，初凝后拔出木塞，并清理孔壁，使通气孔保持通畅。

为便于通行和检修维护，鞍室、桥面处塔柱、下塔柱底部和上、下横梁顶面均设有进出索塔的人孔，塔柱、横梁、塔内隔板的人孔均相互连通。索塔仅在路线前进方向右侧塔柱的上塔柱设置检修电梯，上、下塔柱两侧均设置检修爬梯。

索塔在上塔柱顶设置了上横梁，采用箱形断面，为预应力混凝土结构，上横梁宽 6 m、高 6.5 m。上横梁顶、底、腹板壁厚 0.8 m，箱室内倒角尺寸为 50 cm×50 cm。横梁顶面通过 M30 砂浆抹面设置 1%双向横坡以利于排水。

下横梁设置在主梁下方，采用箱形断面，为预应力混凝土结构，下横梁宽 7.5 m、高 7 m。顶、底和腹板壁厚均为 1.0 m，箱室内倒角尺寸为 50 cm×50 cm。

上横梁内布置 24 束 17A$^s$15.2 钢绞线，下横梁内布置 32 束 22A$^s$15.2 钢绞线。钢绞线采用两端张拉，锚下张拉控制应力采用 $0.75f_y$ = 1 395 MPa，上横梁每束张拉力为 3 320 kN，下横梁每束张拉力为 4 296 kN。所有预应力锚固点均设在塔柱外侧，采用深埋锚工艺，施工塔身时应预先用泡沫塑料封堵套筒，以防施工时混凝土进入套筒内。预应力管道采用塑料波纹管、真空压浆工艺。预应力张拉时应使用特制的工具式过渡板在塔柱外壁进行张拉。

2. 大姚岸主塔设计参数

大姚岸索塔采用哑铃形承台，每个承台下面布置 16 根 $\phi$2.2 m 的钻孔灌注桩基础，行列式布置，按照摩擦桩设计，大姚岸索塔桩长 45 m。承台为梯台状，上平面尺寸为 16.3 m×16.3 m，下平面尺寸为 20.3 m×20.3 m，高 6 m；两个塔柱底的承台间通过系梁连接以保证基础整体稳定性。封底混凝土厚度为 0.5 m。承台间系梁设置 2 m 宽的后浇段，采用微膨胀混凝土浇筑。

索塔塔柱仅设上塔柱、无下塔柱，采用 C55 混凝土。塔柱采用矩形箱形截面。塔柱外壁倒角尺寸为 20 cm×20 cm，内壁倒角尺寸为 50 cm×50 cm。

大姚岸索塔总高度为 107.7 m，其中鞍室高 5.7 m，塔柱高 102 m（鞍室底至承台顶），截面顺桥向宽度由 8.661 m 变化至 7 m，截面横桥向宽度 6 m，桥塔壁厚 1 m，塔顶设置 4.5 m 厚实心段，塔底设置 3 m 厚实心段。

塔柱竖向主筋净保护层厚度 6 cm，索塔竖向主筋外壁采用 HRB500 钢筋，设置 2 层叠合的 C36 钢筋；内壁采用 HRB400 钢筋，设置 1 层 C32 钢筋。

为降低塔柱内外温差，改善通风状况，在塔柱横桥向内侧设置 $\phi$10 cm 的 PVC 管作为通气孔，通气孔沿塔高度按 8 m 间距布置，通风孔由里向下倾斜 3°。浇筑混凝土时可用木塞堵住，初凝后拔出木塞，并清理孔壁，使通气孔保持通畅。

为便于通行和检修维护，鞍室、桥面处塔柱、上横梁顶面均设有进出索塔的人孔，塔柱、横梁、塔内隔板的人孔均相互连通。索塔仅在路线前进方向右侧塔柱的上塔柱设置检修电梯，两侧塔柱均设置检修爬梯。

索塔在塔柱顶设置了上横梁，采用箱形断面，为全预应力混凝土结构，上横梁宽 6 m、高 6.5 m。上横梁顶、底、腹板壁厚 0.8 m，箱室内倒角尺寸为 50 cm×50 cm。横梁顶面通过 M30 砂浆抹面设置 1%双向横坡以利于排水。

上横梁内布置 24 束 17A$^s$15.2 钢绞线，钢绞线采用两端张拉，锚下张拉控制应力采用 $0.75f_y=1\,395$ MPa，上横梁每束张拉力为 3 320 kN。所有预应力锚固点均设在塔柱外侧，采用深埋锚工艺，施工塔身时应预先用泡沫塑料封堵套筒，以防施工时混凝土进入套筒内。预应力管道采用塑料波纹管、真空压浆工艺。预应力张拉时应使用特制的工具式过渡板在塔柱外壁进行张拉。

为降低横梁内外温差，改善通风状况，在横梁腹板处设置直径 $\phi$10 cm 的 PVC 通风孔，通风孔由里向下倾斜 3°。在横梁底板处设直径 $\phi$10 cm 的 PVC 排水管。

3. 施工重难点

江底河特大桥主塔柱内倾、截面横向变化、塔身高度大，给塔柱线形控制及模板结构设计、塔柱测量、混凝土质量控制、索塔施工安全控制带来较大难度。塔柱沉降观测、塔身摆动观测、索塔平面位置的控制、索塔高程的控制、索塔施工安全控制为本工程的难点。

桥址区域瞬时风力最大为 11 级，在高塔施工过程中，需采取有效的抗风措施，降低风荷载对施工安全、工期的影响。因此，高塔施工过程中如何有效降低风荷载对工期和安全的影响是本项目的难点及重点。

两岸塔柱为内倾混凝土塔，施工过程中如何确保混凝土质量也是本工程施工的重点及难点。

### 1.4.2 施工部署

两岸主塔施工整体思路为：两岸塔柱施工配置 4 套液压爬模、4 台 SC200 G 施工升降机、2 台 160 t·m、1 台 250 t·m 和 1 台 200 t·m 塔吊配合施工，标准节段高度为 6 m，其中永仁岸塔柱分 33 节，大姚岸塔柱分 19 节。

主塔施工：塔柱首节与塔座同步施工，承台及首节塔柱钢筋及劲性骨架采用汽车吊机配合安装。塔柱首节混凝土浇筑时按照大体积混凝土施工工艺要求埋设冷却水管。首节塔柱外侧模板采用液压爬模，外侧设置钢管支架作为施工平台及支撑系统。塔柱首节施工时预埋液压爬模爬架、施工升降机所需预埋件，第二节施工时安装液压爬模上架体、承重三脚架，第三节施工时采用液压爬模系统提升模板，并安装吊平台。前三节以上节段施工时液压爬模正常爬升。

两岸塔柱钢筋及劲性骨架均在钢筋车间内加工成半成品后运输至现场进行安装，塔吊配合安装，混凝土均在拌和站加工完成后运输至现场进行浇筑。

下横梁施工：采用落地钢管支架现浇的施工工艺，下横梁采用塔梁异步施工工艺。落地钢管支架采用钢管桩+分配梁+贝雷梁+模板的设计方案，永仁岸承台系梁施工时预埋下横梁施工钢管桩支架预埋件。横梁分两次进行浇筑，下横梁首次浇筑高度为 4 m，第二次浇筑高度为 3 m。

上横梁施工：上横梁采用牛腿托架的施工工艺，在塔柱施工时预埋牛腿安装槽口，牛腿上安装型钢桁架结构，再安装分配梁和贝雷梁，最后安装底模。横梁均分两层浇筑，上横梁首次浇筑高度为 4 m，第二次浇筑高度为 2.5 m。

两岸横梁底模均采用优质木模，侧模均采用定型钢模板，根据资源配置倒用承台定型钢模板。

塔柱隔板施工：塔柱横梁处下隔板采用预制板浇筑，横梁处上隔板采用钢管支架浇筑。塔柱隔板和塔柱采用异步施工，塔柱施工时安装预埋件，爬模爬升至吊平台超过隔板后施工横隔板。

### 1.4.3 施工方法

#### 1.4.3.1 施工准备

1. 技术准备

（1）熟悉设计文件、审核施工图纸：组织有关工程技术人员熟悉设计文件、复核设计图纸。对施工有不明确之处（例如在几何尺寸、材料使用等方面），请求业主、监理及设计方对施工单位及时进行设计技术交底、答疑。

（2）高强度、高性能混凝土配合比设计。

（3）液压爬模架体、模板设计，横梁支架设计，塔吊电梯布置设计、电梯通道设计、施工通道布置。

（4）落实施工方法、施工设备、施工技术，在安全、可靠、经济、合理的前提下，因地制宜地确定施工（含测量放样内容）方案，使设计施工方法适应现场情况。

（5）工程部长组织全体技术人员及作业队负责人进行技术交底，交底内容包括劲性骨架安装、钢筋加工吊装、预埋件安装、液压爬模设备安装拆除及爬升、混凝土浇筑振捣养护以及质量标准等；索塔横梁施工（安全）技术交底，交底内容包括横梁支架加工、支架吊装、钢筋加工绑扎、预应力管道安装、模板吊装、混凝土浇筑振捣、混凝土养护、预应力张拉压浆。

（6）积极与监理单位沟通，完成塔承台、索塔首节大体积混凝土的温控计算，确定温度监控点布置，进一步完善专项方案。

（7）主塔承台分部工程竣工验收。

2. 现场准备

（1）施工放样：测定塔座、塔柱底面纵、横中心线及高程水准点。

（2）材料及设备准备齐全。塔座及索塔首节：钢筋、钢筋网片、模板、冷却循环系统、土工布、塑料薄膜等；塔柱：钢筋（分阶段采购）、塔吊（含附墙）、电梯（含附墙），液压爬模架体模板（含平台防护、防坠网等）、电梯通道材料、塔顶猫道施工平台预埋件、塔顶主索鞍格栅与反力架预埋件等；索塔上、下横梁：钢筋、模板钢绞线、锚具、施工支架钢材等。根据施工计划网络图中各分部分项工程具体开始时间提前一个月安排材料设备进场。

（3）安排专人定期检查施工用水管道、用电线路是否工作正常。

（4）定期维修便道畅通（含排水沟）。

（5）钢筋（钢结构）车间、混凝土拌和站定期检查，运作正常。

3. 三通一平

两岸均设置进场道路至主塔承台施工区域，路面宽 6.5 m，承台施工完成后立即对承台基坑进行回填，平整主塔施工场地，永仁岸主塔施工区域场地顶面标高为 1 620.7 m，大姚岸主塔施工区域场地顶面标高为 1 713 m。承台基坑先回填至 1 711 m，待塔吊、施工升降机、泵管等埋件安装完成后回填至 1 713 m。两岸施工用电均采用施工专线，同时现场各配置 1 台 300 kW 的发电机。两岸主塔施工用水均从江底河提取，经拌和站蓄水池沉淀后使用。

### 1.4.3.2　劲性骨架制作及安装

1. 劲性骨架制作

（1）承台及主塔首节劲性骨架制作。

为确保主塔钢筋准确定位在承台内预埋劲性骨架，劲性骨架采取格构柱+平联结构设计，格构柱单肢塔柱设计 10 个，高度为 12 m。格构柱截面尺寸为 65 cm×65 cm，由立杆、缀条组成。塔柱劲性骨架与垫层顶面预埋件焊接固定，劲性骨架制作高度为 6 m+6 m 的形式，承台浇筑时预埋 6 m 高劲性骨架，塔座及塔柱首节浇筑时预埋 6 m 高劲性骨架，首节劲性骨架均在钢筋车间内加工完成。

因主塔钢筋预埋至承台内 4 m，因此在劲性骨架 3 m 高位置设置支撑平台，用于支撑预埋至承台内的主塔钢筋，采用角钢制作，与劲性骨架焊接成整体。

（2）主塔劲性骨架。

为保证塔柱钢筋定位的准确，在塔柱内设置劲性骨架。且为了制作和安装的方便，劲性骨架采取格构柱+平联结构，劲性骨架格构柱尺寸不变，平联尺寸随塔柱截面变化而割除两端。

两岸主塔劲性骨架均在胎架上加工，然后整体吊装至设计位置安装，两岸劲性骨架加工胎架设置于主塔两侧。

劲性骨架采取格构柱+平联结构设计，格构柱单肢塔柱设计 10 个，高度为 12 m。格构柱截面尺寸为 65 cm×65 cm，由立杆、缀条组成。采用角钢制作，立杆为∠100×10 等边角钢、缀条为∠100×10 等边角钢，缀条间距为 1.5 m，可兼作施工人员上下劲性骨架的通道，采用塔吊安装，倾斜度与塔身保持一致。在劲性骨架顶部设置平联，平联采用∠100×10 等边角钢，将格构柱连接成一个整体，在角钢一边按钢筋间距开半圆孔，用以固定塔柱钢筋，随截面变化在平联两端割除多余长度。平联安装时需严格控制平面位置精度在±5 mm 范围内。劲性骨架的根部焊接在预埋件上。预埋件采用∠100×10，埋入已浇筑节段的深度不小于 20 cm，和劲性骨架搭接的长度不小于 10 cm。每个节段混凝土浇筑完成后，通过在模板上事先放样好的中线点，用卷尺量取预埋件的位置，然后预埋，控制其水平位置偏差≤5 mm。

在劲性骨架顶部设置平联，平联采用∠100×10 等边角钢，将格构柱连接成一个整体，在平联角钢一边按钢筋间距（15 cm）开半圆孔，用以固定塔柱钢筋。平联安装时需严格控制平面位置精度在±5 mm 范围内。在塔座施工时，将劲性骨架伸出实心段顶 20 cm，塔座与塔柱首节劲性骨架与之焊接。

塔柱劲性骨架节段标准高度为 12 m，永仁岸采用 2 台 160 t·m 塔吊配合安装，大姚岸采用 1 台 250 t·m 和 1 台 200 t·m 塔吊配合安装，塔柱钢筋定尺长度为 12 m，劲性骨架单节最大吊重为 8 t。

2. 劲性骨架安装

劲性骨架均采用塔吊整体吊装至设计位置安装。劲性骨架格构柱安装时先采用吊锤球方法定位，临时焊接，再采用全站仪校核格构柱顶部平面位置，调整后焊接牢固，然后在格构柱顶部采用全站仪三维坐标法精确测量放样出平联位置，焊接平联角钢。

（1）承台内预埋劲性骨架安装。

承台垫层施工时，根据设计的劲性骨架平面位置，预埋劲性骨架固定钢板，主塔承台施工时预埋塔柱劲性骨架，劲性骨架倾斜度严格按照主塔钢筋倾斜度设置。承台内预埋的主塔劲性骨架采用 6 m + 6 m 的形式分两次预埋，第一次露出塔柱承台顶 2 m，第二次露出塔柱首节顶 2 m。垫层施工时预埋劲性骨架预埋件，劲性骨架直接和垫层内预埋件焊接，安装时先安装格构柱，再安装连接系。

（2）塔座及主塔首节劲性骨架安装。

塔座及主塔首节劲性骨架在承台劲性骨架基础上接长，先焊接格构柱，然后安装连接系。

（3）标准节劲性骨架安装。

主塔标准节劲性骨架采用塔吊整体吊装，劲性骨架在主塔两侧劲性骨架专业胎架上焊接完成后，由塔吊整体吊装至设计位置安装。

### 1.4.3.3　钢筋制作及安装

1. 材料、试验

（1）带肋钢筋应符合《钢筋混凝土用热轧带肋钢筋》（GB/T 1499.2—2018）的规定，光圆钢筋应符合《钢筋混凝土用热轧光圆钢筋》（GB/T 1499.1—2017）的规定。

（2）钢筋进场对外观进行检查，确定有无识别标签，以及提供化学成分、力学性能检验合格证明。

（3）试验室按相关规定每批进行屈服点、抗拉强度、延伸量和冷弯试验，确定是否可以投入使用。

（4）采购的套筒应是专业生产厂家加工生产的，且应有产品合格证，套筒表面应进行防锈处理。套筒材料、尺寸、螺纹规格、公差及精度等级应符合产品规格的要求。

（5）机械连接试验按每组各抽 3 根钢筋接头，进行冷拉试验，试验结果应满足规范和验标的要求，并经监理工程师签认。

（6）每批钢筋焊接前，先选定焊接工艺和焊接参数，按实际条件试焊，并检验接头外观质量和规定的力学性能，试焊质量检验合格后方可正式施焊。

2. 钢筋制作

（1）塔柱钢筋在钢筋车间集中加工，包括切割、弯折、车丝。

（2）钢筋加工严格按照设计图纸和相关技术规范的要求执行，加工钢筋前由现场技术员做钢筋下料单，经现场技术负责人审核通过后，才能按照下料单下料。

（3）箍筋端部按图纸规定设弯钩，其弯曲直径应大于受力主筋直径，且不小于箍筋直径的 4 倍；弯钩平直段长度，不小于 $5d$（$d$ 为钢筋直径）。

3. 钢筋的连接

塔柱外侧主筋 2 层 HRB500 的 C36 钢筋，内侧主筋为 1 层 HRB400 的 C32 钢筋，其余钢筋为 HRB400 的 C25、C16、C12。钢筋定制长度为 12 m，现场下料加工安装长度为 12 m，在钢筋车间集中加工后现场接长。主塔竖向主筋采用剥肋直螺纹套筒连接，整体闭合箍采用单面焊接连接，局部闭合箍采用绑扎连接。

钢筋连接要求如下：

（1）钢筋电弧焊。

① 电弧焊接时，首选双面焊接，仅在施工条件受限制时方可采用单面焊接。

② 连接钢筋的接头，符合设计要求。当设计无要求时，符合下列规定：因为钢筋为螺纹钢筋，钢筋接头采用双面焊时，焊缝长度不小于直径的 5 倍；钢筋接头采用单面焊时，焊缝长度不小于直径的 10 倍。

③ 带肋钢筋的接头采用搭接、帮条电弧焊接时，必须满足强度要求。此外，还要符合下列规定：

a. 搭接接头钢筋的端部预弯，搭接钢筋的轴线应位于同一直线上。

b. 帮条电弧焊的帮条，采用与被焊钢筋同级别、同直径的钢筋；当采用同级别不同直径的钢筋作帮条时，因被焊钢筋与帮条钢筋均为Ⅲ级钢筋，两帮条钢筋的直径应大于或等于 $0.9d$。帮条和被焊钢筋的轴线应在同一平面上。

c. 帮条与被焊钢筋间应用 4 点固定；搭接焊时，采用两点固定。定位焊缝离帮条端部或搭接端部 20 mm 以上，焊缝高度应等于或大于 $0.3d$，焊缝宽度应等于或大于 $0.7d$。

d. 焊接时应在帮条或搭接钢筋的一端引弧，并应在帮条或搭接钢筋端头上收弧，弧坑应填满。第一层焊缝应有足够的熔深，主焊缝与定位焊缝应熔合良好。接地线要与钢筋接触良好，不得因接触不良而烧伤主筋。

（2）钢筋机械连接。

钢筋机械连接采用剥肋直螺纹套筒，严格按照《钢筋机械连接通用技术规程》（JGJ 107—2016）与《钢筋机械连接用套筒》（JG/T 163—2013）施工、试验、检测。

① 流程：钢筋端面平头→剥肋滚压螺纹→丝头质量检验→戴帽保护→丝头质量抽检→存放待用。

② 操作要点。

a. 连接钢筋时，钢筋规格和套筒的规格必须一致，钢筋和套筒的丝扣应干净完好无损。

b. 钢筋机械连接件的屈服承载力和抗拉承载力的标准值不应小于被连接钢筋的屈服承载力和抗拉承载力标准值的 1.1 倍。

c. 采用预埋接头时，连接套筒的位置、规格和数量应符合设计要求。带连接套筒的钢筋应固定牢靠，连接套筒的外露端应有保护帽。

d. 经拧紧后的直螺纹接头做好标记，单边外露丝扣长度不超过 2P。

e. 直螺纹连接前，在距端头 5 cm 处画线，控制套管两端丝头等距，被连接的两钢筋端面应处于连接套的中间位置，偏差不大于一个螺距，并用扳手拧紧，使两根钢筋端面顶紧。

（3）钢筋安装。

① 塔柱钢筋安装前，需对劲性骨架的位置进行测量复核。

② 主筋采用塔吊和专用吊具（槽钢制作）成排吊装，依靠劲性骨架上的定位半圆孔精确定位，成排就位后进行直螺纹连接，采用铁丝在上端紧密固定。箍筋和拉筋采用塔吊和专用吊具成孔吊装至施工平台，人工利用主筋定位绑扎，箍筋与主筋必须密贴，以保证塔柱钢筋保护层满足规范要求。

③ 钢筋安装若遇人孔处或锚口处局部中断时，按设计图纸补强；若设计图纸未标明，则在中断处布置型钢框架或用同等钢筋连接被切断钢筋，塔柱钢筋焊接于框架上。横梁预应力锚固位置因预埋钢套筒截断的塔柱外侧钢筋应与套筒焊接，并在两侧用同样直径钢筋补强，套筒与塔壁保持 6 cm 保护层，钢束张拉完成后钢套管内设 C12 封锚钢筋网，钢筋网焊接于钢套管内壁上。

④ 不得随意切断钢筋，若钢筋确实必须截断时，必须等强焊接接长。

⑤ 当钢筋和预应力管道或其他主要构件在空间上发生干扰，可适当调整普通钢筋的位置，以保证钢束管道或其他主要构件位置的准确。钢束锚固处的普通钢筋如影响预应力施工时，可适当弯折，但待预应力安装完成后应及时恢复原位。预应力管道采用井字架钢筋固定，波纹管纵向偏差≤30 mm，中心位置偏差≤10 mm。

⑥ 塔柱水平箍筋净保护层 45 mm。钢筋保护层垫块采用定制的等强度水泥砂浆垫块，垫块通过扎丝与钢筋绑扎在一起，呈梅花形错开布置。垫块在塔身钢筋骨架侧面设置的数量不小于 4 个/m²，垫块与钢筋绑扎时，扎丝的丝头不可侵入混凝土保护层内。

⑦ 箍筋绑扎连接时，长度必须满足 $45d$ 以上；拉筋适宜采用搭接单面焊，焊缝长度保证在 $10d$ 以上，焊缝高度必须满足 $\geqslant 0.3d$。

⑧ 箍筋弯钩按设计要求加工，弯钩叠合处应交错布置。

⑨ 钢筋交叉点均用扎丝绑扎，预埋件安装位置要准确，固定在钢筋骨架上。

⑩ 钢筋焊工必须持证上岗，没有有效证件的人员一律不得从事焊接工作。钢筋正式焊接前，应进行现场条件下的焊接性能检验，合格后方能正式生产。

⑪ 钢筋的连接方式和接头质量、接头面积百分率符合规范要求。

⑫ 按照设计图纸要求，每节完成对防雷接地扁钢的安装和接地电阻测试工作。

⑬ 塔柱加劲隔板和横梁隔板均采用支架现浇的施工工艺，塔柱钢筋绑扎时在设计位置需进行隔板钢筋绑扎。

4．保护层控制措施

（1）施工管理控制措施。

① 现场管理人员应履行施工单位内部审核和监理审批程序。

② 现场管理人员要做好技术交底、成品保护、检查验收等工作，严格执行三检制度，发现问题及时整改。

③ 加强对劳务队的管理，制定相应的奖罚措施。

（2）施工技术控制措施。

① 施工前必须储备足量且符合相应设计厚度要求的垫块，垫块应选用工厂生产的专用垫块，其强度不得小于结构构件混凝土的设计要求；垫块必须在钢筋绑扎施工前，由施工单位工程项目的技术、质检人员会同建设监理单位的监理工程师进行验收，并办理签证；绑扎

保护层垫块采用不锈钢铁丝，且铁丝不得进入保护层内，检查垫块是否与模板密贴，不符合要求及时整正；本项目要求垫块数量不得少于 4 个/m²。

② 钢筋加工、制作必须严格按照设计和规范要求，由现场技术人员制作下料单，经现场经理复核后下发作业队；加工完成后应检查下料尺寸、加工误差，检验合格后方可运至现场安装；钢筋骨架安装工艺要合理、科学，骨架安装完成后，要对骨架位置尺寸进行认真检查，确保位置准确；同时设计劲性骨架，在劲性骨架上焊接定位钢筋定位主筋位置，再进行箍筋安装，以此确保位置准确，不符合要求的要进行纠正处理。钢筋安装要求主筋与箍筋节点全绑扎，避免出现钢筋挤占保护层的情况。钢筋网片应多设置固定点，防止网片不平整，侵入保护层。

③ 模板制作要规范，经过计算可确保模板平整度、强度及刚度符合要求，避免成型构件局部保护层存在偏差；模板安装时，测量组在场协同配合，保证模板位置准确；模板固定及限位措施到位，避免模板在混凝土浇筑过程中出现胀模、移位现象。

### 1.4.3.4　混凝土工程

**1. 混凝土原材料及性能控制要求**

（1）水泥。

① 尽量采用水化热较低的水泥，控制水泥细度及 $C_3S$ 含量。由于增加细度及 $C_3S$ 含量，可以产生较高的早期强度，加快施工进度，但同时存在着较大水化热导致自身收缩加大的问题，而且早期弹模大，在温度及收缩作用下，易造成严重的早期开裂，因此建议采用低细度及 $C_3S$ 含量低的水泥。大体积混凝土施工所用水泥其 3 d 的水化热不宜大于 240 kJ/kg，7 d 的水化热不宜大于 270 kJ/kg。水泥入拌和机温度不宜大于 60 °C。

② 宜采用碱含量不大于 0.6%的低碱水泥，以克服碱骨料反应。

③ 水泥中氯离子总量不应超过胶结材料重量的 0.1%。

④ 采用 42.5 级及以上的硅酸盐水泥，并应符合《硅酸盐水泥、普通硅酸盐水泥》（GB 175—2007）的规定，不采用超量掺有火山灰或粉煤灰的硅酸盐水泥。

⑤ 本项目主塔混凝土为 C55 防渗混凝土，防渗指标为 PB 级，因此水泥铝酸三钙含量不宜大于 8%。

（2）骨料：应洁净、质地坚固、级配合格、粒径形状良好。

① 细骨料宜采用河砂，并符合《公路桥涵施工技术规范》（JTG/T F50—2011）的规定。如河砂采集难度大，可采用机制砂，含泥量不应大于 3%。

② 机制砂采用 I 区级配砂，砂中大于 5 mm 的颗粒不得超过 10%，小于 0.08 mm 的颗粒不大于 10%，小于 0.16 mm 的颗粒不大于 20%。

③ 粗骨料应采用卵石或碎石，针片状颗粒含量不大于 5%，不得混入风化颗粒，含泥量不应大于 1.0%，泥块含量不应大于 0.5%，最大粒径不大于 25 mm。

④ 粗骨料堆积密度大于 1 500 kg/m³，即空隙率不超过 40%。

⑤ 粗骨料压碎值不大于 10%，吸水率不大于 2%。岩石抗压强度不低于 2 倍的混凝土抗压强度。

⑥ 不同细度模数的砂子，累计筛余量控制为 5 mm 筛 0～5%、0.63 mm 筛 40%～70%、0.16 mm 筛≥95%。

⑦ 粗细骨料组成应按连续密实级配要求，确定组成比例，以单位体积容量最大、空隙率最小、混凝土和易性最好为控制目标。

⑧ 应进行石子的碱活性试验，严禁使用碱活性骨料。

（3）水。

氯离子含量超过 0.5 mg/cm³ 的水不得使用。

水中不得漂浮明显的油脂、泡沫及有明显的颜色和异味。

（4）粉煤灰等矿物掺合料。

① 粉煤灰是配置耐久性混凝土的重要组成部分，应适当添加粉煤灰等矿物掺合料。根据以往的工程经验，适当掺加矿物掺合料的混凝土通常较少开裂，在运营期渗透性较小，这主要是因为一方面掺加混合材料可降低初龄期混凝土的水化热、强度和弹模，另一方面混合材料的填充效应和二次水化反应显著减小了混凝土的孔隙率和孔径，提高了混凝土的自身防护能力。

② 如掺加粉煤灰，必须采用Ⅰ级粉煤灰（F类），符合《用于水泥和混凝土中的粉煤灰》（GB/T 1596—2017）的规定，粉煤灰掺量应由施工单位根据温控专项设计确定，但掺加比例不宜超过胶凝材料用量的 30%。

③ 掺加的矿物掺合料除符合《公路桥涵施工技术规范》（JTG/T F50—2011）外，混凝土中磨细低钙粉煤灰质量还应符合表 1-1 的规定。

表 1-1 粉煤灰质量指标

| 粉煤灰级别 | 细度（45 μm，筛余量）/% | 比表面积/（m²/kg） | 烧失量/% | 需水量比/% |
|---|---|---|---|---|
| Ⅰ | ≤12 | ≥600 | ≤4 | ≤95 |
| 含水率/% | Cl⁻/% | SO₃/% | 混合砂浆活性指数 | |
| | | | 7 d | 28 d |
| ≤1 | ≤0.02 | ≤3 | ≥75 | ≥85 |

（5）外加剂。

① 所选用的混凝土外加剂产品技术性能指标应符合《混凝土外加剂》（GB 8076—2018）及相关标准。选定外加剂前，必须与所用水泥进行化学成分和剂量适应性试验。化学成分不适应，不得使用；应通过不同减水剂掺量与混凝土减水率试验曲线找出该减水剂的最佳掺量；如果采用复合型外加剂，在满足减水率和工作性能的同时，还要满足缓凝时间、坍落度损失等多项指标要求。

② 建议通过试验验证以决定是否采用超高效减水剂。

③ 外加剂中氯离子含量不得大于混凝土中胶结材料总重的 0.02%。

2. 混凝土拌和及运输

（1）混凝土按照工程当时需要量拌和。在施工过程中，已初凝混凝土不得使用；已拌好的混凝土不允许用加水或其他办法变更混凝土稠度；浇筑时坍落度不符合要求的调整至满足要求后使用。

（2）混凝土采用拌和站集中拌和，拌和设备自动控制配合料的配合比、自动控制进料（各种集料、水泥、水）和出料，并自动控制拌和时间。

（3）混凝土拌和工作，各种组合材料搅拌为成分均匀、颜色一致混合物的搅拌时间（从所有材料进搅拌筒到从混凝土搅拌筒排出）应符合规范要求。

（4）试验室对混凝土使用的原材料进行检验，对其配合比进行试验，满足要求后方能使用。混凝土出场前及运到工地后严格检查、试验、加强监控。

（5）混凝土浇筑时，后台认真组织搅拌运输车发车，密切关注混凝土运输过程中的路况，以保证混凝土浇筑连续性，必要时需减少混凝土搅拌运输车的发车时间间隔。

（6）为避免日晒、雨淋对混凝土质量的影响，应将运输车容器加上遮盖物。

（7）混凝土在运输过程中，储存罐以 2~4 r/min 的速度保持反方向旋转，卸料前以常速再次搅拌。

（8）运输过程之中出现离析或使用外加剂调整时，搅拌运输车快速旋转，搅拌时间不小于 120 s。运输过程中严禁向拌和物中加水。

（9）坍落度损失严重或离析严重，经补充外加剂或快速搅拌已无法恢复混凝土拌和物的工艺性能时，不得浇筑入模。

（10）从加水拌和到入模的最长时间，应由试验室根据水泥初凝时间及施工气温确定，并符合规范要求。

（11）混凝土输送泵或混凝土搅拌车运送混凝土时应按《混凝土泵送施工技术规程》（JGJ/T 10—2011）及有关规定执行。

3. 泵送混凝土要求

（1）泵送混凝土在浇筑之前必须根据工程情况进行配合比设计试验，混凝土泵送施工工艺按《混凝土泵送施工技术规程》（JGJ/T 10—2011）有关规定执行。采用泵送混凝土时，其材料应符合以下条件：

① 水泥宜采用泌水性小，保水性好的品种，混凝土的水泥用量宜为 280~300 kg/m$^3$（输送管径 125 mm）。

② 粗集料的最大粒径碎石不得大于输送管内径的 1/3，卵石不得大于 1/2.5。

③ 细集料宜为中砂，粒径小于 0.315 mm，颗粒的比例不得少于 15%~20%，砂率宜为 35%~45%。

④ 混凝土入泵坍落度应按《混凝土泵送施工技术规程》（JGJ/T 10—2011）表 3.2.4-1 选用。

⑤ 混凝土中宜掺入粉煤灰及助泵剂等。

（2）在混凝土浇筑开始之前先泵送水泥砂浆，以润滑管道。

（3）混凝土的泵送作业应使混凝土连续不断地输出且不产生气泡。泵送作业完成之后，管道里面残留的混凝土应及时排除，并将全部设备清洗。

（4）泵机开始工作后，中途不得停机，如非停机不可，停机间隙时间一般不应超过 15 min。停机时应每隔一定时间泵送几次防止混凝土凝结堵塞管道。在泵送过程中，料斗内应有足够的混凝土防止吸入空气产生阻塞。

（5）输送管应顺直，转弯处应圆缓，接头严密不漏气，否则容易堵管。

4．混凝土浇筑

（1）模板安装和钢筋绑扎经检查合格后，在原材料准备和天气条件允许的情况下，立即进行混凝土浇筑。

（2）综合考虑场地限制因素、工期及工程作业难度，本方案采用泵送混凝土，入模温度不低于5 ℃，且不宜高于28 ℃。

（3）混凝土采用4台搅拌车运输，确保混凝土及时供应。

（4）为确保混凝土浇筑不间断，与相邻标段搅拌站提前协商，提供帮助，作为混凝土浇筑的应急预案。

（5）主塔采用一台输送泵浇筑，混凝土进场后应及时进行拌和物基本特性的验收，如混凝土配合比、坍落度、和易性等，当特性不符合要求时不得进行浇筑。确定合格后再行浇筑，并按有关规定制作混凝土试件进行强度检查。

（6）指定专人填写混凝土施工记录，详细记录原材料质量、混凝土配合比、坍落度、拌和质量、混凝土浇筑和振捣方法、浇筑进度和浇筑过程中出现的问题等，以备检查，同时对混凝土出站时间、入场时间、开始浇筑及持续时间等各时间段也进行记录。

（7）混凝土振捣应由专职操作工进行，操作工应经过培训。振捣时宜采用50型插入式振捣棒，振捣应达到密实、均匀并排除气体。一般采用快插慢拔，应插入下层混凝土中 50～100 mm，插点振捣时间宜为 20～30 s，当混凝土表面呈水平，混凝土拌和物不再显著下沉、不再出现气泡、表面泛浆时为最佳。振捣棒插点要均匀排列，移动间距不大于振捣棒作用半径的1.5倍（一般为 400～500 mm）。振捣棒与模板的距离应保持 50～100 mm 为宜，且应避免碰撞钢筋、模板、预埋管件。

（8）在混凝土浇筑过程中设专人检查模板变形情况，发现模板有变形立即停止混凝土浇筑，检查分析原因并采取有效措施加固。

（9）混凝土浇筑应避开雨天施工。

（10）混凝土浇筑时，预留测温孔或测温装置。测温孔、测温装置应根据监视测量方案布置，并进行编号，分别用于测量结构表面、内部核心区以及底部温度。

### 1.4.3.5　首节塔柱与塔座施工

塔柱首节与塔座同步浇筑，塔柱首节为4 m高实心段，实心段采用大体积混凝土施工工艺施工，首节塔柱模板采用液压爬模，外侧设置钢管脚手架做支撑和施工平台。

1．塔柱首节劲性骨架制作

塔柱首节劲性骨架均在钢筋车间加工，钢筋车间根据塔柱节段尺寸调节劲性骨架尺寸，格构柱、平联均在钢筋车间加工成半成品后运至现场安装。

2．塔柱首节劲性骨架运输与安装

塔柱首节劲性骨架安装前先进行测量定位，确定劲性骨架平面位置和倾斜度，垫层施工时安装预埋件，然后在垫层预埋件上焊接劲性骨架格构柱，塔柱首节劲性骨架安装高度为 6 m+6 m，首先在承台内安装 6 m 高主塔劲性骨架预埋件，承台施工完成后安装塔柱首节劲性骨架，高度 6 m，露出塔柱首节顶面 1 m，然后焊接格构柱，并在定位准确后进行连接系焊接。在劲性骨架 3 m 高位置设置钢筋支撑，用于支撑主塔预埋主筋。

3. 钢筋制作及安装

主塔首节及塔座钢筋均在钢筋车间内加工成半成品后运输至现场进行安装，主塔首节钢筋在制作台架上加工成半成品后吊装至设计位置安装。

首节主塔钢筋预埋至承台内，永仁岸主塔主筋预埋深度 4 m，承台钢筋安装时，需预埋主塔钢筋，在劲性骨架高度为 3 m 位置处焊接支撑用于支撑主塔钢筋主筋；大姚岸主塔主筋预埋深度为 3 m，承台钢筋安装时，需预埋主塔钢筋，在劲性骨架高度为 3 m 位置处焊接支撑用于支撑主塔钢筋主筋，安装时先安装内侧主筋，再安装外侧主筋，最后安装箍筋。

钢筋外侧设置混凝土保护层垫块，每平方米不得少于 4 个，垫块采用专业厂家进行制作，垫块进场后需对垫块尺寸和强度进行检查。

4. 预埋钢筋安装

大姚岸塔吊基础设计在塔座斜边位置，塔吊基础和塔座同步施工，承台施工时安装塔吊预埋钢筋，预埋钢筋采用套筒连接。大姚岸主塔支座垫石、挡块、桥台预埋钢筋安装。

5. 预埋件安装

塔座施工时预埋塔吊地脚螺栓、施工升降机锚固螺栓、首节模板斜撑等预埋件安装。预埋件在钢筋车间加工完成后运输至现场进行安装。

6. 冷水水管安装

塔柱首节实心段施工设计冷却水管，按回形布置，采用 $\phi 42.3$ mm × 3.25 mm 导热性能良好的输水黑铁管，水管接头采用钢丝管套接，两根冷却水管在钢丝管内应对碰，避免钢丝管弯折阻水。拐角处采用钢丝软管，用多重铁丝扎紧，做到管道畅通，接头牢靠，确保不漏水。塔柱实心段冷却水管水平管间距为 100 cm，垂直方向分为 3 层，层间距为 100 cm，平均布置冷却水管，底层水管距离承台顶 50 cm，每层采用"一进一出"布置，进、出水口设在首节顶面位置，对进出口水管进行编号。层间进、出水管均各自独立，以便根据测温数据，相应调整各层水循环速度和进水温度。

塔柱实心段冷却水管直接利用塔柱钢筋及劲性骨架固定安装，可适当调整冷却水管间距，冷却水管跟随塔柱钢筋同步安装。

在混凝土施工前，水管系统要经过通水试压，仔细检查每一个接头，确保管路不漏水。在后续钢筋绑扎过程中，严禁工人直接踩踏冷却水管；在混凝土浇筑过程中，严禁混凝土冲击冷却水管。

通水时间从混凝土覆盖冷却管开始，以后根据测温结果调节通水量直至停止通水。升温阶段在满足进水温度要求的同时，尽可能通温度低的冷却水，采用自然温度水即可；降温阶段，可通循环水，以满足降温速率。

在承台基坑顶部布置冷却水箱，尺寸为 4.8 m × 2.4 m × 1.8 m。采用 1 台水泵（通水量不小于 20 $m^3/h$）供水，单根冷却水管水流量宜不低于 2.5 $m^3/h$，冷却管进出水管相互独立，进水口与分流器连接，共用 1 个分流器，分流器与水箱相连，每个进水口位置安装好阀门。出水口直接与水箱连接。通过热工计算，前3 d内通冷却水以达到降温目的，持续通冷水，达到温峰后通循环水以达到缓慢降温目的，具体根据实际温度检测计算确定。

混凝土结构外冷却系统设备参考承台施工布置。如果始终保持同一流向，冷却结束后，出口端的混凝土温度将高于进口端的混凝土温度。为了使冷却结束时，混凝土温度尽量均匀，在冷却过程中，应不断改变水流方向。宜每半天改变一次水流方向，尽可能压低各个断面上的水化热温升。

针对升温阶段冷却水的供应，永仁岸采用1台水泵（通水量不小于20 m³/h）从拌和站抽水，水源采用江底河水，分级抽取至拌和站蓄水池，另外采用两台罐车备水，作应急准备；大姚岸采用1台水泵（通水量不小于20 m³/h）从拌和站蓄水池抽水，水源采用江底河水。拌和站蓄水池既要考虑循环用水，又要考虑混凝土拌和站用水（水量不小于10 m³/h）。

冷却水管通水散热结束后，及时灌浆封孔，切除外露管道，根据设计要求管内采用C30水泥浆注浆填塞。

7. 测温元件安装

为了准确测量、监控混凝土内部的温度，及时调整冷却水的流量，控制温差，指导养护，防止开裂，确保大体积混凝土的施工质量，在构件内合理布设温度测量元件。为确保测温元件在施工过程中不被损坏，采用角钢包边。

测温元件在钢筋及冷却管安装完毕后安装，混凝土浇筑时不得直接冲击测温元件及其引出线。安装时将元件安装固定在设计位置，保证位置准确、固定牢固，将导线沿角钢引出结构物表面，用胶布包裹导线端头，避免弄脏。同时，引出导线要逐一编号，便于温度监测。

测温点传感线缆在混凝土浇筑前须准确定位，以防止在混凝土浇筑的过程中移位而造成测量数据失真。具体固定方法为：依照测点布置的平面位置，在混凝土结构内准确绑扎钢筋。确保钢筋的稳定性，不松动、不摇晃。然后用扎丝按照测层布置高度，将传感线缆的测温头绑扎固定在预置的钢筋上，并将接线引至利于观测处。测温元件测温误差不大于0.3 °C（25 °C环境下），测试范围为 $-30 \sim 150$ °C。

测温指标包括：入模温度、环境温度、混凝土表面温度、混凝土内部温度及混凝土降温速率等。

塔柱首节测温元件共布置3层，层间距为1 m，横向长边布置3排，短边布置2排，在平面内，由于靠近表面区域温度梯度较大，因此测点布置较密，而中心区域混凝土温度梯度较小，因此测点布置减少。

在混凝土浇筑完毕后的升温和峰值持续阶段，即开始的3～4 d，每隔3 h测温1次；待升温趋于平稳后的降温阶段，每6 h测温1次。在测量混凝土内部温度的同时，测量外界的环境温度。根据测点编号顺序，记录所测温度数据，当测位的混凝土内外温差小于15 °C并趋于稳定时为止。

8. 模板安装

（1）模板设置。

塔柱首节模板使用液压爬模模板。模板为木模，面板采用维萨板，次肋为H20木工字梁，主背肋为2［18B。顺桥向模板主肋间距设计为2.15 m + 1.92 m + 2.15 m，横桥向模板主肋设计间距为 1.27 m + 1.8 m + 1.27 m，模板高度 6.33 m。单组模板在拼装时，拼缝边缘的面板采用硬接口的连接形式，各组模板组拼时，两块面板接在一起，在横向背楞上装入芯带，通过在芯带开孔内插入芯带销收紧的连接方式将同一面的各组模板紧密连接，模板背肋之间采用连接爪连接。

塔柱空心段拉杆采用通长 C25#PSB930 精轧螺纹钢，外套 $\phi45$ 的 PVC 管。拉杆层距 2 m，每层最大间距为 2.15 m。

除塔柱首节内侧模板处倒角模板采用钢模板外，其他均采用木模板。

（2）模板安装。

先进行塔座模板安装，再进行塔柱首节模板安装。

塔柱首节模板安装前先进行测量定位，确定平面位置，然后通过汽车吊机吊装至设计位置安装，然后安装拉杆，再对模板位置进行准确定位。

（3）一般规定。

① 钢筋及预埋件验收合格后，测量组准确测量放样出承台与塔柱的中心、轴线、边线，现场工班长用墨斗线弹出模板安装位置，并用油漆在钢筋上标记，模板沿墨斗线安装。

② 模板的安装做到拼接缝严密。

③ 模板均在专业模板厂加工后运输至现场。

④ 钢模板在安装前需对模板进行打磨，首先利用打磨机将模板表面的浮锈打磨干净，并用干布擦干净。模板打磨干净的标准是，用手指在模板上拂过后不在手指上留有明显的污迹。木模板在安装前采用干抹布面板清理，确保面板整洁。

⑤ 模板清理合格后，涂刷性能好的脱模剂，进行模板的安装。先利用吊车将模板吊入承台、塔柱位置，再进行安装。模板间的接缝均使用双面胶填塞，用吊车配合人工拼组模板，就位后的模板底部设置垫块，并用拉杆固定，防止倾倒、滑移。塔柱模板外侧采用钢管脚手架操作平台作为施工平台。

⑥ 在塔座四角处采用定型钢模板，钢模板之间通过螺栓连接。

⑦ 模板安装好后，检查轴线、高程符合设计要求后加固，塔座模板的加固采用钢筋内拉形式，塔柱模板的加固采用内拉外撑形式。

⑧ 安装好的模板要求加固牢靠，线形顺直，满足施工规范的要求，保证模板在浇筑混凝土过程中受力后不变形、不移位。

⑨ 塔柱模板安装前，进行预埋液压爬模埋件系统安装，埋件系统通过模板安装螺栓固定，模板安装前仔细核查孔眼位置。

⑩ 模板安装前，应对模板平整度进行检查，安装后对轴线进行检查，平整度用 2 m 靠尺和塞尺检查，不小于 2 处；模板的侧向弯曲用拉线检查，两模板的内侧宽度用卷尺丈量；相邻两模板面高差用卷尺检测，并用线锤校核模板的垂直度，合格后，清理底部焊渣、铁锈、纸片、污垢、泥土等杂物。

⑪ 清理承台顶杂物后，封闭清理口。

⑫ 所有的准备工作做好后，测量班测量各结构尺寸、标高，并请测量监理工程师复核，合格后开始浇筑混凝土。

9. 混凝土施工

（1）混凝土配合比设计。

为提高索塔局部受压承载力以及抗震性能，在塔顶实心段（长 4.5 m）、塔柱底面以上 8 m 范围内设加劲纤维。加劲纤维采用聚丙烯为原材料，通过特殊的并联拉丝和绞联成型工艺及表面处理后加工而成，应具有良好的分散性和握裹性，可以吸收来自外界的能力却不断裂，避免在高负荷的情况下出现断裂。

加劲纤维杨氏弹性系数为 350 MPa，抗拉强度不小于 600 MPa。加劲纤维在每立方米混凝土中的掺量建议不低于 1.2 kg。

根据设计文件要求，在塔柱实心段及塔底以上 8 m 范围内加设加劲纤维。综合考虑本工地原材料供应情况，塔柱底部 8 m 范围内 C55 纤维混凝土的设计配合比为：水泥∶砂∶碎石∶粉煤灰∶外加剂∶纤维∶水 = 469∶780∶1 033∶52∶5.21∶1.2∶146（单位：kg/m³），水胶比 0.28。

（2）混凝土浇筑。

塔柱首节混凝土采用泵送浇筑。塔柱混凝土浇筑时，长边设置 4 个下料口，短边设置 3 个下料口，共设置 10 个下料口，如图 1-2 所示。混凝土浇筑时遵循从一边向另一边振捣的原则，不留施工缝，采用插入式振捣棒振捣，分层厚度一般应以混凝土浇筑层均不出现施工冷缝为原则，同时便于振捣，根据现场混凝土输送能力及浇筑人员组织。现场按照最大 50 cm 浇筑分层控制，严禁在模板附近连续浇筑。塔座混凝土浇筑时需设置钢跳板，满足作业人员施工。

塔座混凝土浇筑完成后进行首节塔柱混凝土浇筑，首节塔柱混凝土采用布料机浇筑，为防止混凝土离析，设置串筒。

在浇筑至塔座顶面与塔柱实心段底面时，为防止在塔柱混凝土浇筑过程中塔柱底部混凝土翻浆，采取在塔柱模板根部外围增设压板和控制浇筑速度的措施，从塔座底开始 2 m 高度范围内浇筑速度控制在 60 m³/h，在塔柱底部往上 0~0.5 m 范围内浇筑速度控制在 20 m³/h，塔柱 0.5 m 之后按一台泵车 25 m³/h 的速度浇筑。

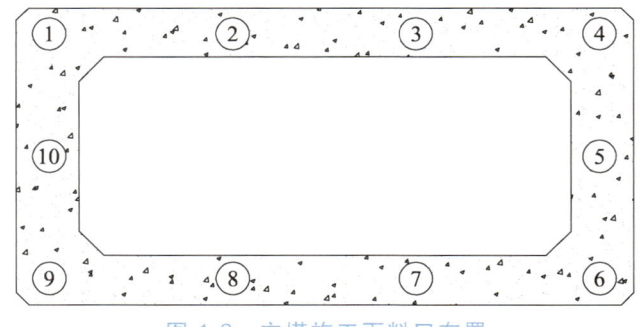

图 1-2　主塔施工下料口布置

### 1.4.3.6　塔柱施工

1. 塔柱第二、三节施工

（1）第二节塔柱施工。

从塔柱第 2 节段开始，拆除塔柱四周的钢管架，即可安装液压爬模下架体（不含吊平台）及上架体。

（2）第三节塔柱施工。

从塔柱第 3 节段开始，采用标准液压模板，爬升完毕后，安装下架体吊平台。

第一步：安装模板完毕；浇筑混凝土；施工人员在平台绑扎钢筋。

第二步：拆模、后移模板；插导轨；爬升。

第三步：爬升到位；安装吊平台；开始合模。

第四步：合模完毕；浇筑混凝土。

第五步：浇筑完毕；拆模；提升导轨、爬升。

第六步：进入标准爬升阶段；又一次浇筑混凝土。

2. 塔柱劲性骨架制作安装

为保证塔柱钢筋定位的准确，在塔柱内设置劲性骨架。且为了制作和安装的方便，劲性骨架采取格构柱+平联结构，劲性骨架格构柱尺寸不变，平联尺寸随塔柱截面变化而割除两端。

主塔劲性骨架整体结构和塔柱首节相同，主塔劲性骨架整体结构均在专业胎架上生产后吊装至设计位置安装，两岸主塔劲性骨架专业制作台架设置在塔柱两侧。

塔柱劲性骨架节段标准高度为 12 m，永仁岸采用 2 台 160 t·m 塔吊配合安装，大姚岸采用 1 台 250 t·m 和 1 台 200 t·m 塔吊配合安装。劲性骨架采用整体吊装的方案，在专业胎架上加工好后采用塔吊整体吊装至设计位置。塔柱钢筋定尺长度为 12 m，根据塔柱施工节段模拟，钢筋吊装时将劲性骨架靠近内侧边从上至下 5 m 范围内格构柱之间的连接系取掉，待内侧主筋吊装完成后再进行焊接。劲性骨架安装后采用焊接连接，根据设计要求进行预偏。

3. 塔柱钢筋制作安装

塔柱钢筋制作及安装相关技术要求详见"1.4.4.3 钢筋制作及安装"。

两岸塔柱钢筋均在钢筋车间加工成半成品后运输至主塔主筋及部分箍筋组拼区进行拼装，然后采用塔吊吊装至设计位置进行安装。

（1）钢筋的连接。

塔柱外侧主筋采用 HRB500 的双层 C36 钢筋，内侧主筋采用 HRB400 的单层 C32 钢筋，其余钢筋型号为 C25、C20、C16、C12 四种。

钢筋定制长度为 12 m，现场下料加工安装长度为 12 m，在钢筋车间集中加工后现场接长。竖向主筋 N1（C36 和 C32）、倒角钢筋 N2（C32）采用剥肋直螺纹套筒连接，竖向主筋采用剥肋直螺纹套筒连接，整体闭合箍采用单面焊接连接，局部闭合箍采用绑扎连接。

（2）钢筋安装。

塔柱钢筋在主塔前端进行整体拼装并采用塔吊吊装，主筋采用帘式吊装的工艺，现场设置专用吊具吊装主筋。主筋共分 8 次吊装到位，即短边主筋吊装一次吊装，长边主筋分两次吊装。箍筋分整体闭合箍和局部闭合箍，在钢筋车间加工完成后运输至现场安装。整体闭合箍从两侧对插，采用单面焊接；局部闭合箍从内外对插，采用搭接连接。

塔柱钢筋安装顺序为：先经开口劲性骨架安装内侧 C32 钢筋，再吊装外侧双层 C36 主筋，再安装整体闭合箍，再安装局部闭合箍，最后满铺钢筋网。

### 4. 预埋件加工及安装

永久预埋设备主要有：抗风支座钢筋套筒、加筋板钢筋套筒、横梁钢筋套筒、横梁预应力管道、横梁预应力锚垫板、塔内检修楼梯与休息平台预埋件、通风孔、电梯预埋件、电气及照明预埋件、主索鞍格栅、塔冠装饰帽预埋件、塔顶避雷设施等。

施工预埋设备主要有：液压爬模预埋爬锥、塔吊附墙预埋爬锥、电梯附墙预埋爬锥、泵管预埋爬锥、横撑爬锥、横梁支架牛腿预埋件、电梯通道爬锥、主索鞍鞍座反顶预埋件、上部结构施工平台预埋件、施工通道预埋件等。考虑索塔外观质量，预埋件宜设计为爬锥结构。

预埋件按设计要求的材料和尺寸加工，在加工车间完成，由专人负责。加工、防腐、安装严格按照设计图纸进行，安装由测量人员精确定位控制。大型埋件加工完成后，运至现场采用塔吊安装。安装埋件时向混凝土内缩 2 cm，以便后期修补。

预埋件允许偏差为：预埋件中心线位置 3 mm，预留孔洞中心线位置 10 mm，锚固点高程 ± 10 mm。

### 5. 液压爬模施工

（1）模板配置。

两岸塔柱外模均采用液压爬模，两岸共配置 4 套液压爬模用于塔身外侧施工，面板采用木模板，模板标准节高度为 6 m，塔身内侧短边采用翻模施工，长边采用液压爬模。内外模采用钢木结合模板，便于改装，钢木结合模板面板采用进口板。

（2）模板设计。

外侧模板面板采用木模板，模板横向背肋为双槽18，竖向背肋为双槽25，横向背肋最大间距为 1.05 m，最小间距为 0.8 m，竖向背肋最大间距为 2.15 m，最小间距为 1.27 m，根据荷载分布情况，每个标准节模板共设置 7 道横向背肋，长边共设置 4 道横向背肋、4 道竖向背肋，模板标准节段高度为 6.33 m，标准节施工高度为 6 m，模板下包下节 100 mm，确保接口施工质量，上挑 230 mm 防止混凝土浆液溢出。

索塔横桥向尺寸不变，塔柱向内侧倾斜，纵桥向两面收坡，外模四面在中部分模，各自依托爬架拆模后移，塔身外模配置 6 块模板，由 WM-01 Z、WM-01F、WM-02 Z（两块）、WM-02F（两块）构成，外模倒角段采用定型造型木，与小面模板为一个整体；内模配置 8 块模板，分别由 JM-01（4 块）、NM-01 Z、NM-01F、NM-02 Z、NM-02F 组成，字母 Z 代表正向，字母 F 代表反向，字母 J 代表角模、字母 W 代表外模、字母 N 代表内模。共分为 6 个拆模单元，各拆模单元随各单元爬架平行于该单元外侧边线爬升。

内模分为 8 个拆模单元，转角处设置转角模板，内模长边设置液压爬模，短边设置翻模。各单元拆模后整体吊装（拆模前就先将背肋多余部分割掉）。

内外模拉杆采用 25#PSB930 精轧螺纹钢拉杆，外套 $\phi45 \times 2$ 的 PVC 管，在竖向上共分布 4 道拉杆，最上面一道拉杆不穿过混凝土；内模需布置横向对撑。

钢筋绑扎平台、模板操作平台、液压操作平台、吊平台的横梁和 [14 槽钢之间用 M20×50 的螺栓连接，主平台梁采用双 20 槽和下架体之间通过支座连接。钢筋绑扎平台需堆放钢筋，吊平台为防止细小物件掉落，故钢筋绑扎平台板与吊平台板采用折弯花纹钢板。其余平台板为钢跳板（减轻爬模自身重量）。平台板与平台横梁之间用铆钉压紧。主塔液压爬模施工效果如图 1-3 所示。

图 1-3　主塔液压爬模施工效果

6. 两岸塔柱地泵设置

根据两岸主塔高度及混凝土性能，两岸设置徐工 80 混凝土泵配合混凝土浇筑，大姚岸设置 2 台 80 m³/h 混凝土输送泵一泵到顶，左右塔柱各设置 1 道管路，管道沿索塔外侧面固定接长。永仁岸设置 2 台 80 m³/h 混凝土输送泵。左右塔柱各设置一道管路，管道沿索塔外侧面固定接长。

7. 混凝土施工

（1）塔柱混凝土均采用泵送浇筑，根据设计图纸及综合考虑当地地材情况，C55 抗渗混凝土的设计配合比为：水泥∶砂∶碎石∶粉煤灰∶外加剂∶水 = 469∶780∶1 033∶52∶5.21∶146（单位：kg/m³），水胶比 0.28。

（2）混凝土浇筑施工要点。

① 在混凝土浇筑开始之前先泵送水泥砂浆，以润滑管道。泵送作业完成之后，管道里面残留的混凝土应及时排除，并将全部设备清洗。

② 大姚岸设置 2 台 80 m³/h 混凝土输送泵一泵到顶，左右塔柱各设置 1 道管路，管道沿索塔外侧面固定接长。永仁岸设置 4 台 80 m³/h 混凝土输送泵，下横梁处设置接力泵车。左右塔柱各设置一道管路，管道沿索塔外侧面固定接长。

③ 混凝土浇筑采用分层连续浇筑，同时便于振捣，分层厚度不大于 50 cm，根据现场混凝土输送能力及浇筑人员组织，现场按照 50 cm 浇筑分层控制。

④ 在前层混凝土初凝之前，将次层混凝土浇筑完毕，保证无层间冷缝发生。第一层浇筑完毕后，第二层从第一层的起点进行。每层混凝土浇筑共设置 8 个下料口，具体参考塔柱首节混凝土浇筑下料口设置。

⑤ 混凝土振捣应由专职操作工进行，操作工应经过培训。混凝土振捣棒要插入下一层 5~10 cm，振捣时，振动棒垂直插入，快入慢出，其移动间距不大于振动棒作用半径的 1.5 倍，即 45~60 cm，且应避免碰撞钢筋、模板、预埋管件。振捣时插点均匀，成行或交错式前进，以免过振或漏振，振棒振动时间在 20~30 s，当混凝土表面呈水平，混凝土拌和物不再显著下沉、不再出现气泡、表面泛浆时为最佳。每一次振动完毕后，边振动边徐徐拔出振动棒。

⑥ 在混凝土浇筑过程中设专人检查模板变形情况，发现模板有变形立即停止混凝土浇筑，检查分析原因并采取有效措施加固。

⑦ 混凝土下料时，采用在输送泵管的出料端设置软管，利用软管插入下料点，对浇筑高度在 2 m 以上的，现场必须设置布袋下料。

⑧ 输送管应顺直，转弯处应圆缓，接头严密不漏气，否则容易堵管。

⑨ 泵机开始工作后，中途不得停机，如非停机不可，停机间隙时间一般不应超过 15 min，停机时应每隔一定时间泵送几次防止混凝土凝结堵塞管道。在泵送过程中，料斗内应有足够的混凝土防止吸入空气产生阻塞。

（3）试验取样及施工记录。

混凝土浇筑时按有关规定制作混凝土试件，进行强度检查。指定专人填写混凝土施工记录，详细记录原材料质量、混凝土的配合比、坍落度、拌和质量、混凝土的浇筑和振捣方法、浇筑进度和浇筑过程出现的问题等，以备检查。现场设置养护架进行同条件养护。

（4）施工缝处理。

混凝土表面开始泛白时，清除钢筋表面混凝土。对混凝土顶面用齿耙划毛，也可用高压水冲毛处理，处理后表面没有浮浆，露出石子可见粗糙的混凝土新鲜面。划毛后用养护水彻底清理。对混凝土的强度，水冲洗凿毛时，应达到 0.5 MPa；人工凿毛时，应达到 2.5 MPa。

（5）模板拆除。

混凝土浇筑完毕后，待现场同条件养护试件强度达到设计强度的 50%时，可以拆除内侧倾斜面模板。混凝土的拆模时间尽量选择在天晴无风的时段。拆模后，将模板拉杆上外漏的 PVC 管清除，采用同强度的水泥膏修补。

模板拆除时，注意保护塔柱的棱角，应使其完整、光滑。

8. 塔冠施工

塔冠在钢梁架设完毕，拆除塔顶门架后施工。塔冠倒用塔柱液压爬模模板及拉杆组件翻模施工。内模采用木模或组合钢模，碗扣式钢管架支撑，钢管架步距 1.2 m，立杆横纵向间距 0.6 m。塔冠顶板位置设有 100 cm × 100 cm 人孔及 $\phi 10$ 泄水孔，塔冠施工时注意安装预埋件。混凝土采用塔吊配合吊罐法浇筑，用振捣棒振捣密实。施工完成后内侧模板及钢管支架从人孔取出，塔吊吊离。

上塔柱顶节施工时，注意预埋塔冠钢筋，因间隔时间较长，预埋钢筋采用钢筋套筒形式，套筒内加注黄油密封。

9. 塔柱加劲隔板及横梁隔板施工

（1）加劲隔板施工。

根据设计图纸，永仁岸塔柱共设置 8 道塔柱加劲隔板，大姚岸塔柱共设置 4 道塔柱加劲隔板，隔板与塔柱异步施工，两岸塔柱施工至加劲隔板位置时预留加劲隔板钢筋，并在隔板下方埋设预埋件，塔柱内吊平台爬升至隔板顶后开始施工加劲隔板，采用支架现浇，支架采用牛腿型钢结构，底模采用木模板，模板安装完成后绑扎钢筋，并浇筑混凝土，混凝土采用塔吊吊装浇筑。

（2）横梁处隔板施工。

两岸塔柱横梁处下隔板均采用预制板施工，永仁岸下塔柱施工至下横梁第 14 节段时安装预制板，绑扎隔板钢筋，然后在施工塔柱下一节段的同时浇筑隔板。永仁岸上横梁下隔板在施工第 31 节时浇筑安装预制板，绑扎隔板钢筋，然后施工塔柱下一节段的同时浇筑隔板。大姚岸上横梁隔板在 17 节段浇筑完成后安装预制板，绑扎隔板钢筋，在进行 18 节浇筑的同时浇筑隔板。预制板均提前在地面完成预制。

横梁顶板处上隔板采用钢管脚手架现浇，底板施工完成，模板拆除后进行顶板支架搭设，顶板支架采用 $\phi 48 \times 3.5$ mm 扣件式支架，立杆纵向间距为 1 m，横向间距为 1 m，步距为 1.2 m，钢管顶设置 10 cm $\times$ 10 cm 木方，模板采用木模。

10. 塔柱水平横撑安装

为避免上下塔柱根部附加弯矩过大，平衡塔柱内倾产生的水平分力，永仁岸塔柱之间设置 6 道临时支撑，上、下塔柱各 3 道，每道支撑设 2 根钢管；大姚岸塔柱之间设置 3 道临时支撑，每道支撑设 2 根钢管。塔柱下塔柱横撑与下横梁支架综合设计，上塔柱横撑单独设计，横撑采用 $\phi 630 \times 8$ 钢管，焊接成平面桁架结构，两端塔柱上预埋爬锥固结。

塔柱施工时，水平支撑按设计跟进安装。横撑位置、水平顶推力以及塔柱预偏量根据监控指令确定。上塔柱最顶部一道横撑位置及顶推力须考虑上横梁浇筑时支架对塔柱的偏载作用。

临时水平支撑的主要组成部分有支撑钢管、操作平台、横联杆件、支撑钢板座等。水平横撑钢管分节段加工制造并运至桥位，根据塔吊吊装能力组拼，因下塔柱横撑与下横梁支架一起考虑设计，故每根钢管两端均设顶推桩帽，上塔柱横撑在一端设置顶推桩帽。

安装步骤：

（1）通过液压爬架安装向下吊笼或爬梯，安装好水平横撑施工平台。

（2）水平横撑先安装好短节段，再安装长节段。短节段采用倒链配合塔吊安装，塔柱施工时在预埋件上方预留孔道，用于安装倒链。

（3）因下塔柱水平横撑与下横梁支架共节点，故先将长节段单台塔吊吊装到位后临时固定，确定与短节段对中后焊接节点位置；上塔柱横撑长节段采用两台塔吊抬吊到位，安装塔柱位置锚固螺栓，临时固定顶推口。

（4）在顶推口位置安装扁顶，根据监控指令两根横撑同时施加顶推力，随后在桩帽周边焊接事先准备好的楔形垫块。垫块要求足够刚度和足够数量，减小变形量，施加顶推力时考虑因垫块压缩变形损失的顶推力。

（5）最后焊接横联杆件，为方便施工，钢管上事先焊接通道及栏杆。

### 1.4.3.7　下横梁施工

索塔下横梁高 7 m，宽 7.5 m，与塔柱异步施工，根据下横梁的截面特性，同时考虑到横梁混凝土方量较大，为减轻支架荷载，分两层浇筑混凝土，第一次浇筑 4 m，第二次浇筑 3 m。在横梁施工过程中，支架的布置及受力必须满足设计的要求，采用沙袋预压或原材料预压后要确保结构部件间的非弹性变形已全部消除，预压荷载为横梁支架承受全部荷载的 1.1 倍。

横梁现浇支架考虑非弹性、弹性变形以及温差日照影响，除此之外，还应考虑塔柱后期混凝土的收缩徐变。综合考虑后，根据监控指令确定横梁预拱度及预抬值。

1. 横梁支架设计及施工

永仁岸下横梁采用落地钢管支架 + 分配梁 + 贝雷梁 + 底模的方案施工，钢管桩采用 $\phi 1\,020 \times 12$ 钢管，采用 $\phi 630 \times 8$ 钢管为连接系，钢管桩顶设置 $2HN700 \times 300$ 型钢作为分配梁，分配梁上设置贝雷梁，然后设置工 12.6 垫梁及模板，底模采用木模板，横梁宽度方向共设置 16 排贝雷梁，横梁长度方向共设置 10 节贝雷梁，其中包括 1 节异性贝雷梁，垫块采用砂筒。下横梁施工效果如图 1-4 所示。

图 1-4　下横梁施工效果

下横梁支架安装顺序：

① 塔柱承台及系梁施工时预埋下横梁施工支架预埋件，需保证预埋件的平整度及其下方混凝土振捣密实。

② 下塔柱施工时，在塔柱内侧安装横撑、施工平台及牛腿预埋件（索塔横撑 + 支架连接系共用），预埋件位置和尺寸偏差应严格控制在 5 mm 以内，预埋件处塔柱拆模后，应对预埋件位置进行竣工测量。

③ 安装 $\phi 1\,020$ mm 钢管桩，并焊接连接系固定。在安装过程中，严格控制桩顶标高偏差不大于 5 mm。

④ 在钢管桩桩顶安装砂筒，测量控制其标高与设计标高（根据下横梁底标高推算）相符。焊缝高度应不小于 10 mm。

⑤ 安装分配梁并与砂筒固定。

⑥ 采用塔吊分组安装贝雷梁支架，并按照设计图纸要求，利用支撑架将每片贝雷梁连接成为整体。

⑦ 在贝雷梁顶端安装垫梁，在其上铺设底模系统（木方 + 竹胶板）。

下横梁支架施工实物如图 1-5 所示。

图 1-5 下横梁支架施工实物

(1)支架基础施工。

下横梁支架基础通过预埋件固定在承台及系梁上,承台及系梁均为实心混凝土结构,承载力满足要求,承台施工时在承台顶面安装预埋件。

(2)牛腿、水平横撑安装。

在塔柱施工时安装施工平台、水平横撑爬锥及牛腿预埋件。牛腿、水平横撑安装前先安装施工平台,在施工平台上完成牛腿、水平横撑安装。采用塔吊吊装至安装位置附近,塔柱内侧倒链配合就位,塔柱施工时预埋倒链安装孔道。先将牛腿上端安装至预留槽内,然后安装精轧螺纹钢,再微调安装下端精轧螺纹钢,调平后紧固精轧螺纹钢。牛腿安装时严格控制标高和平整度。

(3)支架安装。

钢管柱直径为$\phi 1\ 020$ mm,壁厚 12 mm,标准节段钢管柱长度拟定为 12 m。钢管桩采用塔吊吊装接长,钢管柱任何一个断面的直径偏差不得大于 5 mm,保证所有焊缝的高度和宽度。钢管柱两端磨平,与预埋件焊接不得留有缝隙。钢管桩之间采用法兰连接,采用 8.8 级 M27 螺栓。在钢管立柱拼装的同时安装水平横撑(长节段)和连接系,控制钢管柱垂直度。钢管立柱与水平横撑、连接系之间焊接,拼装倾斜度不得大于 0.5%。有水平横撑的位置,先焊接横撑,再焊接连接系。焊接固定水平横撑后及时施加横撑水平顶推力,故下横梁支架与下塔柱同步施工,确保水平横撑及时有效。

考虑拼装方便,钢管立柱上安装施工爬梯及施工平台。钢管立柱连接法兰下方 1 m 范围内按需设置操作平台,采用型钢制作,并铺设脚手板,施工平台四周设置栏杆并安装防护网。在钢管柱拼装完成后,及时安装防坠安全网,在距桩顶 2 m 范围内设置防坠网,以保证坠物不掉入下方施工区域。

钢管柱安装完成后焊接调节垫块，测量放样，控制桩顶标高偏差不大于 5 mm。在砂筒上方安装支撑梁，支撑梁与砂筒焊接固定。

（4）分配梁安装。

钢管桩顶分配梁采用 2HN700×300 型钢，牛腿顶分配梁采用 2 工 56b，分配梁在地面将加劲板等构件焊接好后整体吊装至设计位置进行安装，单个分配最大吊重 3.6 t，最大吊距 20.6 m，塔吊 20 处极限吊重 5 t，因此采用 1 台塔吊起吊至设计位置，满足要求。

（5）贝雷梁安装。

根据结构布置，贝雷梁采用 3 m 和 2.5 m 型，纵向共设置 10 排贝雷梁，其中 2.5 m 贝雷梁 1 排，贝雷梁横向间距为（90 cm + 22.5 cm + 45 cm + 22.5 cm + 45 cm + 5×90 cm + 45 cm + 22.5 cm + 45 cm + 22.5 cm + 90 cm）间距进行布置，支撑架采用梅花形进行设置。贝雷梁先在地面按 900 mm 支撑架分组成排拼装。因场地、塔吊设备所限，且贝雷梁长度达 29.6 m（略小于两塔柱间净距），考虑采用两台塔吊安装，吊装到位的贝雷梁采用 U 形卡环固定，并及时安装支撑架。

根据实际模拟，下横梁贝雷梁放置于永仁岸主塔靠近大里程侧桥中线位置处起吊，每两榀贝雷梁最大吊重为 5.3 t，考虑吊装安全性，采用两台塔吊抬吊的方式吊装，吊点设置在距两端 9.06 m 位置处。

成排吊装就位后安装剩余连接支撑架，最后安装横向分配梁，吊装从中间至两侧对称安装。

（6）垫梁安装。

垫梁为工 12.6，采用塔吊吊装至设计位置后进行安装，采用 U 形卡环与贝雷梁固定。

（7）木方及底模安装。

垫梁安装完成后进行木方安装，木方和垫梁成 90°安装，在底板处木方间距为 25 cm，在腹板处满铺木方。

2. 模板工程

横梁模板分外模、内模、底模三部分，外模采用大块钢模板，内模采用钢模+木模组合模板，内腔侧模采用定型钢模，倒角及顶板采用木模。采用拉杆对拉，拉杆为 PSB785 精轧螺纹钢筋，内模底口用反压板，阻止混凝土外翻。顶板采用 $\phi$48 mm 钢管支架支撑，钢管纵、横、竖向间距 1 m，钢管与方木之间设置顶托调节模板标高，模板拼缝应尽量在一直线上，横梁位置设计有人洞，可将支架、模板取出。

施工时，先安装底模，再安装外侧模，再安装内侧模及倒角模板，最后安装顶板底模。模板与钢筋安装工作配合进行。如有妨碍，以钢筋安装为先。模板安装完毕后，对其平面位置、顶部高程、模板支撑结构的稳定进行检查，签证后浇筑混凝土。在浇筑过程中，派专人值班，检查模板，发现模板有超过允许偏差变形值的可能时，停止浇筑，及时加固。横梁分两次浇筑，模板分两次安装。

3. 横梁支架预压

根据最新《公路桥涵施工技术规范》（JTG/T 3650—2020）第 5.4.3 条中第（1）条：位于刚性基础上的刚度较大且非弹性变形可确定控制在一定范围内的支架，在经过计算并通过一定审核程序，确认其满足强度、刚度及稳定性等要求的前提下，可不预压。条文说明："位于刚性基础上"主要是指支架支撑在桥涵工程的基础顶部、正式通车后的水泥路面或沥青混凝土路面顶部，以及其他经确认不会产生沉降的构筑物顶部。"刚度较大且非弹性变形可确定控制在一定范围内的支架"一般指采用大直径钢管或型钢等材料制作而成的材料。

本工程下横梁支架为钢管立柱支架，上横梁支架为型钢支架，均属于"刚度较大且非弹性变形可确定控制在一定范围内的支架"。下横梁支架基础位于主塔承台顶面，上横梁支架基础设置于塔柱预埋槽口处，均位于刚性基础上。因此本工程横梁支架不需要进行预压。

4. 钢筋加工与安装

由于下横梁采用塔梁异步施工，下塔柱施工至横梁处时，预埋横梁钢筋。横梁主筋 N1（C32）、倒角钢筋 N7 和 N8（C16）钢筋伸入塔柱内部，按照《公路桥涵施工技术规范》（JTG/T 3650—2020）要求，横梁与塔柱交接处的水平钢筋接头必须错开，若错开接头，50%的钢筋必须穿破模板。本桥主塔施工采用液压爬模施工工艺，如钢筋接头穿出模板，将导致以下几个不良影响：

① 钢筋接头破坏了模板，该处模板必须重新更换。

② 钢筋接头阻挡了爬模的正常爬升，靠塔柱内侧（桥中线方向）的爬模系统必须拆除、再重新安装。如此一来，既影响了工期，又增加了不安全因素。

因此，结合国内相关工程的施工经验，我部提出横梁与塔柱交接处的钢筋接头不进行错开的方案，即该处主筋 N1（C32）钢筋接头全部采用直螺纹连接（可以达到Ⅰ级接头标准），接头套筒用胶带进行包裹，全部抵在模板上，并增加 25%接头数量；倒角钢筋 N6、N7（C16）预埋弯钩紧贴模板面。当混凝土浇筑完成后，沿着钢筋接头处凿开一条槽带，撕掉胶带，在套筒内插入钢筋进行连接。采用此方案就可以避免上述两个问题。此外，有以下两个理由可以佐证此方案可行：

① 根据《钢筋机械连接通用技术规程》（JGJ 107—2013）第 4.0.3 条：

Ⅰ级接头的接头百分率可不受限制。

受拉钢筋应力较小部位或纵向受压钢筋，接头百分率可不受限制。

本桥采用的直螺纹连接可以达到Ⅰ级接头的标准，此外，横梁为预应力结构，钢筋受力较小，可以满足"接头百分率可不受限制"的条件。

② 经过我部收集的相关资料，国内同类型项目，如舟山西堠门桥（主跨 1 650 m 悬索桥）、苏通长江大桥（主跨 1 088 m 斜拉桥）、香丽虎跳峡金沙江特大桥的主塔均采用横梁与塔柱交接处的钢筋接头不错开的方法施工。故此处钢筋接头在塔柱施工时全部断开，设置直螺纹套筒连接，待塔柱混凝土浇筑完毕拆模后，凿出直螺纹套筒，连接横梁钢筋。

塔柱钢筋在钢筋车间集中加工，包括切割、弯折、车丝。

钢筋加工严格按照设计图纸和相关技术规范的要求执行，加工钢筋前由现场技术员做钢筋下料单，经现场技术负责人审核通过后，才能按照下料单下料。

箍筋端部按图纸规定设弯钩，其弯曲直径应大于受力主筋直径，且不小于箍筋直径的 4 倍；弯钩平直段长度，不小于5d（d 为钢筋直径）。

横梁水平箍筋净保护层厚 47 mm，横梁施工时，若横梁钢筋与预应力管道有冲突，可调整横梁钢筋的位置，使其满足预应力施工要求，但必须保证保护层厚度。

横梁预应力锚固位置因预埋套筒截断的塔柱外侧钢筋应与套筒焊接,并在两侧用同样直径钢筋补强,套筒与塔壁保持净 6 cm 保护层,钢束张拉完成后钢套管内设 C12 封锚钢筋网,间距 0.1 m,钢筋网焊接于钢套管内壁上。

永仁岸下横梁、大姚岸上横梁施工时预埋竖向支座垫石钢筋、引桥支墩钢筋。制作垫石在下横梁施工完成之后立模浇筑,并预埋制作所需预埋件,支座垫石顶面高程允许偏差 ≤2 mm,四角高差 ≤1 mm,轴线偏位 ≤5 mm。

横梁钢筋施工其他要求均参考塔身施工部分。

5. 预埋件钢筋安装

横梁钢筋安装过程中根据设计图纸要求安装支座垫石、支座挡块的预埋钢筋,钢筋均在钢筋车间加工完成后运输至现场进行安装。

6. 预应力筋(管道)安装

下横梁预应力采用 24 束 15-22 型预应力钢绞线,钢绞线直径为 15.2 mm,钢绞线标准强度为 1 860 MPa,钢束采用两端张拉,每束张拉控制力为 4 296 kN。波纹管采用塑料波纹管,规格为 $\phi100/\phi116$。

预应力施工采用后张法。塔柱段施工时预埋锚垫板与波纹管,横梁位置处的预应力管道口用密封胶带封口,全部抵在模板上。波纹管安装完成后在波纹管内安装支撑芯棒。波纹管接头处用密封胶带缠紧密封,防止横梁浇筑时水泥浆进入管道。待混凝土浇筑完成后强度达到设计要求张拉预应力。

预应力材料保持清洁,在存放和搬运过程应避免机械损伤和有害的锈蚀并采取防潮、防雨措施。

预应力管道即波纹管进场前必须提供检验报告,严格按照设计图纸安装,控制波纹管的横、纵向坐标和高度,并采用定位钢筋固定,使其能牢固地置于模板内的设计位置,且在混凝土浇筑期间不产生位移,水平向偏差不大于 10 mm,竖向偏差不大于 5 mm。波纹管定位钢筋在波纹管长度范围内采用 $\phi12$ 钢筋、间距 100 cm 的方式布置,如定位钢筋与横梁普通钢筋相冲突,定位钢筋可适当挪动,定位钢筋与横梁普通钢筋焊接成整体。

波纹管安装时,尽量减少接头,节段间的接头采用的大一号长为 250～300 mm 的波纹管进行外接,再将其两端用胶带缠紧封实。波纹管安装后仔细检查有无孔洞。一旦发现管道破损或穿孔,必须用接头或绝缘胶布缠裹以防止水泥浆进入管道,对管道接头处要缠裹密实。同时,注意锚垫板与模板、锚板及套管之间的密封情况,切勿让水泥浆进入管道。锚垫板应垂直于管道中心线,锚下 $\phi16$ 螺旋筋应紧贴锚垫板。

加强钢筋安装时,如与预应力锚具有冲突,可适当挪动钢筋,确保预应力孔束的准确位置。

7. 混凝土浇筑及养护

混凝土浇筑前,应对支架、模板、钢筋、预应力筋和预埋件进行检查,并做好记录,符合设计要求后方可浇筑。模板内的杂物、积水和钢筋上的污垢应清理干净。模板如有缝隙,应填塞严密,模板内面涂刷脱模剂。浇筑混凝土前应检查混凝土的均匀性和坍落度。混凝土浇筑向模板内倾卸混凝土时,为防止混凝土离析,其自由倾落高度不宜超过 2 m,若超过 2 m,需采用滑板或串筒。

横梁混凝土浇筑时,为防止支架两端上翘,混凝土每层浇筑时应事先于横梁两端浇筑混凝土压重,然后再进行其他区域的混凝土浇筑。横梁混凝土按一定的厚度先底板后腹板,斜向分层浇筑。在下层混凝土初凝前浇筑完上层混凝土。

横梁混凝土分层振捣密实。混凝土入模后采用插入式振动棒振捣。振捣时,振动棒快进慢出,插入混凝土中的深度应进入上层(已浇混凝土)5 cm,其移动间距不大于振动棒作用半径的 1.5 倍即 45～60 cm。振捣时插点均匀,成行或交错式前进,振动棒振动时间约 20～30 s,以免过振或漏振。对每一振动部位,振动到该部位混凝土密实为止,密实的标志是混凝土停止下沉、不再冒出气泡、表面呈现平坦、泛浆现象。振动棒振捣时应避免碰撞模板、钢筋及预应力管道等预埋件。在腹板和底板的倒角处、锚垫板处特别加强振捣。

混凝土的浇筑连续进行,如因故必须间断时,间断时间应小于前层混凝土的初凝时间。混凝土的运输、浇筑及间歇的全部时间不得超过 180 min。

在浇筑腹板混凝土过程中,如底板混凝土翻浆,须在不扰动已浇筑混凝土的条件下,采取增加压板措施防止翻浆并换点浇筑。

下横梁第二次浇筑混凝土时注意预埋支承垫石钢筋及预留孔等预埋件。浇筑完毕混凝土初凝前要两次收浆抹面,留出排水坡。

浇筑混凝土期间,应设专人检查支架、模板、钢筋和预埋件等稳固情况。当发现有松动、变形、移位时,应及时处理。

8. 预应力张拉、压浆、封锚

横梁施工分两次浇筑,第一次浇筑完成,且混凝土强度达到设计强度的 80% 后进行底板预应力第一次张拉,张拉力为控制张拉力的 30%。

第二次浇筑混凝土强度和弹模达到 100% 且浇筑时间大于 7 d 后进行剩余预应力张拉,预应力张拉程序为 0→初应力→$\sigma_{con}$(持荷 5 min 锚固)。

预应力水平张拉顺序为先内后外对称张拉,竖向张拉顺序为 N4→N3→N5→N2→N6→N1。

预应力张拉采用应力值和伸长值进行双控,张拉时要注意不要堵塞进、出浆孔孔道。张拉完成后,将多余的钢绞线用砂轮机切除,钢绞线剩余长度 3～4 cm。孔道压浆在终张拉完毕后尽快进行。压浆之后及时对张拉槽进行封锚,封锚混凝土强度等级不低于 C55。先将槽口凿毛,并将承压板表面的粘浆和锚具外部的灰浆铲除干净,对锚具进行防锈处理,同时检查确认无漏压的管道后,设置钢筋网浇筑加膨胀剂的 C55 混凝土。封端混凝土表面与塔柱表面平齐,应保证封锚混凝土与塔柱混凝土颜色一致,以确保外观质量。

下横梁内布置 32 束 22A$^s$15.2 钢绞线,钢绞线采用两端张拉,锚下张拉控制应力采用 $0.75f_y = 1\ 395$ MPa,下横梁每束张拉力为 4 296 kN。所有预应力锚固点均设在塔柱外侧,采用深埋锚工艺,施工塔身时应预先用泡沫塑料封堵套筒,以防施工时混凝土进入套筒内。预应力管道采用塑料波纹管、真空压浆工艺。预应力张拉时应使用特制的工具式过渡板在塔柱外壁进行张拉。

同样,为降低横梁内外温差,改善通风状况,在横梁腹板设置直径 $\phi$10 cm 的 PVC 通风孔,通风孔由里向下倾斜 3°。在横梁底板布设直径 $\phi$10 cm 的 PVC 排水管。

横梁在除地震荷载组合作用下,按照全预应力构件设计。预应力伸长量计算采用的管道摩阻系数为 0.17,预应力管道偏差系数为 0.001 5。

（1）张拉前的准备。

① 张拉千斤顶进场后，将千斤顶、油表、油泵一起送到当地计量部门进行配套校准标定，并出具正式检验标定证书，检验合格后方进行使用。对每束钢绞线的理论伸长量进行复核，根据标定的回归方程及实际检验的钢绞线弹性模量、截面积，计算、列表并绘制张拉力与油表关系曲线，各级张拉力下的伸长量值。

② 张拉前梁混凝土强度应符合设计要求，须由试验室下发张拉通知方可张拉，不允许私自张拉。

③ 进场的钢绞线，其技术条件、质量证明书等内容必须符合现行标准，并委托有资质的检测单位进行试验，合格后才可使用。钢绞线在保存和使用过程中，注意防潮和覆盖，避免锈蚀或被油污染。锚具、夹片按规范要求的频率进行抽样检查，合格方使用。

④ 预应力钢绞线的下料长度通过计算确定，计算时先考虑孔道长度、锚夹具厚度、千斤顶工作长度、外露长度及图纸提供的预应力筋长度等因素，按下料长度下料。

⑤ 钢绞线采用砂轮切割机进行切断，严禁使用氧气、乙炔火焰进行切割操作。

（2）预应力张拉。

当混凝土的强度不低于设计强度等级值的 100%、弹性模量不低于混凝土 28 d 弹性模量的 100% 且龄期达到 7 d 后进行钢束的张拉，张拉采用两端同时张拉，张拉控制应力为 $0.75f_y = 1\ 395$ MPa，下横梁每束张拉力为 4 296 kN，考虑锚圈口损失（试验测定），但不得大于 $0.8f_{pk}$，张拉程序如下：0→初应力→张拉控制应力 $\sigma_k$（含锚口摩阻损失）持荷 5 min→锚固。

在混凝土达到张拉强度后，清除锚具支配垫板上的水泥浆，先将锚环中心与管道中心对齐，并将锚环的轮廓准确地描画在支承垫板上，然后在锚环孔内套好钢绞线束，紧贴支承垫板与轮廓线对准，在混凝土张拉前逐根穿过波纹管，钢绞线穿束时保持波纹管内孔道畅通、无杂物。在孔道两头保留足够的伸出长度满足张拉工作长度要求。预应力张拉采用 600 t 智能张拉系统张拉。

① 张拉流程：

a. 将夹片放入锚环，夹片放好后用手锤轻敲，使夹片进入锚环内，在千斤顶就位后，调整千斤顶的位置，使管道、锚环、千斤顶处在一条轴线上。

b. 初始张拉，两端同时张拉至初应力（约为控制力的 10%~20%），然后在工作锚后的钢绞线上做好标记，作为测量钢绞线伸长量的基点，测量时不宜测千斤顶油缸的变位，应直接测定钢绞线的伸长量。

c. 逐渐加荷，两端同时张拉至控制应力，持荷 5 min，测量伸长量并作好记录，然后回油，使夹片回缩，完成自锚。

钢绞线采用张拉力与伸长量双控，以钢绞线伸长量校核，钢绞线伸长量的量测应注意，$0→0.1\sigma_k$ 的伸长量采用推算的方法，即以 $0.1\sigma_k$ 张拉到 $0.2\sigma_k$ 的钢绞线伸长量作为 $0→0.1\sigma_k$ 的伸长量。当张拉达到设计张拉力时，实际引伸量与理论计算伸长量相差不能超过 ±6%，当超过 ±6% 时，应查找原因，按照下列步骤进行：校验张拉设备；测定钢绞线的弹性模量；松张后再行张拉。如引伸量达不到设计要求，可灌中性肥皂水减少预应力孔道的摩阻损失，但在压浆前应用高压水将中性肥皂水冲洗干净，也可以适当将张拉吨位提高 3%。

张拉完毕后，在距锚头 3 cm 处用砂轮机将多余钢绞线切去，切割时用湿布包裹锚头并不断注入清水降温。

② 钢束张拉要点：

a. 钢束张拉顺序要严格按设计规定进行，张拉前锚具的承压面要清理干净。

b. 操作人员要注意安全，张拉千斤顶前不得站人，操作人员要严格按照操作程序进行。

c. 张拉采用两端对称张拉，每片梁张拉必须采用 2 台千斤顶同步张拉。

d. 张拉时要求技术人员在场方可张拉，并要通过监理工程师的认可，张拉应力和伸长量量测均做到监理工程师现场签认，确保张拉质量。

③ 张拉注意事项：

a. 张拉技术要求：钢束的张拉力和延伸量，应合乎设计要求；在一个断面上的断丝数量，不得大于该断面钢丝总数的 1%。每束中断丝不得超过 1 根，每束钢丝滑移量的总和不得大于该束伸长量的 1%。

b. 断丝、滑丝原因及处理。

断丝、滑丝原因：千斤顶、锚环、孔道不对中；夹片打得松紧不一；钢丝直径大小误差较大；夹片硬度不符合要求；夹片与锚环孔吻合不好；夹片与锚环孔的油污等物没有揩拭干净；锚头垫板与孔道不垂直；个别钢丝截面损伤；夹片、锚环的锥度公差配合不好。

高压油泵回油过程中滑丝的处理：检查夹片与锚环孔的锥度配合以及模块的变形情况，凡是锥度、硬度不合格，或有明显变形的夹片要更换；打夹片一定要均匀，使张拉时夹片的滑移量基本相等，如果夹片打得松紧不一，则造成夹片滑移量不一致，从而钢丝的受力不均匀，易产生滑丝；张拉 5 t 至 10 t 时，检查钢丝是否受力均匀，如果受力不均，要退锚重新安装千斤顶；将钢丝表面，夹片和锚环孔的油污、锈斑和灰砂清除干净。

张拉结束后滑丝的检查处理：检查夹片加工的几何尺寸和硬度，凡是锥度和硬度不合格的要重新更换；检查夹片、锚环锥度配合，配合不恰当的或夹片刻齿已拉坏的也要更换；检查锚环硬度和钢丝嵌入锚环的压痕深度，若压痕深度太大，说明锚环的硬度低，要更换锚环；张拉到设计要求后大缸要分级徐徐降压回零，控制降压速度，工具夹片要分组渐退松，防止大缸回零；退锚时钢丝振动过大而引起滑丝。

断丝原因的检查处理：检查校正锚环安装质量，必须使其表面与孔道中心线垂直；检查锚环和锚头垫板的孔洞棱角是否倒圆，不合格者需更换。

当夹片内缩量过大，超过规定数值时，采用下述方法减小夹片内缩量的措施：将夹片拔出来，重新张拉顶锚；当锚环硬度太低时，往往多次重复张拉都起不了作用，在这种情况下应更换锚环。

（3）预应力筋的压浆和封锚。

张拉后的预应力钢束极易生锈，预应力张拉完毕后对孔道必须在 24 h 内完成压浆。

① 压浆。

a. 压浆准备：割断锚外预应力筋，预应力筋割除后的余留长度 3~4 cm，调制砂浆封堵锚具与夹片间隙，达到强度后即可进行压浆。压浆前应将孔道清洗洁净、润湿，如有积水应用吹风机排除。

b. 压浆料拌制：孔道压浆采用专用压浆料进行拌制，流入储浆筒时应经过筛网过滤，筛网孔眼不大于 5 mm。

c. 压浆程序：孔道压浆采用 PCTS 智能压浆系统进行管道压浆。

压浆过程应缓慢、均匀进行，没有特殊原因中途不得停止。如发现孔道堵塞，则改由另一端浆补压。压浆时应戴防护眼镜，以免灰浆喷出时射伤眼睛。压浆完毕后认真填写压浆记录。

压浆过程中及压浆后 48 h 内，结构混凝土温度不得低于 + 5 ℃，否则采取保温措施。当温度超过 + 35 ℃时，不进行孔道压浆作业，改在夜间进行。

② 封锚。

孔道压浆后将梁端水泥浆冲洗干净，同时清除支承垫板，锚具及端面混凝土表面的污垢，并将端面混凝土凿毛。封端混凝土的灌注程序如下：

先在锚具上套上封锚套，并将封锚套固定，采用高强度砂浆将锚具与封锚套之间缝隙填塞密实，将外露钢绞线和锚具封闭密实，待砂浆初凝后再拆除封锚套。

然后按设计要求绑扎端部钢筋网，将部分箍筋点焊在支承垫板上。固定好封端模板。所用封端混凝土，其配合比及强度要求与梁体混凝土完全相同，灌注封端混凝土时，插捣须密实，静置 1~2 h 后，浇水养护。混凝土强度达到 2.5 MPa 后，拆除模板。

9. 落地钢管支架拆除

落地钢管支架拆除工艺与牛腿支架基本相似，拆除顺序为：砂筒卸落→底模→顶层分配梁（工 12.6）→贝雷梁→大分配梁（2HN700 × 300）→钢管桩拆除→预埋件、剪力槽处理。

（1）模板系统拆除。

模板采用塔吊逐块吊装拆除，侧模拉杆解除及螺栓卸掉后逐块依次拆除。底模拆除前先割除钢管立柱上方垫块，使底层分配梁及以上结构徐徐下降，上层分配梁与竹胶板分离。人工采用撬棍轻轻撬动底模，使木模与横梁底部分离，然后采用塔吊配合人工将木模吊离支架，待底模拆除完成后，塔吊配合人工逐根抽出小分配梁，捆绑后由塔吊吊离。

（2）贝雷梁拆除。

贝雷梁的拆除，先按 2 排贝雷梁为一组解除支撑架，支撑架不可全部一起解除，而是根据贝雷梁每组拆除排数对应解除与剩余贝雷梁之间支撑架，保证剩余贝雷梁的稳定。采用倒链将贝雷梁从下横梁底部内侧拖出至外侧支撑梁上。平移贝雷梁时特别注意横梁两侧对称交错进行，以防一侧产生偏载，滑移发生坠落事故。采用两台塔吊缓慢起吊下放至地面。

（3）分配梁拆除。

分配梁分为钢管柱顶分配梁及钢牛腿上分配梁，拆除顺序不一致，方法也略有差异。钢牛腿上分配梁在贝雷梁拆除之前拆除，钢管柱顶分配梁在贝雷梁拆除之后拆除。钢牛腿上分配梁拆除采用倒链配合塔吊下放拆除。倒链挂在贝雷梁上与分配梁连接。倒链受力，人工割除调平垫块，分配梁悬空。倒链下放一定高度后，由塔吊直接吊装拆除。

（4）钢管桩拆除。

钢管桩拆除时采用卷扬机配合塔吊下放拆除钢管立柱(含连接系)。拆除之前先解除水平横撑顶推力，采用卷扬机吊住水平横撑钢管，割除楔块。卷扬机钢丝绳穿过横梁预留孔与钢管柱上口法兰盘连接，稍稍预紧，塔吊从横梁外侧与钢管柱下口法兰盘的加劲板连接，施工人员解除连接螺栓后撤离。卷扬机的钢丝绳起吊脱空后，塔吊慢慢收紧。卷扬机配合塔吊缓慢下放，钢管柱水平落于地面。横向连接系的解除同样采用卷扬机配合塔吊下放。钢管柱及横向连接系的解除必须从上往下循环解除。横向连接系先解除立面的横向连接，再解除侧面的横向连接系。

### 1.4.3.8 上横梁施工

上横梁支架设计为牛腿钢桁架结构,分 6 部分组成:贝雷梁、分配梁、斜杆、竖杆、横撑、连接系。分配梁采用 2HN700×300,竖杆采用 2[32b,斜杆采用 $\phi$630×10 钢管,横撑采用 $\phi$820×10 钢管,分配梁上设置 321 标准贝雷梁,贝雷梁垂直于分配梁布置,贝雷梁上铺设垫梁、木方及模板。

整体采用空间型钢桁架体系,空间桁架体系由两榀平面桁架组成,每榀桁架之间设置连接系。桁架体系支撑在塔柱牛腿上,牛腿采用在塔柱上预埋剪力槽+精轧螺纹锚固形式,施工时支架下方设置防坠网。

上横梁钢筋制作及安装、模板安装及混凝土浇筑均和下横梁相同,上横梁混凝土分层浇筑,第一次浇筑高度为 4 m,第二次浇筑高度为 2.5 m。

上横梁设置 24 束 15-17 型预应力钢绞线,钢绞线直径为 15.2 mm,钢绞线标准强度为 1 860 MPa,钢束采用两端张拉,每束张拉控制力为 3 320 kN。波纹管采用塑料波纹管,规格为 $\phi$90/$\phi$106。预应力水平张拉顺序为先内后外对称张拉,竖向张拉顺序为 N4→N3→N5→N2→N6→N1。

**1. 上横梁支架安装**

(1)支架安装顺序。

塔柱内预埋件(包括预留孔、剪力槽)安装→桁架牛腿位置施工平台安装→牛腿安装以及精轧螺纹锚固→块体 A 安装(临时连接)→横撑钢管安装→斜杆安装→横梁安装→竖杆安装→贝雷梁安装→垫梁安装→木方安装→底模安装。

(2)基础施工。

上横梁托架结构基础为塔柱施工时预留的剪力槽,塔柱施工时在塔柱上预埋剪力槽口,槽口模板采用木模板,槽口设置与塔柱钢筋冲突,施工时先隔断塔柱槽口处钢筋,施工完成后进行等强度恢复。槽口底面设置钢板,钢板必须水平,槽口钢板底面设置钢筋网,进行补强槽口处混凝土强度。

(3)上横梁安装工艺。

上横梁支架安装先在钢筋车间内将牛腿焊接完成,然后吊装至设计位置进行安装,然后将在地面焊接完成的块体 A 吊装至设计位置进行焊接固定,然后安装横撑钢管,横撑钢管共 2 件,在地面连接成整体后吊装至设计位置。采用整体吊装的工艺,采用两台塔吊抬吊,横撑钢管和块体 A 焊接固定。再吊装斜杆和分配梁中间段,分配梁共 2 件,在地面焊接成整体后吊装至设计位置安装,分配梁安装后进行竖杆吊装,再进行贝雷梁安装。所有杆件加工完成后在地面进行预拼装,拼装通过后再进行吊装。

① 牛腿安装。

塔柱施工时预埋牛腿剪力槽、精轧螺纹预留孔及平台爬锥,要求安装准确,孔道顺直。剪力槽底部安装加强钢筋网,增大局部承压浇筑混凝土时加强剪力槽底部振捣,要求绝对密实。在牛腿安装之前安装好施工平台,包括塔柱外侧精轧螺纹平台。下牛腿剪力槽底部铺薄薄一层细沙抄平,确保混凝土面均匀受力,同时安装垫板。安装好牛腿后,安装下调平垫块,垫块与牛腿加劲板焊接。

② 块体 A 吊装。

块体 A 在地面焊接完成后整体吊装，共 4 件，块体 A 焊接时严格控制各杆件的尺寸及倾斜度，确保竖向支撑安装时准确定位。块体 A 吊装至设计位置后与牛腿焊接固定。块体 A 吊装前在地面进行预拼，确保横撑、斜杆、竖杆及分配梁能按设计要求拼装后再进行吊装。

③ 横撑钢管吊装。

横撑钢管在地面焊接连接系成整体后吊装至设计位置，横撑杆件共 2 件，整体重量为 13.8 t，采用 2 台塔吊抬吊至设计位置安装。

④ 分配梁吊装。

分配梁中间段（Z2）和斜杆连接成整体后整体吊装（共 7.1 t），采用两台塔吊抬吊。分两次单根吊装至设计位置，然后安装连接系，分配梁吊装至设计位置后和牛腿焊接固定。

⑤ 竖杆吊装栓接。

竖杆直接吊装至设计位置进行安装，采用法兰连接。

⑥ 贝雷梁安装。

贝雷梁从中间至两端对称吊装，支撑架采用梅花形进行设置。贝雷梁先在地面按 900 mm 支撑架分组成排拼装。因场地、塔吊设备所限，考虑采用两台塔吊安装，吊装到位的贝雷梁采用 U 形卡环固定，并及时安装支撑架。根据实际模拟，塔吊吊装最大吊距为 33 m，允许起吊重量为 5 t（4 倍率），故最大拼装重量为 4.2 t（5 排）。成排吊装就位后安装剩余连接支撑架。最后安装横向分配梁。

⑦ 上横梁支架安装在牛腿位置设计有操作平台，连接至电梯口，在桁架上焊接有钢筋爬梯，方便安装工人上下通行。

⑧ 垫梁、木方及模板安装。

贝雷梁安装完成后，进行垫梁、木方、模板安装，与下横梁安装相同，此处不再赘述。

（4）桁架验收。

根据《公路工程施工安全技术规范》，支架加工完成后，须对桁架主要杆件及焊缝等检查验收，合格后方可安装。

2. 横梁支架拆除工艺

（1）模板系统拆除。

模板采用塔吊逐块吊装拆除，侧模拉杆解除及螺栓卸掉后一块拆除一块，依次拆除。底模拆除前先割除钢管立柱上方垫块，使底层分配梁及以上结构徐徐下降，上层分配梁与竹胶板分离。人工采用撬棍轻轻撬动底模，使木模与横梁底部分离，然后采用塔吊配合人工将木模吊离支架，待底模拆除完成后，塔吊配合人工逐根抽出小分配梁，捆绑后塔吊吊离。

（2）贝雷梁拆除。

贝雷梁的拆除，先按 2~3 排贝雷梁为一组解除支撑架，支撑架不可全部一起解除，而是根据贝雷梁每组拆除排数对应解除与剩余贝雷梁之间支撑架，保证剩余贝雷梁的稳定。采用倒链将贝雷梁从上横梁底部内侧拖出至外侧支撑梁上。平移贝雷梁时特别注意横梁两侧对称交错进行，以防一侧产生偏载，滑移发生坠落事故。采用两台塔吊缓慢起吊下放至地面。

（3）竖杆、斜杆拆除。

贝雷梁拆除后，先拆除竖杆及斜杆，先用塔吊连接构件，然后打开连接螺栓，缓缓下放至地面。

（4）分配梁拆除。

分配梁采用分次拆除的方式，竖向及斜向杆件拆除后进行分配梁拆除，先拆除分配梁连接系，然后分两次拆除分配梁。

（5）支撑钢管拆除。

分配梁拆除后，拆除支撑钢管，先用倒链连接支撑钢管，然后将支撑钢管和块体A的连接法兰打开，然后采用两侧塔吊整体吊装至地面。

（6）牛腿拆除。

牛腿分上牛腿和下牛腿两部分，先拆除上牛腿，待底层连接管管拆除后进行下牛腿拆除，牛腿拆除采用倒链配合塔吊拆除。操作人员采用吊篮或爬梯到达牛腿操作平台位置。将倒链挂在贝雷梁上，另一端与牛腿连接。先让塔吊和倒链同时受力，拆除锚固螺栓。再将倒链缓慢释放，使塔吊吊绳垂直受力。解除倒链或卷扬机，塔吊直接吊装拆除。因牛腿位于横梁两侧腹板底部，可完全采用倒链配合拆除。

（7）预埋件处理。

塔柱爬锥预埋件直接在拆除爬锥后，采用同强度等级混凝土修补。承台位置钢板预埋件在拆除钢管立柱后割除预埋件，并凿毛、清洗，采用同强度等级混凝土修补。修补用混凝土采用与主体结构相同厂家水泥、粉煤灰及其他原材料。

### 1.4.3.9　塔柱附属结构施工

塔柱附属结构包括塔内检修楼梯、电梯、防雷接地、防腐涂装四部分。

1. 塔内检修楼梯施工

（1）钢结构加工与制作。

塔内检修楼梯钢结构在大型钢结构加工场委外加工。所有的钢结构防腐涂装均应满足设计要求及《公路桥梁钢结构防腐涂装技术条件》（JT/T 722—2008）规范的要求。塔内检修楼梯由平台、楼梯（直梯、斜梯）和栏杆组成。各种平台、直（斜）梯均由预埋板、钢筋、型钢、踏板、栏杆等焊接而成。各种在塔柱内成"之"字形布置，下横梁、上横梁、左塔柱、右塔柱之间均设有人孔连通。

钢结构施焊程序、焊接工件、焊接质量和焊接方法必须满足现行《钢结构工程施工质量验收标准》（GB 50205—2020）和设计以及其他相关规定和要求。

（2）检修楼梯安装。

检修楼梯采用异步施工，塔身混凝土施工时，预埋检修楼梯预埋件，待主塔封顶后再进行检修步梯安装，通过塔柱内腔内人孔进行从低到高逐次安装。

塔身施工时注意预埋检修通道的预埋件。各预埋件的位置要准确，不能遗漏。

2. 检修电梯预埋件安装

设计考虑在塔柱单肢全高范围内设置电梯，安装电梯的区间设计电梯井道，在下横梁处塔柱隔板预留 120 cm×80 cm 电梯及爬梯孔道,在上横梁隔板处电梯预留孔与爬梯人孔分离,电梯预留孔 180 cm×230 cm。在塔柱施工时,井道支撑预埋件与塔内楼梯预埋件一起安装。由于桥塔设计和施工提供给电梯安装的空间条件已经生成,电梯井道设计既要满足电梯安装要求,又要充分考虑塔内由设计给定的结构形状和尺寸。

检修电梯由业主委托专业单位设计、安装。

3. 防雷接地

防雷接地按照武汉雷光防雷有限公司设计图纸进行施工。索塔内接地引下线采用—50 mm×5 mm 扁钢与承台内等电位干线形成良好电气通路。在塔柱内每隔 10 m 焊接等电位连接线,同时与横梁等电位连接线焊接,所有线路采用—50 mm×5 mm 扁钢,顶端接闪杆,接地引下线贴塔柱钢筋安装。

接地引下线与承台等电位干线形成良好电气通路,接地电阻值≤4Ω,混凝土浇筑前逐一测试无误后方可施工。

4. 防腐涂装

结合景观工程要求,对本桥索塔表面进行轻防腐重景观装饰涂装,确保外观质量耐久性,有关结构涂装颜色根据景观专题设计要求确定。

(1) 当混凝土浇筑过程表面浮浆较厚时,浇筑坍落度偏大值,并及时排除泌水,泌水排除可采取引流法。引流法是在浇筑过程中将混凝土泌水适当集中,采用排水工具人工排除泌水。

(2) 混凝土浇筑后,塔座表面、实心段顶面采用刮杠刮平,木抹子搓平。考虑尽量消除混凝土收缩裂缝,混凝土表面在终凝前应经过多次抹光,及时恢复收缩裂缝,避免产生永久裂缝。

(3) 塔柱首节顶面在混凝土强度达到 2.5 MPa 时进行人工凿毛、清洗、干燥,凿毛过程中不得损伤钢筋。

(4) 若塔座与塔柱首节先后施工,则在塔座与塔柱接触位置设置剪力槽,采用方木、竹胶板制作预埋盒的方法,或在混凝土强度达到 2.5 MPa 时进行人工凿毛、清洗、干燥,凿毛过程中不得损伤钢筋。

### 1.4.3.10 混凝土养护

主塔混凝土养护方案按照以下 4 个步骤进行:
(1) 混凝土浇筑完成后在顶口进行蓄水养护。
(2) 混凝土浇筑 1 d 后松开模板,使水分从模板与塔壁之间的缝隙进入塔壁表面。
(3) 模板拆除后,在混凝土表面涂刷养护剂。
(4) 待液压爬模爬升后,在新浇筑混凝土外侧设置防风裙(设置在承重架下端),防风裙采用 PE(聚乙烯)篷布。

塔柱下方地面设置 1 处养护水箱,水箱容方量为 20 m³ 左右,水箱水源均从江底河提取,塔柱养护用水经养护水箱后提取至爬模中平台养护水箱内。

### 1.4.3.11 液压爬模安装及拆除

1. 液压自爬模安装

（1）安装施工准备。

爬模架体配件已经运抵现场并验收合格。

爬模施工专项方案已经审核批准。

起重设备吊装能力满足爬模设备安装拆除要求。

现场施工场地、水电已满足要求。

现场技术交底已完成，并且施工人员已经经过专业培训合格。

爬模预埋件安装位置及质量经检查合格。

（2）安装流程。

组装承重三脚架及平台→安装桁架及平台→第一节浇筑→预埋件安装→吊装三脚架→吊装上桁架→吊装模板→第二节浇筑→预埋件安装→安装上下换向盒及液压缸→安装导轨→安装液压系统→爬升架体。

① 安装三脚架。

准备两片 300 mm×2 440 mm 木板，按照爬锥中到中间距摆放在水平地面上。保证两条轴线绝对平行，轴线与木板连线夹角 90°，两对角线误差不超过 2 mm。将三脚架扣放在木板轴线上，安装后移横梁及后移装置，保证三脚架中到中间距等于第一次浇筑时爬锥的中到中间距，两三脚架对角线误差不超过 2 mm。安装平台立杆和护栏钢管，采用钢管扣件进行连接，注意加斜拉钢管。

② 安装平台钢板。

平台采用花纹钢板，要求平整牢固，在与部件冲突位置开孔，以保证架体使用，并再次校正两三脚架中到中间距是否为第一次浇筑时爬锥的中到中间距。

③ 拼上桁架、安装操作平台。

先在模板下垫三根木梁，然后在模板上安装桁架、斜撑、平台立杆，注意背楞调节器与模板背楞的支撑情况。安装背楞扣件，用钢管扣件将平台立杆连接牢固，注意加斜拉钢管。平台要求平整牢固，在与部件冲突位置开孔，以保证架体使用。

④ 预埋件的安装。

⑤ 吊装三脚架。

按照设计图纸将拼装好的架体安装就位，平稳地挂于第一次浇筑时预埋好的受力螺栓（承重销）上，并插入安全销，并挂好安全网。

⑥ 起吊桁架和模板。

将组装好的桁架整体吊起，安装在三脚架的后移装置上，再吊装模板，利用斜撑调节校正模板角度。

⑦ 液压缸、上换向盒、下换向盒的安装（用销轴相连接）。

⑧ 导轨的安装。

a. 利用模板后移装置将模板后移，安装第二层附墙座及附墙挂座。

扳动换向盒的换向把手向下，以调整换向盒内棘爪位置。

b. 吊装导轨。

c. 导轨依次穿过第二层附墙挂座、第一层附墙挂座和三脚架立杆、上换向盒、下换向盒、附墙撑。

d. 继续下放导轨至承重舌卡在第二层附墙挂座上。

e. 旋转导轨尾撑，使其垂直支撑在混凝土面上。

⑨ 液压系统的安装。

a. 将泵站放在合适位置后，将动轮的刹车装置按下，即可固定泵站小车。

b. 液压站就位后首先要给油箱注入干净的液压油，推荐使用的油液牌号是 L-HM-46，油液清洁度不低于 NAS1638-10 级，注油量为油箱有效容积高度的 90%（油位在液位计的最上部）。

c. 液压泵站有电机和风冷机两个用电器件，电机电压为 AC 380 V，风冷器使用电压为 AC 220 V。电器盒上装有电机启动/停止按钮和风冷器的启动/停止按钮。

d. 按照系统布置图将油缸及胶管全部安装正确。

e. 连接电控系统。

⑩ 爬模架体安全防护的安装（如安全网、防坠网、爬梯、灭火器、照明设备等）。

液压爬模架体外侧四周布置密目式钢板网＋钢管防护，配备一定数量灭火器。在①号平台设置三级配电柜，供液压爬模及钢筋焊接等。

钢管防护采用 $\phi 45 \times 2$ 钢管、十字扣件、旋转扣件、单扣件与液压爬模架体连接，防护钢管在地面和液压爬模架体同时安装，一起吊装。

液压爬模每榀架体之间除主平台采用 2［20 连接外，其余平台均采用［16，与架体之间采用螺栓连接，平台之上焊接 3 mm 厚花纹钢板。

在液压爬模各平台之间采用焊接角钢爬梯，平台上设置通道洞口，洞口用翻板封闭洞口。

（3）爬升流程。

混凝土浇筑完成→绑扎钢筋→模板拆模后移→安装附墙装置→爬升导轨→爬升架体→模板清理刷脱模剂→预埋件固定在模板上→合模→浇筑混凝土。

（4）导轨的爬升。

① 模板拆除并利用后移装置后移。

② 将附墙座和附墙挂座用受力螺栓固定在预埋好的埋件上，并固定好限位螺栓。

③ 上下换向盒内的换向装置应同时调整为向上，棘爪上端抵住导轨梯挡。

④ 打开电源及液压阀门，启动液压系统。

⑤ 控制液压系统一步一步爬升导轨。

⑥ 导轨爬升到离附墙挂座 10 cm 处，暂停液压系统，使导轨与附墙挂座对准后再启动继续爬升。

⑦ 导轨承重舌爬过附墙挂座承重块后暂停液压系统。

⑧ 调整上换向盒内的换向装置应同时调整为向下，棘爪下端抵住导轨梯挡。

⑨ 启动液压系统，使导轨回落至导轨承重舌完全卡在附墙挂座承重块上。

⑩ 关闭液压系统、阀门和电源。

⑪ 旋转导轨尾撑，使其垂直支撑在混凝土面上。

⑫ 拆除下部附墙挂座及爬锥以备周转使用。

⑬ 及时修补拆除混凝土内的爬锥孔。

（5）架体爬升。

① 旋转附墙撑，离开混凝土面，使承重三脚架下支撑点支撑在导轨上。

② 向下扳动上下换向盒的换向把手，使棘爪下端抵住导轨梯挡。

③ 拔掉附墙挂座上的安全销。

④ 打开电源及液压阀门，启动液压系统，开始爬升架体。

⑤ 架体爬升两个梯挡时暂停液压系统，拔掉附墙挂座上的承重销。

⑥ 启动液压系统继续爬升至架体立杆钩头过顶端附墙挂座的承重插销孔。

⑦ 暂停液压系统，把拆下来的承重插销安装到顶端附墙挂座上并固定。

⑧ 调整上换向盒内的换向装置应同时调整为向上，棘爪上端抵住导轨梯挡。

⑨ 启动液压系统，使架体回落至立杆钩头卡在承重销上。

⑩ 关闭液压系统、阀门和电源。

⑪ 旋转附墙撑支撑到混凝土面上。

⑫ 安装附墙挂座上的安全销。

（6）爬模施工技术要求。

① 合模前将模板清理干净，刷好脱模剂，装好埋件系统，测量模板拉杆孔的位置，是否与钢筋冲突，埋件、对拉螺栓如和钢筋有冲突时，将钢筋适当移位处理后再进行合模。

② 用线坠或仪器校正调整模板垂直度，穿好套管、拉杆，拧紧每根对拉杆，施工采用$\phi25$的PSB930精轧螺纹丝杆。

③ 混凝土振捣时严禁振捣棒碰撞受力螺栓套管或锥形接头等。

④ 上层混凝土强度达到10 MPa时，由项目部生产部门开具提升通知单，爬模技术指导与施工方安全员共同对架体系统（包括架体上的杂物，各连接部位的连接，及液压控制系统等）进行检查并填写提升前检查记录表，清理架体杂物，符合要求后方可提升。

⑤ 爬升架体或提升导轨时液压控制台应有专人操作，每榀架子设专人看管是否同步，发现不同步，可调节液压阀门进行控制。

⑥ 拆模时，外侧支架先拔出齿轮插销，内筒支架松动后移螺母，扳动后移装置将模板后移；后移到位后，外侧支架再插上齿轮插销，内筒支架拧紧后移螺母。

⑦ 维护、检修的内容：检查架体系统的连接部位和防护是否符合要求，否则及时整改，对电气控制系统要定期调试，及时更换易损件。

⑧ 施工过程中每层进行爬升过程的安全检查，符合要求后进行下道工序施工。

（7）埋件与鞍座等结构件冲突的解决方法。

由于本工程主塔采用同向回转鞍座锚固体系，桥面以上塔柱内鞍座数量多，且层层设置、彼此交错，因此爬模预埋件在桥面以上塔柱施工时将可能存在与鞍座、劲性骨架等结构件互相妨碍的问题，为避免预埋件与结构件之间的相互影响，除在主塔浇筑分节时做了相应考虑以尽量避免此种情况的发生外，当现场施工中仍然发现这种问题时，采取以下方式进行解决：

① 预埋件的正常埋设位置应在浇筑节段顶部向下870 mm。

② 如遇到上面的情况，可以通过重新在模板上开设预埋件孔避开鞍座位置，来实现架体爬升。

③ 如果预埋件位置在鞍座以上和鞍座壁冲突，可以通过在高强螺杆上直接焊接埋件钢板来实现预埋件预埋，埋件钢板与预埋件的焊接。

（8）预埋件拆除后的塔面处理。

预埋件拆除后由现场施工人员站在吊平台上，对空洞处进行修饰。修补使用强度不低于主塔混凝土级别的收缩补偿砂浆，砂浆强度、干燥色泽需事先经充分试配确定，确保修饰后的外观颜色与主塔基本一致。砂浆修补后，在外表面用无色透明胶带贴覆进行保湿养生。

2. 模板的合模拆模及液压爬模拆除流程

（1）合模。

① 合模前将模板清理干净，刷好脱模剂，根据设计图纸安装好埋件系统。

② 合理解决模板拉杆孔的位置与钢筋或钢结构冲突的位置。

③ 拔出齿轮插销，扳动后移装置将模板前移，底口贴紧混凝土的表面。

④ 插好后移齿轮插销及后移拉杆。

⑤ 现场测量人员用线坠和仪器校正并调节模板位置。

⑥ 穿好套管、拉杆，拧紧每根对拉螺杆。

⑦ 现场测量人员复查模板位置。

⑧ 浇筑混凝土。

（2）拆模。

① 混凝土达到强度后方可拆模。

② 松动模板紧固件，并抽出对拉丝杆。

③ 拔出齿轮插销，扳动后移装置将模板后移 500~600 mm，再插上齿轮插销。

④ 固定模板后移拉杆。

（3）拆除液压爬架。

① 用塔吊先将模板拆除并吊下。

② 拆除主平台以上的模板桁架系统，用塔吊吊下。

③ 用塔吊抽出导轨。

④ 拆除液压装置及配电装置。

⑤ 将液压控制台的主平台跳板拆除，吊出液压控制泵站和一些液压装置。

⑥ 操作人员位于吊平台上将下层附墙装置及爬锥拆除并吊下。

⑦ 用塔吊吊起主梁三脚架和吊平台。

⑧ 塔吊专用吊篮卸下最高一层附墙装置及爬锥，并修补好爬锥洞。

（4）液压爬模预压。

① 各平台施工荷载。

a. 钢筋绑扎工作平台①考虑堆放钢筋，施工荷载标准值 $5.0\ kN/m^2$。

b. 模板操作平台②施工荷载标准值 $1\ kN/m^2$。

c. 后移及模板操作主平台③施工荷载标准值 $1\ kN/m^2$。

d. 液压操作工作平台④施工荷载标准值 $1\ kN/m^2$。

e. 拆卸爬锥工作平台⑤⑥施工荷载标准值 $1\ kN/m^2$，根据规范规定，仅两层平台参与荷载组合。施工阶段选第①③层进行计算

取三架体支撑最大平台宽度 12.426 m。支撑模板最大宽度 9.87 mm 模板高度 6.33 m。

单层平台受力允许承载 5 kN/m²，施工时只允许一层平台承载 5 kN/m²，另外一个平台承载 1 kN/m²。各平台施工荷载见表 1-2。

表 1-2　各平台施工荷载

| 位置 | 施工活载/(kN/m²) | 平台长/m | 平台宽/m | 荷载分项系数 | 荷载设计值 $F$/kN | 总荷载/kN |
|---|---|---|---|---|---|---|
| 平台① | 5.00 | 12.43 | 2.70 | 1.40 | 234.85 | 施工阶段选第①③层进行计算，总荷载为 281.82 kN |
| 平台② | 1.00 | 12.43 | 1.60 | | 27.84 | |
| 平台③ | 1.00 | 12.43 | 2.70 | | 46.97 | |
| 平台④ | 1.00 | 12.43 | 2.70 | | 46.99 | |
| 平台⑤ | 1.00 | 12.43 | 1.70 | | 29.58 | |
| 平台⑥ | 1.00 | 12.43 | 1.70 | | 29.58 | |

参数说明：施工活载——施加到各平台的施工荷载。

平台长度——爬模架体的平台宽度（平台梁方向长度），计算处平台长为 12.426 m。

平台宽度——平台板的长度（平台板垂直平台梁布置）。

荷载分项系数——活载取 1.4。

荷载设计值——强度计算中使用，其值等于荷载标准值乘以荷载分项系数。

② 预压方案。

预压采用堆载试验，按规定加载至设计荷载，根据液压爬模计算书计算结果，爬架受力最不利工况为施工阶段，各平台承受最大荷载详见表 1-2（1.4×活载），第①③平台荷载为 281.82 kN，选择永仁岸主塔靠近塔柱内侧液压爬模进行加载，加载采用堆沙袋进行。预压时间为加载后观测 1 h，无异常后进行卸载。

③ 预压注意事项。

a. 预压前进行技术交底，按照预压方案进行操作。

b. 混凝土强度必须达到 15 MPa 后方可进行加载。

c. 爬模预压时除预压操作人员外，其余人员一律离开预压爬模区。预压区下方危险区域用警戒线隔离，安排专人维护。

d. 架体上不应放其余荷载，杂物预压前必须全部清除。

e. 大风天气及其他恶劣天气严禁加载。

f. 两榀爬架加载时必须对称加载。

## 1.5　主缆施工

1. 猫道架设

猫道（施工步道）系统架设是悬索桥上部结构安装最重要的临时工程之一，作为主缆索股牵引、索股调整、主缆紧固、索夹和吊索安装、钢梁吊装、主缆缠丝防护施工最重要的高处作业通道场地，其线形基本平行于主缆空缆线形。

猫道架设前先进行先导索架设，先导索架设完成后进行猫道牵引系统施工，然后先进行猫道门架支撑索架设，再进行猫道承重索架设，最后架设剩余门架支撑索、防护索、扶手索等。

采用塔顶卷扬机配合牵引索安装网片，猫道网片在地面组装，吊装至塔顶通过猫道承重索滑向跨中。

为提高空中施工平台的安全性，满足大风条件下的施工条件，江底河特大桥的猫道承重索由一般的 6 根加至每个猫道 8 根。每个猫道共设置 8 根中 48 mm（6×36 WS + IWR，1 960 MPa）镀锌钢丝绳，相邻猫道承重索的间距为 420 mm，单根钢丝绳长度为 1 472.1 m。

2. 基准索股调索

为了使架设后的主缆线形与设计的一致，在施工中对主缆进行控制，以确保主缆的架设精度。主缆索股架设分为基准索股架设与一般索股架设，规定 1#索股为基准索股，其余均为一般索股。

基准索股的垂度测定与调整在夜间气温稳定且风速较小、无雨时进行。主缆索股架设前需实测确定温度稳定的基本条件和调整时段。经观测，基准索股调索在 23 时至次日 6 时为最佳调整时段。索股调整温度稳定条件：长度方向索股温差$\Delta T \leqslant 2$ °C，横断面方向$\Delta T \leqslant 1$ °C。

当夜间大气温度符合条件后，根据监控提供数据，进行基准索股垂度调整，即通过全站仪测量出基准索股顶面标高，换算出索股中心标高，根据其与设计标高的差值，算出放松量与收紧量。在垂度测定时，除了基准索股的标高外，还要观测主塔偏移量、索股温度等数据，以便对索股标高进行修正。

利用全站仪进行三角高程测量(图 1-6)。在主缆各跨中基准索股上，悬挂全站仪反光镜，置全站仪于观测点上，利用已知水准控制点，测出跨中点斜长、竖直角度，反算出主缆跨中点高程，测点与跨中点的水平距离。若"水平距离"有偏差，则在主缆前后移动棱镜，直至符合后，测量出各索股跨中点高程，并与设计高程进行比较，计算出需移动调整的长度，并进行温度修正。根据计算出的调整量，通过控制索股在鞍槽内的移动量来达到垂度调整的目的，直至各跨中点的垂度符合设计要求后，将索股固定，并在鞍槽处做好标志，方便后续索股架设前检查基准索是否滑移。

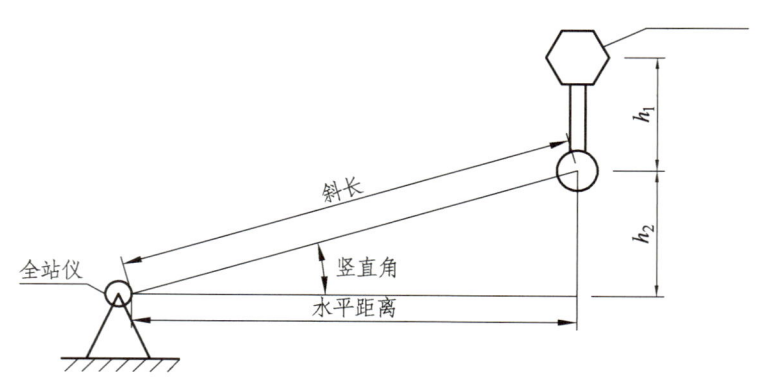

图 1-6 三角高程测量

在绝对高程满足设计要求后，同时进行上下游相对垂度调整。仅在中跨跨中进行，边跨跨中未进行。其相对垂度要求不大于 10 mm。具体做法是在中跨跨中铺设一条白色软管，连接上下游索股，依据连通器原理，在软管内注射水（软管内不允许存在气泡），两端竖管顶面在跨中同一里程位置上，利用钢板尺测量水管内液面距索股底面的高度，以此为依据调整两侧基准索的相对高差。

## 1.6 桥面 UHPC 施工

### 1.6.1 主要施工步骤

UHPC（超高性能混凝土）施工工序为：钢桥面抛丸除锈→焊接焊钉→防腐层涂装→铺设钢筋网→浇筑 UHPC 层→UHPC 层养护→UHPC 层表面抛丸→环氧类防水黏结层涂刷→防水层养护→铺筑 SMA 沥青混凝土→开放交通。

1. 桥面抛丸除锈

抛丸除锈前应检查钢桥面外观，如有焊渣、飞溅物、毛刺、油渍和污垢等，应通过打磨或高压风机加以清除，如图 1-7 所示。除锈完成后应立即检查其清洁度和粗糙度，清洁度达到 Sa2.5 级，粗糙度达到 Rz50～80 μm。除锈完成后，立即对除锈后的构件进行防腐涂装施工，防腐涂装采用高压无气喷涂法，局部可采用刷涂法。

图 1-7　桥面抛丸除锈

2. 剪力钉焊接

桥面剪力钉焊接如图 1-8 所示。

图 1-8　桥面剪力钉焊接

3. 防腐涂装

防腐涂装在抛丸除锈、焊接焊钉后再进行。每天的涂装区域仅为完成喷砂除锈、焊接焊钉的区域，已抛丸区域未及时完成焊钉焊接，而为避免防止钢板生锈需要涂装，焊钉焊接时对焊钉位置油漆进行局部打磨，焊接完焊钉后，再采用人工的方式补涂剪力钉处的油漆。

4. 安装钢筋网

钢筋施工前对超高强混凝土浇筑四周及焊钉焊接区域进行补涂装；沿桥梁纵、横每隔 2 m 布置 1 根长 30 cm 的 $\phi16$ 钢筋作为钢筋网片的垫筋并与钢筋网绑扎牢固。

5. UHPC 浇筑

（1）UHPC 采用混凝土泵车配合专用布料机均匀、连续布料，布料系数控制在 1.0～1.1 之间，布料行走系数控制在 0.8～1.2 m/min。UHPC 振捣采用专用 UHPC 振捣整平机，振捣行走速度控制在 0.5～1 m/min。浇筑振捣需保证模板内部各部位混凝土振捣密实、纤维分布均匀，避免出现拌和物离析、分层及纤维裸露出结构表面等情况。UHPC 振捣整平后，采用人工收面，并采用覆膜机及时覆膜。UHPC 浇筑如图 1-9 所示。

图 1-9　UHPC 浇筑

（2）UHPC养护视温度条件分为一般保湿养护和保温养护。混凝土振捣抹平后在表面覆盖塑料薄膜，并在塑料薄膜上覆盖湿土工布。混凝土养护期间，塑料薄膜完好、彼此搭接完整，搭接位置用质量较轻的木块或者其他物品覆盖，搭接宽度大于20 cm。

6. 防水层（环氧类黏结层）涂刷

施工前需对UHPC表面进行抛丸施工，以清除混凝土表面的浮浆。

### 1.6.2　接缝处理

施工分段处根据钢筋间距加工锯齿板作为临时模板，局部用泡沫胶加以密封，待UHPC终凝后将模板和泡沫胶去除，接缝形式采用方波型。对接缝的断面进行人工凿毛处理，且凿毛断面应竖直，并使钢纤维露出来的长度在3～5 mm。凿毛处理后，清除残渣，辅以吹风机进行清理。

UHPC终凝时间大约为15～16 h，模板拆除时间为浇筑完24～36 h，拆除模板时将接缝处土工布及养生薄膜掀起，以最快的速度拆除模板。模板拆除后迅速喷水并将养生薄膜和土工布覆盖完成。

UHPC接缝处理如图1-10所示。

图1-10　UHPC接缝处理

# 2 悬索桥钢箱梁制造安装技术

## 2.1 概 述

江底河大桥加劲梁采用流线型扁平钢箱梁，梁高 3.0 m，宽 31 m（含风嘴）；标准梁段（A 梁段）长 12.0 m，设置 4 道横隔板，间距 3.0 m；钢箱梁设置两道通长腹板；吊索通过销轴连接于腹板吊耳上，吊索连接区域腹板局部加厚。全桥钢箱梁共 3 种类型（A～C），77 个梁段，其中：A 梁段（标准梁段）74 段，长 12.0 m，吊重为 156.9 t；B 梁段 1 段（中间梁段），长 14.0 m，吊重为 183.8 t；C 梁段 2 段（端头梁段），长 8.0 m，吊重为 134.1 t。

梁段的桥上连接除顶板的 U 形肋及板肋采用栓接外，其余全部采用焊接。

标准梁段主要由顶板单元、底板单元（含斜底板单元）、腹板单元（含吊索锚固耳板）、横隔板单元、风嘴、临时吊点构成，标准梁段断面如图 2-1 所示，标准梁段如图 2-2 所示。

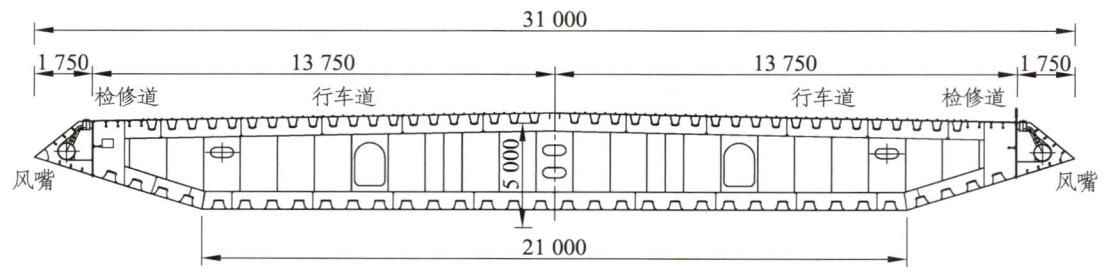

图 2-1 标准梁段断面（单位：mm）

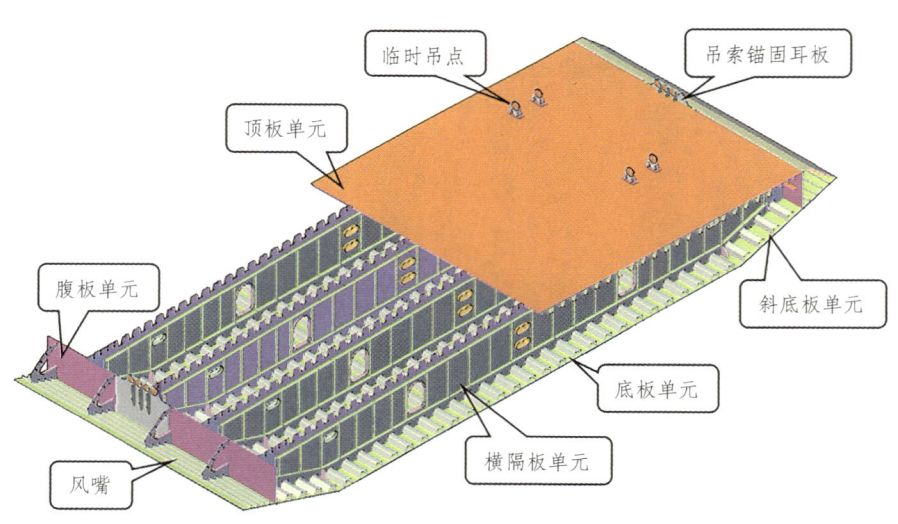

图 2-2 标准梁段

1. 顶板及其加劲肋

钢箱梁顶板采用 16 mm 厚钢板,设 40 条 U 形肋、10 条板肋;U 形肋板厚 8 mm,上口宽 300 mm,下口宽 170 mm,高 280 mm,U 形肋中心距 600 mm;板肋厚 14 mm,宽 160 mm。顶板纵肋在横隔板上开孔连续通过,并与横隔板焊接。

2. 底板及其加劲肋

钢箱梁底板采用 10 mm、12 mm、16 mm 厚钢板,斜底板在靠近腹板 1.7 m 范围内加厚为 12 mm,其余位置均为 10 mm 厚;底板、斜底板在端部梁段(C 梁段)加厚为 16 mm,其余梁段均为 10 mm 厚。底板变板厚处按箱梁内轮廓对齐。

U 形肋板厚 6 mm,上口宽 250 mm,下口宽 400 mm,高 260 mm,U 形肋中心距 800 mm(斜底板与底板交接处 U 形肋间距 900 mm),底板 U 形肋均在横隔板上开孔连续通过,并与横隔板焊接。

3. 腹板及加劲肋

腹板在永久吊点两侧各 1.4 m 范围内加厚为 30 mm,其余位置均为 16 mm 厚;腹板变厚度处中心线对齐;腹板上设水平板肋,板肋厚 16 mm。板肋均在横隔板上开孔连续通过,并与横隔板焊接。

4. 横隔板

标准横隔板分为吊点处隔板(HG2)和非吊点处隔板(HG1)两种,由横隔板、横隔板接板两块组焊而成,隔板 HG1 厚 10 mm,HG2 厚 12 mm;隔板表面设有竖向、水平向加劲,厚 10 mm。索塔永久支座处横隔板(HG3)板厚 16 mm,加劲板厚 12 mm。端横隔板为设有竖向、水平向加劲的整板,厚 16 mm。

5. 风 嘴

风嘴全宽 1.75 m,风嘴顶板及底板板厚 8 mm,加劲肋厚 8 mm。风嘴底板纵向梁段间,横向与加劲梁腹板间不连接,以上位置在成桥后用弹性密封胶封堵。风嘴底板上设置人洞,运营期间人员可通过检查车进出风嘴进行常规巡查,在吊点位置处,风嘴开孔让吊点锚固区加劲板通过,成桥后通过弹性密封胶封堵缝隙。

6. 防腐涂装

钢箱梁防腐涂装参照《公路桥梁钢结构防腐涂装技术条件》(JT/T 722—2008),采用长效防腐体系,要求保护年限至少为 25 年,钢箱梁及附属结构的防腐涂装体系见表 2-1。

表 2-1 钢箱梁及附属结构防腐涂装体系

| 涂装部位 | 涂装工序 | 涂装用料 | 道数 | 厚度 | 施工场地 |
| --- | --- | --- | --- | --- | --- |
| 钢箱梁(含风嘴)外表面(除桥面)及附属结构 | 预处理 | 喷砂 Sa2.5,Rz40~70 μm | | | 工厂 |
| | | 醇溶无机硅酸锌车间底漆 | 1 道 | 20 μm | |
| | 二次除锈 | 喷砂 Sa2.5,Rz40~70 μm | | | 现场 |
| | 底漆 | 环氧富锌底漆 | 1 道 | 80 μm | |

续表

| 涂装部位 | 涂装工序 | 涂装用料 | 道数 | 厚度 | 施工场地 |
|---|---|---|---|---|---|
| 钢箱梁（含风嘴）外表面（除桥面）及附属结构 | 中间漆 | 环氧云铁中间漆 | 1~2道 | 150 μm | 现场 |
| | 面漆 | 第一道中涂面漆：氟碳中涂漆 | 1道 | 40 μm | |
| | | 第二道面漆：（4F）氟碳面漆 | 1道 | 30 μm | |
| | 总膜厚 | | | 300 μm | |
| 钢箱梁内部（布除湿系统，相对湿度小于50%） | 预处理 | 喷砂 Sa2.5，Rz40~70 μm | | | 工厂 |
| | | 醇溶无机硅酸锌车间底漆 | 1道 | 20 μm | |
| | 二次除锈 | 喷砂 Sa2.5，Rz40~70 μm | | | 现场 |
| | 底/面漆 | 环氧厚浆漆 | 1~2道 | 150 μm | |
| | 总膜厚 | | | 150 μm | |
| 风嘴内表面 | 预处理 | 喷砂 Sa2.5，Rz40~70 μm | | | 工厂 |
| | | 醇溶无机硅酸锌车间底漆 | 1道 | 20 μm | |
| | 二次除锈 | 喷砂 Sa2.5，Rz40~70 μm | | | 现场 |
| | 底漆 | 环氧富锌底漆 | 1道 | 60 μm | |
| | 中间漆 | 环氧云铁中间漆 | 1~2道 | 120 μm | |
| | 面漆 | 环氧厚浆漆（浅色） | 1道 | 80 μm | |
| | 总膜厚 | | | 260 μm | |
| 桥面 | 预处理 | 喷砂 Sa2.5，Rz40~70 μm | | | 工厂 |
| | | 醇溶无机硅酸锌车间底漆 | 1道 | 20 μm | |
| | 二次除锈 | 喷砂 Sa2.5，Rz40~70 μm | | | 现场 |
| | 底漆 | 环氧富锌底漆 | 1道 | 80 μm | |
| | 总膜厚 | | | 80 μm | |
| 高强螺栓摩擦面 | 预处理 | 喷砂 Sa2.5，Rz40~70 μm | | | 工厂 |
| | | 醇溶无机硅酸锌车间底漆 | 1道 | 20 μm | |
| | 二次除锈 | 喷砂 Sa2.5，Rz50~80 μm | | | 现场 |
| | 底漆 | 无机富锌防滑涂料 | 1道 | 80 μm | |
| | 总膜厚 | | | 80 μm | |
| 箱体内部高强螺栓连接部位外露面、螺栓外露面 | 表面处理 | 手工打磨 ST3 级 | | | 现场 |
| | 底/面漆 | 环氧厚浆漆 | 1~2道 | 150 μm | |
| | 总膜厚 | | | 150 μm | |

## 2.2 施工策划

1. 桥梁环境分析

云南地处高原丘陵地域，所建大跨度悬索桥梁均地处深山地段，其运输通道极其狭小，而大跨度悬索桥梁均属于超长、超宽的构件。为保证大跨度桥梁钢构件顺利运输至现场，只能将箱体切分为板件单元，再到现场进行组装，而单元件至现场后，现场需总体考虑施工的场地布设、临时组拼加工厂、临时喷砂除锈厂、临时涂装厂等设施。

2. 总体施工流程

根据工程的实际情况确定悬索桥钢箱梁的施工主要分为加工厂及现场两大部分。

3. 桥址处施工整体布置

桥址共设总拼车间两个，长 100 m，宽 35 m，并配有板单元存放区和梁段下胎区，每个总拼车间含 16 t 龙门吊 2 台；喷砂、涂装车间各 1 个，长 36 m，宽 16 m，喷砂机 1 台，空压机 6 台；运梁车 1 台，型号为 DCY150，长 12.4 m，宽 5.1 m，高度调节范围为 1.6～2.3 m；梁段存放区 17 000 多平方米。

## 2.3 加工制造

### 2.3.1 加工厂加工制造

1. 技术工艺准备

（1）对设计图（文件）进行工艺性审查。

充分理解设计的意图、目的及对制作（施工）的技术要求，结合国家有关行业标准、规范，依据本公司（工厂）现有的工艺条件（场地、工艺装备、操作人员素质等）及相应产品（项目）的施工经验，对设计图（文件）进行工艺性审查，将审查意见以书面形式报设计院，经设计院书面批复后实施。

（2）单元件划分。

在满足设计图和技术规范要求的前提下，为了尽量实现板单元标准化，以便实现板单元生产规范化、产品标准化、质量稳定化，综合考虑钢箱梁结构特点、工艺装备、供料、运输及批量生产等因素，对板单元进行了划分。最终单段超大箱体顶划分为 12 个单元，底板划分为 12 个单元，横隔板划分为 17 个单元，腹板单元划分为 2 个单元，风嘴划分为 2 个单元如图 2-3、表 2-2 所示。

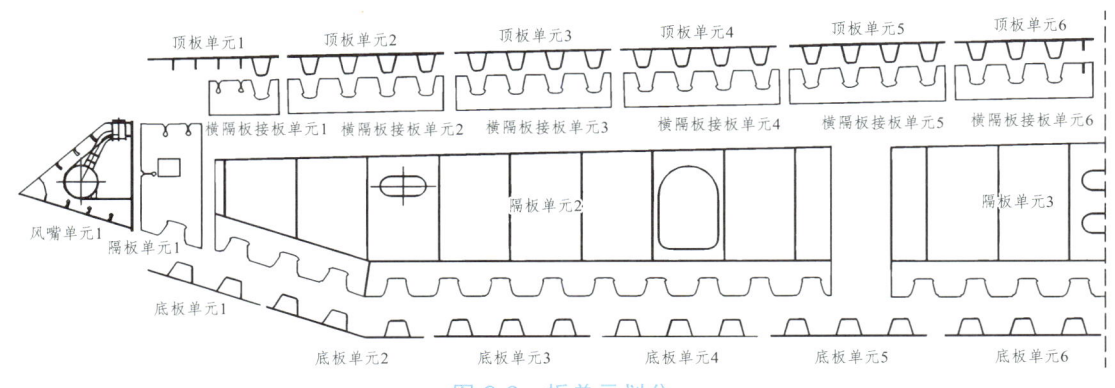

图 2-3　板单元划分

表 2-2 板件单元情况

| 板单元划分 | 示意图 | 构造做法 |
| --- | --- | --- |
| 顶板单元 | | 钢箱梁顶板采用 16 mm 厚钢板，设 40 条 U 形肋，10 条板肋；U 形肋板厚 8 mm，上口宽 300 mm，下口宽 170 mm，高 280，U 形肋中心距 600 mm；板肋厚度 14 mm，宽 160 mm。顶板纵肋在横隔板上开孔连续通过，并与横隔板焊接。 |
| 底板单元 | | 钢箱梁底板采用 10 mm、12 mm、16 mm 厚钢板，斜底板局部加厚为 12 mm，其余位置均为 10 mm 厚；U 形肋板厚 6 mm，上口宽 250 mm，下口宽 400 mm，高 260 mm，U 形肋中心距 800 mm，底板 U 形肋均在横隔板上开孔连续通过，并与横隔板焊接。 |
| 横隔板单元 | | 腹板在永久吊点两侧各 1.4 m 范围内加厚为 30 mm，其余位置均为 16 mm 厚；腹板变厚度处中心线对齐；腹板上设水平板肋，板肋厚度 16 mm。板肋均在横隔板上开孔连续通过，并与横隔板焊接。 |
| 腹板单元 | | 标准横隔板分为吊点处隔板（HG2）和非吊点处隔板（HG1）两种，由横隔板、横隔板接板两块组焊而成，隔板 HG1 厚 10 mm，HG2 厚 12 mm；隔板表面设有竖向、水平向加劲，厚为 10 mm。索塔永久支座处横隔板（HG3）板厚 16 mm，加劲板厚 12 mm。端横隔板为设有竖向、水平向加劲的整板，厚 16 mm。 |
| 风嘴单元 | | 风嘴全宽 1.75 m，风嘴顶板及底板板厚 8 mm，加劲肋厚 8 mm。风嘴底板纵向梁段间，横向与加劲梁腹板间不连接，以上位置在成桥后用弹性密封胶封堵。风嘴底板上设置人洞，运营期间人员可通过检查车进出风嘴进行常规巡查，在吊点位置处，风嘴开孔让吊点锚固区加劲板通过，成桥后通过弹性密封胶封堵缝隙。 |

2. 绘制施工图

建立 BIM（建筑信息模型）完成各板件单元的定位，如图 2-4 所示。建立模型前即加入各板件焊接的变形的余量，真实反映现场的实际情况，以检查问题，见表 2-3。

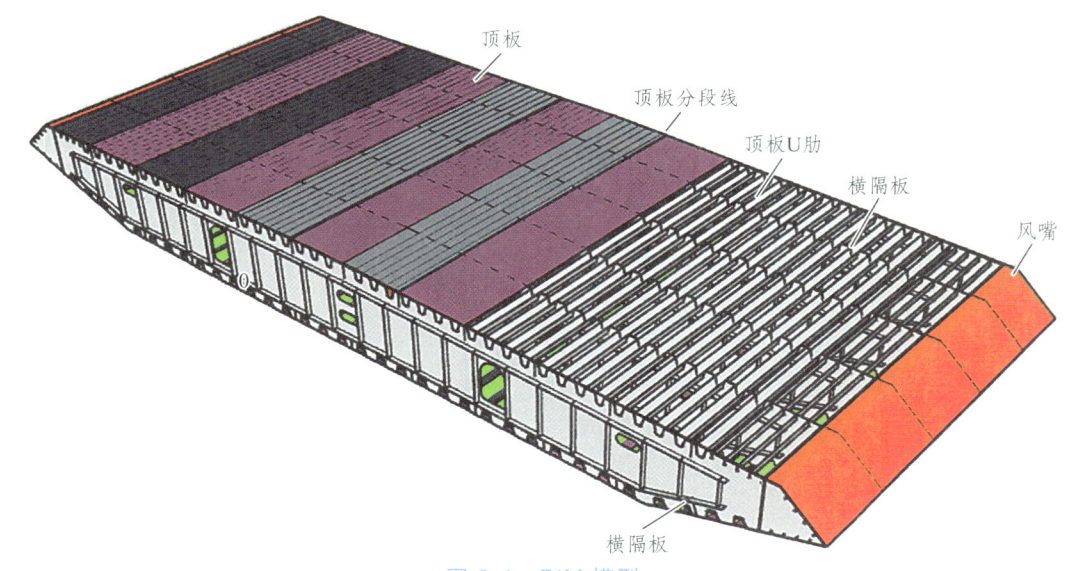

图 2-4　BIM 模型

表 2-3　工艺余量

| 类别 | 名称 | 量值/mm | 备注 |
|---|---|---|---|
| 整体工艺补偿量 | 非合龙段梁段长度余量 | 20 | |
| 整体工艺补偿量 | 合龙段 A2、A76 梁段长度余量 | 100 | |
| 焊接收缩补偿量 | 板单元拼接缝收缩量 | 每边 2.5 | |
| 焊接收缩补偿量 | 横隔板高度 | 2 | 上边 +2 mm |
| 组装间隙 | 横隔板 U 形肋开口间隙 | 每边 2 | |

### 2.3.2　焊接工艺评定试验

#### 2.3.2.1　焊材复验

焊接材料除应有生产厂家提供的出厂质量证明外，还应对所有不同批号的焊接材料进行首批抽样复验，其机械性能及化学成分应达到相关标准的规定，并做好复验检查记录。应按厂家材质证明书的要求进行复验，经监理工程师批准后投入使用。实际生产中根据一定的批量，由质量检验部门随机进行抽查复验，以保证焊接材料质量可靠。焊条和 $CO_2$ 焊丝的复验主要考察熔敷金属的力学性能，满足标准的要求；其中对低温冲击试验的结果要求有一定的富余量，以保证产品焊缝有良好的韧性。埋弧焊丝化学成分必须满足标准的规定，同时结合埋弧焊剂进行焊接试验，考察焊接工艺性能以及熔敷金属的力学性能，满足标准的规定；其中对低温冲击试验的结果仍然要求有一定的富余量，以保证产品焊缝有良好的韧性。

#### 2.3.2.2　拟订的焊接方法

拟订的焊接方法见表 2-4。

表 2-4 拟订的焊接方法

| 序号 | 编号 | 板厚（mm）组合（材质） | 坡口形式 | 焊接位置 | 焊接方法及焊接材料 | 代表焊缝 | 备注 |
|---|---|---|---|---|---|---|---|
| 21 | JDT1 | 16 + 16（Q345qC） | 16 / 16 | 平焊 | GMAW，ER50-6，$\phi$1.2 | 加劲板与横隔板间焊缝等 | $h_f = 8$ mm |
| 22 | JDT2 | 16 + 16（Q345qC） | 16 / 16 | 横焊 | GMAW，ER50-6，$\phi$1.2 | 横隔板与底板间焊缝等 | $h_f = 8$ mm |
| 23 | JDT3 | 16 + 16（Q345qC） | 16 / 16 | 立焊 | FCAW，T492T1-1C1A，$\phi$1.2 | 横隔板与腹板间焊缝等 | $h_f = 8$ mm |
| 24 | JDT4 | 16 + 16（Q345qC） | 16 / 16 | 仰焊 | FCAW，T492T1-1C1A，$\phi$1.2 | 横隔板与顶板间焊缝等 | $h_f = 8$ mm |
| 23 | JDT5 | 6 + 16（Q345qC） | 6 / 16 | 平焊 | GMAW，ER50-6，$\phi$1.2 | 底板U肋与底板间角焊缝 | $h_f = 6$ mm |

### 2.3.2.3 焊接工艺评定试验

根据规范规定,钢结构制造开工前,进行焊接工艺评定试验。评定范围覆盖板单元制造、梁段制造及桥上焊接。

1. 焊接工艺评定试验

根据钢箱梁的焊接接头形式、焊接位置、母材牌号及厚度,并根据本项目所遵循的相关标准,确定具体的焊接工艺评定项目、拟定的焊接设备及焊接方法、焊接坡口形式,编写焊接工艺评定项目清册,相关的母材和焊材质保书、焊接工艺评定试验取样图以及试样加工图等,提交监理工程师审查批准。

焊接工艺评定计划书按规定的程序批准后,逐项进行焊接工艺评定试验。将焊接工艺评定报告按照相关规定报批,然后根据焊接工艺评定试验报告编写各种接头的焊接工艺规程及作业指导书。

2. 焊接工艺评定试验内容

（1）试验材料：焊接工艺评定母材选用Q345qC钢板,与产品规定的材质要求相符。

（2）试板加工：试板采用精密火焰切割（或数控切割）进行下料和开坡口,力求与公司实际生产状况一致。

（3）试板焊接、检测：全部试板由公司有相应资质的焊工进行焊接。试板焊接完后,对接焊缝和熔透角接进行100%超声波探伤,B级检验,Ⅰ级合格,部分熔透角焊缝进行100%超声波探伤,B级检验,Ⅱ级合格;贴角焊缝分别进行100%磁粉探伤。

（4）试板取样：力学性能试验取样数量见表2-5。

表2-5 力学性能试验试板取样数量

| 试板形式 | 试验项目 | 取样数量 |
| --- | --- | --- |
| 对接接头 | 焊接接头拉伸试验 | 1件 |
| | 焊缝金属拉伸试验 | 1件 |
| | 焊接接头侧弯试验 | 1件 |
| | 低温冲击试验（V形缺口） | 6件 |
| | 焊接接头硬度试验 | 1件 |
| | 焊接接头宏观断面酸蚀试验 | 1件 |
| 熔透角接接头 | 焊缝金属拉伸试验 | 1件 |
| | 低温冲击试验（符合取样条件） | 6件 |
| | 接头硬度试验 | 1件 |
| | 焊接接头的宏观断面酸蚀试验 | 1件 |
| T形接头 | 焊缝金属拉伸试验（符合取样条件的） | 1件 |
| | 焊接接头硬度试验 | 1件 |
| | 焊接接头的宏观断面酸蚀试验 | |

（5）试验项目及标准：

对接接头试验项目及试验标准：

① 《焊接接头冲击试验方法》（GB/T 2650—2008）。

② 《焊接接头拉伸试验方法》（GB/T 2651—2008）。

③ 《焊接及熔敷金属拉伸试验方法》（GB/T 2652—2008）。

④ 《焊接接头弯曲试验方法》（GB/T 2653—2008）。

⑤ 《焊接接头硬度试验方法》（GB/T 2654—2008）。

⑥ 《钢的低倍组织及缺陷酸腐蚀检验法》（GB/T 226—2015）。

（6）结果评定。

① 当拉伸试验结果（屈服、抗拉强度及拉棒的伸长率）不低于母材标准值时，判为合格；当试验结果低于母材标准值时，则允许从同一试件上再取一个试样重新试验，若试验结果不低于母材标准值，则仍可判为合格，否则，判为不合格。

② 接头侧弯试验结束后，若试样受拉面上的裂纹总长度不大于试样宽度的15%，且单个裂纹长度不大于3 mm，则判为合格；当试验结果未满足上述要求时，则允许从同一试件上再取一个试样重新试验，若试验结果满足上述要求，则仍判为合格，否则，判为不合格。

③ Q345qC 钢材对接和熔透角焊缝进行 0 °C 冲击试验，冲击功应分别不低于 34 J。若冲击试验的每一组（3个）试样试验结果的平均值不低于规定值，且任一试验结果不低于 0.7 倍的规定值，则判为合格；当试验结果未满足上述要求时，允许从同一试件上再取一组（3个）附加试样重新试验，若总计 6 个试验结果的平均值不低于规定值，且低于规定值的试验结果不多于 3 个（其中，不得有 2 个以上的试验结果低于 0.7 倍的规定值，也不得有任一试验结果低于 0.5 倍的规定值），则可仍判为合格，否则，判为不合格。

④ 当焊接接头的硬度值不大于 380HV10 时，则判为合格，否则，判为不合格。

⑤ 力学性能试验结束后，若发现试样断口上有超标的缺陷，应查明产生该缺陷的原因并决定试验结果是否有效。

3. 顶板 U 肋焊接工艺评定试验实施

为确保试验具有代表性，试件选用材料规格与永仁至大姚高速公路江底河特大桥面板单元件所需材料规格相同，即：面板板厚为 16 mm，材质为 Q345qC；U 肋厚度为 8 mm，材质为 Q345qC；试件大小为 3 600 mm（长）× 3 200 mm（宽），U 肋间距为 600 mm，共计 2 件；进行 U 肋熔透性实验及焊接工艺评定试验；试验过程如图 2-5 ~ 图 2-7 所示。

图 2-5　试验件外焊完成焊接后实施超声波检测（监理旁站）

图 2-6　试验件接头宏观金相断面腐蚀图

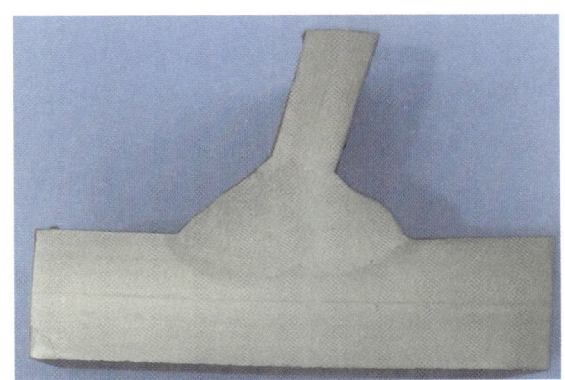

图 2-7　完成焊接的试验件

### 2.3.3　智能加工制造

本项目实现包括板料预处理、下料、拼装、焊接等工序的智能化生产，特别是顶板 U 形肋与顶板间全熔透角焊缝采用"平位 + 亚船位"双面埋弧焊全熔透焊接工艺实施焊接，实现了顶板与 U 形肋狭小空间智能焊接一次性全熔透焊接合格率 96.5% 以上的良好成绩，为目前云南省该类焊接工艺最高，如图 2-8 所示。

图 2-8　智能加工

（1）采用数控等离子设备进行下料，可以更好地控制下料的精度、直线度及有利于减小下料产生的变形。

（2）完成铣边后，采用U肋折弯机将12 m、14 m长的U形肋一次折弯成型，如图2-9所示；避免U形肋接长，更好地保证面板单元件的制造质量。

图2-9　数控设备U形肋折弯

（3）面板单元件拼装时采用自制桥梁单元件拼装设备进行，如图2-10所示，这样可以很好地控制拼装间隙，防止面板单元件焊接时出现烧穿现象。

图2-10　板单元件的无马拼装

（4）顶板单元U肋采用全熔透焊接技术，U肋内焊采用自主研发的U肋内焊系统进行焊接，通过智能焊接平台将6台焊接机器人同时送入U肋内部，进行U肋内部角焊缝焊接施工作业。6 台机器人可同时焊接 12 条角焊缝，并对整个焊接过程进行在线监控，如图 2-11 所示。U 肋外焊采用双边驱动的结构形式，实现焊剂的自动铺洒与回收，焊缝跟踪精度高，U 肋横向误差控制在 ±0.2 mm 之内，保证了较高的焊接质量。

图 2-11　U 肋焊接智能制造机器人系统

（5）在线视频监控系统：由 U 肋内焊机器人的监控摄像系统和焊接主控制台的终端设备组成，用于监控 U 肋内部焊缝外观成形及表面缺陷，分辨率小于 0.1 mm，如图 2-12 所示。

图 2-12　在线视频监控系统

（6）焊接完成后严格进行焊缝质量的检测检验，如图 2-13 所示。

图 2-13　板单元件超声波、磁粉自检

### 2.3.4 质量要求

**1. 零件矫正与弯曲**

（1）零件矫正宜采用冷矫，零件冷矫时的环境温度不宜低于 -12 ℃，矫正后的钢材表面不应有明显的凹痕或损伤。

（2）采用热矫时，温度应控制在 600~800 ℃，温度降至室温前，不得锤击钢材和用水急冷。

（3）主要零件冷作弯曲时，环境温度不宜低于 -5 ℃，内侧弯曲半径不宜小于板厚的 15 倍；热煨温度应控制不超过 900~1 000 ℃。弯曲后的零件边缘不得产生裂纹。

（4）零件矫正允许偏差应符合表 2-6 的规定。

表 2-6 零件矫正允许偏差（单位：mm）

| 序号 | 零件 | 名称 | 简图 | 说明 | | 允许偏差 |
|---|---|---|---|---|---|---|
| 1 | 钢板 | 平面度 | | 每米范围 | | $f \leq 1.0$ |
| 2 | 钢板 | 直线度 | | 全长范围 | $L \leq 8$ m | $f \leq 2.0$ |
| 3 | | | | | $L > 8$ m | $f \leq 3.0$ |
| 4 | 型钢 | 直线度 | | 每米范围 | | $f \leq 0.5$ |
| 5 | 型钢 | 角钢肢垂直度 | | 全长 | 连接部位 | $\Delta \leq 0.5$ |
| 6 | | | | | 其余部位 | $\Delta \leq 1.0$ |
| 7 | 型钢 | 角钢肢平面度 | | | 连接部位 | $\Delta \leq 0.5$ |
| 8 | | | | | 其余部位 | $\Delta \leq 1.0$ |
| 9 | 型钢 | 工字钢、槽钢腹板平面度 | | | 连接部位 | $\Delta \leq 0.5$ |
| 10 | | | | | 其余部位 | $\Delta \leq 1.0$ |
| 11 | 型钢 | 工字钢、槽钢翼缘垂直度 | | | 连接部位 | $\Delta \leq 0.5$ |
| 12 | | | | | 其余部位 | $\Delta \leq 1.0$ |

**2. 零件机加工**

（1）加工面的表面粗糙度 $Ra$ 不得大于 25 μm，零件边缘的加工深度不得小于 3 mm，零件边缘硬度不超过 350HV10 时，加工深度不受此限。

（2）顶紧传力面的表面粗糙度 $Ra$ 不大于 12.5 μm；顶紧加工面与板面垂直度偏差应小于 $0.01t$（$t$ 为板厚），且不大于 0.3 mm。

（3）坡口可采用机加工或精密切割，过渡段坡口应打磨匀顺，坡口尺寸及允许偏差依据焊接工艺评定结果确定。

（4）加工时应避免油污污染钢料，加工后磨去边缘的飞刺、挂渣，使端面光滑匀顺。

3. 零件基本尺寸

零件基本尺寸的允许偏差应符合表 2-7 的规定，U 形肋尺寸允许偏差应符合表 2-8 的规定，吊索锚固吊耳加工允许偏差应符合表 2-9 的规定。

表 2-7 零件基本尺寸允许偏差（单位：mm）

| 序号 | 名称 | | 允许偏差 | | 备注 |
|---|---|---|---|---|---|
| | | | 长度 | 宽度 | |
| 1 | 顶板、底板、腹板 | | ±2.0 | ±2.0 | 长度留二次切头量的正差可放宽 |
| 2 | 横隔板 | 外形尺寸 | ±2.0 | +1.5 / 0 | |
| | | 槽口中心距 | ±1.0（相邻两槽口间距 $S_1$）<br>±2.0（任意两槽口间距 $S_2$） | | |
| | | 对角线 $|L_1-L_2|$ | ≤3.0 | | |
| 3 | 横隔板接板 | 外形尺寸 | ±2.0 | +1.5 / 0 | |
| | | 槽口中心距 | ±1.0（相邻两槽口间距 $S_1$）<br>±2.0（任意两槽口间距 $S_2$） | | |
| 4 | 支座垫板 | 厚度 $t_1$、$t_2$ | ±1.0 | | |
| | | 斜度 $\alpha$ | ≤0.05° | | |
| 5 | 吊索锚固耳板 | 外形尺寸 | ±2.0 | ±2.0 | |
| | | 孔间距 | ±2.0（相邻两孔间距 $S_1$） | | |
| | | 孔直径 | （设计孔径-10）±2.0 | | |
| 6 | 风嘴板件 | | ±2.0 | ±2.0 | — |
| 7 | 其他板件 | | ±2.0 | ±2.0 | — |
| 8 | 检查车轨道 | | ±2.0 | — | 端面垂直度不大于 2.0 mm |
| 9 | 其他型钢 | | ±3.0 | — | 端面垂直度不大于 2.0 mm |

表 2-8 U形肋允许偏差（单位：mm）

| 序号 | 项目 | 图例 | 允许偏差 | 说明 |
|---|---|---|---|---|
| 1 | 开口宽度 $b_1$ | | +2.0<br>−2.0 | − |
| 2 | 底宽度 $b_2$ | | ±1.5 | − |
| 3 | 肢高 $h_1$、$h_2$ | | ±1.5 | − |
| 4 | 两肢差 $\lvert h_1 - h_2 \rvert$ | | ≤2.0 | − |
| 5 | 旁弯、竖弯 | | ≤$L$/1 000 或 6，取较小值 | 全长范围（$L$ 为肋长）|

表 2-9 吊索锚固吊耳加工允许偏差（单位：mm）

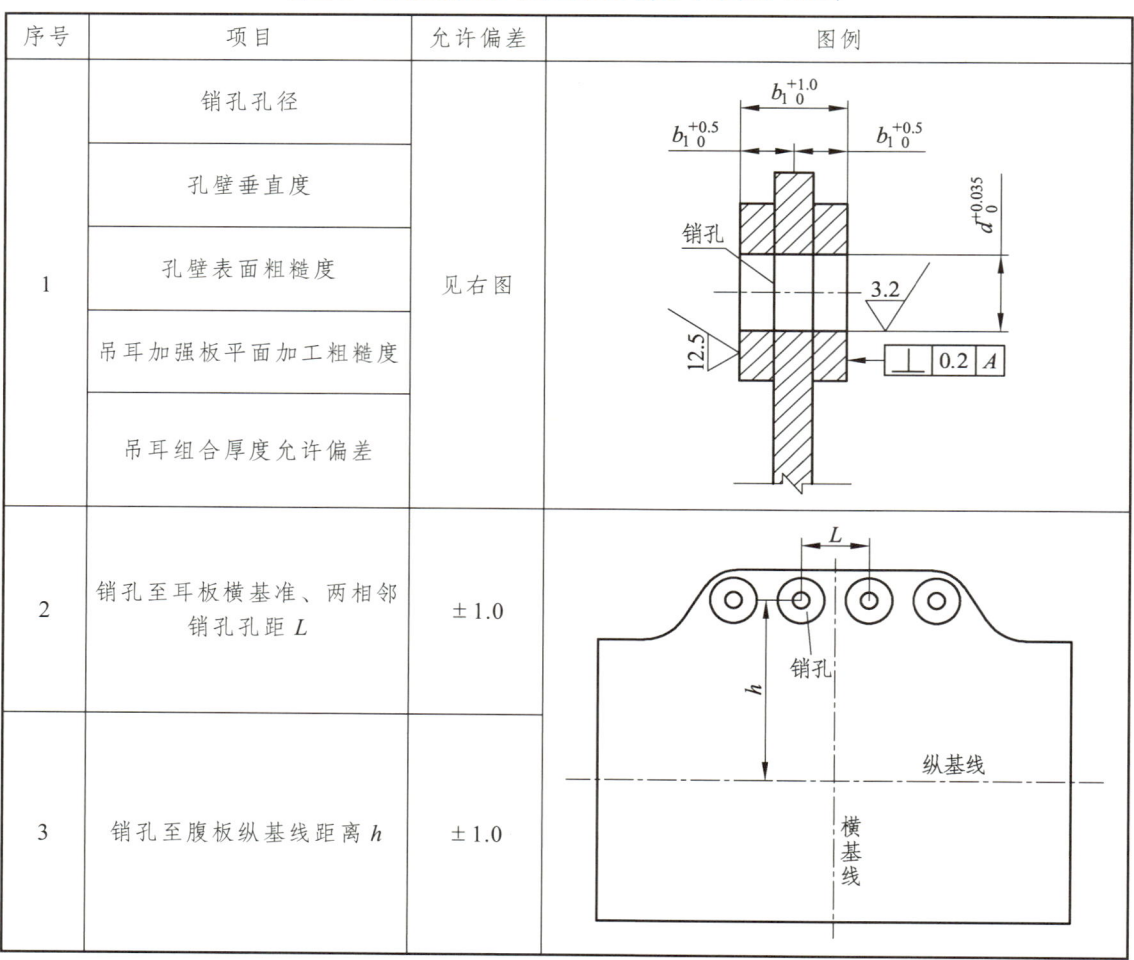

| 序号 | 项目 | 允许偏差 | 图例 |
|---|---|---|---|
| 1 | 销孔孔径<br>孔壁垂直度<br>孔壁表面粗糙度<br>吊耳加强板平面加工粗糙度<br>吊耳组合厚度允许偏差 | 见右图 | |
| 2 | 销孔至耳板横基准、两相邻销孔孔距 $L$ | ±1.0 | |
| 3 | 销孔至腹板纵基线距离 $h$ | ±1.0 | |

4．制 孔

（1）螺栓孔应成正圆柱形，孔壁表面粗糙度 $Ra$ 不得大于 25 μm，孔缘无损伤不平，无刺屑。钢箱梁主体结构螺栓孔不得采用冲孔、气割孔。

（2）螺栓孔径允许偏差应符合表 2-10 的规定。

表 2-10　螺栓孔允许偏差（单位：mm）

| 序号 | 螺栓直径 | 螺栓孔径 | 允许偏差 | |
|---|---|---|---|---|
| | | | 孔径 | 孔壁垂直度 |
| 1 | M10 | 12 | +0.5<br>0 | 板厚≤30时，不大于0.3<br>板厚>30时，不大于0.5 |
| 2 | M16 | 18 | +0.5<br>0 | |
| 3 | M20 | 22 | +0.7<br>0 | |
| 4 | M22 | 24① | +0.7<br>0 | |
| 5 | M24 | 26 | +0.7<br>0 | |
| 6 | M27 | 30 | +0.7<br>0 | |
| 7 | M30 | 33 | +0.7<br>0 | |
| 8 | >M30 | >33 | +1.0<br>0 | |

注：①顶板U形肋、板肋的拼接板孔径为24 mm，U形肋、板肋孔径为26 mm。

（3）螺栓孔距允许偏差应符合表2-11的规定。

表 2-11　螺栓孔距允许偏差（单位：mm）

| 序号 | 项目 | 允许偏差 | |
|---|---|---|---|
| | | 主体结构 | 附属结构 |
| 1 | 两相邻孔距离 | ±0.4 | ±0.4（±1.0）① |
| 2 | 同一孔群任意两孔距 | ±0.8 | ±0.8（±1.5）① |
| 3 | 多组孔群两相邻孔群中心距 | ±1.5 | ±1.5（±3.0）① |
| 4 | 两端孔群中心距 | ±1.0 | ±2.0 |
| 5 | U形肋孔群、板肋孔群中线与顶、底板基准线的横向偏移 | 1.0 | — |

注：①括号内数值适用于支座孔群。

5. 板单元组装

（1）所有板单元应在组装胎架上进行组装，每次组装前应对组装胎架进行检查，确认合格后方可组装。

（2）组装后应在规定位置写上编号，并填写相应的组装记录以便追溯。

（3）在组装顶、底板单元时应以板件的横、纵基准线作为定位基准。

（4）每道横隔板接板与顶板单元组装时，均应以顶板的横基线为基准。

（5）板单元组装尺寸允许偏差应符合表2-12的规定。

表 2-12 板单元组装尺寸允许偏差（单位：mm）

| 序号 | 名称 | 项目 | | 简图 | 允许偏差 |
|---|---|---|---|---|---|
| 1 | 钢板接料 | 对接高低差 $\Delta_1$ | | | 0.5（$t<25$）<br>1.0（$t\geq 25$） |
| | | 对接间隙 $\Delta_2$ | | | 1.0 |
| 2 | | 盖板倾斜 $\Delta$ | | | 0.5 |
| 3 | | 板肋垂直度 $\Delta$ | | — | 1.0 |
| 4 | | 板肋组装间隙 $\Delta$ | | — | 1.0 |
| 5 | 顶板底板腹板风嘴单元 | U 形肋组装间隙 $\Delta$ | | | 0.5，局部允许 1.0 |
| | | $S$、$S_1$ | 端部及横隔板处 | | ±1.0 |
| | | | 其他部位 | | ±2.0 |
| | | 横隔板接板定位尺寸 $L$ | | | ±1.0 |
| 6 | | 横隔板单元肋板组装间距 | | — | ±2.0 |
| 7 | 吊索锚固耳板 | 加强板组装间隙 | | | ≤0.5 |

## 2.3.5 板单元吊装运输

1. 吊　装

（1）起重人员要严格遵守天车司机和起重工的安全操作规程。板单元吊运时要"轻、稳、准"，严禁碰撞和拖拽。

（2）U形肋宜采用单件吊运，并使用专用吊具，避免变形。
（3）吊运板单元前要仔细检查吊具的安全性，状况良好方可使用。
（4）板单元吊运过程中宜使用磁力吊具，如果不能或没有条件使用磁力吊而采用对板边或坡口易造成损伤的钢性吊具时，吊装部位必须加垫保护。
（5）板单元在吊运过程中应尽量避免永久变形和损伤，如碰伤、勒伤、摔伤等。
（6）起吊时要找准板单元重心。

2．运　输

（1）总体概述。

① 我公司有承接过金沙江大桥、圭落哨、核桃沟、凯峡河大桥等项目，对大型桥梁构件的运输有相当的成功经验，完全能保证板单元安全、准时运输至桥址指定位置。

② 本项目板单元运输方式为汽车运输，运输节奏为：从我公司生产基地运送至江底河特大桥桥址，约为330 km，当天出发，当天能到达。

（2）运输车间选择。

根据板单元的重量、外形尺寸和运输道路环境，我们委托专业的大件起重运输公司承担板单元的运输任务。具体选用25 t、14 m平板拖车。该运输车辆既满足了沿途桥梁和道路的轴载要求，同时也满足了运输过程中的机动性要求，其技术参数见表2-13。

表2-13　运输车辆主要技术参数

| 牵引车 | | 平板式半挂车 | |
| --- | --- | --- | --- |
| 车辆型号 | SX4256GR269TL | 车身长度 | 14 m |
| 驱动形式 | 6×2 | 车身宽度 | 2.5 m |
| 轴距 | 1 800 mm + 2 680 mm | 车身高度 | 1.5 m |
| 车身长度 | 6.885 m | 整车质量 | 16 t |
| 车身宽度 | 2.49 m | | |
| 车身高度 | 3.56 m | | |
| 最大总质量 | 25 t | | |
| 牵引总质量 | 45 t | | |

（3）运输路线。

具体运输路线为：工厂→空港大道→小龙高速→昆曲高速→西北绕城高速→安楚高速→楚姚高速→施工桥址，全程约330 km。

## 2.4　现场组装

### 2.4.1　梁段组装及预拼装

1．总体思路

梁段拼装全部在拼装厂房内完成，厂房内建两条长100 m的拼装胎架，满足7+1的预拼装要求。梁段制造采用多节段连续匹配组装、焊接及预拼装同时完成的"长线法"拼装方案。拼装胎架线形设置及梁段拼装都以预先设置好的测量控制网为基准,以确保梁段拼装线形及接口精度。梁段预拼装检验合格并打砂、涂装后放置到存梁场待吊装。预拼装轮次见表2-14,其现场布置如图2-14所示。

表2-14 预拼装轮次

| 轮次 | 名称 | 编号 | 数量 | 长度/m | 质量/t | 备注 |
|---|---|---|---|---|---|---|
| 总拼车间1 |||||||
| 第一轮 | 中央梁段+标准梁段 | A35~A38、B、A40~A42 | 7+1 | 98 | 1 282 | 桥址共布置两个总拼车间,总拼车间1第一轮结束后,将A35梁段运输至总拼车间2参与第一轮的预拼装 |
| 第二轮 | 标准梁段 | A42、A43~A49 | 7+1 | 96 | 1 255 | |
| 第三轮 | 标准梁段 | A49、A50~A56 | 7+1 | 96 | 1 255 | |
| 第四轮 | 标准梁段 | A56、A57~A63 | 7+1 | 96 | 1 255 | |
| 第五轮 | 标准梁段 | A63、A64~A70 | 7+1 | 96 | 1 255 | |
| 第六轮 | 标准梁段+端梁段 | A70~A76、C | 7+1 | 92 | 1 232 | |
| 总拼车间2 |||||||
| 第一轮 | 标准梁段 | A28~A34、A35 | 7+1 | 96 | 1 255 | |
| 第二轮 | 标准梁段 | A21~A27、A28 | 7+1 | 96 | 1 255 | |
| 第三轮 | 标准梁段 | A14~A20、A21 | 7+1 | 96 | 1 255 | |
| 第四轮 | 标准梁段 | A7~A13、A14 | 7+1 | 96 | 1 255 | |
| 第五轮 | 标准梁段+端梁段 | C、A2~A6、A7 | 6+1 | 80 | 1 076 | |

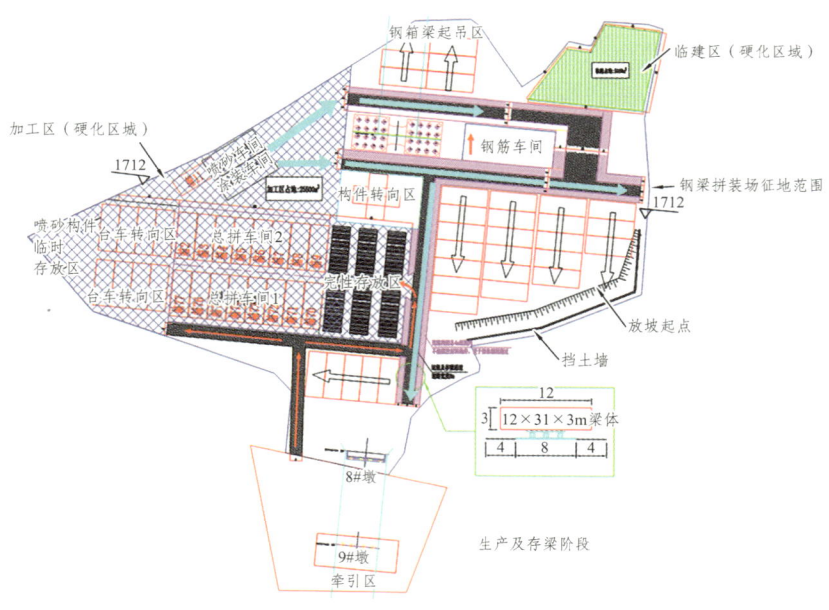

图2-14 预拼装现场布置

2. 现场梁段总体组装流程

现场梁段总体组装流程如图 2-15 所示。

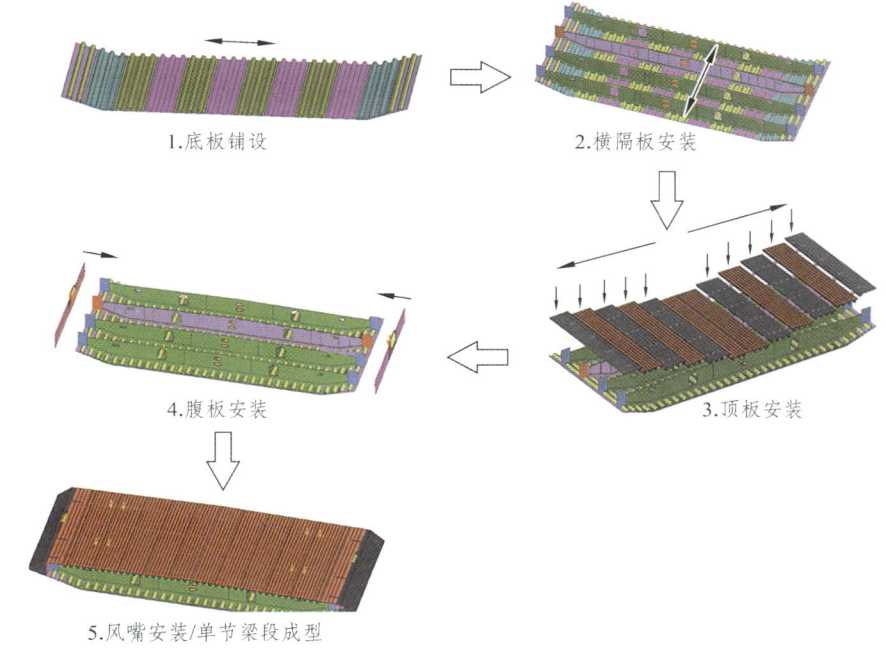

图 2-15　现场梁段总体组装流程

3. 胎架制造

胎架纵向线形按照监控单位提供的数值设置，以底板外表面为基准采用计算机放样，以保证胎架线形准确。

考虑梁段制造过程中的焊接收缩和变形等因素影响，应设置适当的横向预拱度，即在横断面方向以梁段底板中点为基准点，两侧向下预留横向焊接反变形量。

每轮胎架搭设完毕，上底板单元之前，向监理和监控单位报验线形，确认合格后方可进行梁段组装。

## 2.4.2　胎架结构形式

根据梁段的重量、结构形式、外形轮廓、纵向制造线形、横向预拱值及梁转运等因素进行胎架的设计和制造，胎架结构有足够的刚度，满足承载梁段及施工荷载的要求，确保不随梁段拼装重量的增加而变形，如图 2-16 所示。根据每轮胎架的设计高程调整牙板高度，以满足每轮梁段纵向线形变化的要求。

## 2.4.3　定位标识设置

（1）拼装车间设置测量控制网，高程测量基准点所在立柱基础和构造要做加固处理，保证沉降≤1 mm。

（2）在胎架两端设置纵向基线标志塔，四周设置高程测量基准点，作为钢箱梁几何尺寸定位基准。

（3）构成各坐标系的基准点不得少于 4 个，并定期进行检测。通过该测量控制网坐标系与架设现场坐标系进行转换。

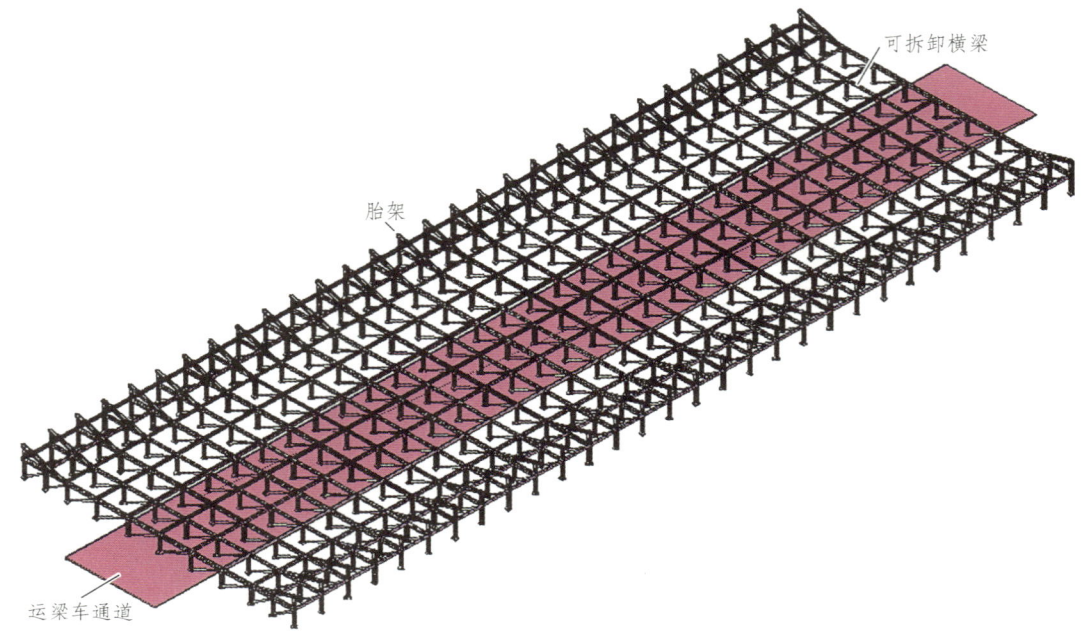

图 2-16　梁段拼装胎架

定位标识设置如图 2-17 所示。

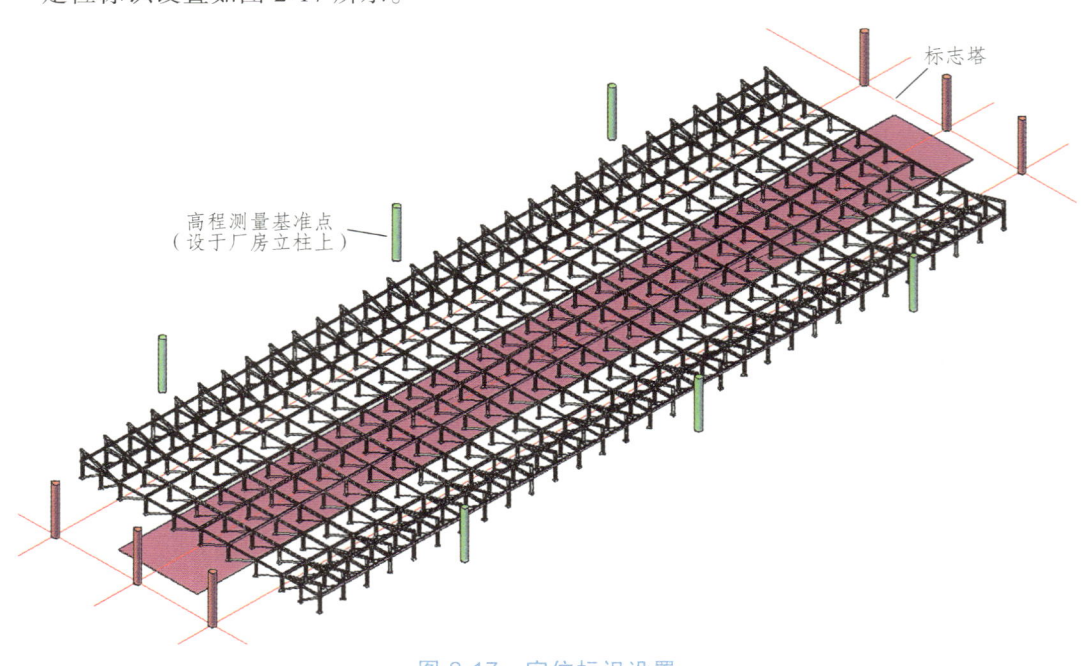

图 2-17　定位标识设置

## 2.4.4 梁段下胎通道

板单元在胎模架上安装形成节段梁后,由液压运梁车进入胎模底部,将梁段抬起运至下胎区。本项目采用单车下胎,在胎架中心位置设置运梁通道。该位置宽 7 000 mm,大于运梁车 5 100 mm 的宽度,满足要求。

该部位立柱及横梁、纵梁采用铰接方式(使用 M16×50 螺栓,螺栓等级为 4.8 S)连接,板单元安装前恢复安装,下胎时临时进行拆除,如图 2-18～图 2-21 所示。

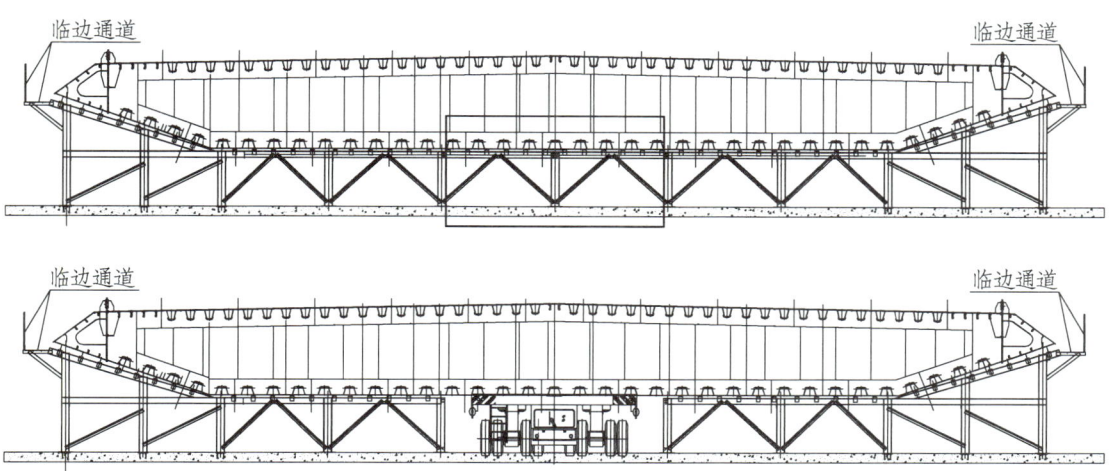

图 2-18 胎架铰接部位及梁段下胎通道布置

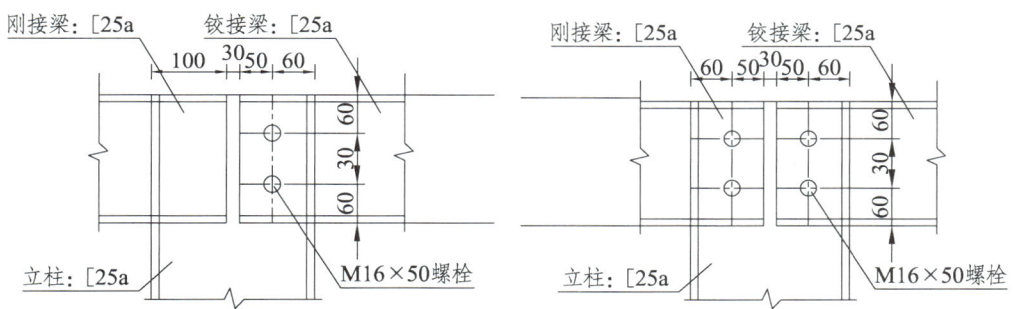

图 2-19 单侧铰接梁柱大样双侧铰接梁柱大样(单位:mm)

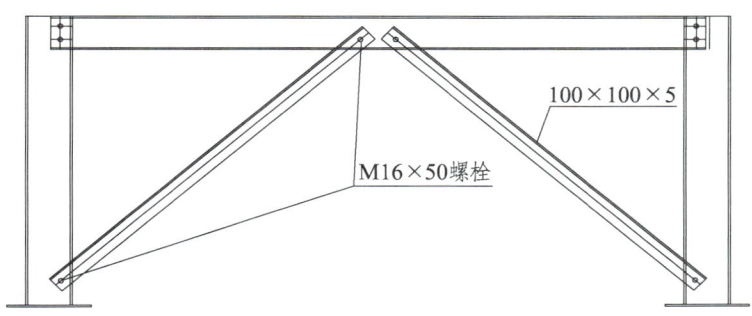

图 2-20 斜撑铰接大样(单位:mm)

图 2-21 运梁通道搭设

### 2.4.4.1 胎模架计算

胎模架受荷分析取最重的钢箱梁梁段拼装时的工况进行模拟计算,其长 14 m,质量 183.8 t,宽度为 30.2 m,则其单位面积荷载为 4.35 kN/m²,胎模架施工荷载按 1 kN/m² 考虑,胎模架通道荷载按 2 kN/m² 考虑。

考虑钢梁落在支架上时会产生水平分力,支架所受的水平荷载为其竖向荷载的切向力,其值取竖向荷载的 5%。胎模架计算模型如图 2-22 所示。

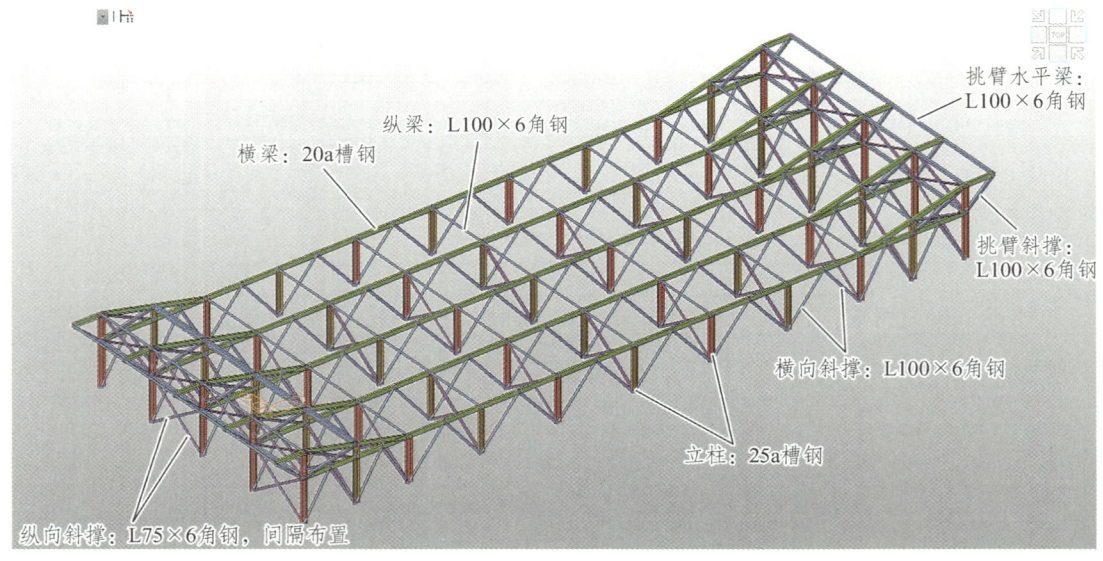

图 2-22 胎模架计算模型

胎模架的模拟计算主要考虑了钢箱梁在胎架上整体组装时的工况及转运梁体时胎架中部通道位置拆除时的工况，如图 2-23、图 2-24 所示。

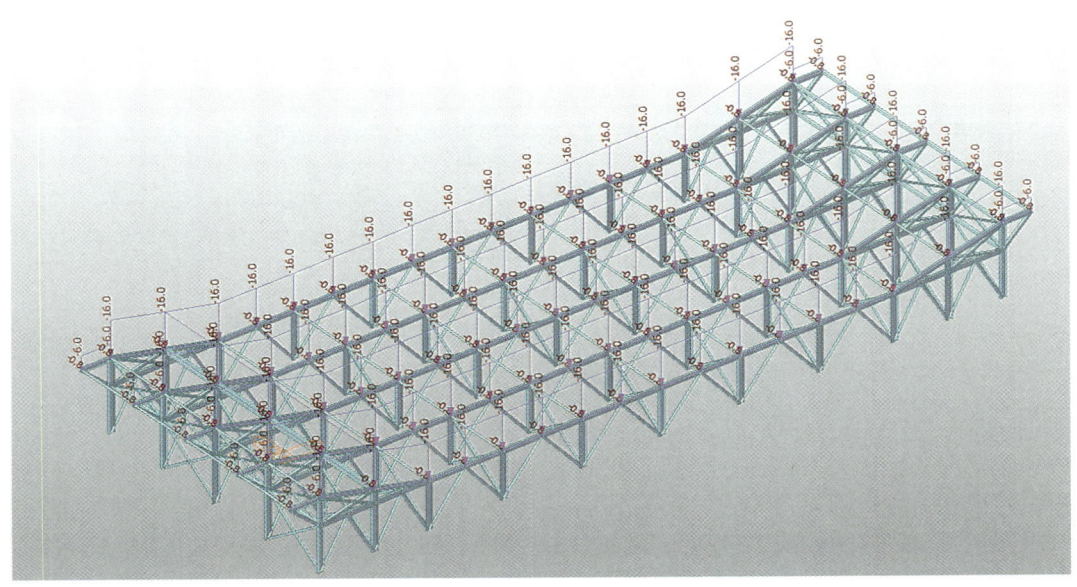

图 2-23　工况 1：钢箱梁在胎架上整体组装时的工况支架受荷载布置图

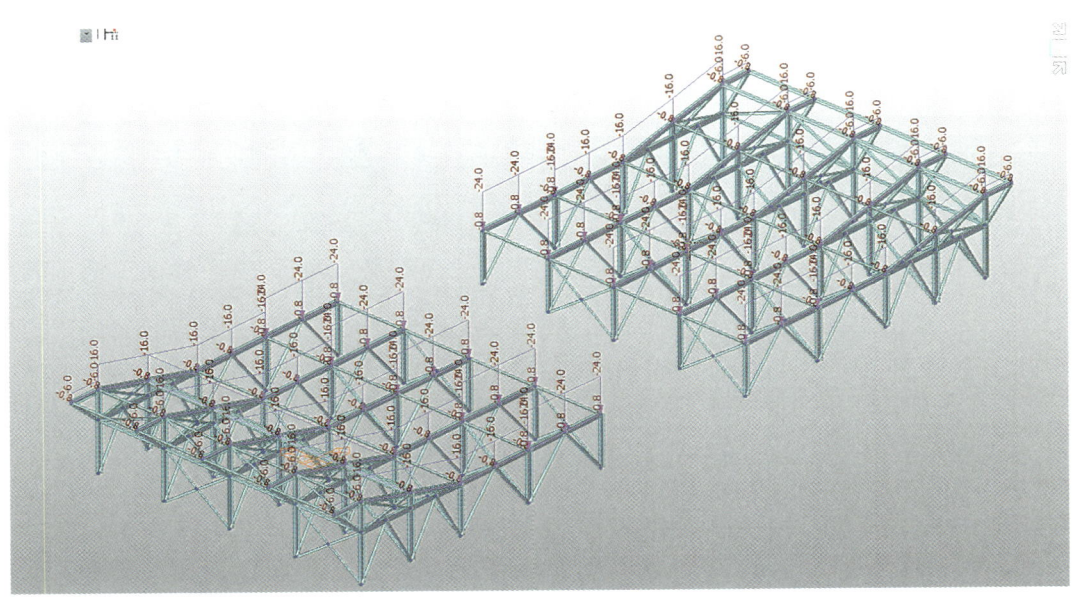

图 2-24　工况 2：转运梁体时胎架中部通道位置拆除时的工况支架受荷载布置图

#### 2.4.4.2　工况 1 计算结果

1. 应力计算结果

工况 1 应力计算结果如图 2-25 所示。

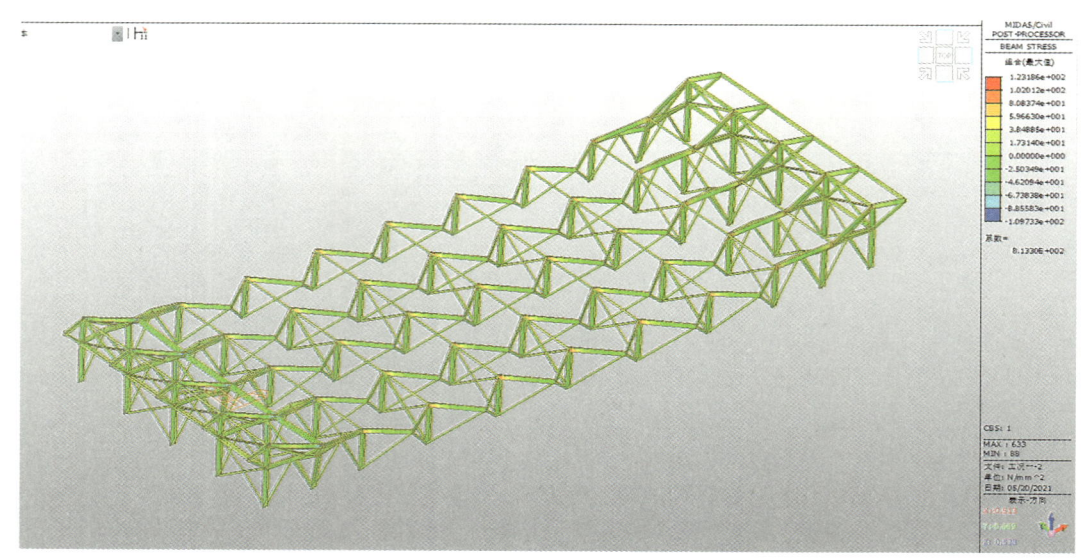

图 2-25 整体结构应力

由图可见,整体结构应力最大值约为 123.2 MPa,应力较大位置为钢柱与横梁交界处,小于钢材强度设计值 215 MPa。结构的强度计算满足要求。

2. 位移计算结果

工况 1 位移计算结果如图 2-26 所示。

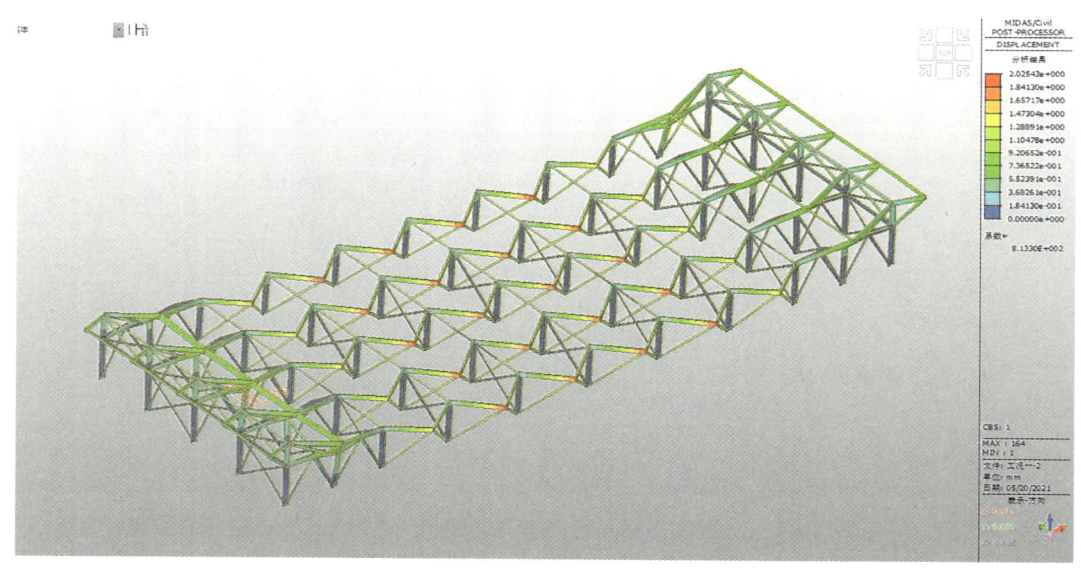

图 2-26 整体结构位移

由图可见,整体结构最大位移为 2.1 mm,最大位移为胎模架中部,其容许挠度为 $L/400$ = 1 000/400 = 2.5 mm,挠度满足规范要求。

3. 稳定计算结果

工况 1 稳定计算结果如图 2-27 所示。

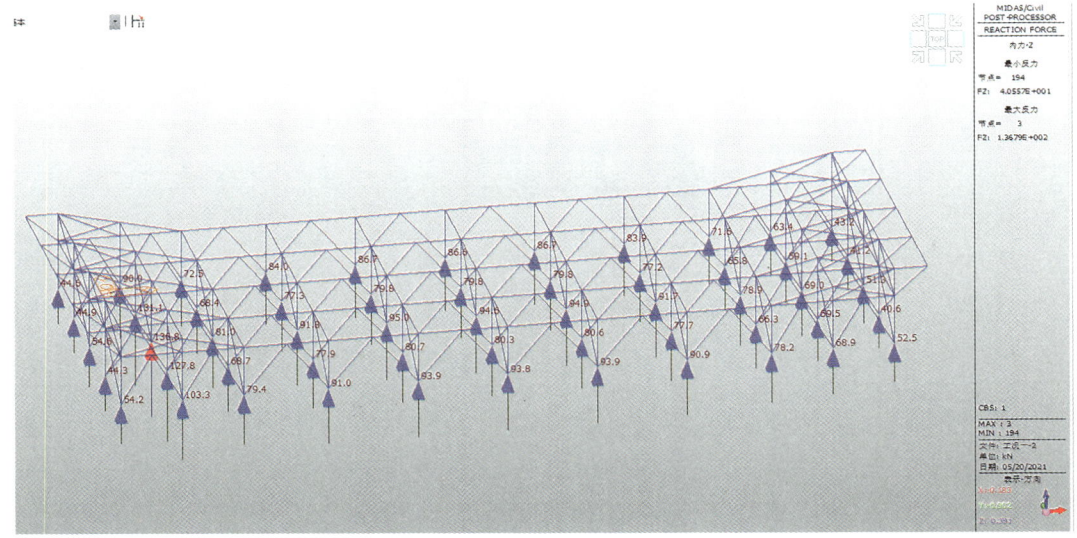

图 2-27　支架反力

根据支架反力图可知，支架反力最大值为 136.8 kN。根据《钢结构设计标准》(GB 50017—2017)，轴心受压构件的稳定性应按下式计算：

$$\frac{N}{\varphi A} \leqslant f$$

钢管构件为 25a 槽钢，查询截面特性表，其 $i$ = 22.4 mm，$A$ = 3 490 mm²，此处长度为 1.8 m。

$$\lambda = \frac{l}{i} = \frac{1\,800}{22.4} = 80.3 \leqslant 150$$

构件稳定系数查找规范附录 C，其取值为 0.688，其稳定应力：

$$\sigma = \frac{N}{\varphi A} = \frac{136.8 \times 10^6}{0.688 \times 3\,490} = 56.98 \text{ MPa} < 215 \text{ MPa}$$

稳定应力满足规范要求。

### 2.4.4.3　工况 2 计算结果

1. 应力计算结果

工况 2 应力计算结果如图 2-28 所示。

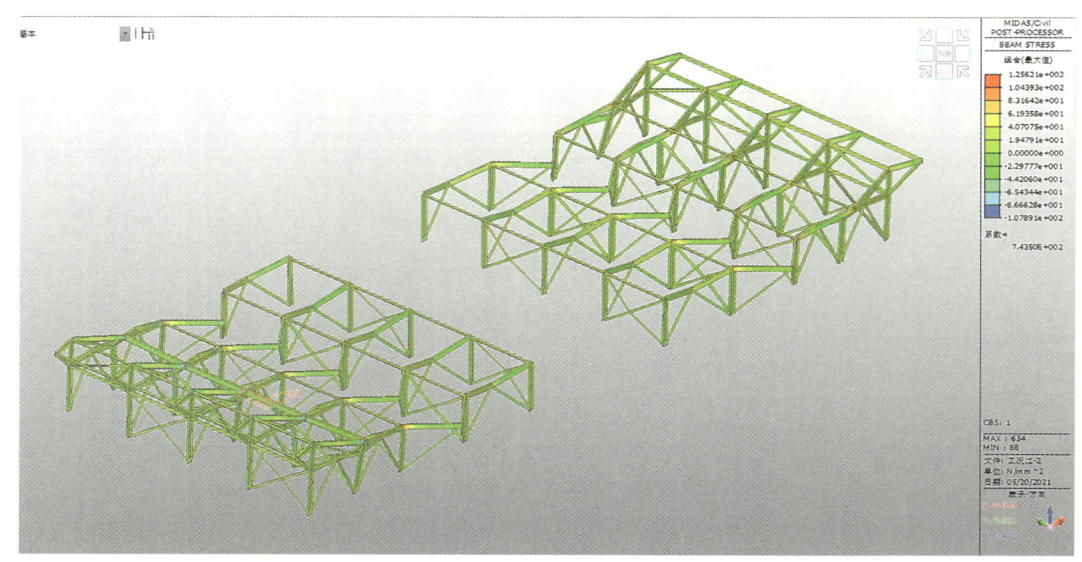

图 2-28 整体结构应力

由图可见，整体结构应力最大值约为 125.7 MPa，应力较大位置为钢柱与横梁交界处，小于钢材强度设计值 215 MPa。结构的强度计算满足要求。

2. 位移计算结果

工况 2 位移计算结果如图 2-29 所示。

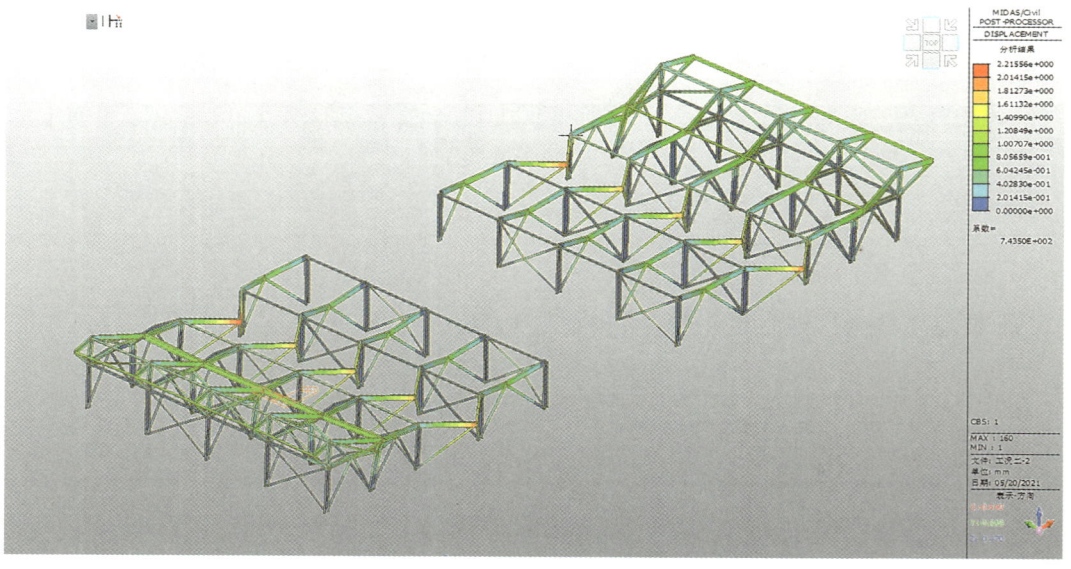

图 2-29 整体结构位移

由图可见，整体结构最大位移为 2.2 mm，最大位移为胎模架左右两端悬挑处，其容许挠度为 $L/400 = 1\,000/400 = 2.5$ mm，挠度满足规范要求。

3. 稳定计算结果

工况 2 稳定计算结果如图 2-30 所示。

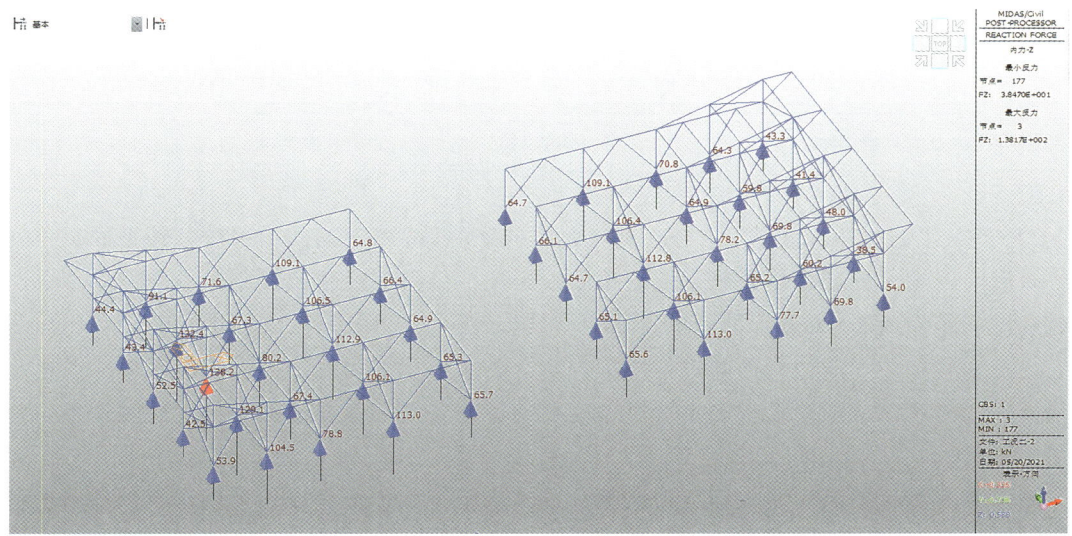

图 2-30　支架反力

根据支架反力图可知，支架反力最大值为 138.2 kN。根据《钢结构设计标准》（GB 50017—2017），轴心受压构件的稳定性应按下式计算：

$$\frac{N}{\varphi A} \leq f$$

钢管构件为 25a 槽钢，查询截面特性表，其 $i$ = 22.4 mm，$A$ = 3 490 mm²，此处长度为 1.8 m。

$$\lambda = \frac{l}{i} = \frac{1800}{22.4} = 80.3 \leq 150$$

构件稳定系数查找规范附录 C，其取值为 0.688，其稳定应力：

$$\sigma = \frac{N}{\varphi A} = \frac{138.2 \times 10^6}{0.688 \times 3\,490} = 56.6 \text{ MPa} < 215 \text{ MPa}$$

稳定应力满足规范要求。

## 2.4.5　梁段组装

1. 底板单元、斜底板单元上胎架

（1）中央底板单元定位：从每轮次的基准节段开始，将中心底板单元置于胎架上，使其横、纵基线与胎架和标志塔上的定位标志精确对齐定位。纵向控制相邻节段间的横基线间距（由线形放样上量取），横向控制板单元纵基线与桥梁中心线的重合度，如图 2-31 所示。

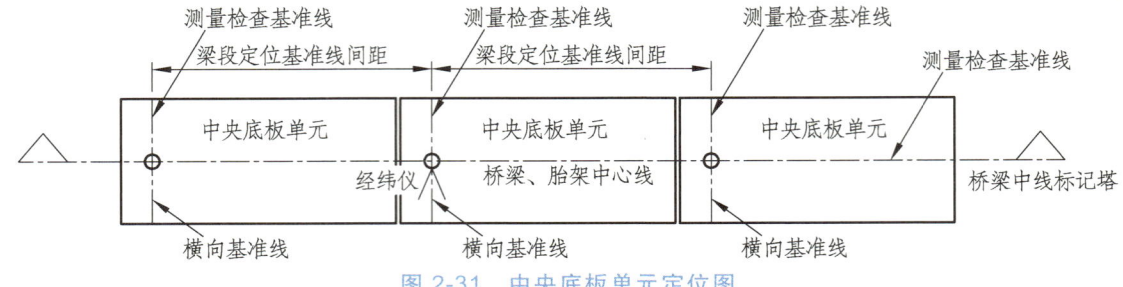

图 2-31 中央底板单元定位图

（2）其余平底板单元定位：中心底板单元完成定位后，依次向两边组焊其他平底板单元。定位时横向用钢尺控制板单元纵基线与桥中线距离，纵向用经纬仪控制横基线偏差，纵、横基准定位间距加放 2.5 mm 焊缝收缩量。

（3）斜底板单元定位：横向定位以标志塔上的定位标志为基准，纵向以板单元的横基线为基准，同时考虑线形倾斜量影响。定位时要架设两台经纬仪，横向、纵向同时调整定位，如图 2-32 所示。

底板单元高程控制以底板与牙板密贴为准，底板全部焊接完成后再用水平仪检测进行检测修正。

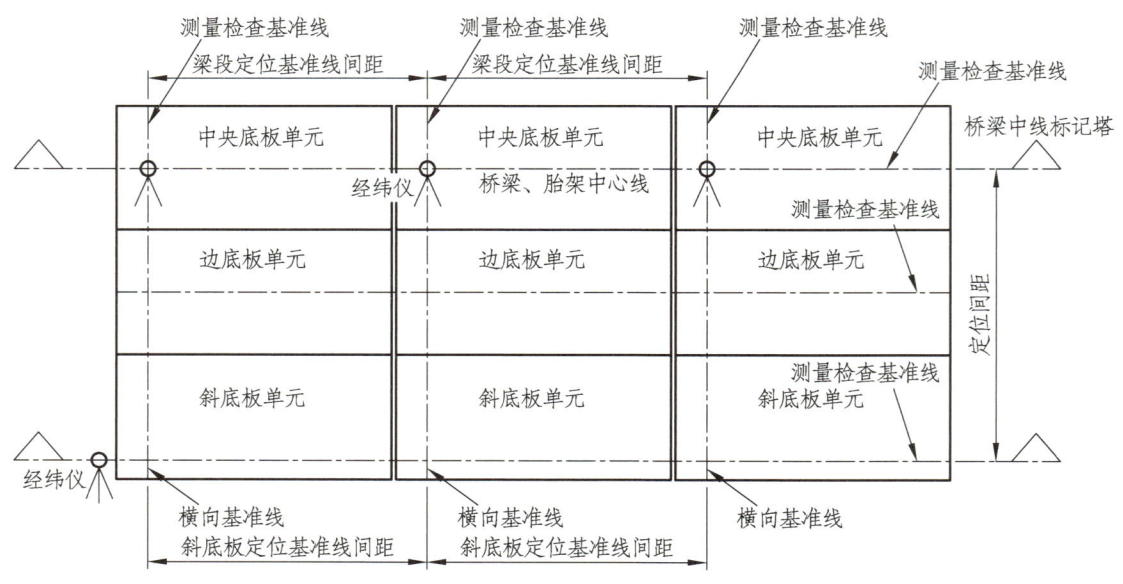

图 2-32 斜底板单元定位图

2. 组装横隔板单元件

（1）从两侧向中间依次组装横隔板单元件。

（2）以底板的横基线为基准，从基准节段开始依次组装横隔板，横隔板组装重点控制板面平面度、纵向间距及与底板的垂直度。组装时与定位线精确对齐，并用吊线锤控制隔板与底板垂直度（横隔板倾斜量由线形放样上可以量取），并用组装拉杆固定。

3. 顶板单元组装

首先组装桥中线顶板，然后向两侧依次组装其他顶板。先焊接中间纵向对接焊缝，然后对称焊接其余纵向对接焊缝及横隔板接板与横隔板的角焊缝（两侧边顶板单元暂先不焊）。

（1）横向定位：以桥梁中线标志塔上定位标志为基准，先组装中间顶板单元，利用经纬仪，调整顶板，使其纵向基准线与桥梁中线标志塔上定位标志所在直线平行。

（2）纵向定位：用吊线锤的方法，沿顶板单元基准端横基线即U形肋第一排孔，作为吊线锤的基准线，向下吊线锤，底板以横基线为基准，两者间的理论差值可在线形放样图中量取。并要用工艺拼接板连接相邻梁段顶板U形肋，确保纵向定位精度和栓孔重合率。

（3）高程控制：用水准仪控制顶板各测量点的高程，高程测量点按照监控单位的要求设置，一般设置在有横隔板的位置。高程理论值计算方法与胎架牙板高程计算方法相同。实际定位时高程预留 2~4 mm 焊接收缩量。

4. 腹板单元件

腹板单元与吊索耳板为一体，是钢箱梁的重要承力构造，为保证耳板的位置精度和钢箱梁整体宽度，腹板单元的定位分两次进行。第一次定位在横隔板组焊后进行；第二次定位在最后一块顶板单元组装前完成，第二次定位是对第一次定位精度的复核。

腹板单元定位也需要两台经纬仪同时进行，横向以标志塔上的基准线为基准，纵向以斜底板上的基准线为准。第一次定位后只焊接腹板与斜底板的焊缝，第二次定位后再焊接隔板与腹板的焊缝。

5. 风嘴单元组焊

组焊剩余两块顶板单元。依据桥梁中心标记塔组装风嘴单元，保证直线度及梁段总宽。

6. 预拼装检测

每轮次梁段连续匹配组焊完毕后，解除梁段的所有约束，进行预拼装检测。预拼装检测应避免日照的影响，在测量控制网内对梁段上监控点进行三维坐标采集，监控点按照监控指令设置。

分析监控点实测坐标与计算机放样偏差可以确定各节段的空间位置与理论线形偏差，然后通过调整节段间夹角，从而消除制造时的线形偏差，使实际制造线形与理论制造线形相吻合。

7. 环缝配切

检查梁段接口处的钢板错边量和纵向加劲肋对接精度，对超出验收标准要求的部位做出修正。同时根据测量结果确定梁段配切端（向塔端）的余量切割数据，确保梁段在桥上的焊接间隙尺寸和一致性，有效保证焊接质量。

8. 组装临时连接件和临时吊耳

临时吊点通过角形连接板与顶板、横隔板采用高强螺栓连接。

零件加工时角形连接板与横隔板连接的孔先钻（与顶板连接的孔不钻），吊耳底板孔先钻。角钢连接板及其加劲组焊成单元件，通过螺栓与横隔板连接；吊耳、吊耳底板、加劲板组焊成单元件，通过顶板纵、横向基准线组装在顶板上；通过吊耳底板上的孔投钻顶板和角形连接板上的孔。

### 2.4.6 梁段焊接

**1. 焊接方法及顺序**

为保证焊缝外观成型，减小焊接变形，横隔板单元焊接采用气体保护焊，在专用组装平台上进行，纵横加劲对线压紧后定位焊固定，先焊接横向劲板与横隔板之间的角焊缝，再焊接横隔板与纵向劲板之间的角焊缝，最后焊接人孔、管线孔加强圈与横隔板之间的角焊缝。焊接过程遵循从中间到两边同时同方向对称焊接的原则，具体如图 2-33 所示。

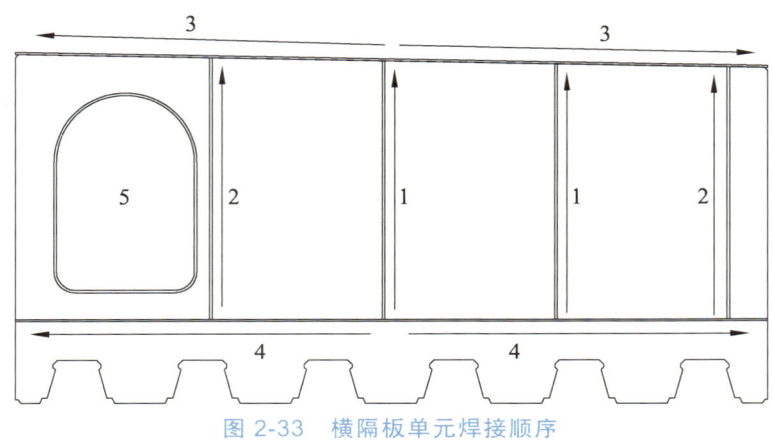

图 2-33 横隔板单元焊接顺序

**2. 焊接变形控制及矫正**

横隔板单元的焊接变形主要有角变形和波浪变形，因此在采用气体保护焊减小线能量的同时，从中间向两边对称焊接，进一步对焊接变形进行控制。选用高技能的矫正工进行火焰矫正，严格控制收缩量。

**3. 横隔板与顶板焊接**

顶板单元及 U 形肋与横隔板交叉部位必须连续施焊，U 形肋与横隔板间角焊缝 80 mm 范围内均不得起熄弧；横隔板在弧形切口端部 50 mm 长度范围内不得起熄弧，与 U 形肋间焊缝应围焊包头，打磨匀顺。

**4. 梁段焊接**

（1）焊接工艺。

① 为避免仰位焊接，平位拼接焊缝采用陶质衬垫，单面焊双面成形工艺，$CO_2$ 气体保护焊打底，埋弧焊填充、盖面，埋弧焊分道焊接，提高焊缝韧性，其余焊缝采用 $CO_2$ 气体保护焊。

② 应用全位置自动焊接小车，提高自动化程度。

（2）焊接顺序如图 2-34 所示。

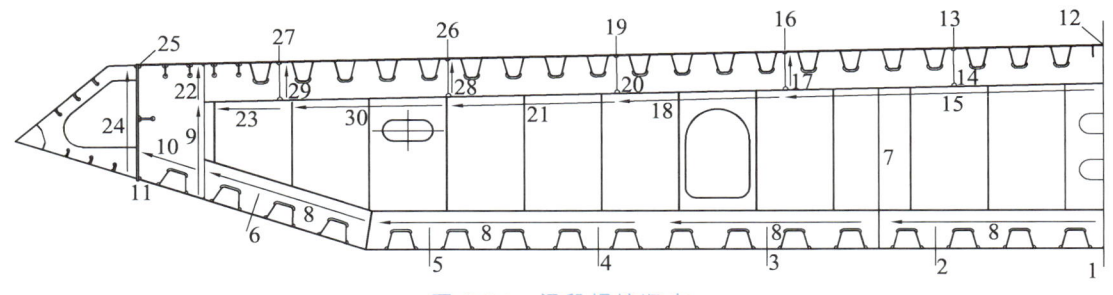

图 2-34 梁段焊接顺序

（3）焊接变形控制。

① 在梁段总拼胎架宽度方向上设置一定的收缩量，保证梁段总成制造完成后宽度达到要求。

② 遵循从中间向两边对称施焊的原则，焊接顶、底板纵向焊缝时，多名焊工同时同方向采用气体保护焊打底焊接，再使用埋弧焊填充盖面，使梁段两侧受热均匀，避免梁段扭曲。

5. 梁段之间的横向对接

（1）焊前准备。

① 梁段对接环缝在焊接前，需对坡口及两侧各 30 mm 范围钢板表面进行除锈，不得有水、油、氧化皮等污物；陶瓷衬垫应与母材良好贴合。

② 焊缝除锈后 24 h 内必须进行焊接，超过 24 h，重新除锈后方可施焊。

③ 在钢箱梁内部焊接时应做好通气措施，确保焊接作业环境。

（2）焊接顺序。

环焊缝焊接顺序为先焊腹板，再焊底板、斜底板，然后焊接顶板，最后焊接嵌补段，从中间往两侧对称施焊。焊接顺序及方向如图 2-35 所示，其中加劲肋嵌补段焊接顺序未标示。

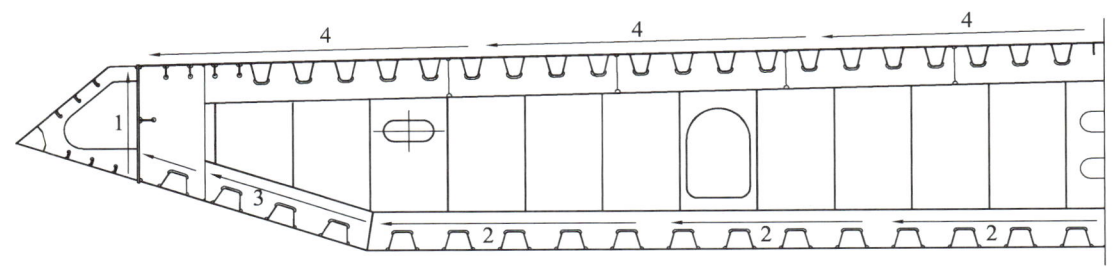

图 2-35 梁段间环焊缝焊接顺序

（3）一般要求。

① 考虑桥位环境条件，严格做好防风防雨措施，按要求搭设风雨棚，对焊接区域进行有效防护。焊接前对焊接接头区域母材进行除湿处理，去除钢板表面吸附的水汽。

② 在环缝焊接中最大限度地采用埋弧自动焊工艺，利用焊剂对焊缝进行有效保护，减轻环境对焊接过程的影响。

③ 严格焊材的存放管理，房间内设置温湿度计，保证库房内温度高于 5 ℃，相对湿度低于 60%，焊丝存放在货架上，防止受潮。

6. 嵌补段焊接

环焊缝外观、无损探伤等检验合格后，焊接纵肋嵌补段。焊接从中间向两边同时对称焊接。每一嵌补段按先对接后角接的顺序施焊，即：先焊一端的对接焊缝 1，另一端自由收缩（采用活马），然后焊接另一端对接焊缝 2，最后焊接嵌补段角焊缝 3，如图 2-36、图 2-37 所示。

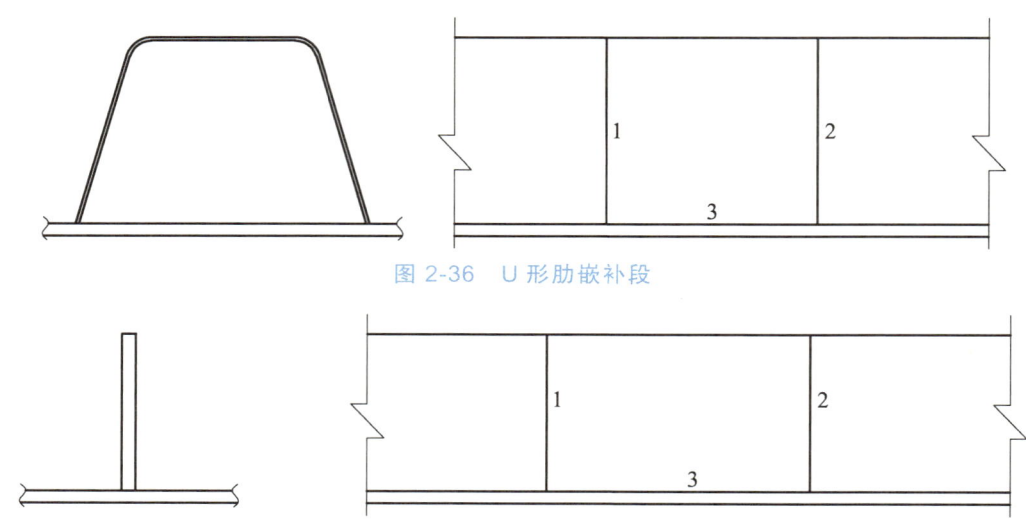

图 2-36　U 形肋嵌补段

图 2-37　I 形肋嵌补段

### 2.4.7　梁段焊接前焊工考试

根据本项目图纸中所列主要焊缝形式，选择其中具有典型代表的焊缝接口，对现场焊工进行考试，考核其焊接合格率。本次考试内容为顶板十字焊缝、腹板对接焊缝、横隔板与顶板熔透焊缝。焊缝经超声检测，合格率在 97% 以上。

施工现场采用半自动化的焊接设备，顶板拼接焊缝总计约 3.05 万米，施工时基于顶板面平整、焊缝顺直的特点，采用了二氧化碳气体保护焊打底、半自动化埋弧焊盖面的施工方法，大大加快了施工的效率，保证了良好的焊接质量。

### 2.4.8　梁段组装质量要求

（1）梁段组装采用多节段连续匹配组装、焊接及预拼装一次完成的工艺，上一轮预拼装检查结束后留下最后一个梁段参与下一轮组拼。

（2）梁段组装应在胎架上进行，胎架的线形按监控单位提供的数值设置。胎架应具有足够的刚度和几何尺寸精度。

（3）胎架上应设置纵、横基线和基准点，胎架外设置独立的基准线、基准点。

（4）每轮次组装前均对胎架进行检测，做好检测记录，确认合格后方可进行下一轮次的组拼。

（5）在梁段组装过程中，应在无日照影响的条件下监控测量主要定位尺寸，梁段组装允许偏差应符合表 2-15 的规定。

表 2-15 梁段组装允许偏差

| 序号 | 项目 | 简图 | 允许偏差/mm | | 备注 |
|---|---|---|---|---|---|
| 1 | 顶、底、腹板错边 | | ≤1.0 | | — |
| 2 | 横隔板与U形肋组装间隙 $t$ | | ≤2.0① | | — |
| 3 | 梁段长度 $L$ | | ±2.0 | | 长度留二次切头量的正差可放宽 |
| 4 | 梁段高度 $H$ | | +4.0<br>−2.0 | | — |
| 5 | 全宽 | | +8.0<br>−4.0 | | — |
| 6 | 顶、底板宽 $B_1$、$B_2$ | | +6.0<br>−4.0 | | 拼接处相对差 ≤2 mm |
| 7 | 腹板中心距 | | +4.0<br>−2.0 | | |
| 8 | 对角线差 $\|L_1-L_2\|$ | | 不大于4 | | 拼接处横断面 |
| 9 | 桥面横坡 | | ±1.5% | | |
| 10 | 横隔板定位尺寸 | | ±1.0 | | 均以底板横基线为基准定位 |
| 11 | 两侧吊点横向中心距 $B$ | | +4.0<br>−2.0 | | |
| 12 | 两侧吊点纵向错位 $\Delta$ | | ≤2.0 | | |
| 13 | 吊点中心线至顶板横基线距离 $S$ | | ±2.0 | | |
| 14 | 吊点高低差 | | ≤5.0 | | 左、右吊点高低差 |
| 15 | 风嘴直线度 | | 不大于5 | | 测风嘴边缘 |
| 16 | 顶、底板单元定位偏差 $\Delta$ | | 不大于1 | | 板单元定位线与理论值的偏差 |
| 17 | 钢衬垫或陶质衬垫对接焊接头组装 | | $\alpha$② | ±5° | — |
| | | | $\Delta$ | 0.5（衬垫） | |
| | | | $S$② | +6.0<br>−2.0 | |

注：① 当间隙 2 mm<$\Delta$≤3 mm 时，焊脚尺寸 K 适当加大，K＝原焊脚尺寸＋$\Delta$。当间隙 3 mm<$\Delta$≤5 mm 时，焊前气刨 $\Delta$ 深的坡口，坡口焊满后匀顺焊接图纸规定的焊脚；当间隙 $\Delta$>5 mm 时，焊缝按熔透焊接。
② 根据工艺取值。

### 2.4.9　梁段转运及存放

**1. 梁段场内转运**

在转运前应清理周围所有干涉的物体，同时转运行走路线必须清理干净，不得有地桩等物体，防止损坏平板车轮胎。平板车在行驶过程中应缓慢，工作速度控制在 2 km/h。转弯时要平稳，使梁段在转弯过程中不会产生左右晃动。

梁段需转运时，平板车沿梁段下方的车道进入待运梁段下方位置，车上的方木处于梁段横隔板下方（梁段支承处根据需要加设临时加劲，以免损伤梁段）。方木上铺设橡胶板。然后平板车起升，将梁段顶起运至目的地，放置于事先设置好的钢墩上。放置前要查看钢墩是否处于梁段纵横隔板的交叉点。当确认后，用木楔将梁段调平。平板上带有承重感应器，直接对梁端进行称重。梁段内运转流程如图 2-38 所示。

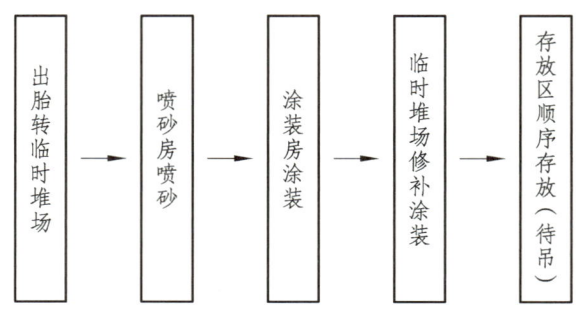

图 2-38　梁段场内转运流程

**2. 梁段场内存放**

梁段涂装修补完成后，用泡沫塑料块和胶带将 U 肋端口封闭，然后将梁段运至存放区，按吊装的顺序依次存放，梁段间距离最小为 1 m，等待吊装。运输涂装完工的梁段时，平板车方木的上面必须置放橡胶板来保护油漆。存放梁段的钢墩上也必须置放木块、橡胶板。

梁段存放区 17 000 多平方米，按照梁段制造计划和吊装计划，梁段场完全满足存梁的需要。

**3. 下　胎**

胎架中部布设运梁通道，通道处的支架采用全螺栓连接，满足多次安装及拆除需要。

### 2.4.10　高空梁段焊接

施工现场采用半自动化的焊接设备，大大提高了焊接的效率及焊接质量。

钢箱梁在实际焊接时，仍采取钢箱梁全部吊装完成，再由 B39（跨中节段）向两岸对称进行的方式，并在焊接前后对钢箱梁焊缝尺寸进行详细记录。钢梁焊接前后对比，焊缝收缩量在 2～4 mm，与理论预计收缩值 3 mm 相近，如图 2-39、图 2-40 所示。

图 2-39 半自动化焊接

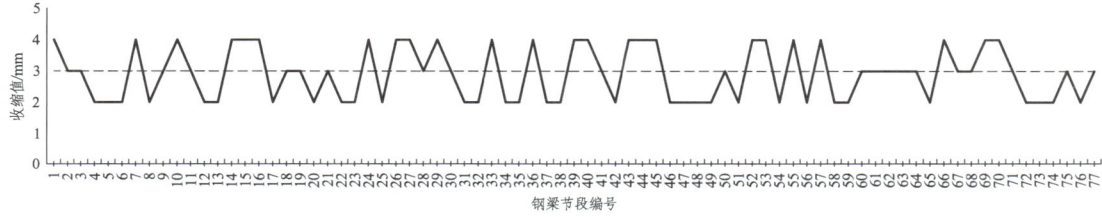

图 2-40 桥位钢梁环缝焊接前后焊缝收缩值统计

钢梁焊接后，对全桥进行测量统计，最终全桥整体累计收缩量为 223 mm，与预先设置的全桥工艺补偿 200 mm 相差 23 mm，整体焊接变形控制非常好，如图 2-41 所示。

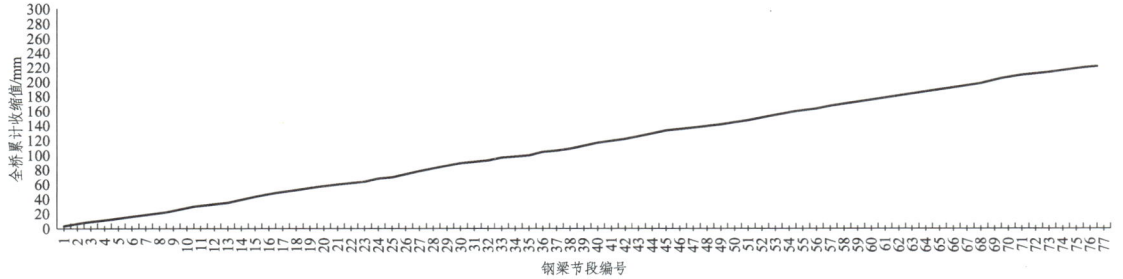

图 2-41 全桥累计收缩值

### 2.4.11 桥址高空防火体系

江底河特大桥桥体宽度为 31 m，长度为 920 m，共计环缝 76 道（每 12 m 一道环缝）。桥面至最低面江底河垂直高度约 343 m。钢梁吊装完成后，需在桥位位置进行高空环缝焊接，焊接部位包括顶板纵向对接、底板纵向对接、腹板纵向对接、风嘴斜顶板纵向对接以及底板 U 肋嵌补段焊接。

焊接作业时，下方为林地，属林间动火作业，消防安全风险高。现将桥体投影区域及宽度外延 30 m 区域作为风险区域，列入重点防火区域。

本项目可能发生火灾风险因素为：

（1）焊接作业中高温飞溅物，熔珠落至野外草（林）地发生火灾。

（2）氧乙炔切割作业中高温切割物，铁渣落至野外草（林）地发生火灾。

（3）焊缝打磨中高温飞溅物落至野外草（林）地发生火灾。

（4）特别是在大风或瞬时风力超过 5 级时，燃烧物或高温飞溅等掉落风险加大。

施工时采取了自制 33 m 跨度可移动高空小车、强磁固定可移动焊接防火槽、高压喷射预湿润防火、灭火系统等措施保证施工的防火安全。

自制高空小车如图 2-42 所示。

图 2-42　自制高空小车

本工程为江底河大桥临时焊接支撑平台，平台主梁横梁为工字钢 I14，次梁为工字钢 I10，斜撑规格为 L63×5、L70×5，结构材质均为 Q235B。其计算模型如图 2-43 所示。

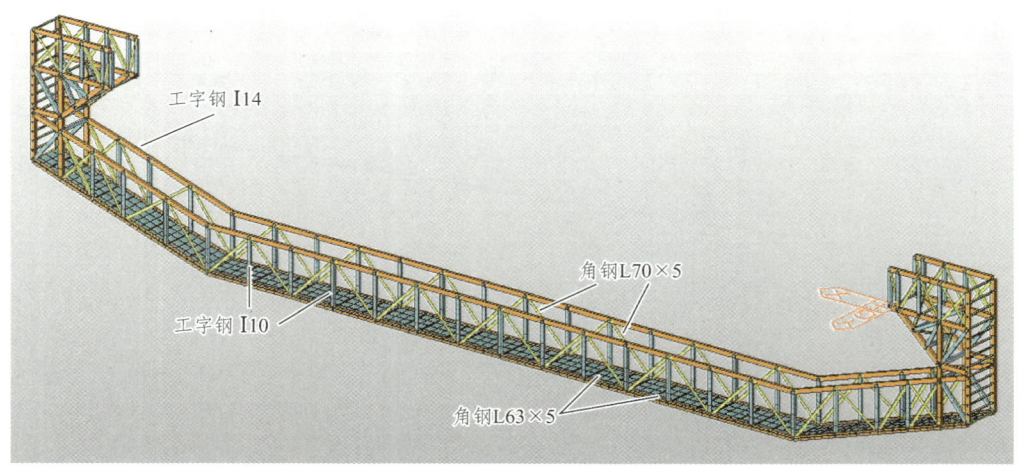

图 2-43　计算模型

## 2.5　验算结果

1. 结构强度

整体结构强度如图 2-44、图 2-45 所示。

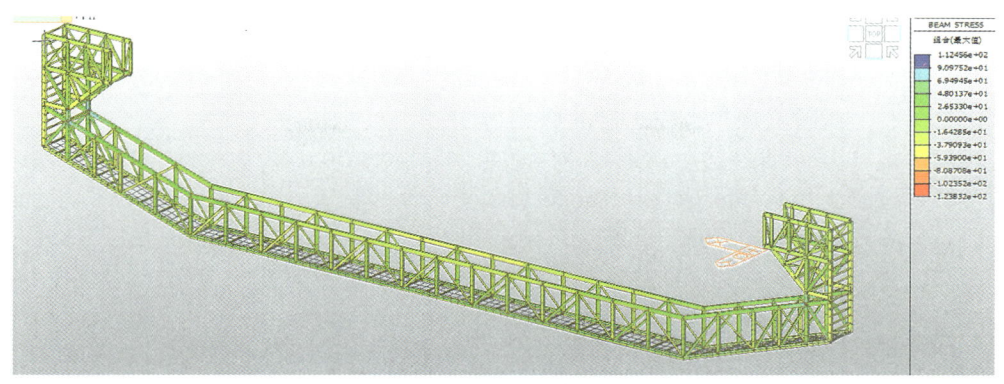

图 2-44 整体结构杆件强度

图 2-45 整体结构底板强度

结构应力最大值为 125.9 MPa，小于钢材强度设计值 215 MPa，结构强度满足规范要求。

2. 结构变形

整体结构变形如图 2-46 所示。

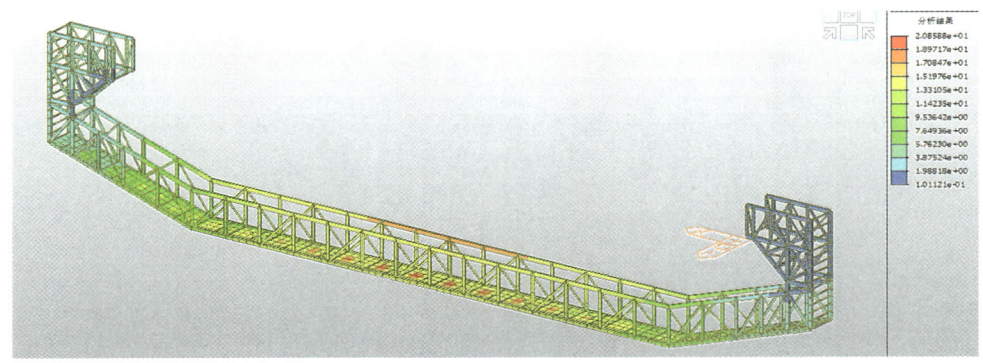

图 2-46 整体结构变形

结构最大变形为 20.5 mm，允许挠度 $L/250 = 124$ mm，变形满足规范要求。

## 2.6 移动焊接防火槽

要做好钢结构防火，就是要遏制产生的高温熔珠、飞溅物不掉向林地，也就是采取措施让该部分危险源控制在某个区域内,没有掉落风险。结合钢结构特点,我们决定采用钕磁铁将接火槽(盆)悬挂吸附于钢梁底板上。一是安装和拆除接火槽时免于动火,有效避免火星或飞溅物掉落;二是拆除简单方便,随装随用。

大姚岸布设 3 根水管,边上的两根水管超出钢箱梁约 30 m 距离,施工现场采用的架设水管到桥底部位预先用高压水枪将丛林湿润是解决防火的有效办法,如图 2-47 所示。

图 2-47 利用高压水枪湿润丛林

如图 2-48 所示,江底河大桥地处高山峡谷(距谷底最大高度 350 m),跨谷的两岸均为林地,树木及杂草众多,高空调梁锚固及高空焊接作业防火难度大,施工时采取了自制 33 m 跨度可移动高空小车、强磁固定可移动焊接防火槽、高压喷射预湿润防火、灭火系统等措施保证施工的防火安全。

图 2-48 江底河大桥现场消防情况

# 3 桥梁施工监测与健康监控技术

## 3.1 永仁大桥主桥部分施工监测

### 3.1.1 桥梁概况

本工程位于云南省楚雄州大姚县赵家店乡和永仁县宜就镇境内，本标段起点桩号为 K28+390.04，终点桩号为 K30+280，路线全长 1 889.96 m，永仁大桥跨越江底河到达窝祖么后，设沙拉么隧道穿越山梁，经江头村东沿山坡向西北展线。永仁大桥位于永仁至大姚高速公路 K28+612～K30+280 处，上跨江底河峡谷。永仁大桥主桥采用主缆跨径布置为 (255+920+255) m 的双塔单跨钢箱梁悬索桥。主跨为 920 m 的单跨钢箱梁悬索桥，主缆由 5 跨组成，依次为：锚跨、边跨、中跨、边跨、锚跨。成桥状态跨径组成为 (255+920+255) m。主缆在成桥状态下中跨的垂跨比为 1∶10。主缆采用预制平行钢丝索股。每根主缆的通长索股有 154 股，边跨不设背索。每根索股由 91 根直径为 5.0 mm、抗拉强度为 1 770 MPa 的高强度锌铝合金镀层钢丝组成。索股两端设索股锚头，索股锚头采用热铸锚。中跨设置吊索，中跨索夹的水平间距为 12 m；边跨不设吊索，边跨索夹水平间距为 12 m。吊索与索夹、加劲梁为销接式连接，每个吊点设两根吊索。两岸塔顶设主索鞍。加劲梁采用流线型扁平钢箱梁，其中中心梁高 3 m，梁宽 27.5 m，两侧风嘴各 1.75 m，带上风嘴主梁全宽 31 m，索塔处主梁标准断面宽 27.5 m。

主跨加劲梁分为 77 个梁段，总长 918 m。加劲梁共有 3 种类型梁段：74 段主要的 A 型梁段、1 段跨中的 B 型梁段以及 2 段桥塔处的 C 型梁段，其梁段长度分别为 12 m、14 m、8 m，最大吊重为 183.8 t。3 种梁段顶板厚均为 16 mm；腹板厚大多均为 16 mm，其中在永久吊点的两侧各 1.4 m 的范围以内加厚至 30 mm，其余保持 16 mm；A、B 梁段斜底板在靠近腹板约 1.7 m 范围以内加厚至 12 mm，其余部分均保持 10 mm 厚；对于端部的 C 梁段，其底板和斜底板均直接加厚至 16 mm。腹板改变厚度处依照中心线对齐，底板和斜底板改变厚度处依照箱梁内轮廓对齐。

### 3.1.2 监控必要性

悬索桥是由主缆和加劲梁构成的一种柔性悬挂体系，结构非线性表现明显，其在施工过程中的结构几何形状较难控制和管理，容易产生各种施工误差。实施有效的施工控制是大跨径悬索桥成功的关键。施工控制是随施工过程逐渐实现的，它是将实用的结构测试技术和现场分析技术应用于施工，并结合施工过程计算分析、检测及反馈控制系统。通过施工现场的结构测试，跟踪计算分析及成桥状态预测得出合理的反馈控制措施，给施工过程提供决策性技术依据，并为施工控制提供理论数据，从而确保成桥线形与受力状态符合设计要求。

永仁悬索大桥主缆采用预制平行钢丝索股（PPWS），钢箱梁采用缆索吊装施工，这是悬索桥施工的常用方法，这种施工方法会给桥梁结构带来复杂的内力和位移变化；同时，在施工过程中，由于各种因素（如温度场、猫道、施工顺序、施工荷载及材料性质等）的随机影响，以及测量误差、施工误差的客观存在，各实际施工状态将会偏离理论轨迹。为确保成桥后的钢箱加劲梁线形、索塔位置符合设计要求，结构内力处于最优状态，同时为确保施工中的安全和全桥顺利合龙，在悬索桥施工过程中必须进行严格的施工控制。

### 3.1.3 监控重难点

与其他桥梁相比，悬索桥在施工过程中的结构几何形状较难控制和管理，容易产生各种施工误差。其原因有：

（1）悬索桥是由刚度相差很大的构件（索、吊杆、梁）组成的高次超静定结构，与其他形式的桥相比，具有显著可挠的特点。在整个施工过程中，悬索桥结构的几何形状变化较大。

（2）悬索桥结构几何形状对温度变化非常敏感，温度变化将引起悬索桥结构几何形状的较大改变。

（3）施工各阶段中消除误差比较困难。在悬索桥的施工过程中，主缆一旦施工完毕，是无法调整其长度的，而且吊杆的长度也无法像斜拉桥施工中对斜拉索的重复张拉那样进行调整。

（4）其他一些随机因素的影响。

另外，由于悬索桥施工方法和过程的特殊性，在施工阶段，悬索桥结构容易出现结构不稳定和结构构件应力超限的现象。具体可分为三个方面：

（1）悬索桥在施工阶段，加劲梁之间是先上缘临时铰接、下缘张开，等到加劲梁全部吊装完毕，才将临时铰接变为刚接。在吊梁的某些阶段，颤振失稳的临界风速可能大大低于成桥状态的临界风速。

（2）悬索桥的吊梁与鞍座顶推不是同时进行的。在吊梁时，塔顶鞍座与塔顶在水平方向临时约束，这样，随着吊梁的进行，塔顶与鞍座一起发生位移，塔根承受一定的弯矩，这样就可能会发生塔根应力超限的危险。为了不让塔根应力超限，吊梁到一定程度，就要释放塔根的弯矩一次。具体的做法是用千斤顶调整塔顶鞍座与塔顶之间的相互位置，使塔顶回到原来没有水平位移时的状态。

（3）在实际施工中，为了减少在恶劣气候条件下现场焊接的工作量，总是期望能一次安装较长的节段。但如果一次安装的节段长度太大，则有产生节段最外侧的吊索超载、加劲梁的弯曲应力超限的危险。鉴于上述原因，悬索桥的施工控制至关重要，必不可少。它不仅是整个桥梁施工的安全保障，更是整个桥梁施工的核心。

### 3.1.4 施工全过程理论计算

按照设计文件和经监理批复的施工组织设计所确定的施工顺序以及设计所提供的基本参数，对施工过程进行一次正装计算，得到各施工状态以及成桥状态下的结构受力和变形等控制数据，与设计相互校对确认无误后作为桥施工控制的理论数据。

理想状态下施工全过程模拟计算的目的在于校核主要设计计算数据,弄清施工过程结构位移以及内力变化规律,初步确定索鞍顶推量及顶推时间,搞清施工过程控制的关键,为施工过程各理想状态提供数据,以做到安全施工,同时也给施工提供指导性建议和意见。利用 Midas/Civil 软件、BNLAS 软件等建立上部结构施工控制仿真分析模型,如图 3-1、图 3-2 所示。

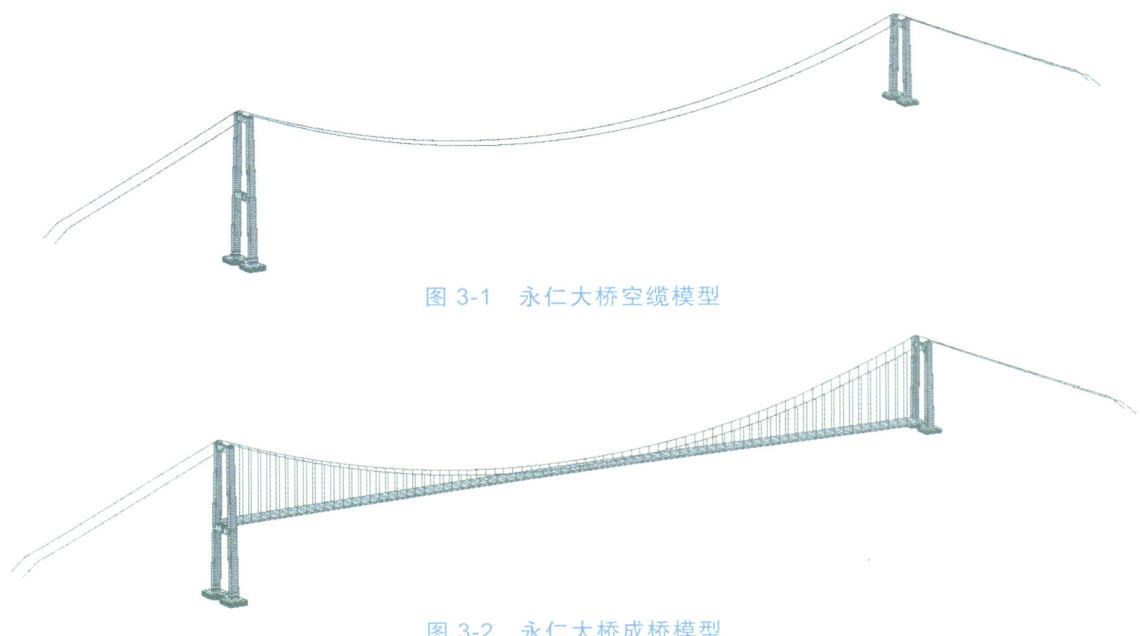

图 3-1 永仁大桥空缆模型

图 3-2 永仁大桥成桥模型

1. 理论计算的内容

(1)主缆索股架设阶段:主缆索股无应力长度计算、索鞍预偏量计算、基准索线形计算、温度效应修正计算、猫道改挂对主塔偏位及主缆架设线形的影响性分析。

(2)钢箱梁吊装阶段:加劲梁的理论制造线形、索夹安装位置计算,吊索下料长度计算,索鞍顶推阶段及顶推量的确定,吊装过程中主缆中心跨中标高及钢箱梁顶面控制点标高计算。

(3)二期铺装施工各工况变形和内力确定:根据结构参数、辅助性试验结果以及已完成的施工观测结果,对结构继续进行前进分析,为各工况的施工提供更新的线形、内力等理论状态数据以指导施工。

2. 预测分析和计算参数的修正

在施工过程中,由于施工条件的非理想化,结构不可避免地存在一定的误差。这些误差的合成效应将直接呈现在结构施工阶段状态上,从而给理论计算的准确性带来影响。因此,必须量测当前阶段结构施工后的初始参数,分析其对随后施工阶段的影响。若当前参数与理论值存在偏差,则以预测偏差值为依据反求当前状态下的控制调整值,使调整后的结构按顺序施工到成桥,以便结构的实际状态最大限度地逼近设计要求状态。

### 3.1.5 主要监控内容

#### 3.1.5.1 结构几何状态监控

结构几何线形测量的目的是获取已经形成结构的实际几何形态，其内容主要包括塔顶偏位、主要构造实际位置、主缆安装线形、索夹安装位置、吊索张拉过程主缆和主梁的变形与位移等。几何线形的监测对施工控制、预报有着非常重要的作用。

1. 索股架设过程中的监控测量

（1）基准索股架设控制。

白天索股架设完成后不进行调整，等到夜间观测天气情况，根据当天的具体情况，一般选择在午夜至凌晨且风力小于5级时，沿索股长度方向和截面方向测量索股温度，要求沿顺桥向索股整体温差小于2℃，横截面方向温差小于1℃，方可进行基准索股的线形调整作业。在索股的跨中位置固定棱镜，两岸设置全站仪同时进行测量，得到此时索股的绝对标高。每调整好一跨，将索股在索鞍内固定，进行下一跨的调整。待基准索股线形调整完毕，选择天气良好的时间对索股跨中标高连续观测 3~7 d，如发现观测数据相差较大，需要重新调整。直至连续观测的数据波动范围很小，方可认为基准索股的线形满足要求，具体调整过程如图3-3所示。

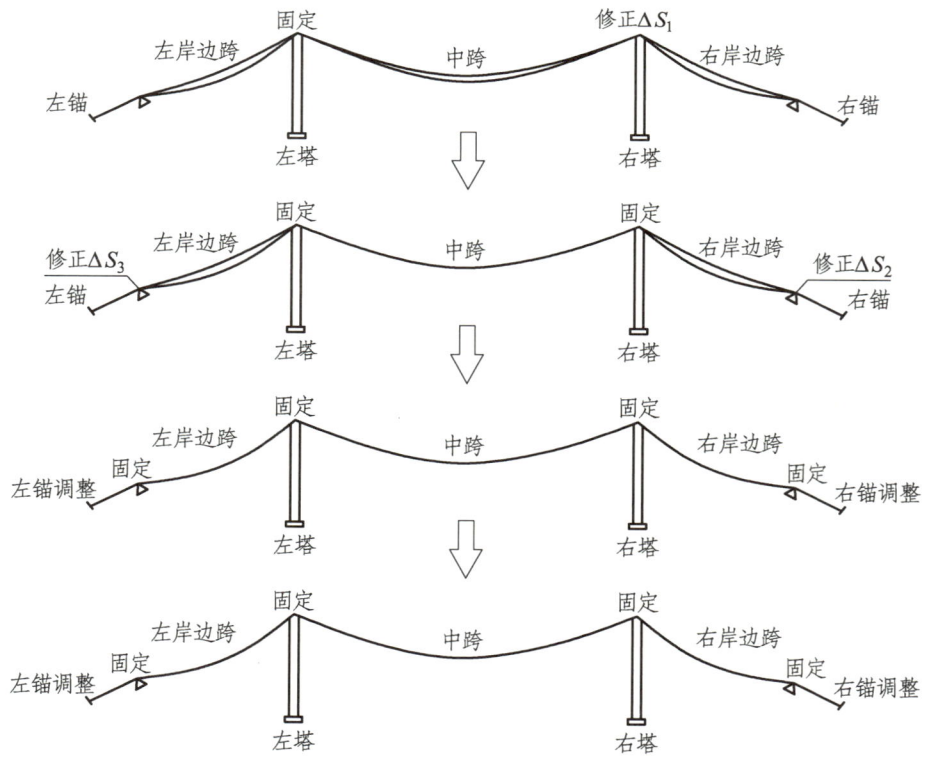

图 3-3　基准索股线形调整

（2）一般索股线形的调整。

一般索股同样选择在日间进行架设，此时需要设置预抬高值。根据国内多座大跨径悬索桥的施工经验，索股跨中抬高量一般设置为 20 cm，以避免对基准索股造成干扰，方便夜间温度稳定、风速较小时进行一般索股的线形调整。在夜间采用相对垂度法，按照若即若离的原则对标高进行调整。根据事先计算出的标高与长度的对应关系，逐跨进行调整。

2. 主缆架设完成后的线形测量

在主缆紧缆之后，要对空缆线形（图 3-4）加以精确测量。测量成果将用于施工监控仿真分析模型中，计算对后续施工过程（索夹放样及吊杆下料长度计算等）结构受力状态的影响。

图 3-4　空缆成型

3. 钢箱梁吊装过程中桥塔、主缆、主梁变形的监控测量

钢箱梁吊装直接关系到主梁、主缆线形乃至施工安全。因此，在钢箱梁吊装阶段，除确保吊索索力准确可靠外，还应对吊装过程中桥塔、主缆以及主梁的变形进行监控测量，如图 3-5 所示。

图 3-5　桥面线形测量

#### 4. 桥面铺装过程中结构线形的监控测量

桥面铺装完成后，对线形进行全面监控测量。监测的项目为各吊点处主梁标高、跨中主缆标高、桥塔偏位等，并与监控计算结果和设计结果比较，评定桥梁的架设精度。通过全过程施工控制，成桥后全桥线形满足控制标准。

### 3.1.5.2 结构应力监控

应力监控测量主要是监测各施工状态下监测截面的应力值，能够更准确地了解结构控制截面的应力状况，并对施工过程中工况施工荷载变化情况进行判断，确保结构施工安全。本项目采用振弦式传感器进行应力应变监测。

#### 1. 索塔应力监测

根据索塔的受力特性，考虑精度需要和便于测试的原则，在塔柱上布置3个应力测试断面。混凝土应力测点均采用埋入式应变计，元件用细铁丝固定于主钢筋上。重点关注主梁吊装阶段主塔根部应力情况。在整个吊装过程中，我们发现主塔根部应力均有较大的安全富余量。

#### 2. 钢箱梁应力监测

在主梁吊装过程中，需对关键截面的主梁应力进行监测，保证各主梁架设环节主梁局部应力均在允许范围内。加劲梁纵向应力测点布置在主跨 $L/4$ 和 $L/2$ 处（图3-6），在钢梁顶底板设置6个应力测点，沿主梁中线对称布置。应力测试选择在主梁吊装完毕后进行第一次测试，之后根据主梁刚接时机及二期铺装工艺的选择进行测试。

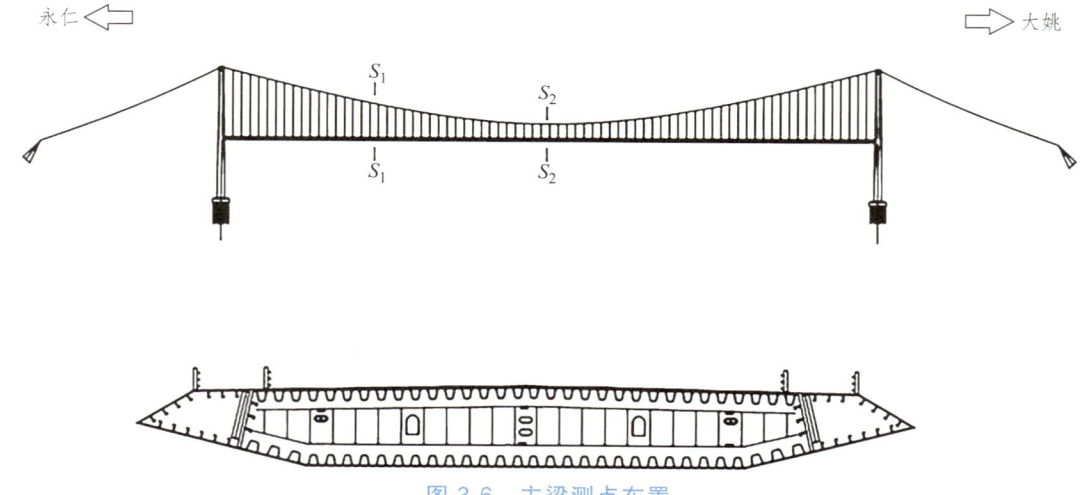

图 3-6 主梁测点布置

### 3.1.5.3 索力监控

索力监控包含主缆锚跨索股张力及吊索力。待主缆全部架设完成后通过对索股锚跨索股张力进行监测，与理论值进行对比得到调整量。在施工过程中进行吊索力监控主要是为了保证钢箱梁在吊装过程中吊索处于安全状态，而在成桥时进行全桥索力监测是验证成桥状态的措施之一。本项目中采用方便快捷的频率法进行索力监测。

#### 3.1.5.4 温度监控

本桥主缆、主梁线形随温度变化敏感,因此,温度场的测试是施工控制的主要内容之一。混凝土主塔和主梁采用智能埋入式应变计,同时配合红外测温仪来测试表面温度。

1. 索塔温度场测试

塔柱的温度测试断面一般与应力测量断面相同,以资对应,也便于计算分析。

2. 主缆索股温度场测试

在悬索桥上部结构施工过程中,主缆索股的垂度与线形均对温度变化的影响很敏感。在主缆的架设过程中,需要在索股纵向布置温度测点,以监测各点的温度,以便对索股垂度进行修正。本桥索股的温度测点选择在边跨中点、塔顶点、中跨 $L/4$ 点、$3L/4$ 点及跨中点,如图3-7所示。

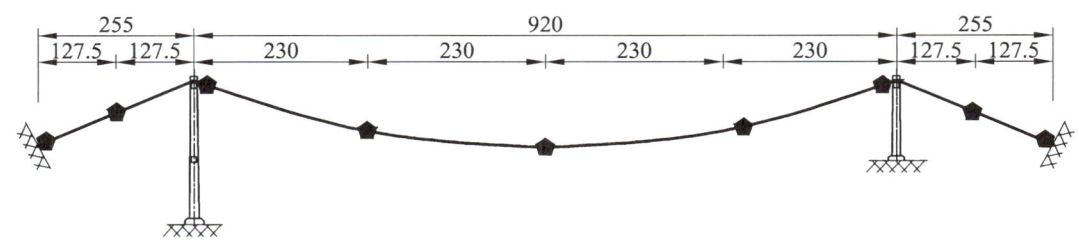

图3-7 索股温度测点布置(单位:m)

### 3.1.6 关键技术

考虑云南山区特殊的环境及施工条件,依托永仁大桥开展悬索桥快速成桥技术研究,主要分为两项关键技术。

#### 3.1.6.1 无基准索股架设技术

整个主缆的架设周期是相当漫长的,不可避免地会遇到雨雪天气。由于已经架设完成的索股间隙内积水,此时索股线形已不再是悬链线,基准索股的标高也会发生变化。遇到这种情况一般会选择等天气转好、雨水全部蒸发、基准索股和已经架好的索股恢复悬链线状态,或者重新选定基准索股。然而这些措施受天气影响的随机因素很大,具体施工时间只能等到环境条件满足施工要求时方可进行。通过对无应力长度的修正,直接按照修正后的索股标记点与索鞍标记点对位安装,使索股的架设可以不依赖天气。因此,依托永仁大桥提出无基准索股主缆架设新方法,理论上若索股各段标记长度严格按照计算长度进行标记,施工时将标记位置对准控制点中心位置入鞍,即可保证索股架设的精度,无须再进行调整。这样可将变化的、不稳定的垂度控制转变为相对恒定的、易控的索长控制,避免了风、雨、温度等环境因素的影响,提高了主缆架设效率。

1. 无应力长度计算

采用分段悬链线方法进行主缆找形并精确计算索股无应力长度。

## 2. 索股制造

为控制索股标记位置的准确性,降低随机因素的干扰,所有索股在同一制造环境(密闭、恒温、同设备)下进行测长、标记,消除温度不稳定性的干扰;并采用同批次且弹性模量和直径为试验均值的钢丝作为索股标准丝。

## 3. 索股架设

对架设全过程进行误差源识别,对混杂在一起的不同性质的误差(系统误差和随机误差)予以分离。系统误差对每根索股的影响一致,因此不必将误差逐一提取,而是通过相应的修正方法,使误差的影响得以消除。另外,通过多次重复测量,利用相互抵偿的特性,取平均值后可近似地认为将随机误差消除。具体架设流程(图3-8)为:

(1)索股架设前需进行理论修正,即先对索鞍IP点(地理位置坐标点)及锚点的坐标进行复测,重新确定各跨无应力长度及垂度值,然后按标记对位架设第一个索股。

(2)按照先主跨再边跨最后锚跨的原则调整第一根索股的线形;重复观测至少3d,若垂度始终满足控制要求,再测量索鞍IP点与索股标记的偏差值,得到系统误差修正值。

(3)考虑系统误差对所有索股的影响是一致的,根据系统误差修正值,直接对位架设其余索股。

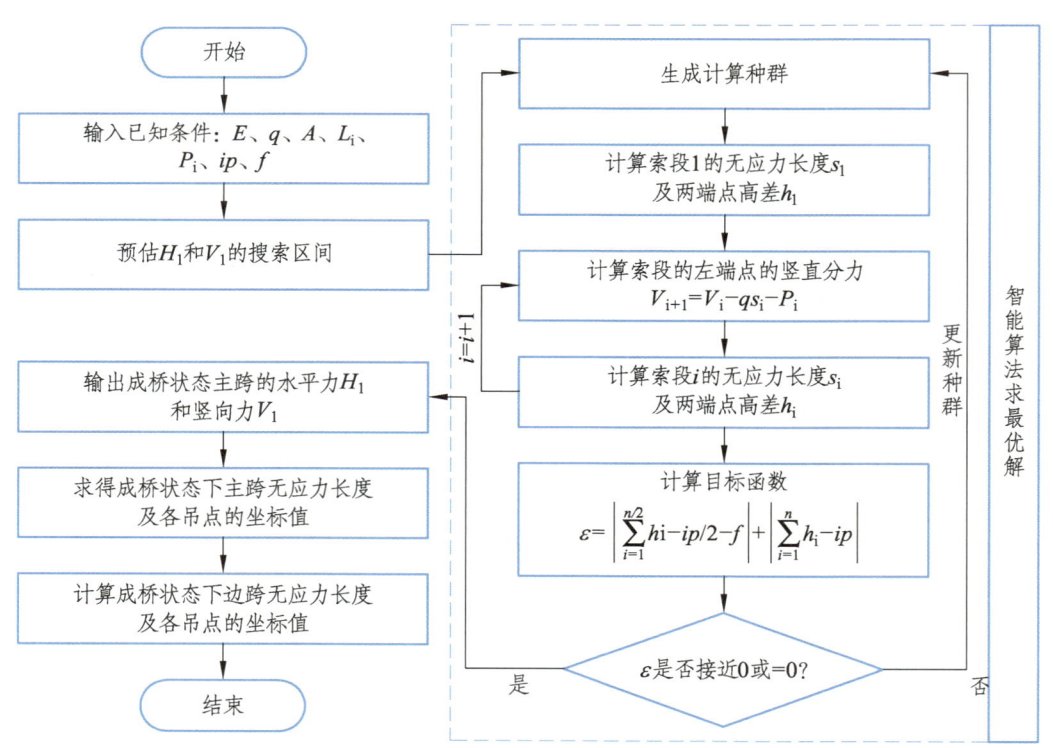

图3-8 无基准索股主缆架设流程

4. 精度验证

（1）基于可靠度理论的主缆架设精度验证。

以紧缆后主缆跨中垂度和索股张力的不均匀度为控制指标，构造函数评价主缆架设精度（图3-9、图3-10）。

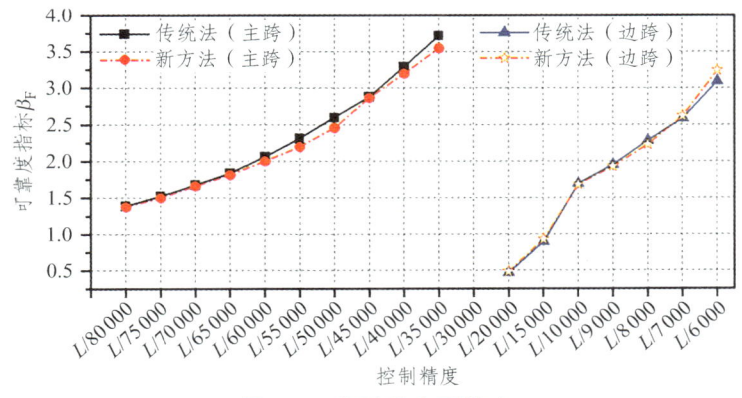

图3-9　主缆垂度可靠度

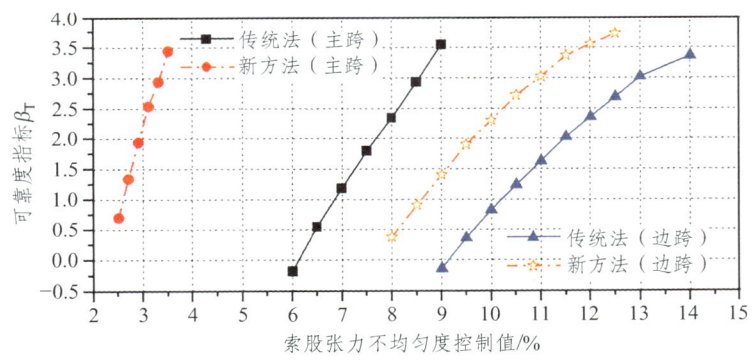

图3-10　索股张力不均匀度可靠度

通过可靠度分析得出，无基准索股架设法主缆垂度可靠度变化趋势及大小与传统垂度法基本一致，但在索股内力均匀性方面要优于传统垂度法。

（2）现场架设。

通过传统垂度法验证无基准索股架设法的正确性，选取按修正值直接对位架设6根索股，测量其与基准索股的间距，并考虑温差的影响，最终得到索股间距的实测值与理论值的差值能控制在[-4 mm, 8 mm]，满足架设精度要求。

5. 结　论

无基准索股主缆架设方法既能确保架设精度，又能有效克服施工过程中不可控的温度、风、雨荷载因素的影响，大大提高了架设工效。实践证明，采用传统垂度法单根主缆一天可架设4~5根索股，采用无基准索股法一天可架设6~8根，工效提升了约40%。在持续恶劣环境下，传统垂度法难以正常架设，但仍可采用无基准索股法进行架设。

#### 3.1.6.2 刚铰混合法主梁架设技术

在悬索桥施工过程中,加劲梁架设阶段对整体过程意义重大,而加劲梁不同的连接方法又制约着整个架设阶段的工程质量。对于山区大跨径悬索桥施工环境差的特点,研究更合适的连接方法将在缩短建设工期、降低成本、增加施工安全度等方面具有积极意义。

钢箱梁吊装是悬索桥施工的重要环节,若主缆变形较大,钢箱梁会因为顶板相互挤压,导致下部出现较大的开口。若过早固结,可能会导致临时结构和主梁承受过大的内力而破坏。当前最常用的架设方法为传统铰接法,为提升钢箱梁架设工效,永仁大桥创新采用了刚铰混合法进行主梁架设。

1. 主梁架设方案对比

主梁架设方案对比见表 3-1。

表 3-1 主梁架设方案对比

| 传统铰接法(最常用的架设方法) | 刚铰混合法 |
| --- | --- |
| 从跨中对称向两边依次吊装,吊装过程中先临时铰接,待全部节段吊装完成后从跨中向两边依次刚接 | 从跨中对称向两边依次吊装,但完成部分节段吊装后,在主缆线形和下部开口距离趋于稳定时即开始边吊装边从跨中两两刚接,可以加大作业面,提高钢箱梁架设工效 |

2. 有限元模拟

采用 Midas/Civil 对两种架设方法进行仿真模拟(图 3-11),对刚铰混合法进行可行性验证。其中,桥塔及钢箱梁采用梁单元模拟,主缆及吊索采用索单元模拟。箱梁顶板采用铰接,箱梁底板不连接,梁段间允许发生单向的转动。在梁段连接处用垂直于箱梁单元的刚臂单元模拟箱梁截面,在箱梁单元间释放转动约束,在刚臂单元下端用只受压单元连接模拟箱梁底板之间单向转动,如图 3-12 所示。

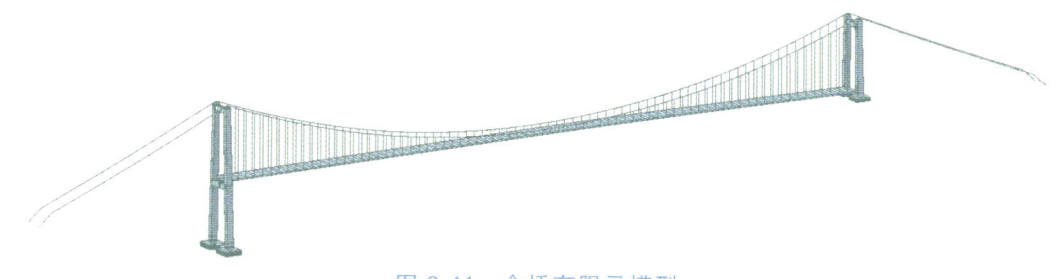

图 3-11 全桥有限元模型

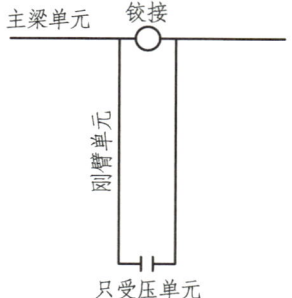

图 3-12 梁段连接处模拟

同时，对鞍座进行精细化仿真。刚性连接单元沿鞍顶面径向分布，模拟鞍体。在鞍顶通过一个仅受压单元与主缆相连，以此模拟主鞍与缆的分离。由于鞍座的中间位置没有与主缆分离，因此采用刚性连接进行固定。鞍座预偏和顶推通过设置刚性杆来实现，通过设置刚性杆的升降温来控制顶推量。在不进行顶推的工况时，刚性杆保证了塔顶主缆与桥塔之间固结。

3. 分析结果

随着吊装的进行，加劲梁线形由凹曲线逐渐变为凸曲线，最终趋于成桥线形（图 3-13）。同时主梁底板开口距离也逐渐减小，最终趋于零（图 3-14）。主梁轴力、剪力、弯矩以及吊索力的变化规律及大小与传统铰接法基本一致。刚铰混合法施工过程中的临时连接及主梁的局部应力仍能满足安全要求。经理论计算确定，吊完大姚岸（D19）和永仁岸（Y19）节段后开始边吊装边两两刚接。

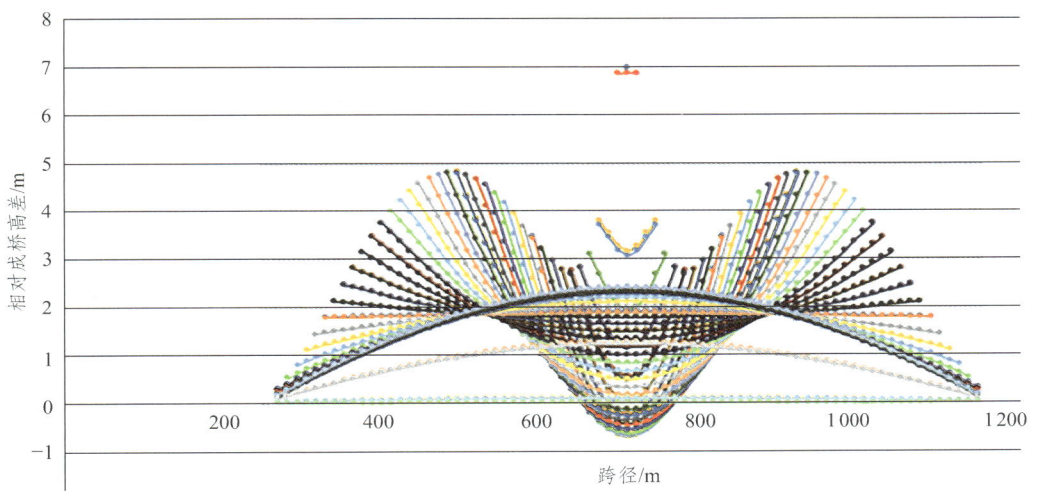

图 3-13　主梁线形变化

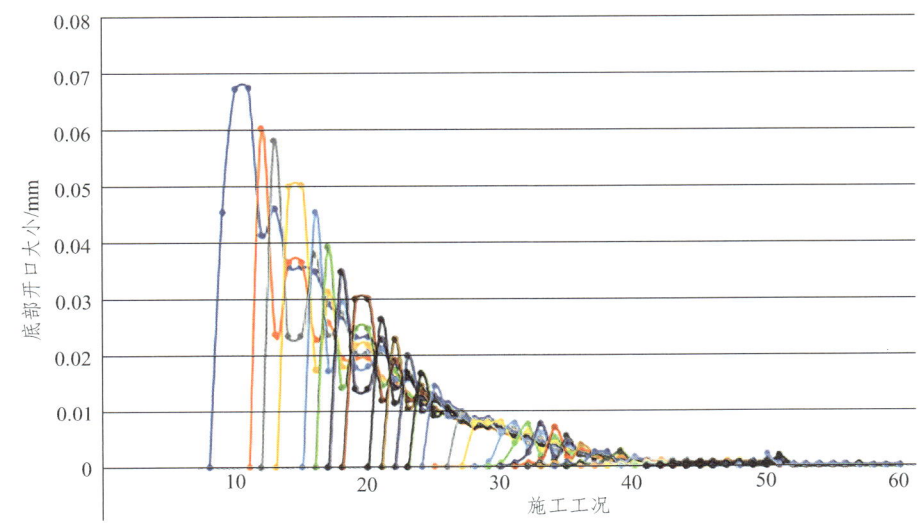

图 3-14　底板开口距离变化

4. 现场架设

在主梁架设环节对主梁线形、应力、开口距离及吊索力进行监测,保证顺利合龙。实际施工中未出现下缘开口大、梁段错台及梁段间定位困难、结构应力超限等问题。

5. 结　论

在成桥状态下,吊索索力实测值与理论值吻合较好,实测索力与理论索力误差未超过 5%。桥面线形平顺且与理论线形吻合较好。无论线形变化还是结构受力,传统铰接法与刚铰混合法差异均很小,且均满足要求,是可行的。刚铰混合法可以在吊装梁段期间同步进行梁段两两焊接工作,因此主梁焊接工效提升了近 1 倍。

## 3.2　永仁大桥引桥部分施工监测

### 3.2.1　桥梁概况

永仁岸引桥为 2×(50+65+50)m 连续钢箱组合梁桥,大姚岸引桥为(60+70+60)m 连续钢箱组合梁桥。

单幅桥跨设置 2 根主梁,端支点设置实腹式端横梁,中支点设置实腹式中横梁,跨间每隔 5 m 设置 1 道箱内横撑和箱内横梁,箱间横联和箱内横撑均为空腹式桁架结构。钢纵梁采用槽型断面,钢梁底板及上翼缘水平,腹板以 2 788∶500 的斜率外倾,为适应桥面横坡,钢槽梁左右两侧腹板不等高,同一纵梁内较低侧腹板投影高度为 2 788 mm,较高侧腹板投影高度为 $(2\,788+b)$ mm,$b=16\,728\times abs(i)(557.6-abs(i))$ mm。腹板厚度 14 mm 沿跨径通长不变,腹板设置 3 道水平加劲肋,加劲肋沿跨径通长布置,竖向加劲肋标准间距 2.5 m,两端加密。上翼缘宽 600~800 mm,板厚 40 mm,底板板宽 2 400 mm,板厚 32 mm,底板设置 3 道纵向板式加劲肋,加劲肋沿跨径通长布置,加劲肋尺寸随底板厚度变化。底板设置 T 形横向加劲肋,标准间距 2.5 m,近中支点区域加密。中支点两侧各 5 m 范围内钢结构底板铺设 40 cm 厚混凝土,底板混凝土应在钢结构架设完成后、桥面板施工前铺设。

### 3.2.2　监控必要性

在顶推施工过程中,主梁受力复杂,体系转换频繁。为了施工过程的安全性考虑,需要对整个顶推施工过程进行监控,及时掌握结构在整个顶推过程中的受力、变形情况,以指导施工。其主要目的为:

(1)主梁在整个顶推过程中结构体系不断转换,受力复杂,正反弯矩交替出现,通过对梁体、导梁、桥墩关键截面及连接部位受力监测,全过程把握结构受力状态,确保结构在顶推过程中处于安全可控状态,确保顶推过程中梁体的稳定,不致出现倾覆。

(2)通过对梁体、墩柱的空间几何形态的监测,便于顶推及纠偏过程关键参数的及时调整,确保顶推过程中以及顶推就位后的梁体线形满足设计要求。

(3)确保顶推过程中主梁受力不超出预警范围。

(4)为避免梁体恒载受力状态偏离设计要求,需对顶升以及落梁前后的结构状态进行监测,分析结构受力状态变化,确保落梁后各永久支座受力均匀,符合设计要求。

### 3.2.3 施工全过程模型计算

使用有限元 Midas 软件进行计算。根据现有材料及荷载参数，建立分析模型，进行施工仿真计算，得出桥梁顶推各阶段的受力状态、最大悬臂状态时的稳定性，如图 3-15 所示。

双主梁之间用梁单元进行连接，结构主要为槽型钢梁和临时墩墩顶支座约束两部分，荷载为结构重力和支点的强制位移两部分。

槽型钢梁材料为 Q345 钢材，主梁横截面按结构实际截面尺寸计入，采用梁单元模拟主梁。梁体的落梁顶升工况采用支座的强制位移来模拟。

图 3-15　引桥模型

### 3.2.4 主要监控内容

**1. 应力监测**

为避免因顶推过程中支点支撑状态过大改变而导致的结构受力偏离设计状态，在顶推过程中，梁体关键截面应力监测要把握结构的受力状态。结构关键截面应力监测主要包括主梁跨中及墩顶截面监测、顶推过程中导梁关键截面应力监测。顶推过程中导梁关键截面应力的监测主要在于把握导梁的受力状态，关键截面应力监测主要包括钢导梁-钢主梁结合部位，及导梁正弯矩最大截面。

其中，应变计采用钢弦式应变计，钢弦式应变计采用相应的专用仪器测试，所有的测试元件都具有可靠的标定数据。

截面应变测点布置如图 3-16 所示。

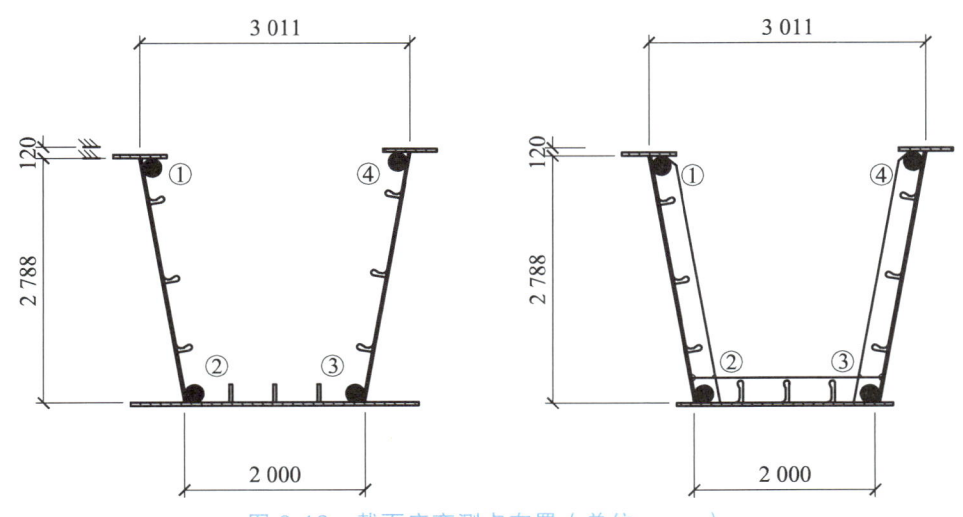

图 3-16　截面应变测点布置（单位：mm）

检测发现，顶推各工况主梁、导梁关键截面应力均控制在合理范围内。

2. 几何监测

几何控制要求包括三个方面：梁体空间几何形态、导梁关键截面位置和墩柱空间偏位。通过对顶推平台搭设时沉降的控制、精确计算确定预抬高量，确保主梁线形；通过主梁的顶推控制各工况下墩柱位移；同时通过设置合理的预拱度，使成桥后（通常是长期变形稳定后）钢主梁的标高满足设计标高的要求。

主梁顶推施工阶段监控工作的核心是对主桥空间位置的监控和调整，保证结构在施工前后的位置在允许误差范围内，保证符合结构的设计状态。线形监控主要包括两方面，一是平面线形监控，即监控主梁轴线在平面上的位移，防止偏移过大，保证符合设计要求；二是竖向线形监控，通过在主梁和导梁上选取几个控制点，以此来完成对线形的监控。同时，可利用预设中支点预抛高在一定范围内控制钢主梁的标高。

墩柱的监控主要体现于对墩柱偏位的控制。墩柱的控制不同于一般结构的控制，很难对墩柱进行主动控制，而主要进行被动控制，即监测墩柱在施工各阶段变位的变化，并及时反馈到施工过程中去。通过量测施工过程中实际结构的行为，分析结构的实际状态与理想状态的偏差，用误差分析理论来确定或识别引起这种偏差的主要设计参数，经过设计参数修正，来达到控制桥梁结构的实际状态与理想状态偏差的目的。在顶推过程中，引桥平面定位各控制点设置如图 3-17、图 3-18 所示。

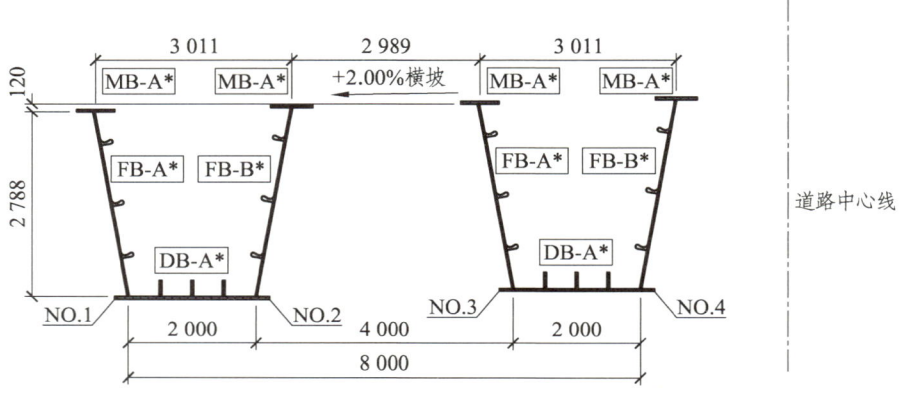

图 3-17 引桥（左幅）横截面（单位：mm）

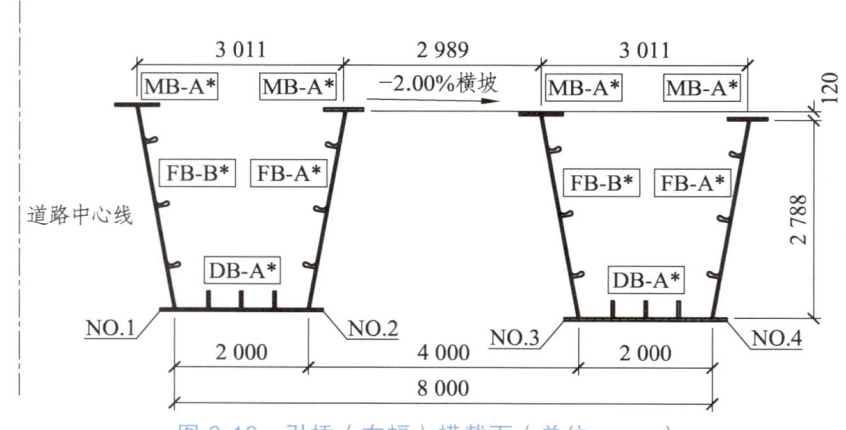

图 3-18 引桥（右幅）横截面（单位：mm）

另外，成桥线形相对设计成桥线形仍设置一定程度的预拱，预拱值考虑了后期混凝土收缩徐变以及钢梁疲劳、松弛、刚度折减而引起的下挠等因素。

### 3.2.5 关键技术

永仁引桥设计标高与主桥（悬索桥）等高，但是受现场实际情况及造价条件影响，无法开挖路基完成桥梁落位，致使只能选用步履机、临时支架和落梁调节筒配合来完成落梁。因此在顶推到位后，钢梁与支座存在将近 3.5 m 的高位落差。因高差过大，落梁过程存在很大的风险。

1. 落梁方案

利用步履机、临时支架和落梁调节筒配合落梁施工，根据支座高度、钢梁底部设计标高，在桥台及桥墩支座上安装 2.3 m 高的临时支架、0.7 m 高的调节筒和 0.5 m 高的垫梁，然后通过步履机与桥台和桥墩的临时支撑对钢梁的支撑转换，逐步将调节筒撤下。因本工程高位落梁无法采取限位措施，将不采取整体落梁。而采取先对 1#、3#、5#墩顶升下落 50 mm（同时 2#墩为总控跟随顶升，但不进行卸落），然后再对 0#、2#、4#、6#进行顶升下落 50 mm。其主要目的是利用不同时顶升的部分支墩达到限位的作用。将调节筒撤下后，将 1 m 的临时支架换成调节筒，再逐步将调节筒撤下。依此循环，最终完成钢梁的落梁。

在落梁过程中，临时墩支点反力是落梁过程中确保钢梁局部稳定性的关键影响因素，同一墩竖向顶升不同步产生的偏载和风荷载的横向作用都对梁体横向偏位有着不可忽视的影响。

2. 有限元分析

落梁受力分析共分为 3 个工况。第一个工况：1#、3#、5#墩支点强制位移下降 50 mm 时的受力分析。第二个工况：顶升差为 20 mm（1#、3#、5#墩左侧下落 30 mm，右侧下落 50 mm）时的受力分析。第三个工况：顶升差为 40 mm（1#、3#、5#墩左侧下落 10 mm，右侧下落 50 mm）时的受力分析。第一、二、三工况的模型如图 3-19 ~ 图 3-21 所示。

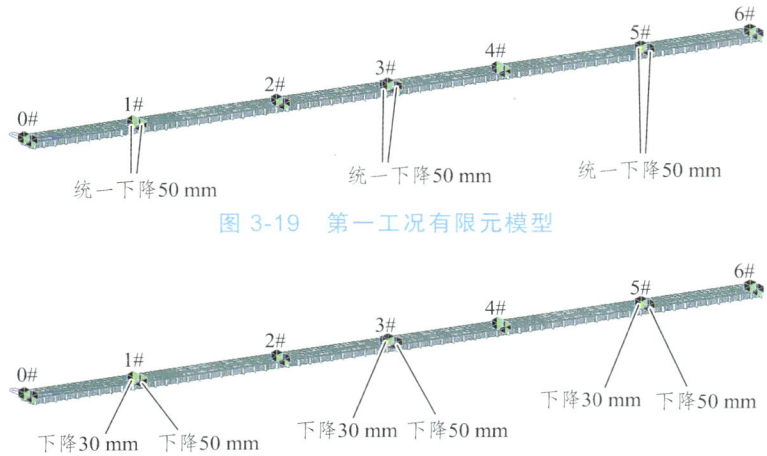

图 3-19 第一工况有限元模型

图 3-20 第二工况有限元模型

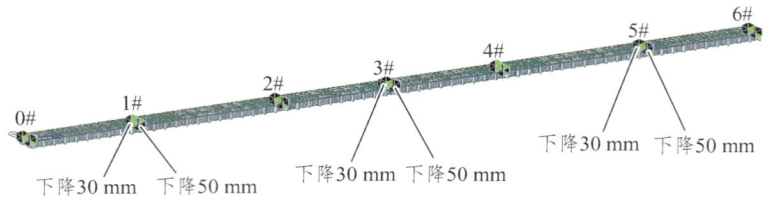

图 3-21 第三工况有限元模型

### 3. 落梁过程计算分析

在交替式高位落梁过程中，支反力急剧增大，此时需对钢梁腹板进行局部稳定性验算，以及分析在顶升不同步和风荷载作用的工况下，梁体是否会产生横向偏位。

（1）同一墩竖向顶升同步。

因为在交替式落梁过程中，临时墩支反力急剧增大，因此需要进行钢梁腹板承压局部验算。局部验算示意图如图 3-22。

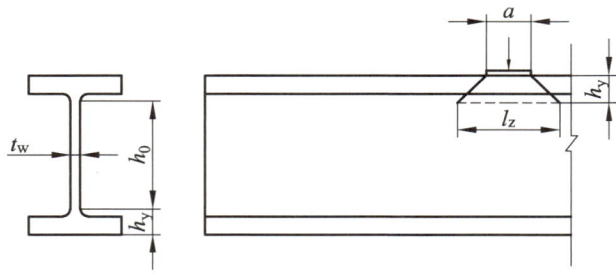

图 3-22 局部验算示意图

钢结构材料强度设计值根据《钢结构设计标准》（GB 50017—2017）第 4.4.1 条的规定取值：Q345 抗压、抗弯强度设计值 $f$（MPa）为 305 MPa。顶推阶段钢梁最大支点反力为 4 208 kN，钢梁腹板局部承压强度按下式计算：

$$\sigma_c = \frac{\varphi F}{t_w l_z} \leqslant f$$

式中：$F$——集中荷载（kN）；

$\varphi$——集中荷载增大系数，取 1.0；

$l_z$——集中荷载在腹板计算高度上边缘的假定分布长度（mm），按下式计算：

$$l_z = a + 5h_y + 2h_r$$

式中：$a$——集中荷载沿梁跨度方向的支承长度（mm）；

$h_y$——自梁顶面至腹板计算高度上边缘的距离（mm）；

$h_r$——轨道的高度（mm），对梁顶无轨道的梁 $h_r = 0$。

$t_w$——钢梁腹板最小厚度（mm）。

顶推施工中钢垫梁支承长度为 $a = 800$ mm，钢梁底板最小厚度 $h_y = 32$ mm，钢梁腹板最小厚度 $t_w = 14$ mm，代入数据计算得：

$$\sigma_\mathrm{c} = \frac{\varphi F}{t_\mathrm{w} l_\mathrm{z}} = \frac{1.0 \times 1.35 \times 5\,725 \times 10^3}{2 \times 14 \times (800 + 5 \times 32)} = 287.5 \text{ MPa} < 305 \text{ MPa}$$

从计算结果可以看出，钢梁腹板足以承受每次交替式落梁 50 mm 产生的支反力，局部稳定性验算满足要求。

（2）同一墩竖向顶推不同步。

和同一墩竖向顶升同步一样，支反力急剧增大，因此需要进行钢梁腹板承压局部验算。

20 mm 顶升差：顶推阶段钢梁最大支点反力 5 725 kN，钢梁腹板局部承压强度按下式计算：

$$\sigma_\mathrm{c} = \frac{\varphi F}{t_\mathrm{w} l_\mathrm{z}} = \frac{1.0 \times 1.35 \times 5\,725 \times 10^3}{2 \times 14 \times (800 + 5 \times 32)} = 287.5 \text{ MPa} < 305 \text{ MPa}$$

从计算结果可以看出，钢梁腹板足以承受 20 mm 顶升差产生的支反力，局部稳定性验算满足要求。

40 mm 顶升差：顶推阶段钢梁最大支点反力 6 672 kN，钢梁腹板局部承压强度按下式计算：

$$\sigma_\mathrm{c} = \frac{\varphi F}{t_\mathrm{w} l_\mathrm{z}} = \frac{1.0 \times 1.35 \times 7\,243 \times 10^3}{2 \times 14 \times (800 + 5 \times 32)} = 363.8 \text{ MPa} > 305 \text{ MPa}$$

从计算结果可以看出，钢梁腹板不足以承受 40 mm 顶升差产生的支反力，局部稳定性验算不满足要求。

（3）风荷载。

引桥所处地理环境常年平均风速 3.6 m/s，尤其在冬春季节，风力经常达 6 级，风速为 13.9 m/s，最大可达 24.9 m/s。而引桥在三四月份落梁，正值风大的季节，因此需考虑风荷载对落梁横向偏位的影响。

施工风荷载根据《公路桥梁抗风设计规范》（JTG/T 3360-01—2018）计算：

设计基准风速公式为：

$$U_\mathrm{d} = k_\mathrm{f} k_\mathrm{t} k_\mathrm{h} U_{10}$$

式中：$U_\mathrm{d}$——桥梁或构件基准高度 $Z$ 处的设计基准风速（m/s）；

$U_{10}$——基本风速（m/s），设计给出最大风速 $U_{10} = 24.9$ m/s，六级风速 13.9 m/s；

$k_\mathrm{f}$——抗风风险系数，取 1.02；

$k_\mathrm{t}$——地形条件系数，取 1.2；

$k_\mathrm{h}$——地表类别转换及风速高度修正系数，取 1.45。

施工阶段的设计风速公式为：

$$U_\mathrm{sd} = k_\mathrm{sf} U_\mathrm{d}$$

式中：$U_\mathrm{sd}$——施工阶段设计风速（m/s）；

$k_\mathrm{sf}$——施工期抗风风险系数，取为 0.84。

等效静阵风风速公式为：

$$U_g = G_v U_d$$

式中：$U_g$——等效静阵风风速（m/s）；

$G_v$——静阵风系数，按 B 类地表计，取 1.26；

$U_d$——设计基准风速（m/s），这里 $U_d$ 取 $U_{sd}$ 的值，见表 3-2。

表 3-2 风速计算分析

| 等效静阵风风速 | $U_d$/（m/s） | $U_{sd}$/（m/s） | $U_g$/（m/s） |
| --- | --- | --- | --- |
| 最大风 | 44.2 | 37.1 | 46.7 |
| 六级风 | 24.7 | 20.7 | 26.1 |

横桥向风作用下横向静阵风荷载公式为：

$$F_g = \frac{1}{2}\rho U_g^2 C_H D$$

式中：$F_g$——作用在主梁单位长度上的顺风向等效静阵风荷载（N/m）；

$\rho$——空气密度，取为 1.25 kg/m³；

$U_g$——等效静阵风风速（m/s）；

$C_H$——主梁横向力系数；

$D$——构件的特征高度（m）。

钢梁所受风荷载：钢梁宽度 $B = 9$ m、投影高度 $D = 2.95$ m，钢梁横向力系数：

$$\frac{B}{D} = \frac{9}{2.95} = 3 \leq 8，\ C_H = 2.1 - 0.1 \times \left(\frac{B}{D}\right) = 2.1 - 0.3 = 1.8$$

所以，最大风风荷载 $F_g = 7.2$ kN/m，六级风风荷载 $F_g = 2.3$ kN/m。

六级施工风荷载下钢梁抗滑移计算：

钢梁顶推过程中支撑于临时支点垫块上，垫块材质为 Q235，根据《机械设计手册》钢与钢摩擦系数 $\mu$ 为 0.1。

钢梁与垫块之间摩擦力：

$$F_f = F_N \cdot \mu = 2 \times 4\ 028.0 \times 0.1 = 805.6\ \text{kN}$$

钢梁横向风荷载：

$$F_风 = F_g \cdot l = 2.3 \times 65 = 149.5\ \text{kN} < F_f = 805.6\ \text{kN}$$

满足要求。

最大风荷载下钢梁抗滑移计算：

钢梁横向风荷载：

$$F_风 = 468.0\ \text{kN} > F_f = 805.6\ \text{kN}$$

满足要求。

钢梁在最大风荷载下不进行落梁作业，将钢梁放置于前后临时支点垫块上，临时支点垫块之间采用焊接加固，垫块与钢梁之间放置橡胶垫板增加摩擦，根据《机械设计手册》查询钢与橡胶的摩擦系数 $\mu$ 为 0.45。钢梁与垫块之间摩擦力：

$$F_\text{f} = F_\text{N} \cdot \mu = 2 \times 4\,028.0 \times 0.45 = 3\,625.2 \text{ kN} > F_\text{风} = 468 \text{ kN}$$

满足要求。

（4）结论总结。

① 项目采用钢梁交替式高位落梁的方法，利用不同时顶升的部分支墩对钢梁进行限位，对落梁过程的 3 个工况进行模拟分析，得到各个工况下的墩顶支反力，提出在落梁过程中应严格保证顶升的同步性，减小落梁的横向偏移，和顶升差不得超过 20 mm 的阈值，以防止出现梁体脱空的状态。

② 对各墩墩顶支反力急剧增大的工况进行了承压的局部验算，验算结果表明，在顶升同步和顶升差在 20 mm 之内的工况下，钢梁局部稳定性满足要求。40 mm 顶升差时钢梁局部稳定性不满足要求。

③ 该桥落梁时正值风季，风力经常达 6 级，因此对钢梁在风荷载作用下的横向抗滑移进行计算。结果表明，钢梁与垫块间的摩擦力足以抵抗风荷载对钢梁的横向力。

④ 利用部分支墩达到限位作用代替采取限位措施，对高位落梁时无法采取限位措施的工程提供了参考，在同类工程中具有示范意义。

# 3.3 永仁大桥健康监测技术

## 3.3.1 永仁大桥健康监测系统概述

### 3.3.1.1 政策要求

2006 年 6 月 29 日，交通运输部实时发布了《公路桥梁养护管理工作制度》（交公路发〔2007〕336 号），明确提出了需要对特大桥梁建立运营期养护管理平台的要求："（三）对特别重要的特大桥，应建立符合自身特点的养护管理系统和安全监测系统"；"第六章技术档案管理"中明确提出需要建立大跨径桥梁结构的电子档案："第三十二条 桥梁管养单位和监管单位应建立健全公路桥梁技术档案管理制度，大力推广应用公路桥梁管理系统，及时更新桥梁技术数据，保证公路桥梁技术档案真实完整，实现电子化管理。特别重要的特大型桥梁应建立符合自身特点的电子档案管理系统和养护管理系统。"

《交通运输部关于建立公路桥梁安全运行长效机制的若干意见》（2013 年）要求：特大、特殊结构和特别重要的桥梁的管养单位，要利用现代信息和物联网技术，建立符合自身特点的养护管理系统和安全监测系统。

2013 年 5 月 20 日，交通运输部印发《关于进一步加强公路桥梁养护管理的若干意见》，提出认真落实桥梁安全运行十项制度，第七条制度规定：特大、特殊结构和特别重要桥梁的养管单位，要利用现代信息技术，建立符合自身特点的养护管理系统和健康监测系统。

2016 年 6 月 2 日，交通运输部印发《"十三五"公路养护管理发展纲要》规定：加强长大桥隧健康监测和动态运行监管，完善桥梁隧道运行监管制度。

2020 年 8 月，交通运输部发布《关于推动交通运输领域新型基础设施建设的指导意见》，明确到 2035 年，交通运输领域新型基础设施建设取得显著成效。先进信息技术深度赋能交通基础设施，精准感知、精确分析、精细管理和精心服务能力全面提升，成为加快建设交通强国的有力支撑。还提出打造融合高效的智慧交通基础设施，以交通运输行业为主实施。以智慧公路、智能铁路、智慧航道、智慧港口、智慧民航、智慧邮政、智慧枢纽，以及新材料新能源应用为载体，体现先进信息技术对行业的全方位赋能。

2020 年 12 月 28 日，《交通运输部关于进一步提升公路桥梁安全耐久水平的意见》（交公路发〔2020〕127 号）指出：为深入贯彻落实党中央、国务院决策部署，实现更高质量、更有效率、更加公平、更可持续、更为安全的发展，加快建设交通强国，进一步提升公路桥梁安全耐久水平，现提出以下意见。其中，第（十四）条为：加强桥梁结构健康监测。健全完善公路桥梁基础数据库，完善、更新桥梁档案，落实分级建设、全面完整、规范管理、动态更新工作要求。统一数据标准和接口标准，推进数字化、信息化、智能化，2025 年底前实现跨江跨海跨峡谷等特殊桥梁结构健康监测系统全面覆盖。依托监测系统开展日常管理，健全完善长期运行机制，不断拓展系统功能，持续建设覆盖重要公路桥梁的技术先进、经济适用、精准预警的监测体系，进一步提升监测系统的实效性、可靠性和耐久性。

2021 年，交通运输部《关于印发〈公路长大桥梁结构健康监测系统建设实施方案〉的通知》中要求：按照"安全第一、预防为主，明确责任、分级管理，突出重点、分步实施，单桥监测、联网运行"的原则，对跨江跨海跨峡谷等长大桥梁结构健康开展实时监测，动态掌握长大桥梁结构运行状况，着力防范化解公路长大桥梁运行重大安全风险，进一步提升公路桥梁结构监测和安全保障能力。

### 3.3.1.2 规范要求

目前，我国已发布和在编写的桥梁健康监测系统相关的国家、学会以及地方标准有 20 多项，将进一步推动和规范桥梁健康监测系统的发展。

（1）《公路桥涵养护规范》（JTG H11—2004）总则第 1.0.3 条第 2 款规定：建立公路桥梁隧道管理系统和公路桥梁隧道数据库，实施桥涵病害监控，实行科学决策。逐步建立特大型桥梁隧道荷载报警系统，地震、洪水和流冰等预防决策系统。

（2）《公路桥梁隧道技术状况评定标准》（JTG/T H21—2011）总则第 1.0.5 条规定：公路桥梁隧道技术状况评定的技术资料，应归入桥梁隧道养护技术文档和公路桥梁隧道管理系统。

（3）《建筑与桥梁隧道结构监测技术规范》（GB 50982—2014）中有以下规定：第 1.0.2 条：本规范适用于高层与高耸、大跨空间、桥梁隧道、隔震等工程结构监测以及受穿越施工影响的既有结构的监测。条文说明 1.0.2 条：本规范的适用范围包括市政桥梁隧道、公路桥梁隧道和铁路桥梁隧道。第 7.1.2 条：对特别重要的特大桥，应进行使用期间监测。条文说明 7.1.2 第 3 项指出：对特别重要的特大桥，应建立符合自身特点的养护管理系统和健康监测系统。

### 3.3.1.3 系统设计原则

系统在监测桥梁结构状态的同时，应立足服务于养护管理，提高结构安全和养护管理水平。系统设计遵循以下原则：

（1）系统的经济性：力求采用具有代表性、少而精的监测信息包含尽可能多的结构及构件状态信息。

（2）系统的可靠性：监测设备及其附属设施安装要保证稳固可靠，监测设备及其附属设备安装简单、不易损坏，易于缆线布置，系统具有能真实可靠地反映桥梁所处自然环境、运营环境以及结构响应的各项参数信息。

（3）系统的实用性：系统能够真正用于辅助保障行车安全和结构安全承载的作用，能够真正用于指导结构运营管养维护以及并进行部分设计验证。

（4）系统的针对性：根据桥梁结构构造特点，确定大桥构件代表性结构部位、易损部位、结构控制部位和损伤敏感部位等。

（5）系统的可扩展性：系统的架构可随时便捷地根据管理部门的需要以及科技水平的发展，不断地扩充监测内容。

### 3.3.1.4 监测内容

1. 风速风向监测

永仁大桥位处山区河流深谷地带，风力具有较大的不可预测性，虽然结构设计阶段针对桥梁结构的抗风稳定性进行了风洞试验和相应的结构设计，但实际环境中桥梁在异常环境风荷载作用下的结构响应仍具有不确定性，有可能发生影响正常运营的风致振动，长期高水平振动可能导致次生结构疲劳损坏以及附属结构破坏；极强风速作用下桥梁结构状态及强风过境后的结构状态需要全面重点关注。

在大桥运营阶段需要对风致灾害导致的安全风险引起重视。通过对风荷载的监测主要达到以下目的：

（1）风荷载是保证行车安全的一个重要预警指标，为大桥管养者是否采取大桥限载和关桥措施提供数据支持。

（2）建立风荷载与结构变形关系，辅助结构内力分析。

（3）获得主桥所处的风场环境，为运营中进一步改善行车环境和行车管理措施提供依据。

2. 温湿度监测

环境温度的改变常引起桥梁结构的胀缩变形，其周期性变化对于桥梁影响显著，常引起超静定结构大的变形和结构内力的改变，对伸缩缝和梁端支座处的工作状态有较大影响。而环境湿度一方面是结构腐蚀、老化的重要因素，另一方面也可能是影响自动化监测系统工作的物理量。永仁大桥作为主要受力和传力构件的主缆、吊索、主梁等均包含钢结构。钢结构在使用过程中若长期处于高湿度的环境下，极易出现腐蚀劣化，致使构件力学性能降低，甚至危及结构体系安全和正常使用。因此，对大桥所处环境的湿度监测仍是不可或缺的重要项目。通过对大桥环境湿度的连续监测，可以随时监控和评价大桥钢结构受环境腐蚀的威胁程度，为大桥相关的防腐管养决策管理提供参考。

3. 地震监测

永仁大桥工程所在区域属稳定性较差区，且有可能发生崩塌、落石等地质灾害现象。偶然荷载虽然发生概率低，但破坏性无法估量，应加强对桥梁基础振动的监测。

4. 结构应变（温度）监测

（1）结构温度监测。

由于受热不均和不同部位构件导热性能的不同，结构中各部位温度场分布是不均匀的。但对于细长结构，其外部热源环境（太阳辐射角度等）沿构件长度方向基本一致，因此其温度场沿长度方向基本均匀分布。对这类细长构件进行温度场监测时，只需选择少数具有代表性的断面布设测点即可。

（2）结构应变监测。

结构应变（应力）是结构整体和局部受力安全状态的直接反映，是监测的重要方面。结构损伤和破坏最主要的形式是强度破坏，而强度破坏的本质原因是材料应变（应力）过大。因此，对结构关键断面应变的监测对于分析结构受力状态、保障结构安全显得尤为重要。

5. 变形监测

（1）主梁挠度监测。

主梁挠度（线形）是大跨度桥梁结构力学行为特征的最直观体现之一，是桥梁定期检查的必检项目。主梁挠度（线形）同时也是影响桥梁正常使用的重要指标，因为桥梁如发生过大挠曲变形，一方面会导致高速行车困难，加大车辆的冲击作用，并给司机以不安全感；另一方面还会引起桥梁的剧烈振动和行人不适，而且可能使桥面铺装层和结构的辅助设备遭到损坏，严重者甚至危及桥梁的安全。

（2）空间位移监测。

大跨度悬索桥上部结构柔度大、频率低、对风作用敏感，塔顶偏位、主梁横向变形与主梁挠度一样是桥梁整体响应指标，可反映桥梁整体工作状态。但与主梁挠度不同的是，此三项指标主要是监测结构在水平面内的变位，监测手段与主梁挠度不同，塔顶和主梁空间变位可采用全球导航卫星系统（GNSS）进行监测。

（3）支座位移监测。

支座是桥梁结构的力学边界，在交通荷载、温度、混凝土收缩和徐变作用下，支座能适应上部结构的转角和位移，使上部结构可自由变形而不产生额外的附加内力，其工作状态关系到结构是否按设计边界条件承受各种荷载。

对于大位移支座和伸缩缝而言，判断其是否损坏的主要标准除了外观检查中可以发现的一些明显病害外，还在于评定其运动形态是否正常，即其运动是否平滑、顺畅，是否有运动中的滞涩和阻碍现象。因此，通过对大型支座位移进行长期实时监测，可实现对支座状态的分析和评定。

6. 索力监测

（1）吊索索力监测。

吊索是悬索桥重要的受力构件，一方面其将桥面荷载传递给主缆；另一方面，吊索索力的变化对结构的受力状态有重要影响，也是结构受力状态或安全状况的直接反映。

（2）空间变位监测。

主桥的空间几何变形是识别大桥内力状态的重要参数。进行桥梁空间变位监测的主要目的为：作为运营期间安全性预警的重要信息；是进行内力状态识别的最重要输入参数。

（3）索夹螺杆张力监测。

索夹是主缆与吊杆相互连接的重要构件，但在悬索桥运营时，主缆承受荷载后，在力的作用下，截面会因受力变细，导致主缆与索夹间的紧固压力不均匀系数发生变化，使主缆与索夹间摩擦阻力减小。而索夹与主缆角度越大越容易出现滑移现象。因此，为了保证索夹的正常使用，应对索夹螺栓张力进行监测。

7. 动力特性监测

任何结构都可以看作由刚度、质量、阻尼等结构特性参数组成的动力学系统。结构一旦出现损伤或其他异常，其结构动力特征（振型、频率、阻尼等）也将发生改变。因此，动力特性改变可视为桥梁结构状态发生变化的标志，可以利用其变化对结构进行诊断，例如桥梁结构刚度的降低会引起桥梁自振频率的降低，桥梁局部振型的改变可能预示着结构局部损坏。因此，对桥梁动力特性及振动水平的监测能够实现对桥梁结构健康状态监测的宏观把握。结构振动水平的大小直接影响大桥的正常使用性能，过高水平的振动影响行车舒适度，甚至行车安全。对结构振动的监测，可以间接地监测结构遭遇的突发事件，如地震、车撞、强风等，通过对突发荷载发生时以及发生后结构振动响应数据进行分析，可以评定其对结构造成的影响，判断其对结构是否造成损伤。

8. 锚碇位移、不均匀沉降监测

（1）锚碇位移监测。

锚碇体的受力机制体现为作用在主缆上巨大的水平拉力通过索股与锚碇架分散到锚块上，再由锚块传递到地基中，鉴于锚碇系统在悬索桥受力中的重要性，它的稳定性也就显得十分重要。

通过对锚碇系统位移的实时监测，能有效反映出锚碇系统的稳定情况，实现对锚碇状态的分析和评定。

（2）不均匀沉降监测。

悬索桥主缆索中的拉力通过锚碇传入基础，是悬索桥主要的承力结构物，锚碇基础的稳定性直接关系到桥梁的安全。当锚碇下的土层较差时，锚碇在自重的作用下差异沉降较大，就会使相应的上部结构产生额外应力。当超过一定的限度时，将会产生裂缝、倾斜甚至破坏。

9. 边坡监测

桥址处应考虑特殊地质构造及潜在地质危险源的变化发展，依据设计文件，永仁岸索塔所处古河床阶地地形平缓、地势较低洼，浅表土层较厚、排水不畅，而雨季时浅部可有薄层软（弱）土发育，故永仁岸索塔区工程地质、水文地质条件稍差。边坡监测重点关注在永仁侧边坡。

10. 交通信息监测

车辆荷载是桥梁运营期最主要的外部荷载，为了对大桥结构状态进行评价，在对大桥结构变形、应力等响应监测值进行分析时，提供真实准确的车辆荷载输入是影响分析结果正确性和可靠性的重要因素。

随着我国经济的发展，车辆荷载与日俱增，超载重载现象时常发生，汽车荷载发展变化较快，反映在单车超载和总体货车荷载水平发展较快两个方面。预计未来会有大量的重载车辆通过永仁大桥，车辆荷载的长期作用将对大桥运营的耐久性、安全性将产生巨大的影响。

11. 视频监测

通过对交通状况的监测能够长期稳定地对桥梁交通状况进行监控与管理；及时发现异常状况和交通事件，快速反应及处理意外事件、交通事故和气象等对交通的影响；实时掌握桥区全程范围内直观的交通状况，为大桥运行提供现代化管理手段，指挥调节交通流；防止交通阻塞、减少交通延误、充分发挥快速路的功能。

### 3.3.1.5 测点布置

依据桥梁结构特点，结合大桥运营期结构安全监测的分析调查结果，遵循测点优化布置的原则对永仁大桥各项监测内容进行测点优化布置，达到用较少的测点实现对桥梁结构的全面监测。具体的监测测点布置见表3-3。

表3-3 健康监测系统监测内容统计

| 监测类型 | 监测项目 | 传感器类型 | 测点数量 | 监测截面 |
| --- | --- | --- | --- | --- |
| 荷载源监测 | 环境风荷载 | 风速风向仪 | 3 | 永仁侧主塔塔顶、主跨跨中上下游 |
| | 环境温湿度 | 温湿度计 | 7 | 锚室、鞍室、塔顶、主跨跨中上游 |
| | 地震 | 地震仪 | 2 | 桥塔墩台 |
| | 结构温度 | 温度传感器 | 36 | 主跨四分点 |
| 结构响应监测 | 结构应力 | 应变传感器 | 36 | 主跨四分点 |
| | 空间变位 | GNSS | 6 | 两侧桥塔塔顶、跨中上下游、基站 |
| | 吊索索力 | 索力传感器 | 20 | 典型吊索 |
| | 索股索力 | 索力传感器 | 20 | 典型索股 |
| | 索夹螺杆张力 | 压力传感器 | 16 | 近塔处吊索索夹 |
| | 支座/伸缩缝位移 | 位移计 | 8 | 加劲梁梁端 |
| | 主梁线形/挠度 | 挠度仪 | 16 | 主跨八等分点、大姚主塔处基准点 |
| | 动力特性 | 振动传感器 | 23 | 永仁侧塔顶、主跨八等分点 |
| | 锚碇位移 | GNSS | 2 | 两侧锚碇 |
| | 锚碇不均匀沉降 | 静力水准仪 | 8 | 两侧锚碇 |
| 边坡监测 | 边坡稳定性 | 倾斜传感器 | 20 | 永仁侧索塔下侧岸坡 |
| 交通监测 | 动态称重 | 车速车轴仪 | 4 | 梁端引桥 |
| | 车牌识别 | 车牌识别仪 | 4 | 梁端引桥 |
| 视频监控 | 桥面交通状况监测 | 高清摄像机 | 7 | 梁端引桥、塔顶、桥塔处、主跨跨中 |
| | 合计 | | 238 | |

### 3.3.2 监测子系统说明

#### 1. 系统设计思路

系统的监测思路：综合监测系统是根据大桥的养护管理需求、数据分析需求以及桥梁结构特点等因素综合考虑，对影响结构安全和交通安全的重点位置和结构薄弱位置进行监测，并纳入人工巡检数据作为数据补充和校核，如图 3-23 所示。通过适当的评估技术，识别桥梁结构的各种异常信息，对直接危险性因素及时报警；对间接危险性和潜在危险性因素，及时地采取有效养护管理措施排除危险、消除潜在隐患，避免这些危险因素向直接危险性的转化，确保桥梁结构安全运营，并通过及时、合理的维护延长大桥的服役年限。

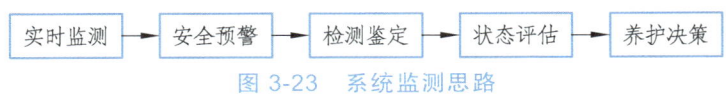

图 3-23 系统监测思路

#### 2. 系统功能架构

永仁大桥健康监测系统基本由 6 个子系统组成，分别为自动化监测子系统、交通监测子系统、电子化巡检子系统、数据存储与管理子系统、预警评估子系统及用户界面子系统。其中，结构监测子系统、交通监测子系统、电子化巡检养护子系统分别用于荷载源及结构响应数据信息、交通状况信息、现场信息的采集，并将获取的数据作一定预处理后，统一存储在数据存储与管理子系统中，然后使用软件中的计算工具进行相应的统计分析，结合各特征参数设定的安全阈值实现系统的综合报警和状态评估功能，并由用户界面子系统完成人机交互工作（包括监测结果、评估结论的图表显示，指令的输入等）。

#### 3. 自动化监测子系统

自动化监测子系统主要由传感器模块、数据采集与传输模块、数据处理与控制模块三部分组成。各组成模块的描述如下：

传感器模块：传感器模块是整个运营监测系统的硬件基础，主要由布置在桥梁结构上的各类传感器和专用设备等组成。通过传感器来记录环境数据、结构状态、行车安全特征参数，以模拟信号或数字信号反馈给数据采集和存储设备。

数据采集与传输模块：数据采集与传输模块完成传感器数据的采集、信号调理，并把数据实时传输到数据中心。该模块又可分为数据采集子模块、数据传输子模块和辅助支持子模块三部分。其中：数据采集子模块是由布置在桥梁结构内部或桥面的调理设备、采集设备、采集计算机和传感器电缆网络等组成；数据传输子模块由布置在桥梁外场工作站机柜内及监控室机房内的网络传输设备及网络传输线缆组成；辅助支持子模块由外场及监控室辅助上述子模块正常运行的设备组成，包括外场机柜、外场机箱、配电及 UPS（不间断电源）、防雷和远程电源监控等设备装置。

数据处理与控制模块：由系统服务器、结构运营监测工作站及相应软件构成。实时接收并处理数据采集及传输模块的数据和其他系统数据，以向其他子系统提供可靠、有效的数据。

#### 4. 交通监测子系统

交通监测子系统包括超重车辆监控、视频监测和交通流量监测三部分，由汽车信息监测模块、车牌识别系统、视频监测模块组成。

汽车信息监测模块：该模块包含动态称重、车牌识别、控制管理，对每一辆车的车辆总重、轴重、轴数、车速、车牌进行监测。后期可以对监测数据进行分析统计，对交通量进行统计和预测。

车牌识别系统模块：车牌识别子系统配合高速动态称重子系统，识别超重车辆的"身份信息"——车牌，由高速动态称重系统的报警信号触发，通过车牌识别摄像机对超重车辆的车牌进行识别，然后将牌照号码输出。在上桥车辆汇集区的车牌识别系统对每一辆通过桥梁的车牌号码进行采集，然后同数据库的超重车辆车牌号码进行对比，查找出未服从引导的。

视频监测模块：建立视频图像监控系统的目的是及时准确地掌握路口及桥梁的交通状况、周围的车辆流量等情况，为管理人员提供迅速直观的信息，从而对超重车辆的通行情况、各类交通状况作出准确判断并及时响应。

5. 电子化巡检子系统

电子化巡检子系统是一套综合电子化巡检、各种检查养护信息管理和评价决策的系统，它能将巡检手册电子化，运用此软件能够指导管养人员如何去管理养护桥梁。该系统包含电子化巡检设备、电子化巡检软件等。

巡检手持终端：电子化巡检设备以智能终端为核心，辅助点温计与激光测距仪，在智能终端开发软件，使其实现任务提醒、病害录入、拍照、数据上传与资料查询等功能，代替纸质记录，避免巡检人员现场录入数据后事后再重复录入如电脑，简化了流程，同时也解决了照片、病害对应不方便等问题。

巡检管理系统：电子化巡检模块是一套基于智能终端的软件，巡检或检查人员使用终端下载数据后即可根据软件提醒进行巡检或检查，巡检人员依据选定的巡检路线，对桥梁逐项检查，当发现病害时可以及时录入病害至智能终端中，系统提供病害库、病害等级、参考图片以及养护措施建议等辅助用户选择录入，在录入病害的同时用户可以拍照、录像等，所有录入的数据暂存在智能终端中，巡检人员返回办公室后通过网络直接将巡检结果上传至服务器。

桥梁结构状况评定：桥梁结构状况评定模块是桥梁养护维修及管理工作的重要组成部分。通过电子化巡检获得有关信息和数据，对桥梁部件和总体的耐久性状况、承载力状况和行车状况等进行定性和定量评定，以便采取处治对策。对桥梁技术状况评定可以委托相对技术实力雄厚、具备相应能力的单位进行。

6. 数据存储与管理子系统

数据存储管理子系统的数据来源主要为传感器采集的监测数据和人工巡检得到的数据，以及基础数据库中的公共基础信息、路网数据、管养机构信息数据。通过数据计算分析系统为大桥运营监测综合管理平台等应用系统提供可视化显示、业务综合查询和科学分析决策等支持，数据管理中心框架结构设计如下图所示：

数据存储与分析子系统完成监测数据的校验、结构化存储、管理、可视化以及对监测采样的控制等工作。内容包括：对所有信号进行收集、处理、分析、显示、归档和存储，将经过处理和分析的数据发送到结构安全评估系统服务器，以进行结构安全状况评估和产生监测/评估报告。

7. 预警评估子系统

预警评估子系统对传感器监测得到的各类定量、定性的数据，进行统一的数据处理分析，然后按照一定的报警评估模型，得到桥梁结构安全状态的评估和报警报告，据此给出桥梁结构的管养建议。桥梁养护单位根据评估报警报告给出的管养建议，可以制订经济合理的运营养护计划。该子系统主要包括数据统计分析、综合报警和评估三个模块。

8. 用户界面子系统

用户界面子系统主要是向大桥管理单位、科研单位、设计单位、养护单位、结构工程师等相关人员提供监测数据分析结果、满足桥梁管理人员监测管理应用的人机界面。大桥运营监测系统的用户界面具体包括基于B/S（浏览器-服务器）架构的远程监测与分析软件、手机平台、报警平台软件。

（1）基于B/S架构的远程监测模块：为方便在远程随时通过因特网登录系统，实现监测查询、统计分析等操作，远程监测部分用B/S结构。

（2）手机平台模块：设计基于智能手机的监测与查询系统，主要功能是数据及数据分析结果、巡检养护任务和报表、报警通知公告等信息的查询。

（3）报警平台模块：报警信息包括结构监测的超过报警阈值的信息、系统故障信息、巡检与养护任务过期提醒等。系统提供多种报警形式（客户端、短信、邮件），保证报警信息第一时间通知到用户。

### 3.3.3 系统功能与应用

1. 系统登录功能

系统提供了外网登录功能，可以在任何能够上网的地方登录，取代了以往运营监测系统只能在监控中心查看监测数据的弊端。运营监测系统登录界面如图3-24所示。

图 3-24 运营监测系统登录界面

2. 系统用户介绍

根据用户需求，系统可以自定义用户角色以及所有用户使用系统的权限。然而这些用户及权限都是由系统管理员来设定的，所以系统大致分为系统管理员门户和用户门户两种模式。

（1）系统管理员门户：主要管理和配置桥梁的各种信息及用户信息。

（2）用户门户：根据管理员所配置的信息，对具体信息进行查看、查询和使用等。

3. 系统功能模块

功能说明：该门户根据系统管理员分配的角色不同，针对每类角色所展示的内容也不同，总共有 7 个模块，分别为：系统概况、实时监测、分析查询、监测查询、设备监测、日常检查。用户在登录界面输入用户名和密码即可进入用户门户。

（1）系统概况模块。

系统概况分为浏览桥梁概况（包含设计文件、施工文件、成桥荷载试验、检测报告等）、监测概况（包含运营监测系统方案、施工图纸等）、初始状态（模态分析、受力分析、变形分析等）、相关论文（与本桥相关的重要论文以及后期发表的相关运营监测论文）。该模块主要对系统功能进行文字与图片介绍，方便普通用户了解桥梁及结构运营监测系统、查询相关资料、了解桥梁的初始状况信息。

（2）实时监测模块。

实时监测模块直观地反映桥梁各传感器实时的数据，也是普通用户使用最为频繁的功能模块。该模块可以直观地显示系统是否运营正常、各个传感器采集的数据是否有效、各个监测项目是否有超阈值报警。

本项目监测数据包括环境温湿度、环境风速风向、索力、支座位移、挠度、振动等。

界面上有一般信息框、测点信息框、数据信息框。一般信息框显示当时的温湿度、风速风向，可以和实时数据对照查看。测点信息框显示测点的位置（立面位置和截面位置）和所用传感器的相关信息（传感器名称、传感器编号、采集频率、传感器图片等信息）。数据信息框显示实时数据，包括时程图，某个时间点的值，查看时间长度内实时的最大值、最小值、平均值、红黄阈值线（黄色阈值根据 1 年运营监测系统数据分析得到，红色阈值根据相关规范并结合修正后的模型计算得到）。

（3）监测查询模块。

① 历史数据。

查看历史数据可以了解一段时间的数据有效性及完整性、数据的基本信息（包括平均值、最大值、最小值），数据的变化趋势。

② 告警列表。

告警列表主要存储的是传感器数据的异常值告警，通过分析可以得到是否为"传感器故障""病害发生"还是"特殊事件"（大风、地震等）。

4. 手机应用功能模块

为了方便用户随时使用本系统，设计了基于智能手机的监测软件。基于手机的监测软件与基于计算机的远程监测与分析软件的主要区别是针对手机速度慢、屏幕小、输入方式与台式机的键盘鼠标有所不同的特点，专门对手机端在流量、运算和界面方面做了优化。

运营监测系统手机应用（App）模块是简化版的运营监测系统，通过本软件可以实现监测数据查看、分析数据、历史数据查询等功能，让用户实时掌握桥梁结构状况。

（1）登录首页：在 App 系统输入用户名和密码进行登录。

（2）巡检功能：桥梁日常巡检功能主要是查询巡检任务，了解巡检信息、出勤路径地图和具体桥梁相关信息。通过选择具体桥梁可以看到巡检方向，包括桥面系、上部结构和下部结构，选择各自相关结构，选择构件即能完成巡检录入、病害选择等相关信息。

（3）任务选择：点击巡查进入任务选择，在任务选择中可以看到已经存在的巡检任务，包括它们的名称、已巡检、未巡检和桥梁打卡，选择其中任务，进入任务相关巡检内容。点击拍照可完成打卡。确认任务在执行中。

（4）问题上报：选择指定桥梁的构件类型，进入问题上报页面，在该页面中可以选择该桥梁构件类型出现的具体病害问题，并进行描述和上传图片。同时，可以在上报列表中查看到已上报的问题。

（5）养护功能：桥梁养护功能主要是对巡检过程中发现的问题进行相关养护处理，养护状态主要分为待养护、养护中、待验收和已合格，选择不同的养护状态可查看不同的养护任务。选择养护任务后进入养护执行，其中可以增加养护记录、添加图片和说明，最后点击立即上传。

### 3.3.4 监测数据分析

对2024年1月1日—2024年3月31日的测点监测数据进行分析，得出结论如下：

（1）监测期分析时段内最大10 min平均风速为18.1 m/s，对应风级8级，未超阈值25.0 m/s。大气温度最高29.0 ℃，最低1.2 ℃，大气平均湿度40.9%，永仁侧锚室湿度最大96.8%，大姚侧锚室湿度最大75.2%，两侧锚室湿度在1月5日除湿系统工作开始后迅速降低，湿度处于50%以下。

（2）监测期地震动加速度峰值最大为7.6 mm/s$^2$，未超阈值2 110 mm/s$^2$。

（3）监测期结构温度最高44.5 ℃，最低−1.2 ℃，温度变化趋势明显。

（4）监测期温度引起主梁竖向位移最大下挠−369.5 mm，最大上拱280.0 mm。在本期活载作用下，主梁竖向位移明显，最大下挠为−503.0 mm，发生在截面09钢梁上游。综合荷载作用下挠度未超阈值−1 304.8 mm。

（5）支座位移最大值为60.9 mm，最小值为−57.1 mm，最大变化幅值117.9 mm，未超阈值−231.2 mm和226.4 mm。

（6）锚室沉降最大值为7.5 mm，最小值为−5.9 mm，为温度变化引起，趋势平稳，未超阈值46 mm。

（7）桥塔顺桥向偏位最大为38.0 mm，横桥向最大为76.8 mm；主梁横向偏位最大73.8 mm。

（8）监测期结构应力最大值为45.2 MPa，发生在截面09主梁顶板。

（9）监测期吊索力变化平稳，索力与理论成桥索力相差不大，与成桥索力相比，索力偏差为−7.9%~7.9%，变化未超10%；本期索股索力偏差为−7.1%~8.4%；本期索夹力偏差为−7.8%~−0.4%。

（10）监测期边坡倾斜最大值为2.4 rad‰，未超阈值6.4 rad‰。

（11）监测期振动加速度10 min均方根值最大值66.5 mm/s$^2$，发生在截面06钢梁上游振动（竖向），未超阈值315 mm/s$^2$。

（12）2024年1月1日—2024年3月31日各阶实测自振频率与理论计算频率接近，大桥刚度无异常变化。

（13）本期动态称重监测，共计201 022辆车过桥，每日车流量相对稳定，约2 209辆。

综上所述，各测点监测结果符合结构实际响应变化规律，系统工作正常，系统测试结果能够正确反映结构响应，结构响应正常。

# 4 永仁大桥主桥荷载试验分析

## 4.1 桥梁概况

云南省 S45 永金高速公路永仁至大姚段公路工程主线起于 G5 京昆高速公路永仁服务区以南 1.4 km 处,设秧鱼坝枢纽互通立交与 G5 京昆高速公路相连,止于大姚县金碧镇泗溪村,接楚雄至大姚高速公路,主线全长 62.97 km。采用双向 4 车道高速公路标准建设,设计速度 80 km/h,路基宽度 25.5 m。汽车荷载等级采用公路-Ⅰ级。其余技术指标均应符合《公路工程技术标准》(JTG B01—2014)规定。

永仁大桥位于永仁至大姚高速公路 K29 + 406 处,为跨越江底河峡谷而设,起止桩号为 K28 + 606 ~ K30 + 280,大桥全长 1 671 m;主桥采用主缆跨径布置为 (255 + 920 + 255) m 的双塔单跨钢箱梁悬索桥。引桥采用左、右幅分离式设计,孔跨布置相同:永仁岸引桥为 2 × (50 + 65 + 50) m 钢混组合梁桥,后退岸桥台为重力式桥台;大姚岸引桥为 (60 + 70 + 60) m 钢混组合梁桥,后退岸桥台为重力式桥台,前进岸桥台为桩柱式桥台,单幅桥长 1 671 m,双向 4 车道。桥梁设计荷载等级:公路-Ⅰ级。

永仁大桥没有在主桥上设置人行道,在主桥设置检修道。

## 4.2 测验内容与分析

### 4.2.1 结构内力分析

本次试验选取永仁大桥主桥 (255 + 920 + 255) m 悬索桥进行静动载试验。

采用 Midas/Civil 软件对永仁大桥主桥及引桥进行计算分析,了解主桥及引桥在汽车设计荷载作用下的受力变形值,根据结构整体及其局部最不利受力状态和相关规范及类似大跨悬索桥和连续梁桥的荷载试验,确定主桥及引桥静载试验的试验内容、试验工况、加载车数量、载位布置及加载效率系数等。

结构材料:永仁大桥主桥两岸索塔及横梁均采用 C55 混凝土;主缆采用预制平行钢丝索股。每根主缆中,从永仁锚碇到大姚锚碇的通长索股有 154 股,边跨不设背索。每根索股由 91 根直径为 5.0 mm、公称抗拉强度为 1 770 MPa 的高强度锌铝合金镀层钢丝组成。吊索由公称直径为 5.0 mm、公称抗拉强度为 1 770 MPa 的高强度锌铝合金镀层钢丝组成,除加劲梁端部设一对端吊索外,其余均为普通吊索,每根端吊索含 85 根钢丝,每根普通吊索含 73 根钢丝;加劲梁主桥、风嘴及加劲构造采用 Q345qC 钢。

恒载效应：结构自重由程序自动计算，二期恒载包括桥面铺装层、防撞护栏等重量，均以均布荷载施加于梁单元上。

设计荷载：公路-Ⅰ级，车道均布荷载标准值 10.5 kN/m，集中荷载标准值 360 kN。

车道荷载：主桥按双向 4 车道（正载）和单向 2 车道（偏载）计算。

### 4.2.2 测试内容

永仁大桥主桥为主跨 920 m 的悬索桥，由锚碇、索塔、索鞍、缆索和钢箱梁受力体系组成。根据《公路桥梁荷载试验规程》(JTG/T J21-01—2015) 的相关建议和要求，结合本桥在设计移动荷载作用下的计算结果，选取加劲梁 $L/8$ 截面、加劲梁 $3L/8$ 截面、加劲梁 $L/2$ 截面、主塔塔脚截面、主塔塔顶截面、主缆等截面测试最大正弯矩或位移、主缆锚固区典型索股最大张力以及跨中处吊索最大拉力等为静载试验主要控制计算参数，见表 4-1。

表 4-1 永仁大桥静力荷载试验测试内容

| 序号 | 测试对象 | 测试内容 |
| --- | --- | --- |
| 1 | 主缆 | 主缆竖向位移 |
| 2 | | 主缆锚跨索股索力增量 |
| 3 | 吊索 | 吊索索力增量 |
| 4 | 钢箱梁 | 加劲梁竖向位移 |
| 5 | | 加劲梁最大正弯矩截面应力（应变） |
| 6 | | 钢箱梁梁端纵向漂移 |
| 7 | 索塔 | 塔顶纵向偏位 |
| 8 | | 墩台基础沉降 |
| 9 | | 塔脚截面应力增量 |

永仁大桥动力荷载试验主要分为脉动试验、跑车试验、跳车试验及刹车试验四个方面，见表 4-2。

表 4-2 永仁大桥动力荷载行车试验测试内容

| 工况 | 工况类型 | 车速/(km/h) | 工况描述 |
| --- | --- | --- | --- |
| 工况 1 | 2 辆加载车跑车试验 | 20 | 试验时，2 辆加载车以车速为 20~60 km/h 匀速通过桥跨结构，由于在行驶过程中对桥面产生冲击作用，从而使桥梁结构产生振动。通过动力测试系统测定测试截面处的动应变时间历程曲线，以测得在行车条件下的动应变。 |
| 工况 2 | | 40 | |
| 工况 3 | | 60 | |
| 工况 4 | 2 辆加载车跳车试验 | 20 | 在桥梁测试截面处桥面设置高度为 7 cm 的障碍物，模拟桥面铺装的局部不平整或损伤状态。试验时，让 2 辆加载车以 20~30 km/h 的速度匀速通过桥跨结构，在跨越障碍时对桥梁形成冲击作用，激起桥梁较大的竖向振动，测定此时桥梁在桥面不良状态时运行车辆荷载作用下的动态响应。 |
| 工况 5 | | 30 | |
| 工况 6 | 2 辆加载车刹车试验 | 20 | 试验时，让 2 辆车以 20 km/h、30 km/h 的速度匀速行驶至测试断面时实施紧急刹车，使其产生较大的制动力并对桥梁形成一定的冲击作用，以测得在刹车条件下的动应变。 |
| 工况 7 | | 30 | |

### 4.2.3 试验加载效率

本桥设计荷载为公路-Ⅰ级(JTG B01—2014),荷载试验中采用等效荷载进行加载,试验中加载车辆选用三轴载重汽车,其中单辆车总质量为40 t。

《公路桥梁荷载试验规程》(JTG/T J21-01—2015)建议,对于交(竣)工验收荷载试验,静力荷载试验效率$\eta$宜介于0.85~1.05。根据桥梁结构受力影响线或影响面,对本桥主要控制截面进行静载试验方案设计。控制截面的设计值、试验计算值及加载效率见表4-3。

表4-3 控制截面的设计值、试验计算值及加载效率

| 控制位置 | 工况 | 控制内力/位移 | 单位 | 设计值 | 试验计算值 | 加载效率系数 |
|---|---|---|---|---|---|---|
| $L/8$ 截面 | 工况1(中载) | 最大正弯矩 | kN·m | 46 007.3 | 47 815.4 | 1.04 |
| $3L/8$ 截面 | 工况2(中载) | 最大正弯矩 | kN·m | 41 076.2 | 41 542.1 | 1.01 |
| $L/2$ 截面 | 工况3(中载) | 最大正弯矩 | kN·m | 39 729.5 | 40 674.6 | 1.02 |
| | | 最大挠度 | mm | −1 332 | −975 | 0.73 |
| 加劲梁A端 | 工况4(中载) | 最大纵向位移 | cm | 35.5 | 36.3 | 1.02 |
| 加劲梁B端 | 工况4(中载) | 最大纵向位移 | cm | 35.4 | 36.8 | 1.04 |
| 主塔塔脚截面 | 工况5(中载) | 最大正弯矩 | kN·m | 74 793.1 | 74 844 | 1.00 |
| 主塔塔顶截面 | 工况5(中载) | 最大纵向位移 | cm | 9.6 | 8.59 | 0.89 |
| 跨中处吊索 | 工况3(中载) | 最大索力 | kN | 395.6 | 226.6 | 0.57 |
| 锚跨主缆索股 | 工况5(中载) | 最大索力 | kN | 106.91 | 95.7 | 0.90 |

注:内力或位移计算考虑了横向、纵向折减系数。

## 4.3 测试结果

### 4.3.1 静载试验结果

本次试验测试根据应分级实施,加载级数应根据试验荷载总量和荷载分级增量确定,按车辆总数根据车辆分布情况采用分成4~5级进行加载。按荷载试验实施方案,加载测试结果见表4-4~表4-7。

表 4-4 加劲梁控制截面的测试结果汇总

| 测试部位 | 工况 | 控制内力/位移 | 测试位置 | 单位 | 试验理论值 | 试验结果 | 备注 |
|---|---|---|---|---|---|---|---|
| L/8 截面 | 工况 1（中载） | 最大正弯矩 | 梁顶中间 | με | -224 | -189 | |
| | | | 梁底左侧 | | 379 | 309 | |
| 3L/8 截面 | 工况 2（中载） | 最大正弯矩 | 梁顶中间 | με | -208 | -179 | |
| | | | 梁底左侧 | | 353 | 291 | |
| L/2 截面 | 工况 3（中载） | 最大正弯矩 | 梁顶中间 | με | -184 | -155 | |
| | | | 梁底左侧 | | 312 | 250 | |
| | | 最大挠度 | 跨中 | mm | -1 089.7 | -996.3 | |
| 加劲梁 | 工况 4（中载） | 最大纵向位移 | 永仁端 | cm | 36.76 | 33.82 | |
| | | | 大姚端 | | 36.32 | 30.87 | |

表 4-5 主塔控制截面的测试结果汇总

| 测试部位 | 工况 | 控制内力/位移 | 测试位置 | 单位 | 试验理论值 | 试验结果 | 备注 |
|---|---|---|---|---|---|---|---|
| 永仁岸主塔塔脚截面 | 工况 5（中载） | 最大正弯矩 | 左塔 A 面 | με | 17 | 15 | |
| | | | 左塔 B 面 | | -37 | -34 | |
| | | | 左塔 A 面 | | 17 | 16 | |
| | | | 左塔 B 面 | | -37 | -34 | |
| 永仁岸主塔塔顶 | 工况 5（中载） | 最大纵向位移 | 永仁岸 | cm | 8.59 | 8.3 | |
| | | | 大姚岸 | | -7.79 | -6.39 | |

表 4-6 吊杆索力增量测试结果汇总

| 测试位置 | 工况 | 单位 | 试验理论值 | 试验结果 | 备注 |
|---|---|---|---|---|---|
| 8#左侧吊杆 | 工况 1（中载） | kN | 352.4 | 292.5 | |
| 8#右侧吊杆 | | | 352.4 | 292 | |
| 9#左侧吊杆 | | | 274.3 | 211.2 | |
| 9#右侧吊杆 | | | 274.3 | 230.4 | |
| 10#左侧吊杆 | | | 191.6 | 162.9 | |
| 10#右侧吊杆 | | | 191.6 | 147.5 | |
| 27#左侧吊杆 | 工况 2（中载） | kN | 369.8 | 243.4 | |
| 27#右侧吊杆 | | | 369.8 | 272.5 | |
| 28#左侧吊杆 | | | 266.8 | 191.2 | |
| 28#右侧吊杆 | | | 266.8 | 198.3 | |
| 29#左侧吊杆 | | | 169.7 | 141.4 | |
| 29#右侧吊杆 | | | 169.7 | 154.4 | |
| 30#左侧吊杆 | | | 112 | 107.1 | |
| 30#右侧吊杆 | | | 112 | 108.8 | |

续表

| 测试位置 | 工况 | 单位 | 试验理论值 | 试验结果 | 备注 |
|---|---|---|---|---|---|
| 56#左侧吊杆 | 工况 4（中载） | kN | 433.4 | 368.4 | |
| 56#右侧吊杆 | | | 433.4 | 385.7 | |
| 57#左侧吊杆 | | | 504.2 | 448.7 | |
| 57#右侧吊杆 | | | 504.2 | 388.2 | |
| 58#左侧吊杆 | | | 529.7 | 370.8 | |
| 58#右侧吊杆 | | | 529.7 | 376.1 | |
| 59#左侧吊杆 | | | 520.1 | 457.7 | |
| 59#右侧吊杆 | | | 520.1 | 374.5 | |
| 60#左侧吊杆 | | | 471.7 | 349.1 | |
| 60#右侧吊杆 | | | 471.7 | 334.9 | |

表 4-7　吊杆索力增量测试结果汇总

| 控制位置 | 工况 | 控制内力/位移 | 测试位置 | 单位 | 试验理论值 | 试验结果 | 备注 |
|---|---|---|---|---|---|---|---|
| 锚跨主缆索股 | 工况 5（中载） | 最大索力 | 永仁岸 | kN | 95.7 | 84.2 | |
| | | | 大姚岸 | | 87.6 | 71.8 | |
| 锚跨主缆 | 工况 3（中载） | 挠度 | 左侧跨中 | mm | -1 087 | -961.2 | |
| | | | 右侧跨中 | | -1 087 | -990.3 | |

### 4.3.2　动载试验结果

按照测试程序，分别记录各工况下的主梁跨中下缘动应变时程曲线。根据主桥动载试验的应变时程曲线计算分析的试验冲击系数，见表 4-8。

表 4-8　永仁大桥主桥冲击系数实测值

| 测试位置 | 车速/(km/h) | 工况 | 位置 | 冲击系数 |
|---|---|---|---|---|
| 主桥跨中 | 20 | 跑车 | 下缘 | 0.016 |
| | | 跳车 | 下缘 | 0.129 |
| | | 急刹车 | 下缘 | 0.039 |
| | 30 | 跳车 | 下缘 | 0.136 |
| | | 急刹车 | 下缘 | 0.046 |
| | 40 | 跑车 | 下缘 | 0.016 |
| | 60 | 跑车 | 下缘 | 0.020 |

从表中分析得知：桥面处于无障碍行车时，冲击系数介于 0.016 至 0.020 之间，平均值为 0.017；桥面处于有障碍行车时，冲击系数较大，达到 0.136。

## 4.4 结　论

### 4.4.1 静载试验结论

（1）实测数据与相应理论计算值吻合良好，实际结构的受力特性与理论计算模型的受力特性一致，且与扁平钢箱梁悬索桥这类结构的受力特性相符，说明结构理论计算模型能够较为准确地反映实际结构的受力特性，以此为基础设计的荷载试验方案是科学合理的，现场采集的试验数据是准确可靠的。

（2）该试验项目的荷载效率系数在 0.85～1.05，加载效率满足《公路桥梁荷载试验规程》（JTG/T J21-01—2015）的要求。该荷载试验能够起到检验大桥设计与施工质量及其实际工作性能的作用。

（3）静载试验各工况满载下的主梁实测挠度、主缆实测挠度和主塔塔顶偏位均小于理论计算挠度和理论偏位值，大部分实测值与理论值接近，卸载后的残余变形均较小。

（4）静载试验各工况满载下的主缆锚跨索股力增量、吊索活载索力增量均与理论索力增量较吻合。

（5）静载试验各工况满载下的主梁与主塔的实测应变小于理论计算应变，卸载后的残余应力均比较小。

（6）在对称加载情况下，梁塔缆变形与应力对称性较好，全桥结构整体上受力均衡。

（7）在偏载试验中，主梁在偏心荷载作用下整体受力性能良好，结构具有良好的抗扭刚度。

综上所述，试验现象及实测数据表明：主桥结构竖向刚度及横向抗扭刚度均大于结构的理论刚度；在使用荷载作用下，主要结构的强度具有一定安全储备，且处于弹性工作状态；在静力荷载作用下，主桥的实际工作状态良好，满足设计要求。

### 4.4.2 动载试验结论

（1）在正常行驶状态，结构的动态应力增量较小。

（2）在跳车等路面不平整状态下动态放大系数较大。鉴于此，桥梁在正常运营过程中，需对桥面保持路面平整，避免重车发生跳车的现象，以减小移动荷载对桥梁的冲击效应。

# 5 山区大跨度钢箱梁及小半径钢桥梁顶推施工技术

## 5.1 山区大跨度钢箱梁顶推桥梁概述

K36+784陈家沟大桥位于水仁至大姚高速公路第4合同段，为跨越河流深沟所设，结合地形、地貌、水文等情况本桥上部结构采用（55+70+55）m连续组合钢箱梁，下部结构采用变截面空心方形薄壁墩，下设承台及群桩基础；两岸桥台为重力式桥台。桥梁起止点里程为K36+690～K36+880，本桥两端均接路基。

桥梁平面位半径 $R = 965$ m 的左转圆曲线上。桥面纵坡位于 $R = 20\,000$ m、$T = 290$ m、$E = 1.56$ m 的凹曲线上，纵坡 $i_1 = -1.5\%$，$i_2 = 1\%$，变坡点里程为K36+550，变坡点高程为1 740.42 m。两岸桥台各设一道FD80型伸缩缝。钢梁采用Q355D钢材，全桥布置为（55+70+55）m连续钢箱组合梁桥，单幅桥梁宽度12.5 m，全桥重约1 650 t。

## 5.2 山区大跨度钢箱梁顶推施工流程

山区大跨度钢箱梁顶推施工流程如图5-1所示。

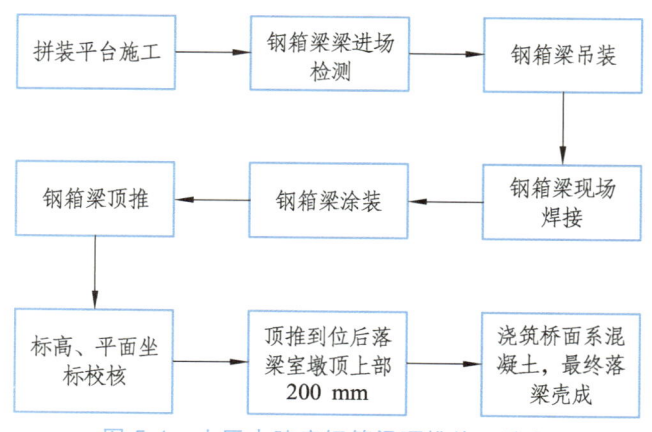

图5-1 山区大跨度钢箱梁顶推施工流程

## 5.3 山区大跨度钢箱梁顶推施工工艺

### 5.3.1 拼装平台施工

（1）地基平整夯实，承载力要求大于120 kPa，不满足时应该进行换填再夯实，换填材料采用碎石,换填完成后采用轻型动力触探仪进行地基承载力检测,承载力检测大于 120 kPa 方可进行下一道工序的施工。

（2）拼装平台地基应有可靠的排水措施,防止积水浸泡地基。施工时沿拼装平台地基的两侧设置排水沟,保证排水通畅;不能设置排水沟的拼装平台地基的一角设置集水井,安设污水泵,保证排水的通畅。

（3）在永仁岸桥台后路基上做 100 m × 28 m 的钢桥梁施工区域,后在其上搭设拼装平台作为钢桥梁构件的拼装及顶推使用,路基上安装步履设备的位置相应地做 4 m × 0.6 m 的钢筋混凝土基础,混凝土基础沿拼装场地全宽布置,长度方向每隔 30 m 布设一个混凝土基础,路基的两侧设置 0.5 m × 0.5 m（深度×宽度）的排水沟。

拼装平台施工布置如图 5-2 所示,路基段顶推设备基础详图及开挖后全貌如图 5-3 所示。

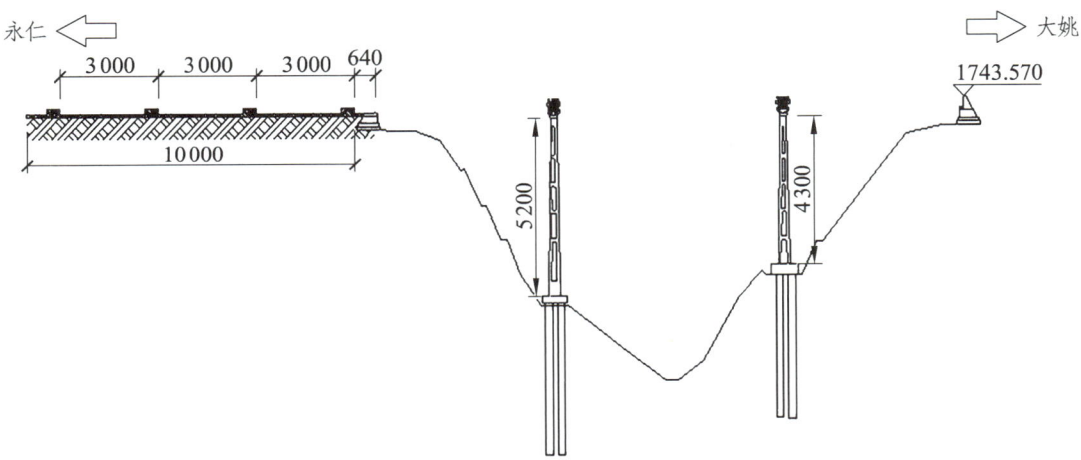

图 5-2 施工布置（单位：mm）

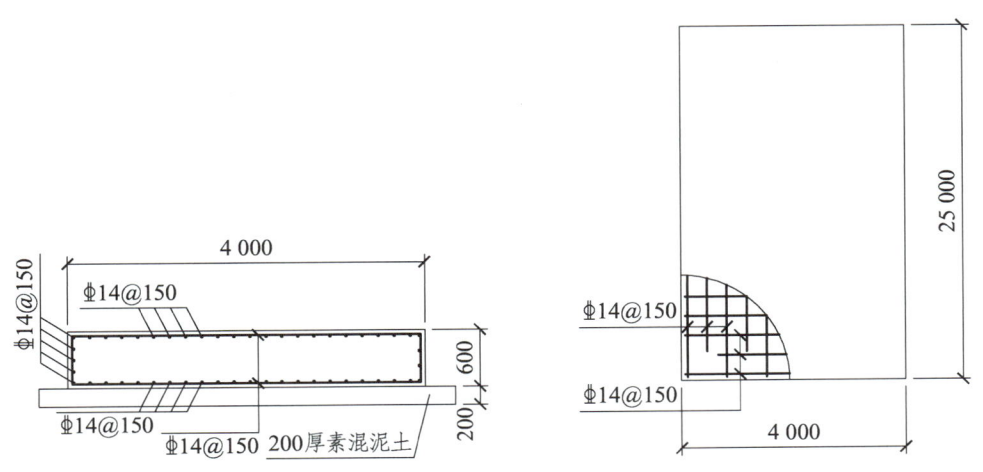

（a）路基段顶推设备基础详图（单位：mm）

(b)路基段顶推设备基础开挖后全貌

图 5-3 路基段顶推设备基础详图及开挖后全貌

### 5.3.2 顶推高、低位方案设计对比

针对陈家沟大桥地处峡谷，地势复杂，且该位置风力很大的不利环境因素（图 5-4），在施工方案策划阶段，技术团队就顶推时高、低位方案设计进行对比。

图 5-4 桥梁地理位置

低位顶推需预留永仁岸的桥背施工至桥梁永久支座的标高位置即停止施工，后续背墙在钢桥梁顶推施工完成后施工；高位顶推则是永仁岸的桥背一次性施工至设计位置。

顶推高、低位方案的优缺点对比：

（1）顶推时墩台后部的回填土因回填压实度难达标且因回填时间过短，实际施工时该处的钢筋混凝土基础受压很大，最大时约 5 000 kN，且该处受钢桥梁和导梁的纯悬挑荷载，在受压的情况下极易发生沉降及破裂，施工安全风险较大，如图 5-5 所示。

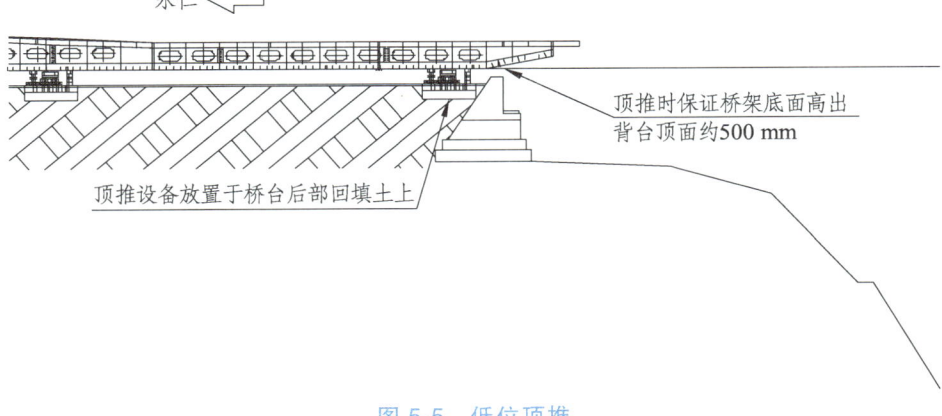

图 5-5　低位顶推

（2）顶推时因侧向力较大，高位顶推时支架底部所受弯矩较大（图 5-6），且顶推力为动荷载，在动荷载反复作用下，支架底部的圆管柱焊缝有被拉裂的风险，其施工安全风险较大。

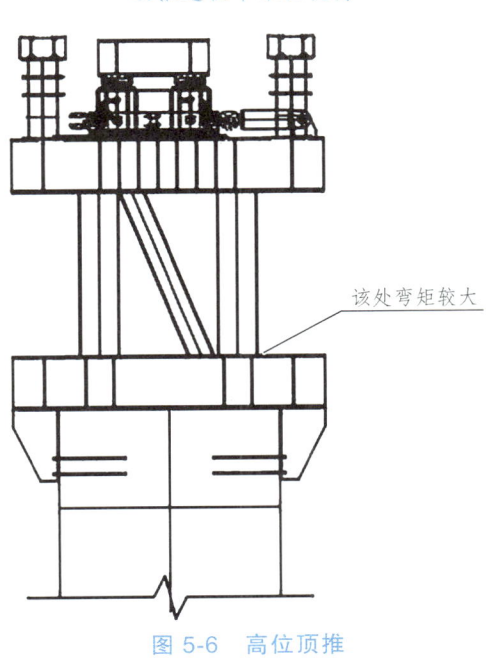

图 5-6　高位顶推

（3）高位顶推时支架高度高，其在受力时本身变形比低位顶推大，再因为该桥位地处深谷和风口处，本身地质环境较复杂，高位顶推时其施工安全风险较大，且出现不稳定因素时无补救措施。

（4）顶推到位的高落梁因落梁高度过高后，落梁时的侧向限位因长度较长，其受力后变形很大，很难满足限位的要求（图5-7）。

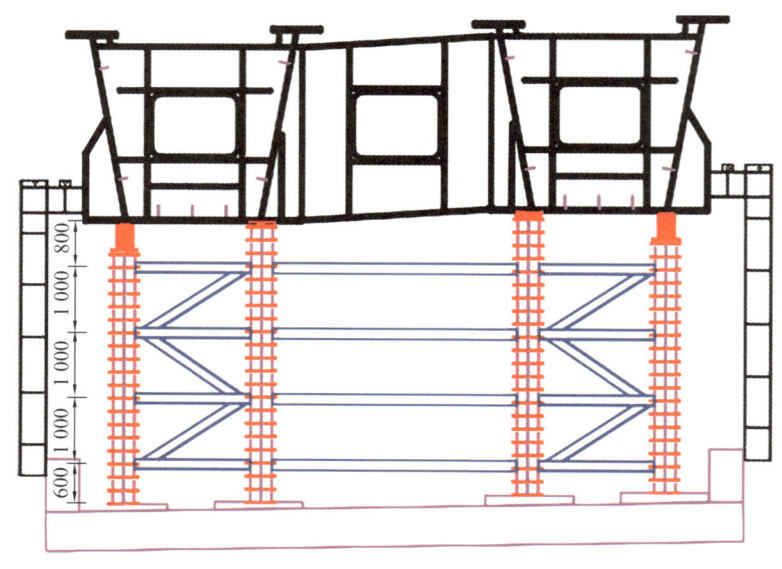

图5-7　高位落梁（单位：mm）

（5）因桥梁本身带有弧度，落梁时桥梁的重心始终偏向外弧，在落梁时桥梁有向外弧侧向移动的趋势，落梁高度太高后其落梁时的偏位会更加明显，最终可能会导致落梁偏位过大，而无法继续实施落梁。

### 5.3.3　墩顶临时支架安装

墩顶临时支架采用总包单位塔吊进行吊装，安装临时支架的操作人员上桥墩，高墩采用土建施工桥墩时的施工电梯及护笼爬梯上桥墩（图5-8）。

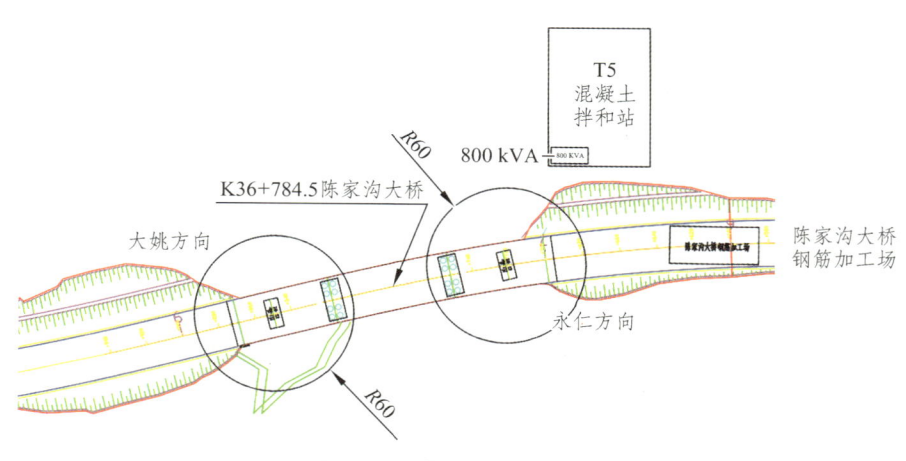

图5-8　塔吊平面布置图

墩顶临时支架分为三个部分进行安装，第一步安装与墩顶相连接的基础架体，第二步完成设备支架的安装，第三步完成设备及扁担梁的安装（图 5-9）。

图 5-9　支架安装

### 5.3.4　钢箱梁吊装

本工程中钢箱桥采用履带吊吊装，即用履带吊将钢箱梁吊到拼装平台上进行拼装焊接。吊装场地为拼装平台，拼装平台地基已经过压实平整处理。纵向吊装顺序为大姚岸的桥段先吊装；横向由右幅到左幅顺序吊装，按此步骤依次完成全部钢梁吊装。

左右幅桥梁各由两个槽型梁组合构成，全桥横向共 4 个槽型梁。梁段分段如图 5-10 所示，右幅吊装节段划分见表 5-1，钢箱梁吊装如图 5-11 所示。

| 10960 | 10000 | 8000 | 10000 | 10000 | 12000 | 11600 | 11600 | 11600 | 11600 | 11600 | 12000 | 10000 | 10000 | 10000 | 8000 | 10960 |
| A01 | A02 | A03 | A04 | A05 | A06 | A07 | A08 | A09 | A10 | A11 | A12 | A13 | A14 | A15 | A16 | A17 |

图 5-10　梁段分段

表 5-1　右幅吊装节段划分（左幅同右幅）

| 吊车类型 | 吊装节段 |
| --- | --- |
| 130 t 履带吊 | A01-1、A01-2、A02-1、A02-2、A03-1、A03-2、A04-1、A04-2、A05-1、A05-2、A06-1、A06-2、A07-1、A07-2A08-1、A08-2、A09-1、A09-2、A10-1、A10-2、A11-1、A11-2、A12-1、A12-2、A13-1、A13-2、A14-1、A14-2、A15-1、A15-2、A16-1、A16-2、A17-1、A17-2 |

图 5-11 钢箱梁吊装

## 5.4 山区大跨度钢箱梁顶推钢梁顶推

本工程钢桥采用累积顶推，第 A13 至 A17 节钢桥与导梁组装形成第一个顶推单元，第一顶推单元顶推后，开始后两节段钢桥与第一顶推单元的组装形成第二个顶推单元，第二顶推单元顶推后，开始后两节段钢桥与第二顶推单元的组装形成第三个顶推单元，直到整联钢桥组装完成顶推到位。该桥顶推方向为永仁至大姚方向。全桥纵向每幅共分为 17 段，左右两幅分段相同。顶推钢梁分段信息见表 5-2。

表 5-2 顶推钢梁分段信息

| 序号 | 顶推次数 | 累计构件长度 /mm | 构件宽度 /mm | 梁中高度 /mm | 构件质量 /t | 顶推距离 /m |
| --- | --- | --- | --- | --- | --- | --- |
| 1 | 第一次 | 48 960 | 12 500 | 2 788 | 224.4 | 23.6 |
| 2 | 第二次 | 72 560 | 12 500 | 2 788 | 332.56 | 23.2 |
| 3 | 第三次 | 95 760 | 12 500 | 2 788 | 438.9 | 35.2 |
| 4 | 第四次 | 130 960 | 12 500 | 2 788 | 600.23 | 28.0 |
| 5 | 第五次 | 158 960 | 12 500 | 2 788 | 728.57 | 21.0 |
| 6 | 第六次 | 179 920 | 12 500 | 2 788 | 824.63 | 69.0 |
| 7 | 第七次 | 179 920 | 12 500 | 2 788 | 824.63 | 23.3 |

顶推流程如图 5-12～图 5-14 所示。

图 5-12

图 5-13

图 5-14

## 5.5 山区大跨度钢箱梁顶推落梁

钢箱梁顶推完成后需落梁卸载。落梁时,在每个桥台位置设置 2 个千斤顶,在桥台上设置 4 套卸载支墩及垫板。

卸载流程如下:

(1)钢箱梁顶推到位。

(2)在对应横隔板加劲位置安装 2 台卸载千斤顶,千斤顶顶面与箱梁底板留设 20 mm 的空隙,同时做好相关抗倾覆措施及钢梁限位措施,如图 5-15 所示。

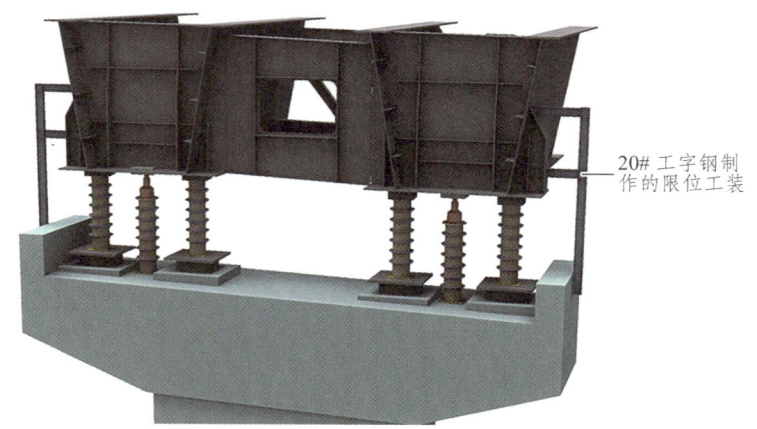

图 5-15

(3)步履式顶升设备缩缸,钢梁落到卸载千斤顶上,同时拆除步履式顶推设备及顶推支架,如图 5-16 所示。

图 5-16

(4)在对应横隔板加劲位置安装 4 套卸载垫块(以盖梁中轴线,对应千斤顶镜像对称布置),垫块顶面离钢箱梁底板还有 20 mm 的空隙,如图 5-17 所示。

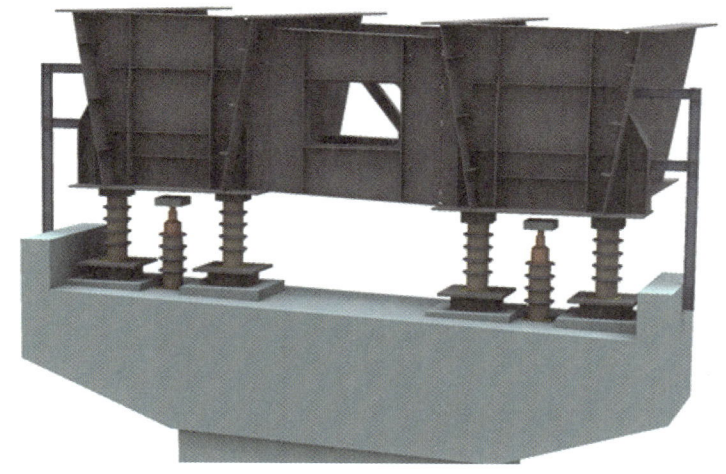

图 5-17

（5）千斤顶缩缸、钢梁落至垫块上，每次卸载 20 mm 左右，随着钢箱梁高度下降，依次拆除卸载垫块，如图 5-18 所示。当卸载到接近承重平台时，停止卸载，用千斤顶顶住钢梁，拆除上部卸载法兰盘。重复该流程，拆除全部法兰盘，做好相关临时支撑（垫板）。

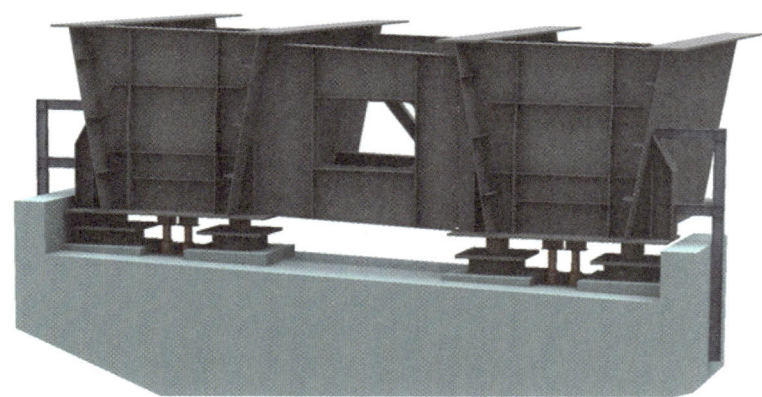

图 5-18

（6）逐步将钢梁卸载至临时支座，浇筑混凝土，如图 5-19 所示。

图 5-19

（7）混凝土浇筑养护完成后，逐步将钢梁卸载到永久支座上，到位后拆除限位杆，如图 5-20 所示。

图 5-20

## 5.6 山区大跨度钢箱梁顶推施工模拟计算

### 5.6.1 计算工况选取

计算工况选取见表 5-3。

表 5-3 计算工况

| 工况 | 计算概述 | 流程图 |
|---|---|---|
| 工况一（第三步） | 钢箱梁 72.56 m（梁段 A11～A17）及 52 m 钢导梁，共计顶推 46.8 m，此时 52 m 钢导梁及 2.96 m 钢箱梁悬挑，悬挑共计 54.96 m | |
| 工况二（第五步） | 钢箱梁 160.96 m（梁段 A2～A17）及 52 m 钢导梁，共计顶推 110 m，此时 52 m 钢导梁及 10.96 m 钢箱梁悬挑，悬挑共计 62.96 m | |
| 工况三（第六步） | 钢箱梁 179.92 m（梁段 A1～A17）及 52 m 钢导梁，共计顶推 117.04 m，此时 52 m 钢导梁及 18 m 钢箱梁悬挑，悬挑共计 70 m | |

续表

| 工况 | 计算概述 | 流程图 |
|---|---|---|
| 工况四<br>（第六步） | 钢箱梁 179.92 m（梁段 A1-A17）及 52 m 钢导梁，共计顶推 172 m，此时 52 m 钢导梁及 2.96 m 钢箱梁悬挑，悬挑共计 54.96 m | 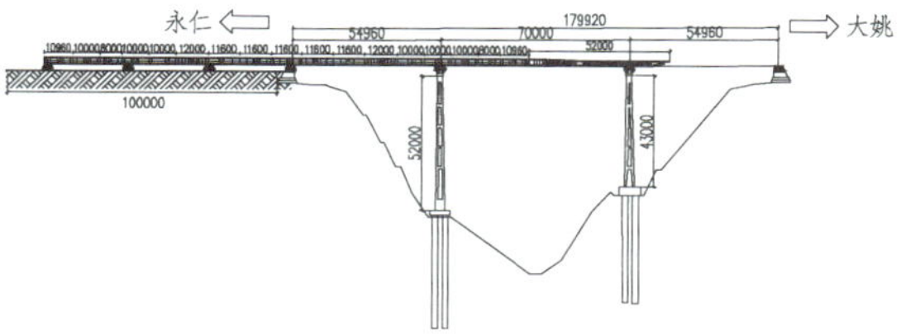 |
| 工况五<br>（第九步） | 钢箱梁 179.92 m（梁段 A1~A17），共计顶推 224 m，此时顶推到位，拆除导梁，落梁到位 | 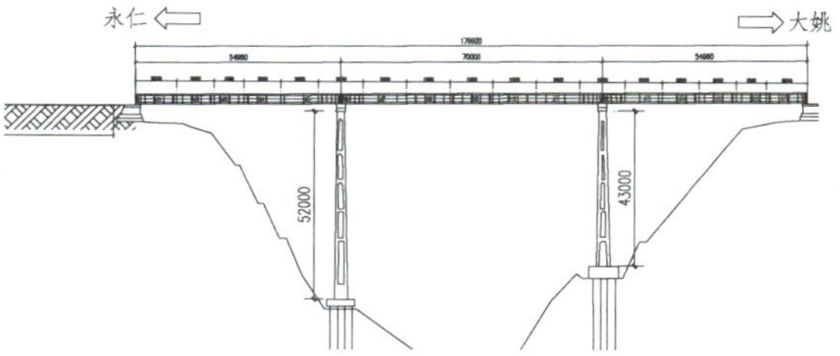 |

### 5.6.2 计算模型与荷载

#### 1. 计算模型及导梁结构

结构整体分析采用 Abaqus 有限元分析软件计算，模型如图 5-21、图 5-22，导梁全长 52 m。

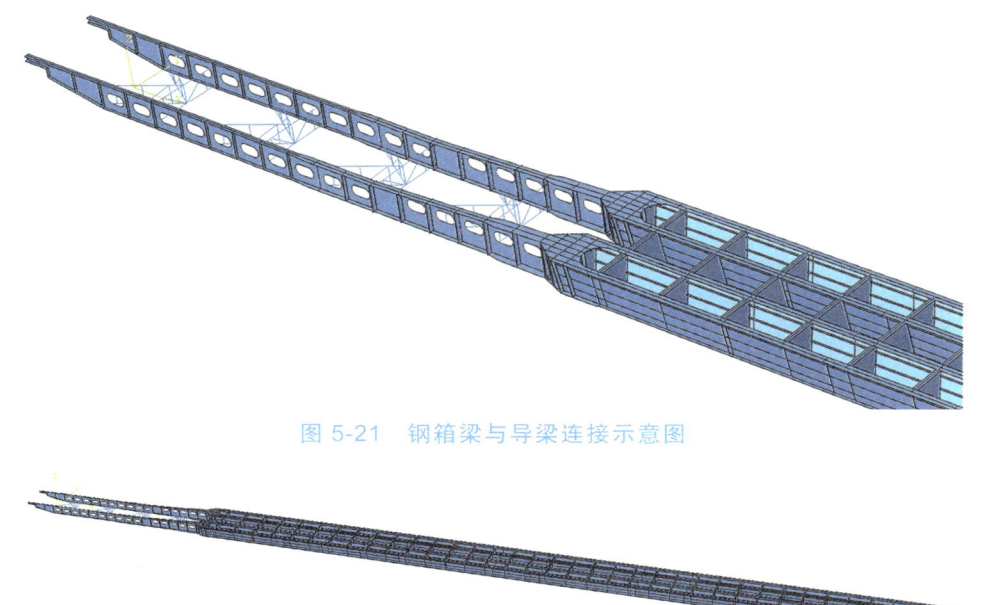

图 5-21 钢箱梁与导梁连接示意图

图 5-22 钢箱梁示意图

#### 2. 计算荷载与组合值

计算荷载主要包括结构自重、导梁自重以及施工时风荷载。荷载组合工况见表 5-4。

表 5-4 荷载组合工况

| 计算目的 | 计算内容 | 组合工况 | 规范 |
|---|---|---|---|
| 控制变形 | 竖向位移 | 恒 + 活 | 《建筑结构荷载规范》 |
| 滑移阶段结构安全校核 | 钢箱梁、导梁结构应力 | 1.35 恒 + 1.5 活 | 《建筑结构荷载规范》 |

K36 + 784 陈家沟大桥位于水仁至大姚高速公路第 4 合同段，位于楚雄州，查询规范，标准风压为 0.35 kN/m²，导梁受风荷载采用面荷载计算。整体结构风荷载及结构自重如图 5-23 所示。

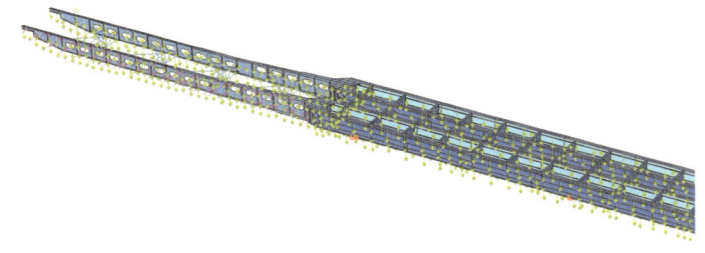

图 5-23 荷载布置

最不利工况计算：

该处以顶推时导梁跨越 1～2 号桥墩时，钢箱梁及导梁最大悬挑 70 m 的工况为例：

工况三：共顶推 117.04 m，52 m 钢导梁及 18 m 钢箱梁悬挑。

（1）计算模型如图 5-24 所示。

图 5-24 计算模型示意图

（2）结构应力如图 5-25～图 5-27 所示。

图 5-25 结构应力（整体）

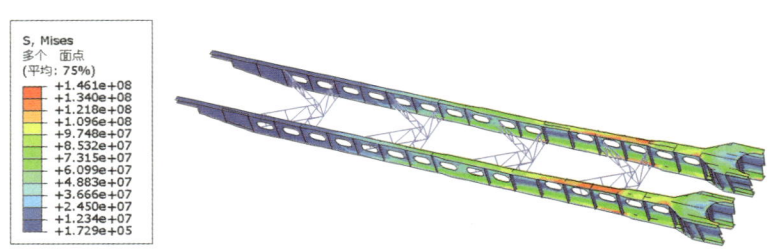

图 5-26 结构应力（导梁局部）

图 5-27 结构应力（钢箱梁局部）

由结构整体分析可知，该工况结构最大应力位于 K36+820 墩钢箱梁底板处，为 220.1 MPa，满足规范要求。导梁最大应力为 146.1 MPa，满足规范要求。

（3）结构变形如图 5-28 所示。

图 5-28 结构变形（整体）

该工况悬挑 70 m，挠度限值为 $\dfrac{2\times 70\ \mathrm{m}}{250} = 0.56\ \mathrm{m} = 560\ \mathrm{mm}$，验算中最大变形出现在导梁端部，为 623.9 mm。

（4）支座反力如图 5-29 所示。

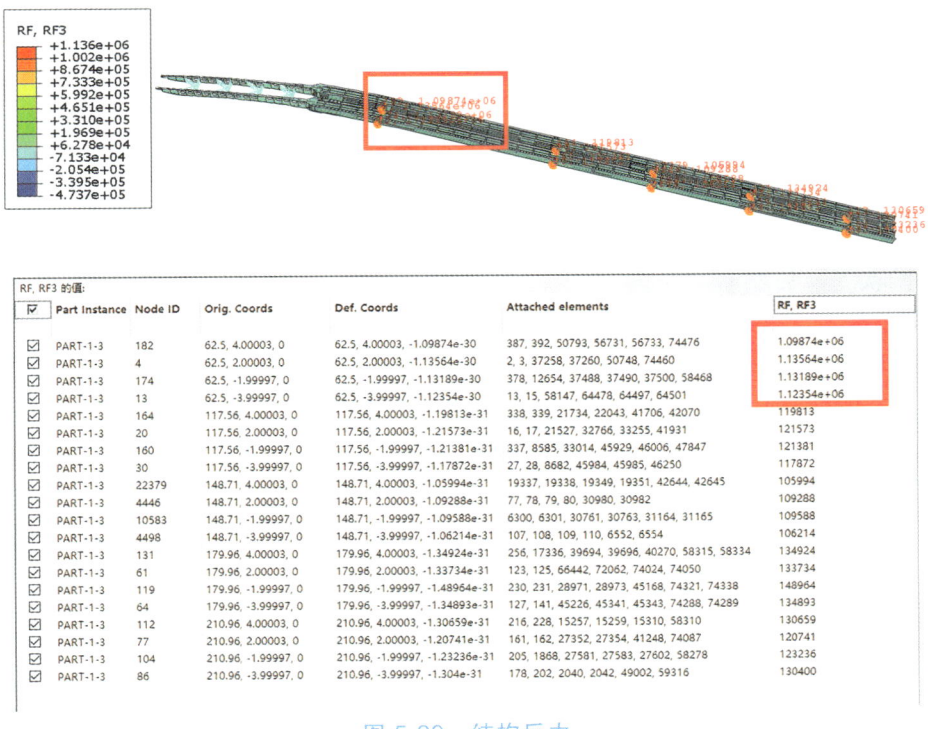

图 5-29 结构反力

133

支座最大反力位于 K36 + 750 墩处，其值为：

1 098.74 kN + 1 135.64 kN + 1 131.89 kN + 1 123.54 kN = 3 365.92 kN

（5）小结。

结构整体最大变形位于导梁前端，为 – 623.9 mm；最大应力位于 K36 + 750 墩钢箱梁底板处，为 220.1 MPa，满足规范要求。支座最大反力位于 K36 + 750 墩处，其值为 3 365.92 kN。综上，该工况结构强度和刚度均满足要求。

3. 落梁时的模拟计算

工况六：共顶推 224 m，顶推到位，拆除导梁，落梁到位。

（1）计算模型如图 5-30 所示。

图 5-30　计算模型

（2）结构应力如图 5-31 所示。

图 5-31　结构应力

由结构整体分析可知，该工况结构最大应力位于 K36 + 820 墩及 K36 + 750 墩钢箱梁底板处，为 98.3 MPa，满足规范要求。

（3）结构变形如图 5-32 所示。

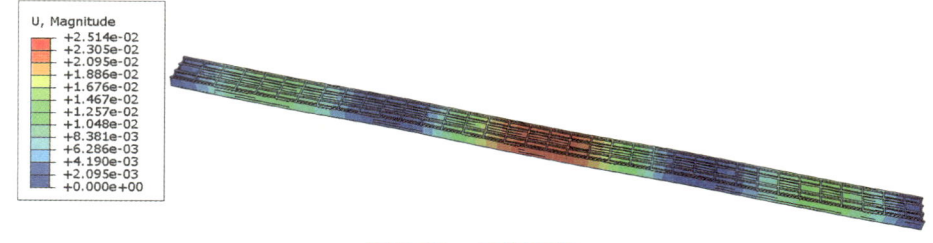

图 5-32　结构变形

该工况最大变形出现在 K36 + 820 墩及 K36 + 750 墩跨中，为 25.1 mm，此处挠度限值为 $\frac{L}{250}$ = 70 ÷ 250 = 0.28 m = 280 mm，最大变形满足规范要求。

（4）支座反力如图 5-33 所示。

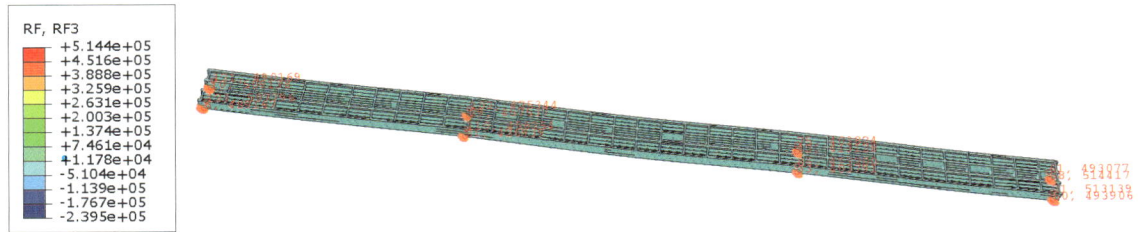

图 5-33　结构反力

该工况结构最大反力位于 K36+820 墩及 K36+750 墩处，其值约为：

$$425.344 \text{ kN} + 457.537 \text{ kN} + 456.254 \text{ kN} + 426.939 \text{ kN} = 1\,766.074 \text{ kN}$$

（5）小结。

该工况结构最大应力位于 K36+820 墩及 K36+750 墩钢箱梁底板处，为 98.3 MPa，满足规范要求。

最大变形出现在 K36+820 墩及 K36+750 墩跨中，为 25.1 mm，此处挠度限值为 $\dfrac{L}{250} = 70 \div 250 = 0.28 \text{ m} = 280 \text{ mm}$，最大变形满足规范要求。

最大反力位于 K36+820 墩及 K36+750 墩处，其值约为 1 766.074 kN。

综上，该工况结构强度和刚度均满足要求。

## 5.7　山区大跨度钢箱梁顶推抗倾覆验算

### 5.7.1　顺桥向抗倾覆验算

工况三：共计顶推 172 m，此时 52 m 钢导梁及 18 m 钢梁悬挑。

本工程在工况三的情况下最为不利，此时悬挑长度共 70 m（52 m 钢导梁+18 m 钢箱梁悬挑），其弯矩约为：

$$M_1 = 720 \text{ kN} \times 44 \text{ m} + \left(\frac{743.6}{179.92} \times 18\right) \times 10 \text{ kN} \times 9 \text{ m} = 38\,375.4 \text{ kN} \cdot \text{m}$$

地面拼装箱梁弯矩约为：

$$M_2 = \frac{743.6 \text{ t}}{179.92 \text{ m}} \times 162 \text{ m} \times 10 \text{ kN/t} \times 162 \text{ m}/2 = 542\,084.4 \text{ kN} \cdot \text{m}$$

抗倾覆安全系数 $w = \dfrac{M_2}{M_1} \approx 14.12 > 2.5$，满足要求。

### 5.7.2 横桥向抗倾覆验算

桥梁平面位于半径 $R = 965$ m 的左转圆曲线上。导梁到达 K36+820 墩时最不利，最大偏移距离约为 7 m，此时悬挑导梁（52 m）+ 部分箱梁（18 m）长度为 70 m，该段扭矩为：

$$M_1 = \left(72 \text{ t} + \frac{743.6 \text{ t}}{179.92 \text{ m}} \times 18 \text{ m}\right) \times 10 \text{ kN/t} \times 7 \text{ m}/2 = 5\,122.6 \text{ kN} \cdot \text{m}$$

前段及拼装部分扭矩约为：

$$M_2 = \frac{743.6 \text{ t}}{179.92 \text{ m}} \times 161.92 \text{ m} \times 10 \text{ kN/t} \times 8.4 \text{ m}/2 \approx 28\,106.7 \text{ kN} \cdot \text{m}$$

抗倾覆安全系数 $w = \dfrac{M_2}{M_1} = 5.48 > 2.5$，满足要求。

前端支座反力差为：

$$\Delta F = \frac{M_1}{H/2} = \frac{5\,122.6 \text{ kN} \cdot \text{m}}{8.4 \text{ m}/2} = 1\,219.67 \text{ kN}$$

故两个桥墩之间支座反力的差距约为 1 220 kN。

### 5.7.3 顶升扁担梁分析计算

1. 计算概况

顶升扁担梁用于顶升过程中箱型桥与千斤顶之间，减小千斤顶对于箱型桥的集中应力，同时保证箱型桥共同顶升。顶升扁担梁长 11 m，扁担梁横断面为 □400 mm × 400 mm × 30 mm × 20 mm，端部 4 m 范围内横隔板布置间距为 250 mm，其余部位隔板布置间距为 500 mm，隔板通长设置。

2. 荷载计算及材料属性

钢材密度 7 850 kg/m³，$f_y = 215$ N/mm²，弹性模量 $E = 2.11 \times 10^5$ N/mm²。

横梁与顶升装置接触处固定约束，与桥梁接触处施加压力，钢箱梁总质量约为 743.59 t，总长为 140 m，桥梁自重约为 4.14 t/m，施加到桥墩上的最大反力取桥墩两侧桥重一半（2 586.672 kN）和最大悬挑状态下桥重加导梁的较大值，提取整体计算反力最大值 3 365.92 kN 为计算值。

顶升扁担梁上设置两个支撑点，则支撑点承受竖向荷载为 1 683 kN，计算模型如图 5-34 所示。

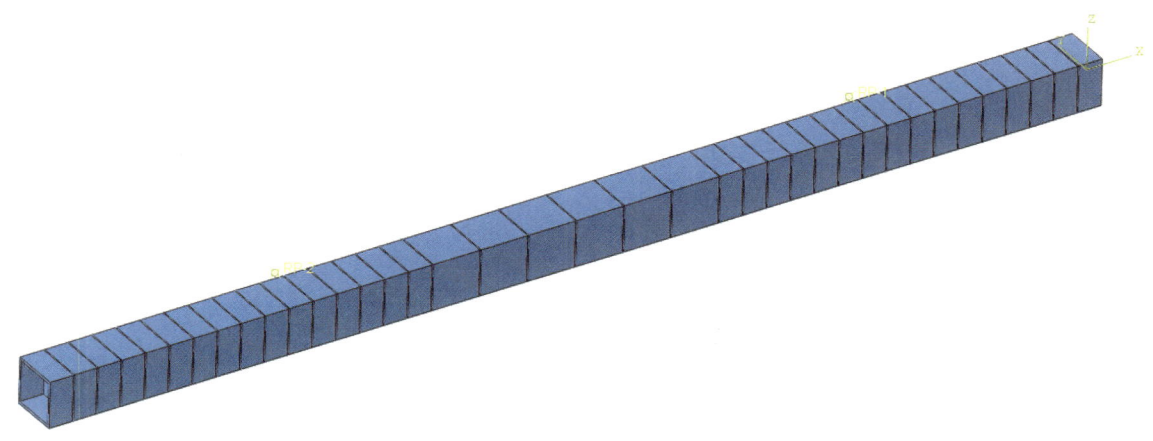

图 5-34　计算模型

### 5.7.4　计算分析

扁担梁跨中应力、位移使用 ABAQUS 有限元软件计算分析，结果如图 5-35、图 5-36 所示。

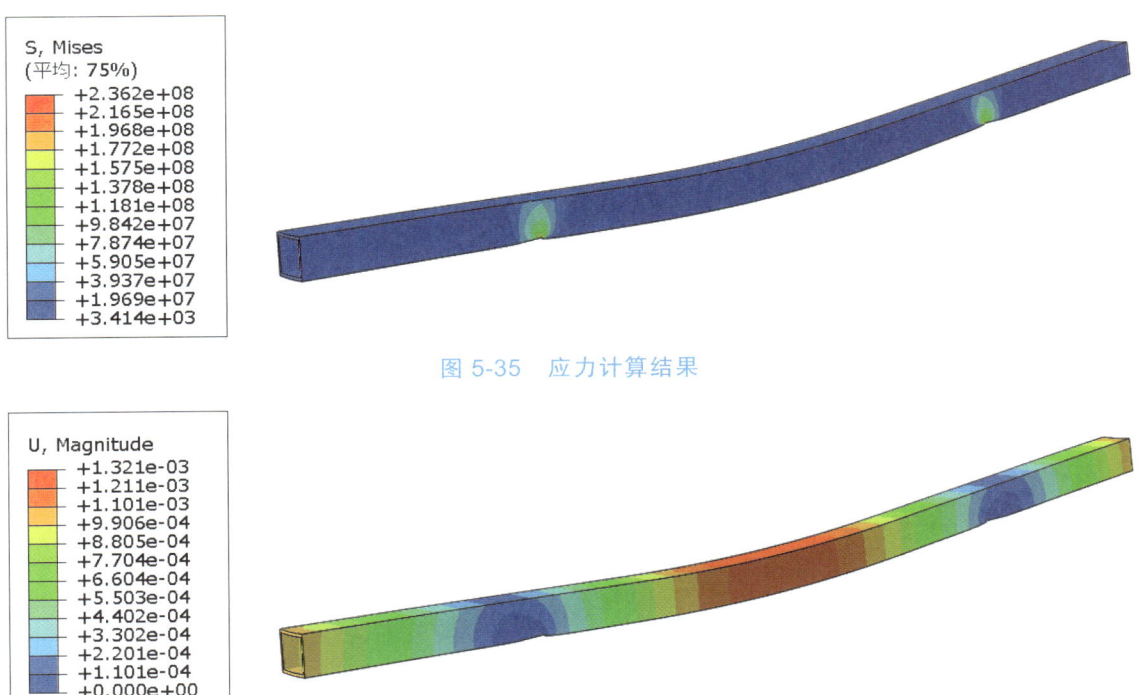

图 5-35　应力计算结果

图 5-36　位移计算结果

顶升扁担梁采用 Q345 材料，截面为 □400 mm×400 mm×30 mm×20 mm，中间设置横

向加劲，由应力结果可知最大应力为 236.2 MPa，小于钢材抗拉强度设计值（295 MPa），满足规范要求。应力较大区域主要集中在千斤顶帽子与扁担梁接触位置。由位移结果可知最大位移为 1.32 mm，扁担梁允许下挠度为 $L/250 = 33$ mm，扁担梁下挠度满足要求。

## 5.8 小半径钢箱梁顶推施工技术

秧鱼坝 B 匝道钢箱梁处于秧鱼坝 B 匝道的 30 桩号～27 桩号，全长 110 m，跨径为（30 + 50 + 30）m，全线桥梁上部结构为钢箱梁，全桥重 640 t，下部结构为圆形双柱墩，墩柱直径为 1.5 m，桥墩最大墩高为 16 m，顶推半径为 160 m。

秧鱼坝 C 匝道钢箱梁处于秧鱼坝 C 匝道的 8 桩号～11 桩号，全长 120 m，跨径为（35 + 50 + 35）m，总重 730 t，下部结构为圆形双柱墩，墩柱直径为 1.5 m，桥墩最大墩高为 14.5 m，顶推半径 230 m。

两座桥均为跨京昆高速的小半径顶推桥梁，如图 5-37 所示，施工难度大。

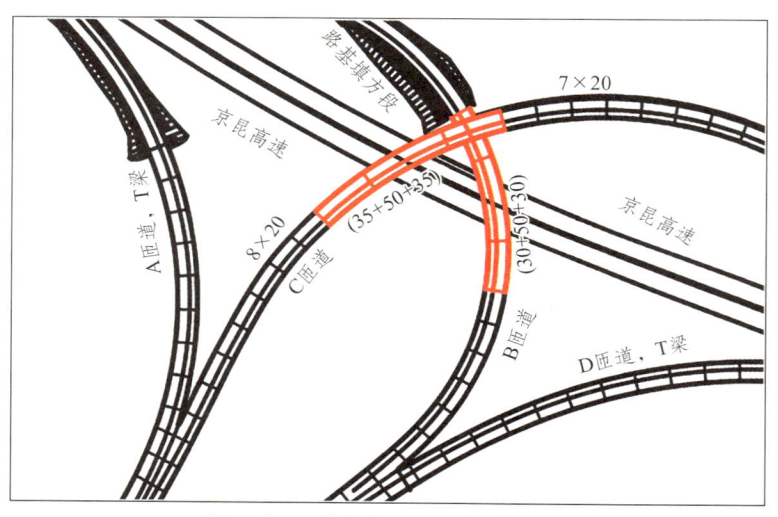

图 5-37 秧鱼坝 B、C 匝道位置

因其顶推施工的工艺大致同前章，这里不再详细论述。

## 5.9 小半径钢箱梁顶推施工难点及解决措施

### 5.9.1 顶推时钢箱梁的顶推路径确定

因小半径钢桥梁顶推时，钢桥梁的内弧半径与外弧半径存在较大差异，所以导致顶推过程中钢桥梁的内外弧行走行程出现较大偏差，这要求在施工前详细模拟整个小半径钢桥梁顶推的各个状态，找到最优的顶推路径，实现桥梁的安全顶推。

在施工模拟时，通过详细的原位坐标系统模拟（图 5-38），寻找精确的顶推路径及设备布点位置。

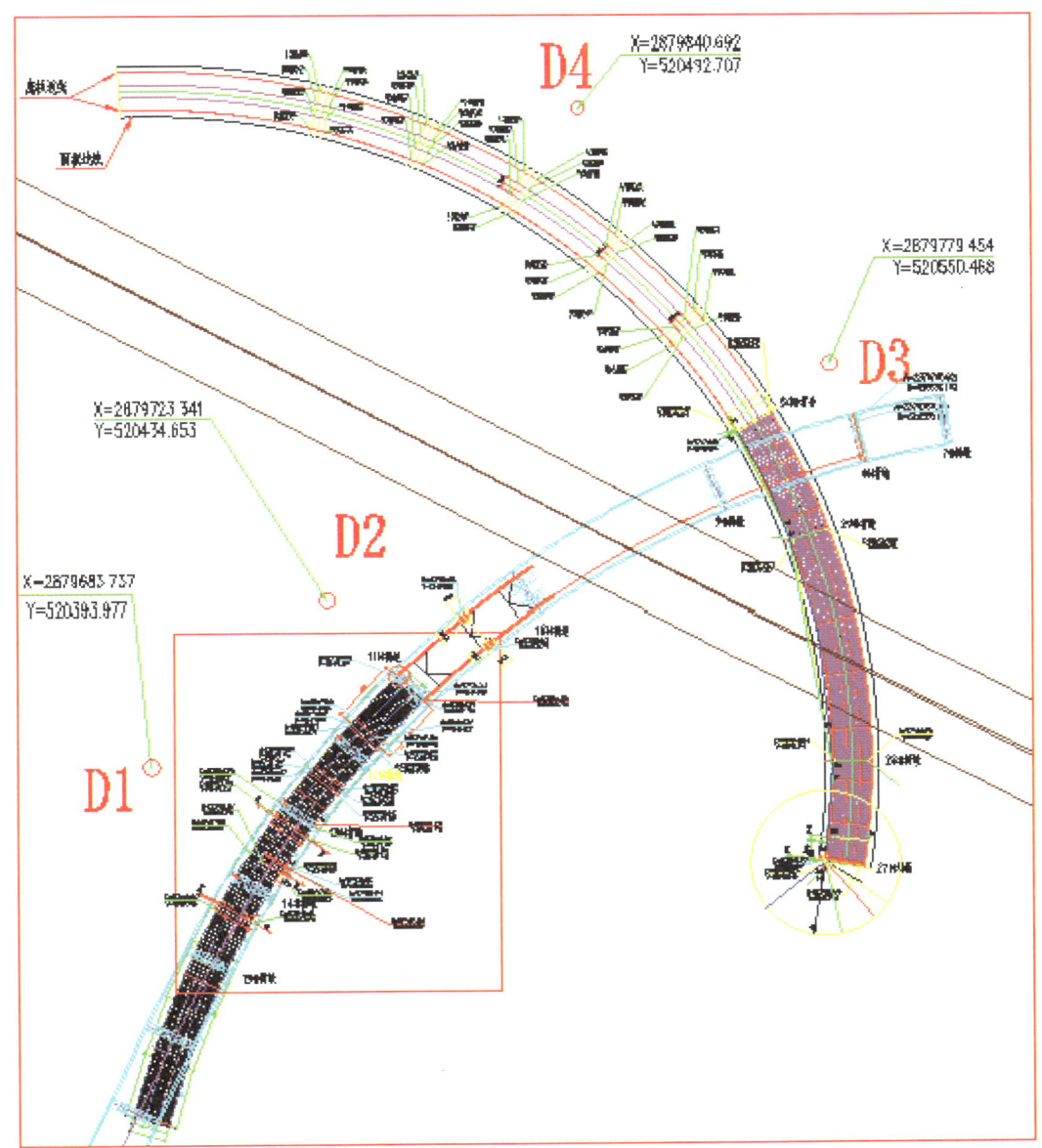

图 5-38 顶推原位坐标系统模拟

## 5.9.2 顶推过程中的同步控制

为了解决小半径顶推时同步施工,避免出现顶推时因不同步造成严重受力不均衡的情况,利用新研制的基于实时网络的控制系统,通过改变某些硬件和修改软件配置及控制算法,可以适应不同行业、不同类型大型构件的计算机控制整体安装。该控制系统主要包括实时控制系统硬件模块、实时控制系统软件模块、实时控制网络、泵站电子控制单元(ECU)、传感器控制单元(SCU)。

本套控制系统在每个桥墩上设有一个分控制器,分控制器主要的作用是采集传感器的反馈数据,接收主控制器的指令驱动液压电磁阀,分控制器通过 CAN(控制器局域网)总线与

1套主控制器连接；主控制器实现对整个系统的集中控制，包括顶升、顶推装置的控制，压力数据、位移数据的计算处理以及各种故障的报警。

1. 控制系统网络拓扑结构

通过泵站驱动模块和传感器采集模块，以及分控制器、主控制器组成了一个闭环的反馈系统，在 CAN 总线传输协议和介质基础上，可以实时调节各点的顶推位移、角度和荷载。

2. 主控制器硬件组成

主控制器是一个标准的嵌入式工控机平台，处理各种传感器发送过来的信号，经过一定的控制算法和控制策略之后，输出控制信号。

3. 制定控制策略

针对本工程，我们制定了"位移同步，荷载跟踪"的控制策略，以各个支墩顶升油缸的支撑力为依据，以顶推油缸的顶推力和位移作为控制参数，实现力和位移（速度）的综合控制。

4. 控制传感器

通过各种传感器的组合使用，实时检测顶推油缸、支撑顶升油缸、横向调整油缸的状态，保证支撑墩承受的水平荷载在允许范围内，保证钢箱梁平稳平移。这些传感器主要包括：行程传感器、压力传感器和角度传感器。

（1）压力传感器：测量提升油缸的工作压力，反映油缸的提升或下降负载；采用的压力传感器为德国进口，测量精度为 5‰。

（2）油缸行程传感器：用于实时测量提升油缸在 0～600 mm 内的行程，测量误差为 0.25 mm。

### 5.9.3 顶推过程中同步控制各阶段的模拟计算

因小半径钢桥梁在顶推过程中，各阶段的应力及变形情况变化较复杂，通过 Midas 软件，模拟计算各阶段钢桥梁的应力、应变及支座反力情况，科学地指导施工。

1. 顶推最不利工况的验算

结构整体分析采用 Midas/Civil 空间计算程序计算，钢梁滑移至 9#墩，此时 35 m 钢导梁 + 15 m 钢箱梁悬挑。该工况模型及应力计算结果如图 5-39～图 5-41 所示。

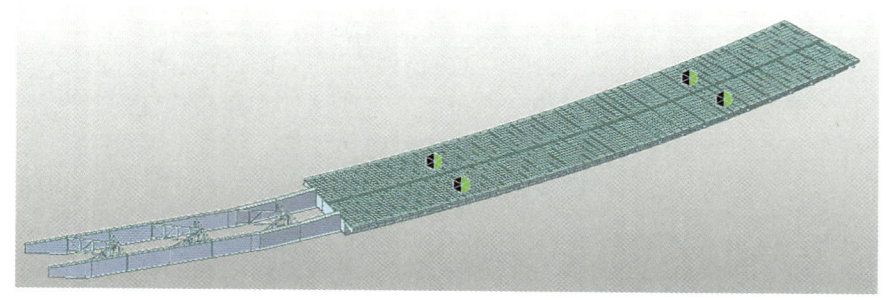

图 5-39　钢梁及导梁整体模型

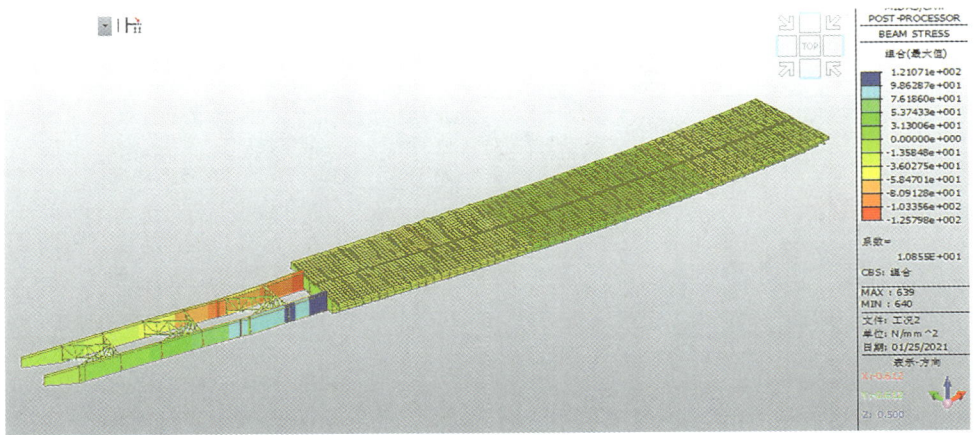

图 5-40　钢梁及导梁整体应力

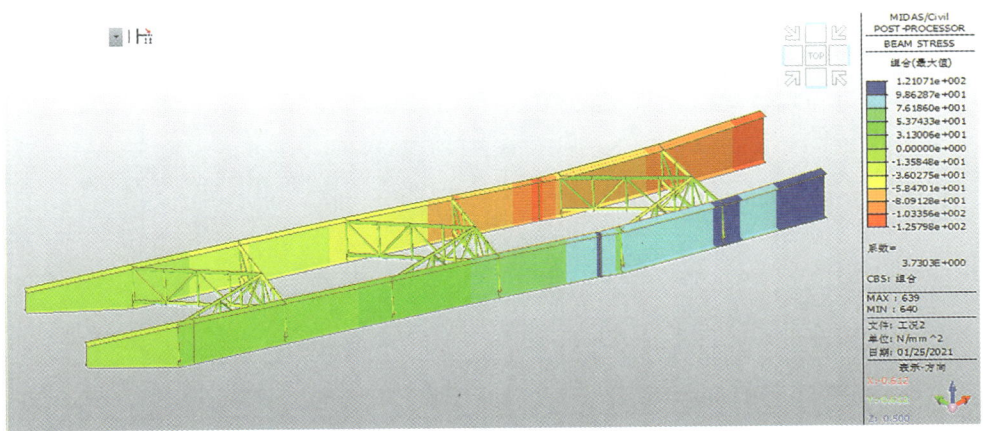

图 5-41　钢导梁局部应力

最大应力值出现在导梁连系桁架上，为 125.8 MPa，根据钢结构设计规范，Q345 钢抗拉强度为 305 MPa（$t \leqslant 16$ mm），最大应力比为 0.41，满足规范要求。

该工况结构变形计算结果如图 5-42、图 5-43 所示。

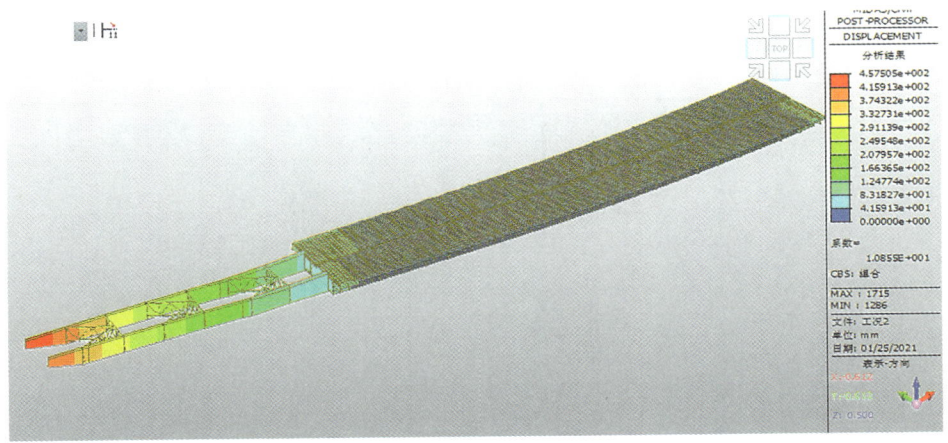

图 5-42　钢梁及导梁整体变形

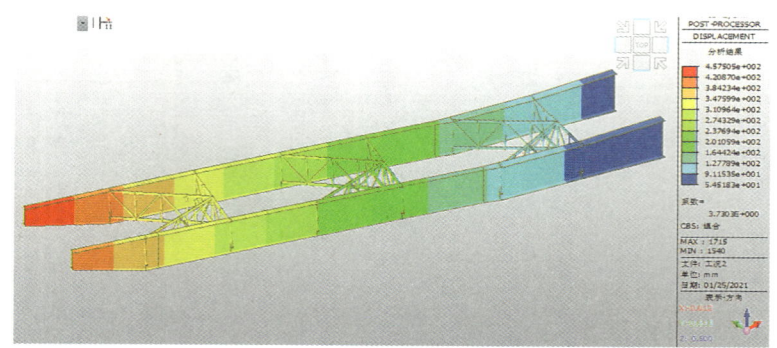

图 5-43 钢导梁局部变形

该工况最大变形出现在导梁前端，为 457.5 mm；根据《建筑施工计算手册》钢结构计算用表中受弯构件挠度允许值，构件挠度限值为 $L/250$，而对于悬臂梁，其计算长度 $L$ 为悬伸长度的 2 倍，即 $2L/250$，则该工况下的挠度限值为 $2\times50\times10^3$ mm $\div 250 = 400$ mm，该工况挠度超过限值要求。

该工况结构反力计算结果如图 5-44 所示。

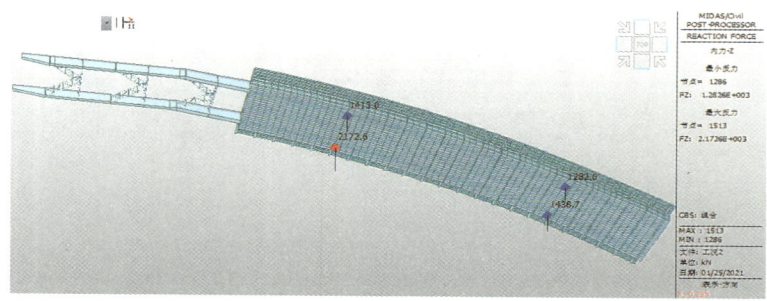

图 5-44 结构反力

支座最大反力（10#墩）为 3 585.6 kN。

2. 钢桥梁落梁最不利工况的验算

结构整体分析采用 Midas/Civil 空间计算程序计算小半径钢桥梁落梁时的最不利工况。其模型及应力计算结果如图 5-45、图 5-46 所示。

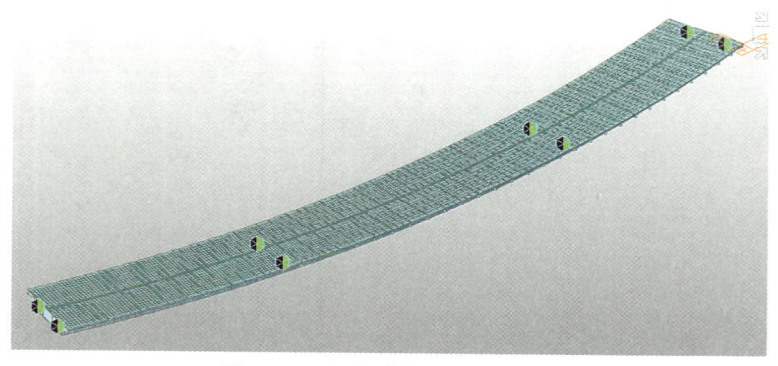

图 5-45 钢梁落梁时整体模型

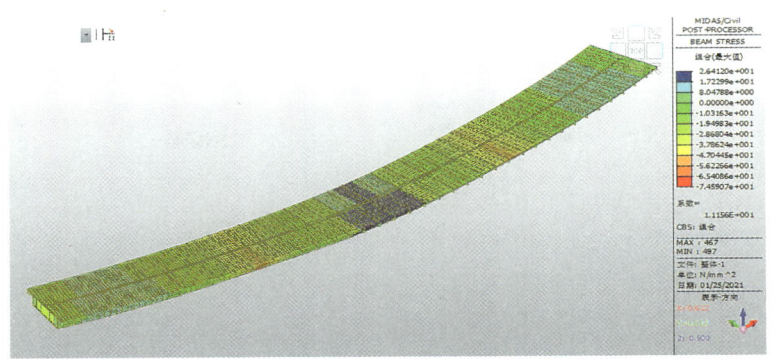

图 5-46　钢梁落梁时结构应力

最大应力值出现在导梁与钢梁连接处，为 74.6 MPa，根据钢结构设计规范，Q345 钢抗拉强度为 305 MPa（$t \leqslant 16$ mm），最大应力比为 0.25，满足规范要求。

该工况结构变形计算结果如图 5-47 所示。

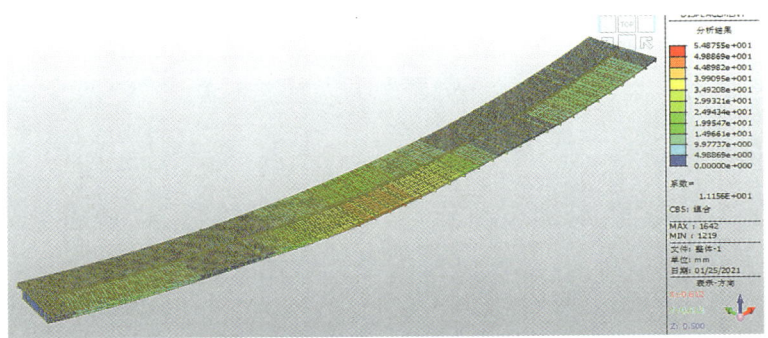

图 5-47　钢梁落梁时结构变形

该工况最大变形出现在 9#墩及 10#墩钢梁中间，为 54.9 mm；根据《建筑施工计算手册》钢结构计算用表中受弯构件挠度允许值，构件挠度限值为 $L/250 l/250$，则该工况下的挠度限值为 $50 \times 10^3$ mm $\div 250 = 200$ mm，该工况挠度限值满足规范要求。

该工况结构反力计算结果如图 5-48 所示。

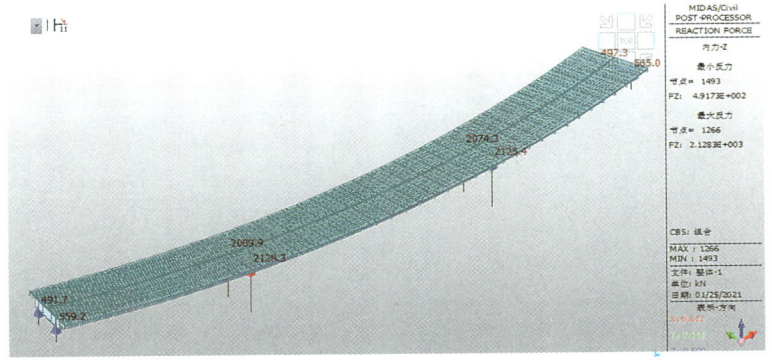

图 5-48　结构反力

钢梁落梁时支座最大反力（9#墩/10#墩）为 4 218.2 kN。

## 5.10 小半径钢箱梁顶推过程实例

小半径钢箱梁顶推过程实例如图 5-49～图 5-53 所示。

图 5-49　钢桥梁顶推过程 1

图 5-50　钢桥梁顶推过程 2

图 5-51 钢桥梁顶推完成

图 5-52 B、C 匝道桥高低跨交叉顶推

图 5-53 钢桥梁全部施工完成

# 6 大跨度预应力连续刚构施工技术

## 6.1 桥梁概况

云南省 S35 永金高速永仁至大姚段 K12+190 羊蹄江大桥为连续刚构桥,单幅桥宽 12.5 m,设计车速 80 km/h。起讫桩号为 K11+713~K12+689,全长 976 m,桥跨组成为(3×30+4×30)m+(80+150+80)m+3×(4×30)m+(4×30)m。其中主桥为三跨连续刚构桥,主墩为单肢薄壁空心墩,墩高 65 m、67 m,与主梁固结;上部结构为单箱单室变截面连续箱梁,墩顶处梁高 9.3 m,跨中梁高 3.3 m,中间以 1.7 次抛物线形式渐变,0 号梁段底板厚 1.5 m。底板厚为 1.5~0.32 m,其间以 1.5 次抛物线变化,合龙段底板厚 0.32 m。箱梁 0 号梁段顶板厚 0.5 m,悬浇梁段及合龙段顶板厚 0.3 m,0#梁段腹板厚 1 m。悬浇梁段腹厚度分 3 种,其中 1~7 号梁段腹板厚 0.7 m,9~13 号梁段腹板厚 0.6 m,15~19 号梁段及合龙段腹板厚 0.5 m,8、14 号梁段为过渡段,合龙段腹板厚 0.5 m。

## 6.2 0 号块施工技术

### 6.2.1 工程概况

羊蹄江大桥主墩单肢薄壁空心墩截面尺寸为 6 m×7 m,内设劲性骨架,0 号块(0#块)为单箱单室截面,与单肢薄壁空心墩刚接,0#块两端分别悬出墩外 3 m,长 12 m,高 9.3 m,顶板宽 12.5 m,底板宽 7 m,翼缘板宽 2.75 m,顶板厚 0.5 m,底板厚 1.5 m,腹板厚 0.7 m,0#块墩顶布置 2 道横隔板,厚 1.5 m。0#块设置纵向、横向、竖向三向预应力,0#块竖向预应力采用钢绞线,墩顶部 40 束竖向预应力深入墩柱内 13.25 m、9.25 m。待 0#块施工完成后在桥面上拼装挂篮,施工其他悬浇段,挂篮采用菱形,单片挂篮长 11 m、宽 13.5 m,菱形片高 4.1 m。0#块立面图如图 6-1 所示。

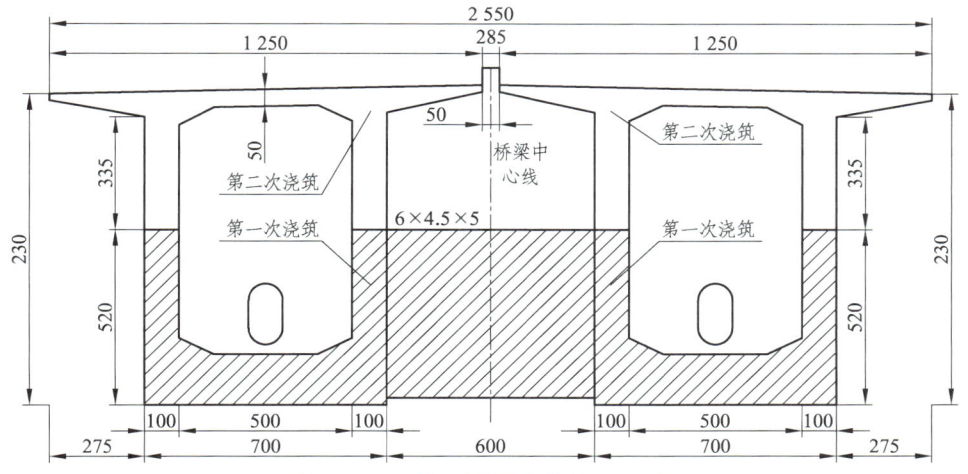

图 6-1 0#块立面图(单位:cm)

### 6.2.2 施工工艺流程

施工工艺流程如图 6-2 所示。

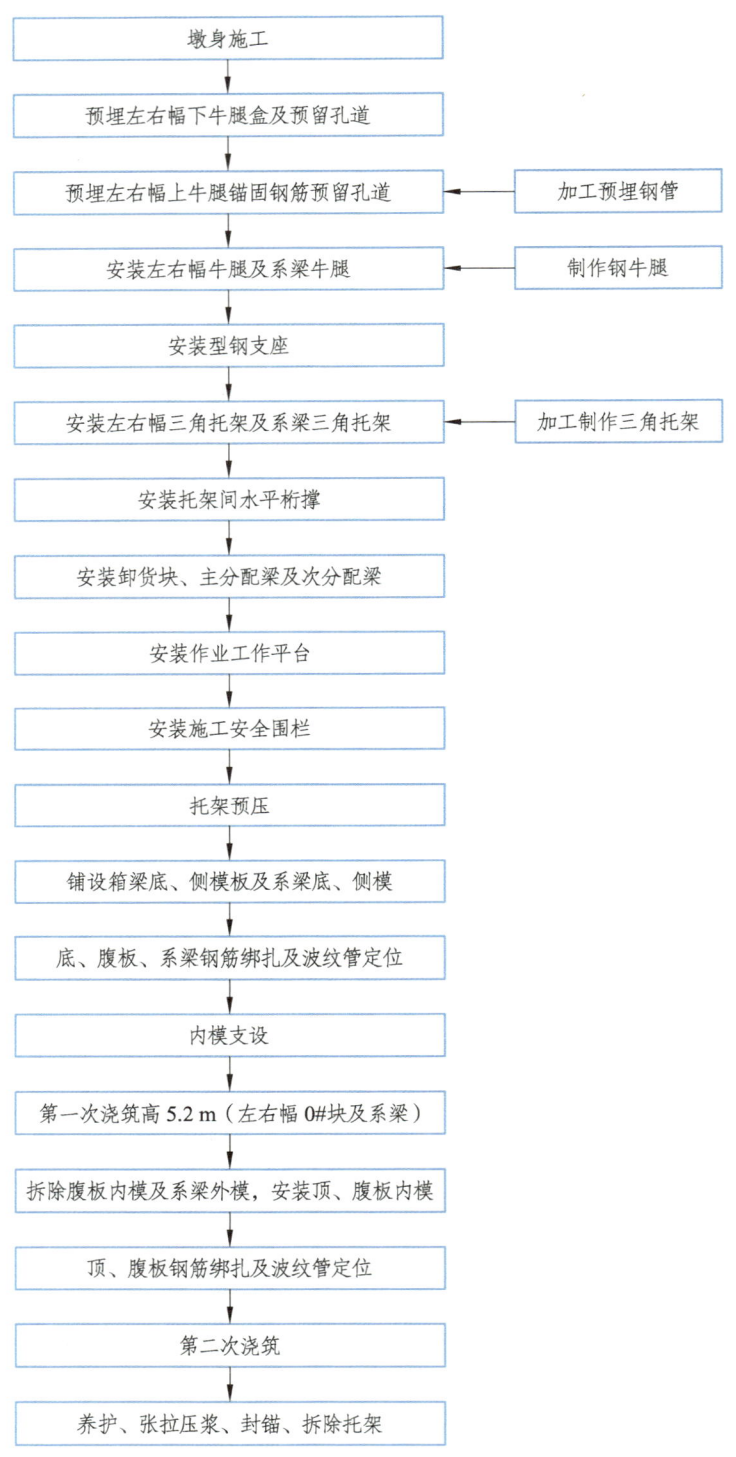

图 6-2 施工工艺流程

### 6.2.3 主要施工方法

#### 6.2.3.1 托架搭设

左右幅 0#梁段同时施工。0#梁段顺桥向长 12 m，悬出单肢墩墩身外长 3.0 m，能满足挂篮底平台安装空间需要。支撑架采用墩身上三角挂（托）架结构形式，支架总长度为 15 m，0#梁段浇筑按两次加载法受力状态设置。

托架采用三角设计，外三角桁架按 60°斜支设置，支出墩外 400 cm、支撑架高 500 cm。每侧设置三榀三角托架，两榀桁架间距 310 cm，支撑架受力点置于箱梁腹板及墩柱腹板范围内。悬挑部分横杆采用双 I56b 工字钢组焊，斜杆、竖杆采用双[40b 槽钢组焊，各杆件间采用销轴连接，在外侧横杆上铺设双 I45b 工字钢主分配梁，靠近墩柱主分配梁与矮边最外侧三角横杆连接部位腹板两侧需加设 8 mm 厚钢板，底板位置在主分配梁上布置底模支架，底模支架采用[12b 槽钢组焊，翼缘板位置需加设 I40b 工字钢，用来对翼缘模板起支撑作用；支架顶面顺桥总长度 14 m，横桥向宽度不小于 29 m，以满足施工作业平台需要。

系梁采用 4 个小托架，支出墩外 300 cm、支撑架高 242 cm，系梁下横杆采用双 I45b 工字钢组焊，斜杆、竖杆采用双[40b 槽钢组焊，系梁底板位置在主分配梁上布置底模支架，底模支架采用[12b 槽钢组焊。

0 号梁段两托架间，利用[12b 槽钢在斜杆上焊接两道横撑，使得两托梁形成一整体，确保稳定。

墩顶空心段内 0#块底模采用牛腿加 30 cm 厚预制盖板，盖板、牛腿均采用 C50 钢筋混凝土。盖板长 3 m，宽 0.99 m，一个墩共 4 块盖板；盖板提前预制，满足强度要求后用塔吊吊装就位安装，盖板缝隙采用 M10 砂浆填缝，填缝完成经检验合格后方可进行下道工序。

#### 6.2.3.2 托架预压

1. 预压目的

由于托架的弹性、构件连接有缝隙等因素，会引起托架下沉，因此托架安装完成后，需加载进行预压，以确定其强度、刚度及稳定性，并消除非弹性变形，测出弹性变形，提供预拱度值。

2. 预压方案描述

托架预压荷载按照梁段混凝土重量的 1.2 倍取值。

托架承受浇筑 0#段混凝土的重量，在预压前计算纵向长度单位横断面上的荷载分布情况，压重堆放时要按照单位横断面荷载分布情况进行，以便能真正模拟混凝土荷载，达到预压的目的。由于墩顶部分由墩身自身承担，外侧实际悬空 3.0 m，所以不考虑墩顶部位的预压。因此，预压只要考虑悬臂段及墩柱之间的部分。

预压时模拟施工实际荷载，托架预压堆码荷载，应自托架中间开始对称向外侧加载，分层、分段对称进行，严防不对称加载，预防偏载事故。

3. 预压加载与卸载

托架预压基本模拟混凝土浇筑过程中的受力状态进行，按 60%、80%、100%分 3 次加载，第一、第二级加载时，纵向应从预压区中心开始向两边位置对称加载，横向应从预压区中心线向两侧对称加载。第三级加载按照浇筑顺序由两边向中间加载。整个加载遵循对称均匀的原则。荷载卸载同加载顺序相反，100%、80%、60%分次卸载，每次间隔 2 h，并记录卸载观测数据。

4. 预压观测及数据处理

（1）预压观测。

预压变形观测宜采用三等水准测量。预压前对底模顶面标高观测一次；在预压过程中，在山顶架设水准仪，对相应测点位置进行沉降观测。每个 0#块监测 5 个断面，每个断面 5 个点。

托架变形监测记录工作应按以下顺序进行：

① 所有仪器必须检定合格后方可开始观测工作。

② 在托架搭设完成之后，预压荷载施加之前，测量记录底模顶部测点的原始标高。

③ 每级荷载施加完成后，每隔 12 h 对支架沉降量进行监测。当支架测点连续 2 次沉降差平均值均小于 2 mm 时，方可继续加载。

④ 全部荷载施加完毕后，每隔 24 h 观测一次，记录各测点标高。当支架预压符合以下验收要求之一时，方可进行支架卸载：各测点沉降量平均值小于 1 mm；连续 3 次各测点沉降量平均值累计小于 5 mm。

⑤ 卸载 6 h 后观测各测点标高，计算前后两次沉降差，求得弹性变形量（等于卸压后标高减去持荷后所测标高），用总沉降量（即托架持荷后稳定沉降量）减去弹性变形量即为托架的非弹性变形（即塑性变形）量。预压完成后要根据预压成果调整底板的标高。

⑥ 观测工作结束后，应做好以下资料：观测点布置图、沉降观测表。

沉降观测一直持续到整个 0#块浇筑完毕，特别注意混凝土浇筑时托架的沉降。若浇筑时，托架沉降超过预压沉降观测时的沉降量时，应停止浇筑，检查原因并采取合理措施，以防事故的发生。

（2）数据处理。

$$非弹性变形 = 预压前标高 - 预压稳定并卸载后标高$$

$$弹性 + 非弹性变形 = 预压前标高 - 预压稳定后标高$$

本方案所指预拱度包括以下两项（不包含二期恒载引起的挠度值，亦不包含施工过程的挠度值）：活载挠度的一半；经验抬高值，以主跨跨中截面处为最大值 0.20 m，全梁以主跨跨中截面活载挠度影响线分配。其中，经验抬高值为所有理论影响因素（二期恒载挠度、活载挠度、收缩徐变挠度等）之外，依设计经验额外增加的预拱值。

$$竣工标高\ H_{tj} = 设计标高\ H_t + 预拱度 + 成桥后收缩及徐变挠度$$

其中：左幅桥 $H_t = H - 9.00 \times i\%$；右幅桥 $H_t = H - 9.00 \times i\%$。$H$ 为路线设计标高，横坡 $i$ 以背离路线中心线上坡为正。

成桥标高 $H_{tc}$：主跨合龙且拆除挂篮后，二期恒载加载前标高。

$$成桥标高 = 竣工标高\ H_{tj} - 铺装厚 + 二期恒载引起的挠度值$$

$$立模标高\ H_{tm} = 成桥标高\ H_{tc} + 成桥阶段累计挠度 + 挂篮节点挠度$$

$H_{bm}$（如正高或正常高）：基于大地水准面的实际高程，用于工程或地形测量。通过从大地高 $H_{tm}$ 中减去高程异常 $h$，得到正高 $H_{bm}$，公式为：

$$H_{bm} = H_{tm} - h$$

立模标高值仅作参考，施工时应由监控单位根据实际荷载及有关影响参数计算确定立模标高。挂篮的自重（包含模板）要求按不大于 950 kN 设计，挂篮和现浇支架安装就位后应先预压，并取得相关参数供监控使用。

#### 6.2.3.3　模板安装拆除

托架安装采用机械配合人工进行，严格按照施工组织进行排列。托架安装完成后进行底模板安装，安装时首先画出立模边线，底模铺设完毕后用塔吊配合将两片外侧模板安装就位并将必要的拉杆及内撑杆连成整体，模板安装完成后即可预压。

底腹板和横隔板的全部钢筋绑扎、预应力管道及挂篮预留孔固定后，将竹胶板吊入箱内安装固定。内模加固完成后，由上至下安装固定端模。当第一次浇筑完成后，拆除内模，安装顶板内模及支架，绑扎顶板钢筋，定位固定预应力管道，然后安装端模。

拆模时先将内模的支撑卸掉，然后松下模板的内外拉杆即可拆除模板。

#### 6.2.3.4　钢筋施工

钢筋骨架的绑扎成型在底模上进行，成型时要采取临时支撑予以稳固，防止变形，并与临时支撑连成一体，起连接、固定钢筋骨架之用。骨架成型后要严格检查其各部分尺寸，不得超过规范允许误差，否则应立即返工。

由于底板较厚，须在底板钢筋上下层间设立架立钢筋。

钢筋由加工厂统一下料、制作，加工前应进行除锈、去污，实际下料长度应根据计算的弯曲伸长量确定，以防实际绑扎操作时钢筋骨架尺寸偏大造成钢筋保护层变小。现场绑扎人员，尤其是现场技术员，必须对工人们从后场（钢筋加工场）领来的下好料的钢筋进行尺寸、直径、规格、形状、防腐质量等情况的验收，不合格不用，并及时退回予以调整或重新下料。

内模的支撑垫块以 50 cm 间距梅花状布置。腹板及底板张拉锚块位置严格按照图纸要求设置防崩钢筋。

施工中钢筋连接方式：钢筋直径 $\phi \geq 12$ mm 时，钢筋连接采用焊接；钢筋直径小于 $\phi < 12$ mm 时，如图纸未说明，钢筋连接采用绑扎。

#### 6.2.3.5　预应力管道安装及定位

按照图纸预应力钢束用钢筋焊接定位框控制钢束的坐标（可事先焊接在箍筋圈上定位），加密定位钢筋，定位筋的间距直线段内为 80 cm，曲线段内间距 50 cm，依据其在相应的钢束坐标图上的位置确定其坐标值，与底板、腹板、顶板钢筋焊在一起。定位钢筋就位后，固定波纹管。用专用接头管进行波纹管接长，并用胶带缠牢，以防漏浆。预应力管道安装时必须严格过程控制，保证灌注混凝土后波纹管不漏、不堵、不偏、不变形。

所有管道均设置排气孔，纵向通长钢束管道在最高点处均设出气孔。扁波纹管在锚固端设一个出气孔即可。出气孔与特制的引导钢管（或硬塑料管）和塑料软管连接，引致箱梁顶面以上一定长度。

1. 竖向预应力

接长预埋在墩顶的竖向预应力管道，然后安装其他竖向预应力管道。管道安装及初步定位在腹板箍筋绑扎完成后进行，待腹板钢筋绑扎完成后，对腹板范围内的竖向预应力管道进行精确定位和加固，待顶板钢筋绑扎完成后对顶板范围内的竖向预应力管道进行精确定位和加固。

2. 纵向预应力

0#块纵向预应力分为顶板束和腹板束，无底板束。在绑扎完成腹板箍筋后安装腹板束预应力管道，待腹板钢筋绑扎完成后，精确定位和加固腹板束预应力管道。顶板束预应力管道待顶板一层钢筋绑扎完成后安装，待顶板钢筋绑扎完成后，对顶板束进行精确定位和加固。

3. 横向预应力

横向预应力包括顶板横向束和横隔板横向束，顶板横向束在绑扎完成顶板第一层钢筋后安装，在绑扎完成顶板钢筋后进行精确定位和加固，横隔板横向束同纵向预应力腹板束同步施工，在横隔板箍筋绑扎完成后安装，在横隔板钢筋绑扎完成后进行精确定位和加固。

### 6.2.3.6 混凝土施工

0#块（高 9.3 m）分两次成型，第一次浇筑高 5.2 m，第二次浇筑高 4.1 m。

混凝土浇筑前，认真检查模板支撑情况、模板堵漏质量、钢筋绑扎及保护层的设置、预埋件、预留孔洞位置的准确性、模内有无杂物，检查浇筑混凝土用的地泵及泵管、串筒分布是否满足浇筑顺序。填写各分项施工质量验收记录表，并经监理工程师确认后方可开始浇筑施工。混凝土入模串筒安装间距为 1.5 m 左右，串筒底面与混凝土灌注面高度保持在 2 m 以内。在钢筋密集处挪动钢筋，留作导管入口，待混凝土灌注到此部位时，将钢筋恢复。在钢筋密集处要适当增加导管数量。

### 6.2.3.7 预应力钢绞线施工

梁体混凝土强度应由试验室对现场同条件养护的试块进行抗压强度检测后确定，并给出试验报告，混凝土强度达到设计强度的 90%、弹性模量达到 90%，且龄期达到 7 d 后方可张拉预应力束。钢束张拉时，现场监理及现场管理人员必须全程旁站，出现异常及时处理。

1. 实际张拉控制应力 $\sigma_k$

预应力钢绞线锚下张拉控制应力为 $\sigma_{con} = 0.75 f_{pk}$，按照设计进行施工。

2. 准备工作

（1）张拉前首先确定所用千斤顶的型号，对张拉设备进行校核，千斤顶和油表应配套校核使用。油泵不漏油，无油压时油表指针归零。

（2）清除锚垫板表面和钢绞线上的污物、锈蚀和油脂。将钢绞线理顺，严禁交叉。擦洗锚具上面的油污，清除夹片上的毛刺。

（3）安装工作锚板、夹片，并将夹片用钢管预顶紧。

（4）千斤顶、油泵等张拉机具、设备的准备、装顶。装千斤顶时，钢束穿过穿心千斤顶的孔道中心，千斤顶紧贴限位板，使锚垫板、锚环、限位板、千斤顶和工具锚板都在同一中心线上。

（5）将每束要张拉的钢绞线理顺，严禁相互交叉、挤压。让所有的预应力钢材在张拉点之间能自由滑动。千斤顶的起吊采用自制的井字支架，并准备好各种工具，测量延伸量采用钢板尺进行，准备记录表格、安全措施和充足的人员。

（6）张拉应对称、平衡、分级进行。张拉分级以及应力、荷载等情况写在纸上贴在操作手方便看到的部位。张拉分级为：初应力 15%、30%、70%、100%（持荷 5 min）。

第一级按设计张拉力的 15%施工，是将预应力筋调整到初应力。

第二级张拉到 30%应力，是为推算第一级（初应力以下）的伸长量使用。求出张拉至 30%应力的伸长量。

第三级张拉至 70%应力，推算从 30%～70%应力段伸长量。

第四级张拉至 100%应力，推算从 70%～100%应力段伸长量，然后各级伸长量累加即为总伸长量。

3. 预应力张拉

预应力束的张拉须待混凝土强度达 90%，且龄期达 7 d，方可进行。纵向预应力先拉长束，后拉短束，对称张拉。

横隔板横向束 NH1 采用单端张拉、NH2 采用两端张拉。横隔板横向预应力由于纵向预应力钢束及其锚下钢筋、普通钢筋等交错于此，当三者位置冲突时可适当调整横向预应力钢束或普通钢筋的位置。

顶板横向预应力束采用单侧单端张拉。横向预应力束如与竖向预应力筋发生冲突，可适当调整横向预应力束的位置。顶板横向预应力除梁端处外，其纵向布置在两相邻的竖向预应力束中间，遇施工缝处可适当纵向移动其位置。

除特别注明者外，横向预应力钢束均采用单端张拉。施工时注意张拉顺序，应由墩顶向梁端方向顺序交换张拉端张拉。对于有横隔板的梁段，应先张拉横隔板下缘的钢束，依次往上，最后张拉桥面板的钢束。

横、竖向预应力采用滞后张拉的方式进行，即第 1 节段施工完成后张拉 0#块横、竖向预应力束。

### 6.2.3.8　孔道压浆及封锚

张拉全部完成后，进行孔道压浆，压浆采取智能压浆设备。纵向预应力钢束张拉完毕后应尽快压浆（24 h 内），压浆嘴和排气孔可根据施工实际需要设置，压浆前应用压缩空气清除管道内杂质，排除积水，然后压浆。压浆时从最低压浆孔压入，压浆料要求饱满密实，其质量应作抽检。浆体由压浆料、水组成。

### 6.2.3.9　拆模落架

侧模及翼板下模板待混凝土强度达到设计强度的 70%时方可拆除落架，承重模板待箱梁纵向预应力钢筋张拉完成、压浆强度达到设计强度的 100%后可进行支架拆除工作。

支架拆除利用塔吊配合人工作业，利用导链配合外移模板、木料及构件。

箱梁底模板拆除，采用卸荷块落架。卸荷块按 26 cm 高设置，布置于主分配梁与托架之间。

先拆除箱梁底模板及支架型钢组。然后拆除安全围栏、作业平台，再拆除主分配梁。最后拆除三角托架。拆除三角托架时，应设置缓冲接力托梁，防止坠落事故。缓冲接力托梁采用从箱梁上倒挂拉筋（或者钢丝绳）连接，先将三角托架托住，再去解除轴销。轴销卸掉后，缓慢下放三角托架，至地面处运走。最后拆掉钢牛腿。

## 6.3 挂篮施工技术

### 6.3.1 工程背景

桥梁采用分幅设计，箱梁为纵向、竖向及横向三向预应力结构。结构为单箱单室截面，截面全宽 12.5 m，箱宽 7 m，翼缘宽 2.75 m，箱宽比为 0.560，如图 6-3 所示。梁段划分为 0#梁段、19 个悬浇梁段和合龙段，其中 0#梁段长 12 m，悬浇梁段长 8×3.0 m + 11×4.0 m，合龙段长 2 m。0#梁段等高段梁高 9.3 m，合龙段梁高 3.3 m，其间以 1.7 次抛物线变化 $\left[ H = 6.00 \times \left( \dfrac{X}{71} \right)^{1.7} + 3.30 \text{ m} \right]$。0#梁段底板厚 1.5 m，1#梁段始端至 19#梁段（最大悬臂梁段）末端，底板厚为 1.15～0.32 m，其间以 1.5 次抛物线 $\left[ t = 0.83 \times \left( \dfrac{X}{68} \right)^{1.5} + 0.32 \text{ m} \right]$ 变化，合龙段底板厚 0.32 m。箱梁 0#梁段顶板厚 0.5 m，悬浇梁段及合龙段顶板厚 0.3 m，0#梁段腹板厚 1 m。悬浇梁段腹板厚度分 3 种，其中 1～7#梁段腹板厚 0.7 m，9～13#梁段腹板厚 0.6 m，15～19#梁段及合龙段腹板厚 0.5 m，8、14#梁段为腹板厚度过渡段，合龙段腹板厚 0.5 m，如图 6-4 所示。每幅箱梁共设 15 道横隔板，其中主墩墩顶（0#节段）设 1.5 m 厚的横隔板，梁端（21#节段）各设一道 1.8 m 厚的横隔板。11、17#节段设置一道 0.4 m 厚横隔板。每道横隔板处预留施工和检修通道。检修人员可从交界墩顶部，梁端（21#节段）预设的检修通道入口进入箱梁内部。箱梁最大悬浇节段重量为 1 878 kN，挂篮重量应不大于 950 kN。羊蹄江大桥主桥连续刚构箱梁标准截面参数见表 6-1。挂篮施工立面如图 6-5、图 6-6 所示。

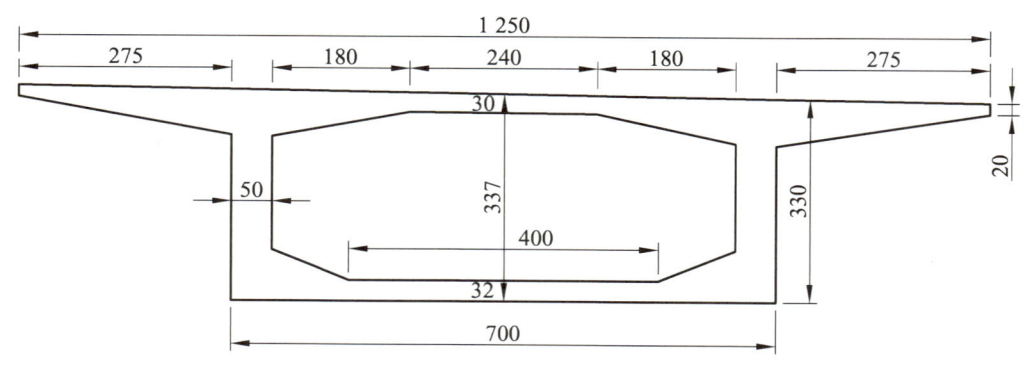

图 6-3 箱梁截面示意图（单位：cm）

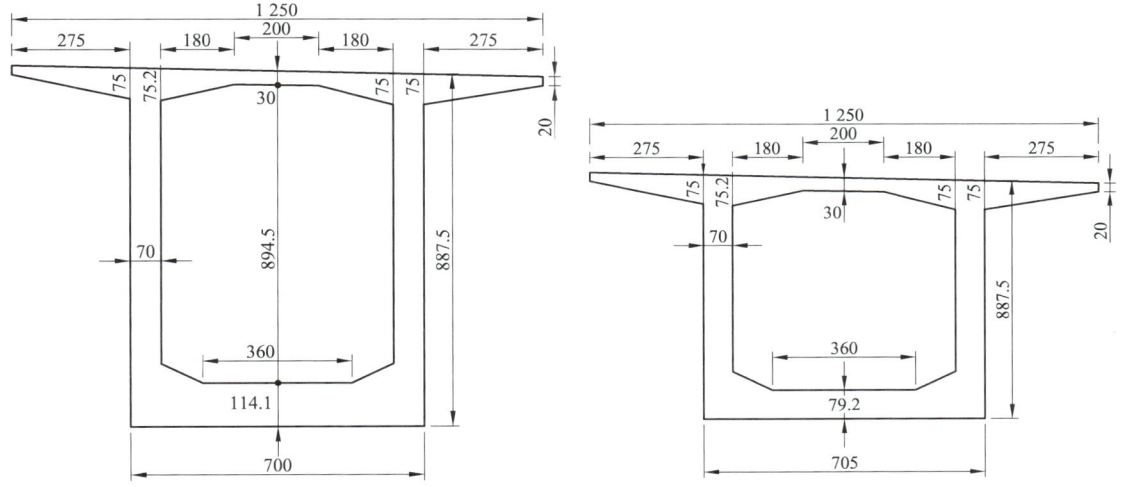

(a) 1~8#节段截面

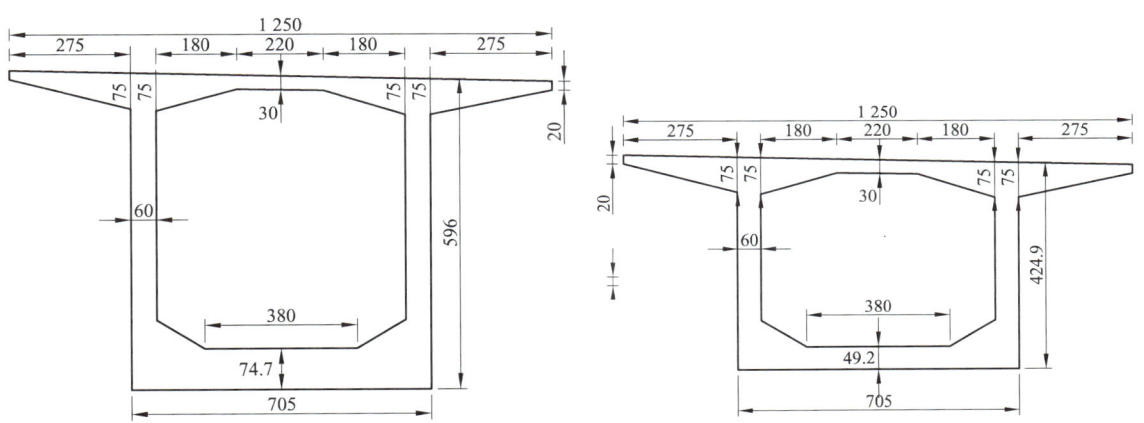

(b) 9~14#节段截面

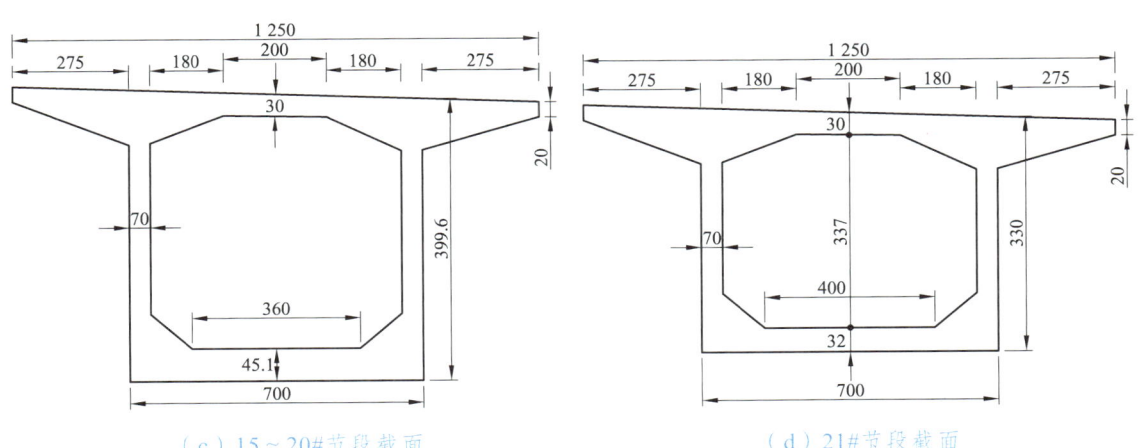

(c) 15~20#节段截面　　　　　　　　(d) 21#节段截面

图 6-4　悬浇梁段节段截面（单位：cm）

表 6-1 羊蹄江大桥主桥连续刚构箱梁标准截面参数

| 截面号 | 截面高 $h$ | 底板厚 $t$ | 腹板厚 $b$ | 节段号 | 长度/m | 段数 | 体积/m³ | 重量/kN | 施工方法 |
|---|---|---|---|---|---|---|---|---|---|
| 0 | 930 | 150 | 100 | 0 | 12 | 4 | 497 | 12 926 | 托架现浇 |
| 1（1'） | 887.5 | 114.1 | 70 | 1 | 3 | 8 | 72 | 1 878 | 挂篮现浇 |
| 2（2'） | 846.4 | 108.7 | 70 | 2 | 3 | 8 | 70 | 1 811 | 挂篮现浇 |
| 3（3'） | 806.5 | 103.5 | 70 | 3 | 3 | 8 | 67 | 1 745 | 挂篮现浇 |
| 4（4'） | 768.0 | 98.3 | 70 | 4 | 3 | 8 | 65 | 1 682 | 挂篮现浇 |
| 5（5'） | 730.8 | 93.4 | 70 | 5 | 3 | 8 | 62 | 1 620 | 挂篮现浇 |
| 6（6'） | 695.0 | 88.5 | 70 | 6 | 3 | 8 | 60 | 1 561 | 挂篮现浇 |
| 7（7'） | 660.6 | 83.8 | 70 | 7 | 3 | 8 | 58 | 1 504 | 挂篮现浇 |
| 8（8'） | 627.6 | 79.2 | 70 | 8 | 3 | 8 | 54 | 1 410 | 挂篮现浇 |
| 9（9'） | 596.0 | 74.7 | 60 | 9 | 4 | 8 | 67 | 1 750 | 挂篮现浇 |
| 10（10'） | 556.2 | 69.0 | 60 | 10 | 4 | 8 | 64 | 1 669 | 挂篮现浇 |
| 10（11'） | 519.1 | 63.6 | 60 | 11 | 4 | 8 | 61 | 1 592 | 挂篮现浇 |
| 12（12'） | 484.8 | 58.5 | 60 | 12 | 4 | 8 | 59 | 1 690 | 挂篮现浇 |
| 13（13'） | 453.4 | 53.7 | 60 | 13 | 4 | 8 | 56 | 1 456 | 挂篮现浇 |
| 14（14'） | 424.9 | 49.2 | 60 | 14 | 4 | 8 | 52 | 1 362 | 挂篮现浇 |
| 15（15'） | 399.6 | 45.1 | 50 | 15 | 4 | 8 | 49 | 1 276 | 挂篮现浇 |
| 16（16'） | 377.6 | 41.4 | 50 | 16 | 4 | 8 | 54 | 1 233 | 挂篮现浇 |
| 17（17'） | 359.2 | 38.1 | 50 | 17 | 4 | 8 | 46 | 1 323 | 挂篮现浇 |
| 18（18'） | 344.7 | 35.3 | 50 | 18 | 4 | 8 | 45 | 1 169 | 挂篮现浇 |
| 19（19'） | 334.5 | 33.2 | 50 | 19 | 4 | 8 | 44 | 1 151 | 挂篮现浇 |
| 20（20'） | 330.0 | 32.0 | 50 | 20 | 2 | 4 | 22 | 573 | 吊架现浇 |
| 21（21'） | 330.0 | 32.0 | 50 | 21 | 3.88 | 4 | 72 | 1 870 | 托架现浇 |
|  |  |  |  | 22 | 2 | 2 | 22 | 573 | 吊架现浇 |
|  | 主梁混凝土体积合计（C55）/m³ | | | | | | | 11 256.9 | |

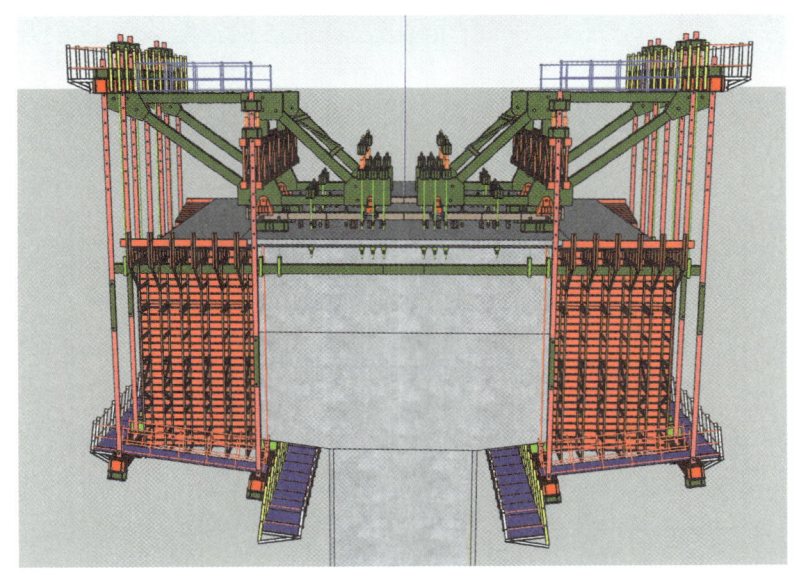

图 6-5 挂篮施工侧立面示意图

图 6-6 正面挂篮模型示意图

## 6.3.2 施工工艺流程

施工工艺流程如图 6-7 所示。

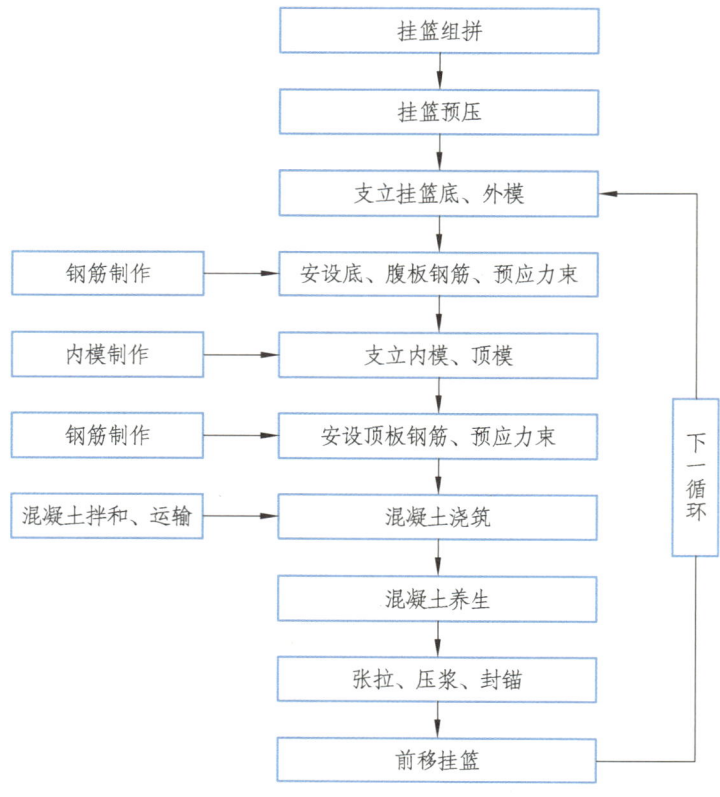

图 6-7 施工工艺流程

### 6.3.3 挂篮拼装

#### 6.3.3.1 挂篮设计主要技术指标

悬浇箱梁最大重量 188.8 t（1 888 kN），箱梁节段长度 3.0～4.0 m、高度 9.3～3.3 m，挂篮（单个）设计自重 57 t（570 kN）。模板升降方式采用液压千斤顶、挂篮行走方式，为主桁系、外模和底模系（含底模平台）以及内滑梁一次走行到位，采用液压千斤顶牵引；内模待底板、腹板钢筋和预应力钢筋安装完成后用链滑车牵引就位。挂篮如图 6-8 所示。

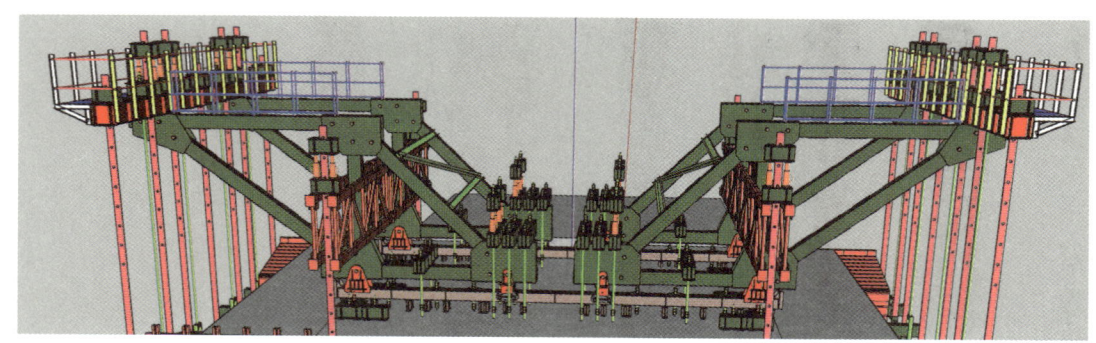

图 6-8 挂篮示意图

#### 6.3.3.2 挂篮安装

1. 主桁架安装

安装后车（反扣轮组及后车立杆）及前车（前滑移支座），使其分别坐落在轨道上对应主桁架后节点箱及前支点的位置处，并临时固定。菱形桁架整体吊装：单片主桁架采用在地面先拼装然后再整体吊装。单片主桁架由上、下弦杆，前、后斜杆，竖杆以及节点箱和销轴组拼而成。

（1）拼装流程：

① 选择一个便于吊装、地面平坦的地面。

② 将下弦杆与两个节点箱通过螺栓连接，然后侧向倒在地面。

③ 将竖杆分别与和上节点箱和下弦杆的节点箱连接。

④ 安装后斜杆，分别与后节点箱、上节点箱销接。

⑤ 将上弦杆和前斜杆通过节点箱销接，再连接到刚连接好的整体上。

⑥ 将销轴保险销安装好，在上节点箱设置临时固定的锚点，并将固定用的钢丝绳、链条葫芦连接牢靠。

（2）单片主桁架在地面上先组拼，以轨道为基准放出主桁架安装轴线及平面位置，先吊装距离起吊中心较远一侧的主桁架，吊至梁体顶面。

（3）竖直吊起菱形架，调整菱形架位置将反扣轮立杆穿过后节点箱，慢慢下放，使前滑移支座与主桁架连接销轴穿过，然后将反扣轮立杆与后锚扁担梁采用销轴连接。

（4）使用链条葫芦、钢丝绳将主桁架临时固定，防止向两侧倾斜，迅速对主桁架后锚部分锚固，保证单片主桁架稳定安全。

（5）然后按相同的施工步骤起吊另外一侧主桁架。挂篮组拼完后使用[20槽钢剪刀撑将两片菱形架后斜杆焊接连接起来以保证稳定。

（6）在每处后锚点上放置后锚扁担梁，在每根扁担梁两端孔中穿插后锚杆。后锚杆的下端通过斜垫板分别锚固在0#节段梁体上，后锚有预埋钢筋头的采用精轧螺纹钢筋连接器接长进行锚固。利用螺旋千斤顶顶升扁担梁，直至后小车吊挂轮离开轨道下翼缘表面处于不承载状态时，锁定螺母后方可松开千斤顶。此时整个承重架处于锚固稳定状态。前述过程应在两处后锚点同时进行。后锚扁担梁为保证挂篮不发生倾覆的关键部位，施工时需随时检查，如有需要立即更换。

2. 底篮系统安装

（1）利用后下横梁两端主吊点，采用塔吊将后下横梁起吊至0#节段底板端部下方的三角托架上。

（2）在距梁端50 cm处的箱梁翼板顶面，高低侧各安装一台8 t卷扬机，从翼板后下横梁预埋孔下放钢绳，绑牢后下横梁，利用卷扬机缓慢提起。

（3）当后下横梁距底板80 cm时，从底板中部3个预留孔依次穿入精轧螺纹钢，与后下横梁设计吊点连接，锚固。

（4）起吊前下横梁至前上横梁下方的三角托架上，并用链条葫芦、钢丝绳临时吊住，把前上横梁吊带与下横梁吊点逐个安装到一起，利用吊带调整前下横梁高度。

（5）腹板底纵梁（I40b）、底板底纵梁（I28b）按设计位置，逐根安装，纵梁与前后下横梁点焊固定，确保前后横梁的间距以保证吊杆垂直受力。

（6）拼装完成后，根据立模标高调整前吊点至标高满足要求，调整吊带至全部均匀受力。

（7）因 0#块墩柱距离问题，底篮行走托梁需在挂篮整体行走至 1#块时再进行安装。底篮行走托梁安装步骤：依次起吊两根底篮行走托梁，后端锚固在 1#块底板上的两个预留孔上，前端锚固在前下横梁上。

（8）最后上提底篮，安装底板模板。安装模板时，使底板模板轴线与 0#块底板轴线在一条直线上，然后将底板模板与底纵梁焊接牢固。

（9）检查锚固点，确保吊杆、吊带垂直受力，同时检查后下横梁是否垂直，防止倾斜。

（10）在底篮安装时，都应先将下横梁两端临时固定，吊带或吊杆上部提前加垫片或扁担梁与前上横梁连接，然后把已经穿过下横梁的吊架（吊具）与吊带或吊杆连接。

### 6.3.3.3 挂篮安装操作要求

（1）菱形架拼装：主桁菱形架拼装采用设计直径的销轴，不可以小代大、不得混用，销轴安全插销必须按规定安装。

（2）构件绑扎：设置吊点要合理，根据实际需要，尽量采用多点绑扎，绑扎牢靠且便于拆除。绑扎点须位于构件重心的上方，以防止构件倾翻。同时钢丝绳与构件棱角接触部位设置圆转角护铁，避免磨损钢丝绳。

（3）吊索具选择：吊具、卸扣必须满足承载力及稳定性要求，钢丝绳选用合适的钢丝绳，根据吊重选用，安全系数不小于 8 倍。

（4）起吊：构件起吊上升、下降应平稳，避免紧急制动和冲击。起吊时离地面 30 cm 时应停止，进行检查制动情况，稳定后再起吊。

（5）就位、临时锚固：构件就位后应先临时固定，特别是主桁架的吊装，在达预定位置后，采用链条葫芦和 $\phi 20$ 钢丝绳进行临时固定，锚固在 0#块预埋的锚点上，确保安全。

（6）校正和固定：在确保安全的情况下，根据现场实际进行校正，校正时宜采用撬棍、楔子、丝杆、千斤顶等，构件校正后方可进行锚固固定。

### 6.3.4 挂篮加载试验

挂篮拼装完毕后，进行荷载试验以测定挂篮的实际承载能力和梁段荷载作用下的变形情况。荷载试验时，按施工中挂篮受力最不利的梁段荷载进行等效加载，测定各级荷载作用下挂篮产生的挠度和最大荷载作用下挂篮控制杆件的内力。根据各级荷载作用下挂篮产生的挠度绘出挂篮的荷载-挠度曲线，为悬臂施工的线形控制提供可靠的依据。根据最大荷载作用下挂篮控制杆件的内力，可以计算挂篮的实际承载能力，了解挂篮使用中的实际安全系数，确保安全可靠。

设立沉降观测点：由于挂篮侧模、底模、内顶模皆为整体钢模，具有一定的刚度，因此预压时沉降观测点设在挂篮前端即可。考虑预压时分配梁对底模的影响，调整反压三角托架尺寸，使千斤顶正对底模二分之一的位置，分配梁在底模四分之一和四分之三的位置，尽量使底模前后受力均匀。

采用在 1#梁段端头腹板上预埋反压牛腿预埋件，安装反压牛腿后，用千斤顶施加反压力，进行荷载试验。最大静载为设计荷载 1.2 倍。设计荷载 $P$ 取箱梁悬臂浇筑梁段混凝土最大自重（约 190 t）。荷载加载分级为 0→10%$P$（19 t）→50%$P$（95 t）→100%$P$（190 t）→120%$P$（228 t）（$P$ 为设计荷载）。在逐级加载过程中，注意做好每级荷载下的挂篮变形观测记录。卸载分级宜为悬臂浇筑最大节段重量的 100%、50%、10%、空载。每级预压完成后 6 h，应对所有测点进行观测，并应记录变形数据，确定变形结果；最终荷载预压完成 12 h 后，应进行观测，确定标高值；24 h 内无变化应视为稳定，可进行卸载。注意加载时 T 构两端平衡加载。

1. 变形观测

观测部位：底篮前底横梁的 4 根吊带处各设置一个观测点，即 1-1、1-2、1-3、1-4 测点；上前横梁的 4 根吊带处各设置一个观测点，即 2-1、2-2、2-3、2-4 测点；每片主桁的前端销子处设置一个观测点，即 3-1、3-2 测点；每片主桁的前支腿处各设置一个观测点，即 4-1、4-2 测点；每片主桁的后锚处各设置一个观测点，即 5-1、5-2 测点。

观测内容：挂篮主桁的非弹性变形、竖向弹性变形及挠度曲线。

观测方法：观测数据用水准仪测定，每加载一级荷载观测一次观测点，并做好记录。加载完毕后每隔 2 h 测量一次，待其稳定后保持 24 h 荷载，然后卸载。每卸载一级同样对观测点观测一次，并做好记录。

2. 数据分析

卸载完毕，测出挂篮非弹性变形及弹性变形，并绘制挂篮挠度曲线。根据挠度曲线确定以后各梁段挂篮的弹性变形，为后续施工立模提供准确的数据依据。

挂篮预压后将各接点处的连接销全部检查、加固一遍。

挂篮前端变形值的推算：设挂篮后锚点的竖向变形值为 $\Delta_1$（向上为正），挂篮支点的竖向变形值为 $\Delta_2$（向下为正），挂篮前端点的竖向总变形为 $\Delta_3$（向下为正），则由于后锚点竖向变形 $\Delta_1$ 引起的挂篮前端下沉量为

$$\Delta_1' = \Delta_1 \times b / a$$

则由于挂篮主桁自身受力变形引起的前端变形量为：

$$\Delta = \Delta_3 - \Delta_1' - \Delta_2' = \Delta_3 - \Delta_1 \times b / a - \Delta_2$$

待整个预压及卸载过程全部完成后，应对观测成果进行分析，由实测得出的挂篮前端变形值应与理论计算结果进行复核比较，当两者出入较大时应进行分析并找出原因，以为施工提供可靠依据，并保证挂篮可靠运行。成果分析的主要目的是：检验挂篮的强度、刚度和稳定性，消除非弹性变形，确定荷载-变形关系线；为挂篮浇筑时的立模标高提供依据。

## 6.3.5 挂篮使用、调整及行走

1. 挂篮使用

（1）当上一梁段预应力张拉、压浆完成并达到一定强度后，拆除锚固在梁体底板的内后吊杆，拆除锚固在梁体顶板的外侧模后提吊杆，调节前上横梁上千斤顶的高度，使外侧模、底模及内模脱离混凝土表面。

（2）拆除后锚钢筋，将倾覆力传递给反扣轮。

（3）在已浇筑好的梁段铺设与最长混凝土块等长的轨道，并与原有轨道连接为一整根轨道。

（4）行走轨道前端设置有行走附件，利用钢索穿过前滑移支座和行走附件与后端千斤顶相连接。挂篮行走时，内导梁在顶板预留孔处及时安装导梁吊架，保证结构稳定；挂篮移动必须匀速、平移、同步，采取划线吊垂球或经纬仪定线的方法，随时掌握行走过程中挂篮中线与箱梁轴线的偏差，如有偏差，使用千斤顶逐渐纠正；为安全起见，挂篮尾部用钢丝绳与竖向蹬筋临时连接，随挂篮前移缓慢放松。底模、侧模、主构架及内模系统同时向前移动，直至下一梁段浇筑位置。

（5）挂篮就位后，进行后锚，将倾覆力由反扣轮传递给后锚钢筋。

（6）安装底模后吊带。

（7）调整模板位置及标高。

（8）待梁段底板及腹板钢筋绑扎完毕后，将内模拖动到位，调整标高后，即可安装梁段顶板钢筋，做好浇筑准备。

以下阐述挂篮的主要操作要领：

（1）混凝土浇筑时。

在混凝土浇筑前，技术负责人对挂篮做一次全面的检查，重点是后支座的锚固及各吊杆的连接情况。混凝土浇筑应注意保持T形悬臂梁段平衡，偏载的大小不能超出设计值（一个梁段底板的重量）。混凝土应连续且在混凝土初凝前完成节段的浇筑。浇筑的同时，应采取调整后锚杆的方法，防止新老混凝土竖向结合处出现错台。具体做法是：当浇筑完底板和腹板混凝土后，将后锚杆处的千斤顶增加应力，使后锚点和梁体底板顶紧，但要注意若超过混凝土的初凝时间后就不能再调整千斤顶，防止底板出现裂缝。

（2）挂篮的前移。

当混凝土养护满7 d，达到设计强度的90%，达到28 d弹性模量的80%后，本梁段纵向预应力张拉完成，上一节梁段横、竖预应力张拉完毕，方可移动挂篮。

## 2. 移动挂篮的步骤

（1）将走行轨及锚轨扁担安装到位，用连接器将腹板的竖向精轧螺纹钢接长，并将走行轨锚固。

（2）将模板的拉杆解除，使内外模分开，将外侧模全部落在外侧模走行梁上，同时用10 t倒链将底模架的后横梁吊在外侧模的走行梁上，将内模的重量落在内侧模的走行梁上，准备挂篮移动。

（3）对主桁架后支座进行转化：将锚固后支座的竖向精轧螺纹钢卸落，使后支座反扣槽紧贴走行轨；考虑到挂篮走行的安全，在每个后支座处设置3个反扣槽，间距为30 cm。

（4）用两个5 t的倒链（或千斤顶）分别牵引挂篮后支座处，倒链前端固定在走行轨的前端处，在走行轨的两侧用粉笔画标线，保持左右同步牵引移动。

3. 挂篮的卸落

悬臂箱梁最后一个梁段的混凝土浇筑完毕并张拉压浆完成后便可拆除挂篮。挂篮的拆除根据具体情况，在合适的位置进行。拆除时按安装的可逆顺序进行。挂篮安装、预压、行走拆除应注意每个 T 形悬臂两端对称进行，避免产生较大的不平衡力矩。

4. 挂篮使用注意事项

（1）挂篮就位，根据监控站的交底将标高调整完毕后，应及时将所有的千斤顶锁死，对后锚杆及后锚点处的千斤顶施加一定的初应力。

（2）挂篮的安全保护措施：外侧模走行梁与底模架前后横梁用钢丝绳连接，对底模架起到一定的固定作用；浇筑混凝土前认真检查后锚点的固定情况，在浇筑混凝土过程中应设专人检查挂篮锚固点及底模架和外模的变形情况，发现问题及时处理。

（3）混凝土的浇筑应先从挂篮前端开始，避免因挂篮的微小变形而使新旧混凝土间产生裂缝。

（4）在混凝土浇筑过程中，严格控制左右偏载，左右侧腹板混凝土应对称平衡浇筑。

（5）钢绞线张拉完毕后，松动外侧模，将底模架的前后横梁，用手拉葫芦配合钢丝绳吊在外侧模走行梁上后，开始拆除后锚点，挂篮准备前移。移动前应避开大风的天气，移动时左右的走行轨用粉笔按每格 5 cm 做好移动标尺，移动过程中用倒链或千斤顶同步进行，移动过程中设专人观察挂篮方向及左右是否偏移，如有偏移应立即纠正。

（6）移动就位后，将牵引的钢丝绳扣死，同时将支座的后锚点施加一定的预应力。

（7）定期检查前后锚杆（精轧螺纹钢）、连接器的使用安全情况，发现有局部损坏的及时更换。

（8）挂篮就位以及在浇筑混凝土的过程中设专人检查后锚点、吊杆、底篮后横梁的连接情况，确保各部分均匀受力。

混凝土浇筑过程中应认真检查每片主桁接点处螺栓及横联螺栓的连接情况。

（9）梁段悬浇施工的顺序为：挂篮就位→调整挂篮底模、外模标高并固定→吊装或绑扎底板、腹板钢筋，安装底板、腹板波纹管和竖向预应力粗钢筋，固定腹板锚具→内模就位→绑扎顶板钢筋，安装顶板波纹管→固定顶板锚具→安装端头模板→二次对称灌注梁段混凝土→覆盖养护→穿束→张拉→压浆→挂篮前移→进入下一梁段的施工循环。

在箱梁悬浇施工中，应保证两悬臂端的挂篮施工速度的平衡，施工进度偏差应小于 30%，施工重量偏差应小于 2%。施工中应随时观测挠度及应力情况，发现异常应及时调整、分析后再继续施工。混凝土浇筑施工时，从悬臂端向箱梁根部进行，以防止由于挂篮前端下挠而引起已浇筑混凝土的开裂，混凝土施工时划分施工责任区，防止出现振捣不合格。

## 6.3.6 挂篮调平

轨道钢枕设计为 I15 和 I10 两种，高差 5 cm。连续刚构顶板坡度变化情况，见表 6-2。

表 6-2  羊蹄江大桥主桥左幅横坡变化

| 开始位置 | 结束位置 | 开始横坡 | 结束横坡 | 横坡变化幅度 | 主桁位置梁顶高差/cm | 主桁位置梁顶高差相对变化/cm |
|---|---|---|---|---|---|---|
| 8#主墩 | 7#过渡墩 | -2.000% | -2.000% | 0 | 12.8~12.8 | 0 |
| 8#主墩 | 跨中 | -2.000% | -2.000% | 0 | 12.8~12.8 | 0 |
| 9#主墩 | 跨中 | -2.000% | -2.000% | 0 | 12.8~12.8 | 0 |
| 9#主墩 | 10#过渡墩 | -2.000% | -0.96% | 1.04% | 12.8~6.14 | 6.66 |
| 8#主墩 | 7#过渡墩 | -2.000% | -0.96% | 1.04% | 12.8~6.14 | 6.66 |
| 8#主墩 | 跨中 | -2.000% | -2.000% | 0 | 12.8~12.8 | 0 |
| 9#主墩 | 跨中 | -2.000% | -2.000% | 0 | 12.8~12.8 | 0 |
| 9#主墩 | 10#过渡墩 | -2.000% | -2.000% | 0 | 12.8~12.8 | 0 |

（1）挂篮轨道钢枕设计为 I15 和 I10 工字钢，加设缀板、筋板，初始调节高差 5 cm，满足左幅 8#、9# 和右幅 9# 墩顶的 2% 横坡要求，右幅 10# 的墩顶挂篮采用设计钢枕及 2 cm 钢垫板调节，初始调节高差 6.66 cm。

（2）变横坡梁端横坡见表 6-2，有 2 支挂篮需进行横坡调节。随着施工进行，分别采用 1 cm 和 2 cm 厚钢垫板、梁顶砂浆（3~5 cm 厚）、4 拼 10# 槽钢垫块等，动态调节梁顶两条轨道水平，保持两片挂篮主桁水平对称。

### 6.3.7 模板安装

待托架安装完毕后，铺设好行走通道及操作平台，围好护栏，挂好安全网等安全保证措施，再进行模板的安装。首先安装底板模板，紧接着安装外侧模板，再安装顶板底板及端头模模板，然后安装箱梁底板钢筋、预应力管道等，最后安装内侧模板，在底板面与腹板接头的倒角底部，可外加一块压板，防止腹板混凝土翻浆。模板安装完后，测量人员要对模板进行检测。合格后进行下道工序的施工。

由于箱梁各截断面的尺寸都不一样，随着箱梁不断地延伸，箱梁的高度、腹板的高度在不断地变矮、变小，底板内空在不断变宽，每节段的长度也在不断变化，所以，底模板要根据箱梁的实际变化情况，对应地进行提升。

在安装内模时，腹板厚度视实际情况稍微缩小一点，浇筑混凝土时由于重力作用可扩至设计尺寸。

模板安装注意事项：

（1）安装模板时，模板要搭接至已浇筑好混凝土的墩柱、箱梁上，至少要够上一个对拉杆，保证接口平顺，避免相邻节段混凝土错台。

（2）装端头模、面板侧模。端头模上要预留好外伸钢筋的槽位及纵向波纹管的孔位；面板侧模上预留横向钢绞线的孔位。由于面板水泥较厚，侧压力大，故端头模要用钢筋伸入面板钢筋的主筋处，并与其焊接稳固。

（3）模板面必须保证光洁、干净，相邻两模板面高差不大于 1 mm，对出现错台严重的必须进行调整或用打磨机进行打磨，保证相邻两模板面高差在规范以内。

（4）模板拼缝要保证搭接平顺、严密，对于局部缝隙难以整合的地方要加贴胶条，保证不漏浆。

（5）在模板整体立模加固完后，要对拉杆、内外支撑系统进行复检，要保证合格通过后，才能进入下一道工序施工。

（6）在安装模板过程中，不得随意割除钢筋和破坏预应力管道。

### 6.3.8 混凝土施工

1. 准备工作

混凝土浇筑前，认真检查模板支撑情况，模板堵漏质量，钢筋绑扎及保护层的设置，预埋件、预留孔洞位置的准确性，模内有无杂物；检查浇筑混凝土用的地泵及泵管，串筒分布是否满足浇筑顺序，对上一梁段与新浇梁段接缝处进行凿毛处理，凿除表面浮浆，接触面必须露出骨料。施工人员填写各分项施工质量验收记录表，并经监理工程师确认后方可开始浇筑施工。混凝土入模串筒安装间距为 1.5 m 左右，串筒底面与混凝土灌注面高度保持在 1 m 以内。在钢筋密集处挪动钢筋，留作导管入口，待混凝土灌注到此部位时，将钢筋恢复。在钢筋密集处要适当增加导管数量。

2. 混凝土浇筑

（1）为防止泵送混凝土时，混凝土模板造成污染，影响混凝土的外观质量，泵管口在转移布料位置时应用帆布口袋及时兜住。

（2）浇筑前和浇筑过程中拌出的混凝土应在搅拌和浇筑地点分别检测其坍落度（泵送 18 cm）、扩展度、温度等指标，并对其和易性、流动性、离析和泌水情况进行检查、控制，不合格混凝土绝不入模。制备足够的混凝土试件以备检验。

（3）输送采用地泵泵送入模。在泵送混凝土之前，应先泵送一部分水、水泥砂浆，以润滑管道，然后泵送混凝土。最先泵出的混合物不得入模，且不得造成现场污染。直到排出质量一致、和易性好的混凝土后方可将泵管口伸展至箱梁顶部浇筑部位的钢筋圈开口内入模。混凝土布料时，为了减小混凝土自由落体高度，需要在梁段顶板中部预留泵管通道，泵管通过泵管通道进入内箱室，同时在腹板内模处预留布料窗口，窗口尺寸为 30 cm×30 cm，竖向间距 1.5 m，纵向间距 3.0 m，从而保证混凝土自由落体高度不大于 2.0 m。混凝土浇筑到布料窗口时封闭模板继续进行混凝土浇筑。

（4）浇筑应连续、快速、紧凑，浇筑底板、腹板时在保证腹板不翻浆的情况下尽可能地加快浇筑速度，以有效防止施工分层线和冷缝的出现。混凝土的泵送作业，应使混凝土连续不断地输出，且不产生气泡。泵送时地泵动力充足，收料斗内混凝土应一直保持满槽，以保证泵料完全充满泵管。泵送作业后，应将管内残留物及时排出，并将设备进行彻底清洗。混凝土的坍落度应能满足泵送要求，否则应及时调整。泵送过程中如出现异常情况非停机不可，停机时间一般不应超过 30 min，炎热气候条件下不得超过 10 min。且停机期间应每隔一定时间泵动几次，以防止混凝土凝结堵塞管道。

（5）浇筑程序：先从腹板下料，从内模顶部下料来浇筑腹板底部下倒角、底板下部和腹板根部，不翻混凝土后浇筑腹板中部、上部。浇筑顶板时先浇横向中间部位，后浇两侧翼缘板，顶板竖向分两层进行，如图 6-9 所示。浇筑到布料窗口时封闭模板继续进行混凝土浇筑。

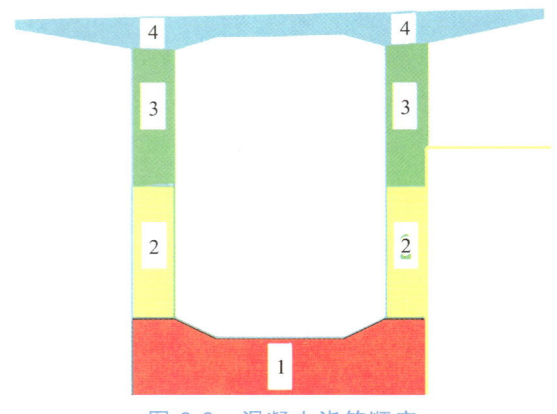

图 6-9 混凝土浇筑顺序

箱室内部，尤其是腹板内倒角部位往往会因振捣不到位等造成局部有气泡、麻面，因此该位置的振捣应由专人负责。

① 浇筑腹板下倒角、底板下部和腹板根部混凝土（此时坍落度控在 18 cm 左右，扩展度应相对较小，流动性应适度，混凝土体积应初步计算，以检验浇筑量），混凝土先从腹板处下注到底模上，通过振捣腹板内混凝土使其流动到底板一定范围内，然后再下注、振捣，直至腹板根部、底板和下倒角完全被充满且不再翻混凝土。

② 待底板及下倒角混凝土充分振实并不再翻浆至底板上时，开始浇筑腹板中部、上部等腹板剩余高度内的混凝土（坍落度可适当放大）。此时若底板混凝土不满，应再从底板位置下注混凝土直至底板完全充满且振捣密实。

（6）泵管出料口固定专人指挥和挪动泵管使混凝土准确入模，每层入模厚度小于 30 cm，做到薄厚、下料间隔均匀一致，准确判断和控制下料厚度。两侧底板、腹板下料应对称、平衡，以防模架偏心受压引起倾斜。

（7）混凝土采用 $\phi$50 mm 插入式振捣棒振捣，振捣该层时，棒头要插入下层混凝土中 5～10 cm，使上下两层密切结合，减少施工分层线。下层混凝土未振捣密实时严禁下注上层混凝土。指挥人员或跟班技术人员盯紧振捣，做到不漏振、不过振且振捣及时、到位，不乱振。

混凝土密实的标志是混凝土停止下沉、不再冒出气泡、表面平坦、泛浆。由于箱梁腹板较高，人员站在顶板钢筋上难以看到底板和腹板底部混凝土，故应在振捣棒上标记长度以便识别和掌握插入深度，同时由辅助人员用辅助杆将振捣棒辅送到位。

不同部位、不同坍落度、不同气温情况应分别按照不同的时间和方法进行振捣，以达到振捣结果的一致。

锚垫板、钢束锚固端、螺旋筋、钢筋网片和齿板端部等钢筋密集处，混凝土下注、振捣都很困难，要随下料随振捣，并使用 $\phi$30 mm 棒振捣（若仍插棒困难，则应在绑扎钢筋时适当调整钢筋间距以便振捣）。锚垫板、钢束锚固端下料时应集中多下料，不得分多次注满。钢筋密集处，布料口混凝土堆积较高，应振捣混凝土来拉动使其流动、下落，不得振动钢筋使其流动和下落。

振捣棒严禁触动钢束、锚垫板、保护罩等部位，以防波纹管内进浆。

混凝土顶面的施工，施工前首先调整模板顶面高程，顶板混凝土振捣完毕后用刮杆对混凝土顶面进行修整、抹平。收浆前用木泥板至少揉搓、抹压3遍，气温高时尤应注意，收浆后再抹一遍。最后及时用修剪整齐的大毛刷对混凝土顶面进行横向拉毛处理，但不压光，以防开裂。浇筑完成的箱梁混凝土顶面严禁被油、浮浆等污染，并防止人员在上行走出现脚印（或搭设竹胶板、木板行走）。

3. 混凝土在浇筑过程中的平衡措施

在混凝土浇筑过程中，为达到平衡对称施工，大里程方向、小里程方向同时浇筑混凝土，且两端不平衡质量不得大于本节段底板质量，一般不超过8.5 t。在施工中，管理人员实时检测两端混凝土浇筑的不平衡重量，具体采用以下手段：

（1）通过已经浇筑混凝土方量换算（数混凝土运输车的浇筑方量）。

（2）测量节段已浇筑混凝土的尺寸换算。

1~19#块底板混凝土质量见表6-3。

表6-3　1~19#块底板混凝土质量

| 块号 | 长度/m | 底板断面积/m² | 体积/m³ | 底板质量/t | 备注 |
|---|---|---|---|---|---|
| 1# | 3 | 7.794 | 23.382 | 60.79 | |
| 2# | 3 | 7.427 | 22.281 | 57.93 | |
| 3# | 3 | 7.063 | 21.189 | 55.09 | |
| 4# | 3 | 6.71 | 20.13 | 52.34 | |
| 5# | 3 | 6.367 | 19.101 | 49.66 | |
| 6# | 3 | 6.031 | 18.093 | 47.04 | |
| 7# | 3 | 5.705 | 17.115 | 44.50 | |
| 8# | 3 | 5.387 | 16.161 | 42.02 | |
| 9# | 4 | 5.03 | 20.12 | 52.31 | |
| 10# | 4 | 4.641 | 18.564 | 48.27 | |
| 11# | 4 | 4.274 | 17.096 | 44.45 | |
| 12# | 4 | 3.927 | 15.708 | 40.84 | |
| 13# | 4 | 3.602 | 14.408 | 37.46 | |
| 14# | 4 | 3.301 | 13.204 | 34.33 | |
| 15# | 4 | 3.028 | 12.112 | 31.49 | |
| 16# | 4 | 2.783 | 11.132 | 28.94 | |
| 17# | 4 | 2.569 | 10.276 | 26.72 | |
| 18# | 4 | 2.398 | 9.592 | 24.94 | |
| 19# | 4 | 2.282 | 9.128 | 23.73 | |

### 6.3.9 预应力张拉

**1. 实际张拉控制应力 $\sigma_k$**

预应力钢绞线锚下张拉控制应力为 $\sigma_{con} = 0.75 f_{pk}$，按照设计施工。

**2. 准备工作**

（1）张拉前首先确定所用千斤顶的型号，对张拉设备进行校核，千斤顶和油表应配套校核使用。油泵不漏油，无油压时油表指针归零。

（2）通过试验测出钢绞线的实际弹性模量值 $E_p$，并以此计算钢绞线的延伸量。根据千斤顶校验结果得出的张拉力与油表读数之间的回归方程，计算出实际张拉时各级张拉力所对应的油表读数，并将各级张拉力值和油表读数值标记于油泵上，便于操作时使用。

（3）检查梁体混凝土的外观质量，如有无蜂窝、麻面、孔洞、露筋、露波纹管，锚垫板处有无空洞，如有须进行修补。

（4）检查孔道内是否有砂浆。空压机向钢束孔道内送无油空气清除污物。拆除支座周围的模板及其他约束，使支座呈自由状态。使构件可以自由地适应施加预应力时产生的水平和垂直移动。

（5）清除锚垫板表面和钢绞线上的污物、锈蚀和油脂。将钢绞线理顺，严禁交叉。擦洗锚具上面的油污，清除夹片上的毛刺。

（6）安装工作锚板、夹片，并将夹片用钢管预顶紧。

（7）张拉顺序号写在锚垫板上。

（8）装限位板，限位板上的每一个孔对准相应的钢绞线和锚卡环小孔后，使限位板紧贴锚环，无缝。

（9）千斤顶、油泵等张拉机具、设备的准备、装顶。装千斤顶时，钢束穿过穿心千斤顶的孔道中心，千斤顶紧贴限位板，使锚垫板、锚环、限位板、千斤顶和工具锚板都在同一中心线上。

（10）张拉前应进行一次箱梁顶面混凝土标高的测量，以此作为初始数据与张拉后的箱梁顶面混凝土标高进行比较，看箱梁的起拱度，已积累经验数值。

（11）将每束要张拉的钢绞线理顺，严禁相互交叉、挤压。让所有的预应力钢材在张拉点之间能自由滑动。千斤顶的起吊采用自制的人字扒杆，并准备好各种工具，测量延伸量采用钢板尺进行，准备记录表格、安全措施和充足的人员。

（12）张拉应对称、平衡、分级进行。张拉分级以及应力、荷载等情况写在纸上贴在操作手方便看到的部位。按照《公路桥涵施工技术规范》（JTG/T 3650—2020）的要求，不同长度范围的钢束选择对应的初应力，每节段以 1%的初始应力递增。

（13）符合质量要求并经监理工程师同意后方可张拉。除非另有书面允许，张拉工作应在监理工程师在场时进行。

**3. 钢束张拉顺序**

严格按照设计图纸的要求进行张拉施工，先拉长束，后拉短束，对称张拉。

主梁混凝土强度到达设计的 90%且龄期达 7 d，方可进行张拉。横向及竖向预应力滞后一个节段张拉。塔吊冲突处的两根横向预应力在后期塔吊拆除之后，相应部位槽口等强修复并在混凝土强度及弹性模量达到设计要求后再进行张拉及压浆作业施工。

总体张拉顺序：纵向预应力→下一节段施工→横向预应力→竖向预应力施工。

纵向：1#块先张拉 W02 再张拉 T02。张拉时两端应同步且左右对称进行。

横向及竖向：先中间束后两边束，系横预应力钢束 NH2 采用两端张拉，横隔板横向束 NH1 采用单端张拉。

张拉一般步骤为：安装工作锚板→安装工作锚夹具→安装限位板→安装千斤顶→安装工具锚→安装工具锚夹片→张拉→回油卸荷。

张拉力控制过程一般如下：0→初应力10%$\sigma_k$→张拉控制应力100%$\sigma_k$（持荷 5 min），需待油缸伸缩及油表读数稳定后再量伸长值，张拉完毕持荷 5 min 待油表读数稳固后回油锚固。

塔吊预留洞占用桥面板处位置 3 束横向预应力筋，需将 3 束横向预应力筋增加至 4 束，施工到 1#块时张拉一组（锚垫板在预留洞一侧的预应力筋），最后塔吊拆除后张拉剩下的一组横向预应力筋。

纵向预应力张拉时，每个悬臂端使用两台千斤顶对称、同步、缓慢张拉，要防止主梁大偏心受压。张拉时应采用对讲机保持适时通信联络。

张拉控制力见表 6-4。

表 6-4 主梁张拉控制力

| 锚具规格 | 单根钢绞线面积/mm² | 整束断面面积/mm² | 张拉控制应力/MPa | 张拉控制力/kN |
|---|---|---|---|---|
| 15-2 锚具 | 140 | 280 | 1 395 | 390.6 |
| 15-4 锚具 | 140 | 560 | 1 395 | 781.2 |
| 15-19 锚具 | 140 | 2 660 | 1 395 | 3 710.7 |
| 15-21 锚具 | 140 | 2 940 | 1 395 | 4 101.3 |

4. 张拉程序

（1）初应力停拉，测量张拉缸行程，作为测算实际伸长值的起始数值。

（2）张拉缸继续进油分级张拉、测延伸量（使用钢板尺）、记录。钢绞线张拉采用双控，核对实测伸长值与理论伸长值对照在±6%范围内即符合规范要求，否则应停止张拉，分析原因，采取措施后再张拉。

（3）千斤顶回油即锚固，油压表全部回零，卸工具锚、千斤顶、限位板。

（4）卸除后，检查钢绞线回缩值，以检查滑丝现象及其程度。

（5）当钢束伸长值大于千斤顶行程时应分次锚固，千斤顶回油到顶后再张拉至上次锚固时的应力值，最后达到实际张拉控制应力后锚固，并及时填写张拉原始记录。

（6）纵向预应力槽口处的桥面板钢束应待纵向预应力钢束张拉完成后进行张拉，施工中采取必要措施，确保后张拉成功。

（7）张拉完后切断外露钢绞线，封锚，等待压浆。

（8）桥面板预应力钢束张拉槽口所碰钢筋可按槽口尺寸切断，待张拉完毕后需用相同直径的钢筋——对应焊接，应严格保证双面焊 $5d$、单面焊 $10d$（$d$ 为钢筋直径）的焊缝长度。张拉槽口钢筋如与预应力锚头相碰时，可适当调整钢筋位置，处理完后用 C50 小石子混凝土封填。

（9）未利用的备用束在张拉完成后均应灌浆封锚，灌浆封锚的要求同其他钢束。

（10）张拉完成后应及时记录箱梁的起拱情况，分析原因后根据实际情况调整下一幅箱梁底模的预拱度。

5. 钢束滑丝，夹片破碎的处理

（1）清理钢绞线上有油污、浮锈。

（2）夹片硬度低，卡不住钢绞线或夹片加工精度不符合要求影响锚固力而产生滑丝时，应更换夹片，重新张拉。

（3）锚固后可能受外力撞、冲击而发生滑丝。因此，应避免外力撞、冲击梁体或锚板等，发生滑丝后应更换夹片，重新张拉。

（4）夹片破碎后滑丝的处理方法是，用 YZW27 型千斤顶进行单根钢绞线张拉，取下碎夹片，换用新夹片重新张拉锚固。

（5）钢绞线滑丝、断丝的数量不得超过 1 丝。当超过 1 丝时原则上应更换，当不能更换时，可采取提高其他钢绞线预应力值的做法，但应满足钢绞线极限状态的要求。

6. 钢绞线的切除

张拉完毕锚固稳定后即可切除夹片外侧 3～5 cm 以外多余的钢绞线，切除采用砂轮机切割。

### 6.3.10 孔道压浆

钢束张拉完毕后孔道应在 24～48 h 之内（含封锚）尽早压浆。采用真空辅助压浆工艺，浆体材料采用市场上的预应力管道压浆料，掺量通过试验确定。

箱梁孔道真空辅助压浆原则：根据真空辅助压浆的施工经验，坚持真空吸浆、动力压浆和人工灌浆（补浆，浆体初凝、泌水后从出气孔端用铁丝通气，人工补灌）相结合的原则，确保管道密实。

1. 压浆准备

张拉结束后，严禁撞击锚头，使用砂轮切割机切除锚头外多余钢绞线，钢绞线外露量宜在 30～50 mm，清水冲洗，高压风吹干，然后采用无收缩水泥砂浆封锚，将锚板及夹片、外露钢绞线全部包裹，覆盖层>15 mm。密封锚头必须牢固、密实，确保水泥浆在最大压力下不漏浆。

清理锚垫板上的压浆孔，保证压浆通道畅通，确定抽真空端及压浆端安装引出管、球阀和接头，并进行检查。

**2. 浆液制备**

在试验人员指导下按照设计配合比制备浆液，搅拌水泥浆使其水灰比、流动度、泌水性达到技术要求指标。

**3. 压浆操作**

浆液制备充足且检验合格后，启动真空泵抽真空，使真空度达到 $-0.08 \sim -0.1$ MPa 并保持稳定，启动压浆泵，当压浆泵输出的浆体达到要求稠度时，将泵上的输送管接到锚垫板上的引出管上，开始压浆。待抽真空端的透明波纹管中有浆体经过时，关闭空气滤清器前端的阀门，稍后打开排气阀。当水泥浆从排气阀顺畅流出，且稠度与灌入的浆体相当时，关闭抽真空端所有的阀门。压浆泵继续工作，在 $0.5 \sim 0.7$ MPa 下持压 $1 \sim 2$ min。关闭压浆泵及压浆端阀门，完成压浆。

水泥浆在压注中应持续搅拌，对于因延迟使用导致流动性降低的水泥浆，不得通过加水来增加其流动性。

**4. 工后清理**

压浆工作完成，立即清洗设备或转入其他压浆，注意密封罩应在压浆完成 $2 \sim 4$ h 拆除，管道上的阀门设备也要在水泥浆终凝完成后才能拆除，拆除后立即清洗，进行必要的检查后才允许重复使用。压浆时对梁体等造成污染的，应及时用水泵冲洗干净。

### 6.3.11 挂篮拆除

箱梁悬浇梁段施工完毕后，留下边跨合龙、中跨合龙的挂篮，其余挂篮退到 0#块拆除；边跨合龙、中跨合龙的挂篮待各自合龙完工后方可退至 0#块拆除。挂篮拆除应对称进行，拆除顺序为：箱内支架→侧模系统→底模系统→主桁架。吊带系统及行走锚固系统在其过程中交叉操作。箱内拱顶支架采取拆零取出，侧模、底模系统采用卷扬机整体吊放。用滑轮组和卷扬机先拆除前、后下横梁，然后拆除底模、外模，主桁架、前上横梁用汽车吊配合拆除。挂篮拆除时必须由专人指挥，有专人打信号，严禁违章指挥。

**1. 准备工作**

（1）中跨合龙施工完成后，即可拆除挂篮，挂篮采取后退拆除法。

（2）在挂篮拆除前，确保已完成梁体纵向预应力张拉、孔道压浆及封端施工，梁体强度达到施工强度。

（3）挂篮内模已下放至内箱解体拆除，侧模及底模已脱离梁体。

（4）挂篮前上横梁、中门架最外侧 4 根连接底篮的钢板吊带连接可靠，同时每个吊点使用 10 t 手动葫芦做保险，以确保安全。

（5）交通疏导、场地警戒工作已完成。

**2. 内模拆除**

内模体系为小钢模，通过卷扬机下放至内箱底板处，在箱梁室内解体拆除。

挂篮内模拆除时，先进行内滑梁拆除，内滑梁按常规拆除施工进行；内模板需进行分解，然后完成拆除；内模板及内滑梁利用吊车从预留人孔处起吊上桥，吊至桥面上装车运输。

3. 固定侧模

将挂篮底篮系统下落 1 m（后横梁离梁体底板 1 m），使底板水平，侧模与混凝土面完全分离，利用倒链及卷扬机钢丝绳将外侧模缓慢下放，是外滑梁承载在底篮前后横梁上，并用吊杆固定外滑梁与下横梁，同时用链条葫芦将外模与下横梁拉紧，避免外模晃动，防止挂篮后退时侧模及外滑梁滑落，并拆除妨碍挂篮后退的平台。

4. 挂篮后退

在上前横梁与底篮前横梁两端增设两处吊点（在梁体外侧），采用吊带连接。

保留后横梁上两根行走吊带（在梁体外侧）及前横梁增设两处吊点，拆除其他的吊点，并移除精轧钢、吊带（钢吊带）扁担梁，检查底篮前后横梁上的吊杆横梁、吊杆及吊耳是否与横梁保险销连接牢固，防止挂篮后退时吊杆横梁、吊杆及吊耳脱落。

拆除后锚精轧钢，使挂篮后车受力，挂篮开始后退。

根据挂篮行走步骤的逆向操作，用行走千斤顶反向拖拽后退挂篮（挂篮后退时挂篮上严禁站人）。

挂篮每后退一段距离，观察梁体底板是否阻碍挂篮后退，及时下放底篮（下放底篮前，利用以前的后锚孔先将后锚锚上，然后再上人下放底篮，每次下放的高度为 1 m，底篮保持水平，防止底模滑落）。

逐步、缓慢地将挂篮倒退行走至 0#块位置，在挂篮后节点下垫工字钢并将挂篮后锚锚上（防止在拆卸前横梁时，主桁系统重心偏移）。

5. 锁定侧模、拆除底篮系统

挂篮倒退到位后，此时挂篮底篮位于 1#块位置，利用吊杆通过箱梁翼缘板预留的外滑梁吊杆孔，将挂篮外侧模的外滑梁提紧，临时将外模、外滑梁锚固在 1#块翼缘板上，同时使外模与底篮分离。

使用 4 台 10 t 卷扬机钢丝绳分别捆绑底篮前后横梁，拉紧，解除前后下横梁的吊带，利用卷扬机将底篮缓慢下落至墩下平台，底篮下落完成后，将卷扬机钢丝绳从底篮上解除，收起卷扬机钢丝绳。

6. 拆除侧模

利用两台 10 t 卷扬机钢丝绳捆绑外模外滑梁，拉紧，解除锚固外滑梁的吊杆，利用卷扬机依次将两侧外模及外滑梁缓慢下落至墩下平台。

7. 拆除主桁架

底篮系统及外侧模拆除完毕后，将主桁架及前上横梁分解拆除。主要步骤如下：

（1）先用钢丝绳或链条葫芦临时在每片主桁架两侧分别将主桁拉紧，防止主桁侧倒。

（2）拆除前上横梁。

（3）拆除中门架。

（4）然后利用塔吊提起单片主桁，解除后锚、前支点、反口轮等，将菱形架吊至地面拆解。

8. 轨道拆除、梁面清理

先拆除轨道锚固精轧钢，然后将轨道吊至地面。将钢枕等细小部件装箱吊至地面，拆除完毕检查有无遗漏，做好桥面清理工作。

9. 左右幅挂篮错位分步拆装

在悬臂浇筑过程中，左右幅错开施工。以左幅先施工为例，左幅合龙先施工完成，左幅挂篮后退，右幅挂篮拆除横梁的短节避让左幅挂篮后退。

左右幅挂篮的上、下横梁及中门架有交错重叠，解决右幅挂篮无法前移、左幅挂篮无法后退的问题。

## 6.4 边跨现浇施工技术

### 6.4.1 边跨现浇设计参数

由伸缩缝至边跨合龙段依次为：70 cm后浇段（长70 cm×宽1 250 cm×厚75 cm）、180 cm端隔板（长180 cm×宽700 cm×高330 cm，端隔板中央设置100 cm×180 cm四角半径50 cm圆弧人洞）、120 cm倒角（腹板90~50 cm、顶板75~30 cm、底板72~32 cm）、18 cm标准段（腹板50 cm、顶板30 cm、底板32 cm、下倒角100 cm×45 cm、上倒角180 cm×45 cm）。翼缘板由伸缩缝至边跨合龙段尺寸依次为：70 cm后浇段（70 cm×275 cm×75 cm）、100 cm（100 cm×275 cm×75 cm）、200 cm渐变段（翼板外沿由厚75 cm渐变至20 cm，内沿不变）、18 cm标准翼缘板（内沿75 cm、外沿20 cm）。现浇段靠主跨侧腹板设齿口，齿口自梁顶面往下95 cm开始设置，至底板倒角上缘附近，最下面一个齿的下缘至底板倒角上缘的距离不大于2/3个齿距，后浇段设240型伸缩缝。边跨现浇段纵断面与横断面图如图6-10所示。

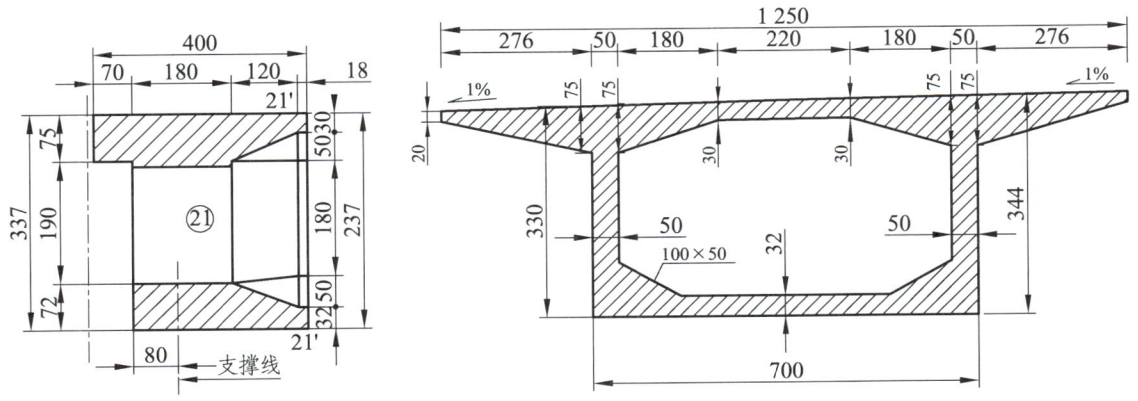

图6-10 边跨现浇段纵断面与横断面图（单位：cm）

### 6.4.2 整体施工工艺

边跨现浇段工艺流程如图6-11所示。

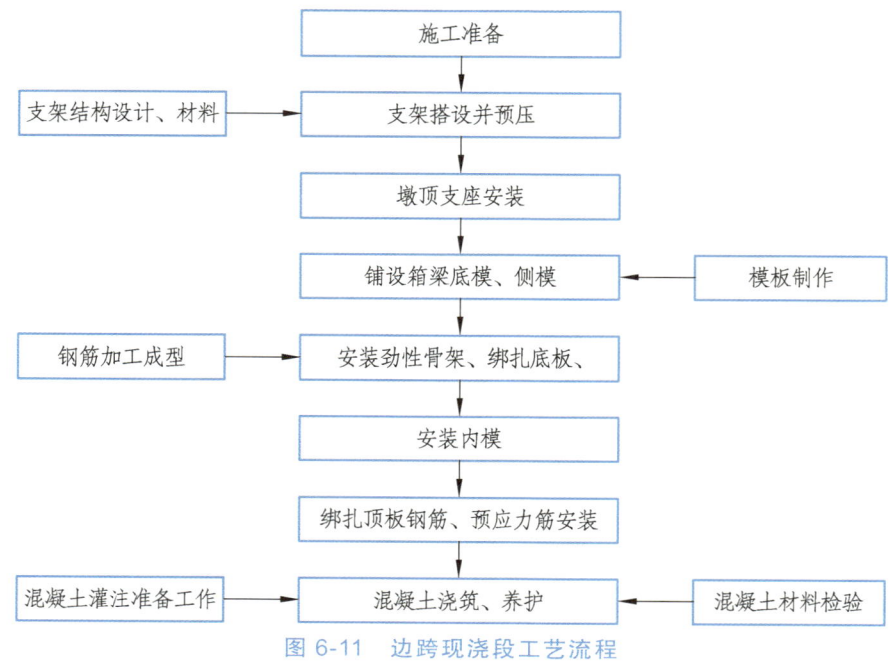

图 6-11 边跨现浇段工艺流程

### 6.4.3 主要施工方法

1. 测量控制方法

仪器设备要求：使用前将全站仪及水准仪送到检测单位进行校检，全站仪精度为 2″，水平仪精度为 ±0.02 mm/m。

平面控制方法：平面控制采用坐标放样，将全站仪分别设站至 6 号墩左侧 60 m 处控制点（YT07）及 13 号墩右侧 70 m 处控制点（YT13）观测，平面控制误差控制在 ±0.5 mm 内，现浇段位于曲线上平面位置放样点间距加密至 1 m。

高程控制方法：高程控制采用水准测量，水准点埋设在 0#块中央，测区布置 4 个水准点，水准点之间的距离 200 m 以内。观测时两次观测高差较大超限时应重测。当重测结果与原测结果分别比较，取 3 次结果数的平均值数，高程控制在 ±0.5 mm 内。

2. 模板及支架安装

（1）本现浇段采用组合支架，三角托架 + 钢管支架组合。

（2）边跨现浇段模板采用 1.5 cm 厚竹胶板现场加工拼装，下垫 2 cm 厚挤塑板，内外支架采用 ϕ48 mm、厚 3.2 mm 钢管脚手架搭设，步距为纵 0.9 m × 横 0.6 m × 高 1.2 m，下设底托、上设顶托。上下距顶、底托 20 cm 处各设一道横、纵向水平杆及水平剪刀撑，其余横、纵向水平杆按 90 cm 布置。翼缘板处除上下各一道水平剪刀撑外中间位置增设一道水平剪刀撑及内外侧各设一道纵向剪刀撑，剪刀撑均按 45°设置。支架搭设完成后顶托上横桥向设 I12b 工字钢作主分配梁，纵桥向设置 10 cm × 10 cm 次分配梁，其间距腹板处为 20 cm，其余按 30 cm 布置，上设竹胶板。

内外模及端模加固采用 10 cm×10 cm 的木方作为模板背劲条,间距 20 cm,横向布置,在背劲外侧采用钢管加固竖向设置,间距为 50 cm 设置,内外模板采用 ϕ20 精轧螺纹钢外套 PVC 管做对拉杆,对拉列距 85 cm,层距 80 cm。内模安装前,先在倒角部位焊接定位筋,以确保安装位置准确。支座处底模采用 10×10 cm 方木 + I20b 工字钢 + 砂层支垫承重,支座外及悬臂端底板承重系统,由下至上为托架 + 卸荷块 + I32b 工字钢 + I20b 工字钢 + 木方 10 cm×10 cm) + 2 cm 厚挤塑板 + 1.5 cm 厚竹胶板底模安装。支架安装注意事项:牛腿在加工场组焊完毕调到现场安装定位好,在盖梁钢模板上开孔套住牛腿,用木模堵孔,盖梁混凝土浇筑完成拆除模板后焊接双拼 [12.6 槽钢使牛腿连成整体,要求焊缝饱满。

3. 支座施工及注意事项

支座安装前再次放样,对垫石上预埋螺栓位置复核,复核无误后将支座吊运至安装处人工配合安装。安装后检查钢板与垫石间缝隙,若有缝隙将支座吊开,采用角磨机将垫石磨平,直至安装后无缝隙。安装时支座上钢板向引桥方向预偏 1.5 cm。

4. 托架预压施工方法

托架预压采用反力架方法进行,反力架采用 2 台 50 t 千斤顶对称持荷,反预压在操作平台、分配梁铺设完毕后进行。反预压分成左右幅两个区域进行,每个区域加载时按分级加载进行,每级持荷时间不少于 12 h。考虑施工安全及设计要求,最大预压重量为 21#块托架对应段(悬臂段)混凝土及模板、内支架、操作平台自重、施工荷载的120%,并按 60%、80%、100%分三级进行加载。每一级荷载按照后续荷载表数值进行。

预压悬臂段箱梁长 1.48 m 的重量(22 m³×2.6 t/m³ = 57 t,本书考虑到行业习惯,加载时重量和质量不作特别区分),加卸载分级进行,每级加减载完成后停止,并每间隔 12 h 对支架沉降量进行一次监测。当支架顶部监测点 12 h 的沉降量平均值小于 2 mm 时,再进行下一级。最大预压重量为(混凝土 + 支架、模板 + 其他施工荷载)的120%,并按最大预压重量的60%、80%、100%三级进行加载,卸载按反序实施,见表6-5。

表 6-5 预压荷载分级

| 序号 | 部位 | 箱梁自重荷载/t | 施工荷载/t | 120%预压总荷载/t | 预压荷载分级/t | | |
|---|---|---|---|---|---|---|---|
| | | | | | 60%(千斤顶反力架44 t) | 80%(千斤顶反力架59 t) | 100%(千斤顶反力架74 t) |
| 1 | 21#块(现浇段)悬臂段 | 57 | 5 | 74 | 44 | 59 | 74 |

5. 预压观测及数据处理

(1)测点布置:托架上横梁内外侧对称于中点各布置一个观测点,三榀牛腿共 6 个监测点。

卸载 60 min 后观测各测点标高,计算前后两次沉降差,求得弹性变形量(等于卸压后标高减去持荷后所测标高),用总沉降量(即托架持荷后稳定沉降量)减去弹性变形量即为托架的非弹性变形(即塑性变形)量。预压完成后要根据预压成果通过调整底板的标高。

（2）数据处理。

非弹性变形 = 预压前标高 − 预压稳定并卸载后标高

弹性 + 非弹性变形 = 预压前标高 − 预压稳定后标高

6. 钢筋制作及安装

（1）钢筋制作：主梁钢筋 HRB400 主要包括 $\phi 20$、$\phi 16$、$\phi 12$ 共 3 种型号，钢筋采用焊接连接，依据设计施工图纸计算钢筋下料长度和根数，并结合钢筋棚钢筋实际标长和余料，合理配料以减少余料和浪费，钢筋半成品统一由 2 号钢筋棚集中制作，由板车转运至施工现场。

（2）钢筋安装：施工顺序为安装底板钢筋及隔板横向预应力→安装腹板钢筋→安装腹板纵向预应力管道及竖向预应力→安装顶板钢筋及纵向预应力管道、横向预应力束→验收合格后进入下一道工序。

（3）相关要求：

① 钢筋按 $10d$ 单面焊接，焊接接头错开布置。

② 钢筋的交叉点采用直径 2 mm 铁丝绑扎，倒角处的钢筋交叉点全部绑扎，中间平直部分交叉交错绑扎，交叉点宜占全部交叉点的 40% 以上。

③ 绑扎钢筋的扎丝丝头朝结构内弯，不应进入混凝土保护层内。

④ 为确保钢筋的保护层厚度，钢筋与模板之间设置混凝土垫块，垫块相互错开、分散设置在钢筋与模板间，数量不少于 4 个/m²。

⑤ 钢筋安装时，注意预埋护栏预埋钢筋、泄水孔、通风孔等。

⑥ 钢筋作业使用电焊，要注意对波纹管的保护，不得将波纹管烧伤。

7. 波纹管、预应力筋制作及安装方法

（1）波纹管、预应力筋制作：主梁 21#块为三向预应力体系，三向预应力均采用低松弛钢绞线，公称直径 15.20 mm，抗拉强度标准强度为 $f_{pk}$ = 1 860 MPa，弹性模量 $1.95 \times 10^5$ MPa。钢绞线及波纹管购买成品并配备配套锚具和接头，现场根据实际需要下料，P 锚挤压头在桥面上采用挤压机挤压成型。

（2）顶板横及腹板竖向波纹管、预应力安装：将 P 锚穿入波纹管中，人工搬运至安装位置，根据设计图坐标定位，采用自制井字钢筋定位，每 0.5 m 设置一道定位钢筋网。横向预应力 P 锚端采用 20 mm PE 管设置排气孔，竖向预应力 P 锚端与相邻束采用 20 mm PE 管设置循环压浆孔。

（3）横隔板深埋锚波纹管及预应力安装：波纹管根据设计图坐标定位，采用自制井字钢筋定位，每 0.5 m 设置一道定位钢筋网，深埋锚端锚盒采用铁丝与模板固定，预应力根据钢筋安装进度采用人工同步穿入。

（4）纵向预应力波纹管及预应力筋安装：因为现浇段端为纵向预应力筋的固定端，所以 18#节段完成之后开始穿纵向预应力筋。预应力筋堆放在 18#节段桥面上，由卷扬机牵引从 18#节段向中跨端整体穿束，穿完主跨侧，再穿至现浇段内固定。中间悬空的钢绞线在 P 锚端固定前套好波纹管，之后的 19#节段、边跨合龙段钢筋安装要套波纹管，若有必要，截断钢筋安装后再焊接，安装钢筋时注意保护好波纹管。根据钢筋安装进度反向整体将 P 锚穿至安装坐标上,采用自制井字钢筋定位,每 0.5 m 设置一道定位钢筋网,边跨合龙段施工时将接头内波纹管旋转出与 19#节段连接。在波纹管最高点设置排气孔,接头采用透明胶带绑扎防止漏浆。

(5)波纹管及预应力制作安装相关要求:波纹管外观应光滑,色泽均匀,内外壁不允许有隔体破裂、气泡、裂口、硬块及影响使用的划伤。波纹管环刚度应不小于 6 kN/m²,壁厚不小于 2.5 mm。波纹管进场后,检查产品质检证书,采用游标卡尺检测波纹管尺寸,及时取样送中心实验室作检测。锚具均采用 I 类优质锚具,并采用与相应钢绞线匹配的成套产品,包括锚垫板、锚板、夹片和螺旋筋等。锚固效率系数大于 95%。锚垫板强度不小于 HT200,其尺寸应使锚下混凝土应力满足规范要求。钢绞线进场时应分批验收,验收时,按合同要求对其质量证明书、包装、标志和规格进行检查;钢绞线应分批检验,检验时应从每批钢绞线中任取 3 盘,并从每盘所选的钢绞线端部正常部位截取一组试样进行表面质量、直径偏差和力学性能试验;钢绞线应存放在干燥处,避免潮湿锈蚀,工地存放时,要支垫高出地面 200 mm,并及时用帆布进行覆盖,且在搬运过程中应避免使其产生机械损伤;波纹管要求水平向偏差 ≤10 mm,竖向偏差 ≤5 mm。曲线束排气管布置如图 6-12 所示。

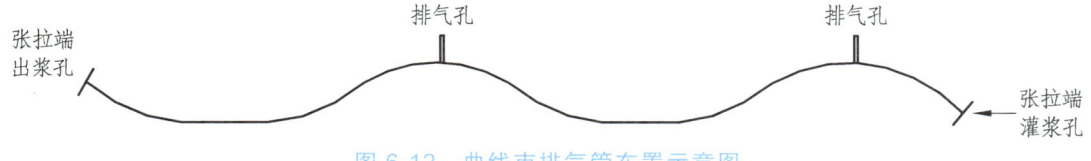

图 6-12　曲线束排气管布置示意图

8. 混凝土浇筑及养护方法

(1)混凝土浇筑。

现浇段混凝土浇筑前交界墩引桥全桥桥面铺装、防撞栏杆等均已完成施工,混凝土罐车直接开到交界墩引桥放混凝土至现浇段的管式漏斗入模。

梁体混凝土设计强度等级为 C55。混凝土配制要求:坍落度 20 cm(±2 cm),采用集中拌和。现浇段混凝土浇筑一次成型,顶板至悬臂端 1.5 m 处开仓浇筑底板混凝土,采用溜槽加串筒方式入模,插入式振捣棒振捣,左右对称浇筑,混凝土浇筑顺序为先底板后腹板、最后顶板的浇筑顺序进行。

振捣顺序:先底板、腹板、后顶板,腹板混凝土振捣完成后,不得再在底板上振动,以免腹板混凝土下滑造成空洞式裂缝。

① 底板浇筑:由低处向高处,由外侧向中间进行,浇筑中避免砂浆集中,防止收缩裂纹的产生。

② 腹板浇筑:采用水平分层,每层浇筑厚度不大于 30 cm。

③ 顶板浇筑:为避免因顶板悬臂过大,模板支架变形而产生裂纹,顶板采用由外向内(横向)的浇筑顺序。

④ 纵向先浇筑盖梁侧,再浇筑悬臂侧。

(2)混凝土养护。

混凝土初凝后,在箱梁顶底板覆盖土工布,腹板贴塑料薄膜洒水养护,养护时间不少于 7 d,养生期间保证混凝土表面持续湿润。

9. 模板及支架拆除施工方法

（1）模板钢管支架拆除。

① 除底板承重系统外，混凝土浇筑后养护3 d，现场检测混凝土强度不低于设计强度的75%，拆除内外支架及模板，同时采用10 t葫芦将边跨现浇段与盖梁上预埋防倾覆钢板临时锚固。

② 拆除顺序及施工方法：端模→内支架及内模→翼板外支架及外模→边跨合龙段浇筑后达到设计强度90%拆除垫石处支撑体系同时解除防倾覆葫芦→纵向预应力体系建立后拆除卸荷块及底模→采用卷扬机和10 t葫芦通过拆除预留孔将悬臂端横向工字钢临时固定→作业人员通过安全平台到达牛腿处将牛腿与盖梁结合处切割→利用卷扬机将牛腿及横向连接杆整体下放至承台上→人工分解装车转运。

（2）托架拆除。

待边跨合龙段张拉压浆完成后方能进行现浇段托架及其底模拆除。托架拆除应遵守由上而下、先搭后拆、后搭先拆的原则。模板拆除剩余底模时，一端通过卸荷块、另一端通过拆除盖梁上的高压水枪冲走砂层落模。之后通过箱梁上预留的吊装孔，使用电动葫芦配合汽车吊拆除支架。

① 落模：调节卸荷块螺栓、冲走砂层落模。

② 安装卷扬机：在预留孔处安装卷扬机，设置后锚。

③ 利用卷扬机吊着拆除底模。

④ 然后依次拆除分配梁上的操作平台，利用汽车吊吊至地面。

⑤ 箱梁侧次分配梁拆除，在底板人孔处上方安装卷扬机，利用卷扬机配合汽车吊次分配梁移动后，垂直下放至地面。

⑥ 拆除主分配梁、托梁，先拆分成单榀，再吊装至地面。

⑦ 然后拆卸荷块，利用卷扬机配合汽车吊下放至地面。

⑧ 预埋工字钢拆除：利用卷扬机，穿心棒系统平台，割断工字钢，利用汽车吊吊至地面；从上至下拆除平台，吊至地面运走。

⑨ 预埋部位修饰：利用盖梁穿心棒平台进行修饰工作。将预埋牛腿割断，然后充分除去混凝土表面的泡沫、浮浆、锈污。用与混凝土颜色一致的高强砂浆涂抹，使之与盖梁混凝土色泽一致。

## 6.5 中跨合龙施工技术

边跨合龙段、中跨合龙段构造：合龙段长2 m，梁中心高3.3 m，梁顶宽12.5 m，梁底宽7 m，翼板宽2.75 m；腹板厚0.5 m，底板厚0.32 m，顶板厚0.3 m。

施工重点、难点技术：

（1）刚构桥合龙段属于高空作业，施工中高空作业安全是本工程安全管控的重点。

（2）采用吊架法施工，其作业面小，在施工过程中，钢筋绑扎、模板安装、浇筑混凝土等施工难度较大。

（3）吊架法施工合龙段，吊架的安全可靠是本工程的重点，需保证其强度、刚度、稳定性。

（4）主跨合龙段劲性骨架锁定是本工程的重点，骨架应在对箱梁施加合适的顶推力后，在合适的温度锁定。

### 6.5.1 合龙段施工顺序及主要施工步骤

1. 边跨合龙步骤

本桥共 4 个边跨合龙段（20#节段），2 个中跨合龙段（22#节段）。合龙顺序为先合龙边跨，再合龙中跨。边跨合龙采用挂篮施工，挂篮行走至前吊带距现浇段 15 cm 位置，挂篮底模包住现浇段 5 cm，锚固挂篮后锚，前吊带使用木模包住，采用挂篮浇筑边跨合龙段。

边跨合龙详细流程：

（1）边跨合龙配重，配重以合龙过程中 T 构保持平衡为原则。

（2）焊接边跨合龙劲性骨架。

（3）安装钢筋和模板。

（4）浇筑边跨合龙段混凝土，同步卸载边跨侧水箱水量以保持 T 构平衡。

（5）合龙段混凝土强度达设计强度 90%后按 B1→B2→B3→LT1→LT2→LT3 的顺序张拉钢束并及时灌浆。

（6）张拉边跨余下未张的横、竖向预应力钢束并灌浆。

2. 中跨合龙步骤

本桥共 2 个中跨合龙段，左右幅同时施工。中跨合龙采用挂篮吊架法，两只挂篮行走至 19#块距离 22#块 1 m 的位置，两前吊带间距 1 m，移动钢模拼拢，锚固后锚，两前吊带均使用木模套上，所留孔洞，拆模之后补足。

中跨合龙详细流程：

（1）主跨合龙应选择在温度变化较为平缓的时段进行。

（2）边跨合龙束（B 和 LT 系列）管道内浆体强度达设计强度 80%后解除边跨挂篮和交界墩（或桥台）的接触，使箱梁边跨仅通过支座与墩台接触。

（3）调节主跨侧水箱水量以使其总重量与主跨合龙段混凝土重量相等。

（4）安装外模。

（5）安装主跨合龙骨架和顶推用千斤顶：顶推前检查，确保合龙段两端无抵消顶推力的连接。

（6）布置顶推位移测点。

测点设于悬臂端截面的左上、左下、右上、右下角点附近和梁端处，每幅桥共 6 个测点，前 4 个用于测量两悬臂端的相对位移，取其平均值作为控制值，后两个用于观察梁与墩（台）间是否产生滑移，供顶推过程控制调整和力与位移关系异常时原因分析之用。

（7）计算目标位移量和参考顶推力（单幅桥）。计算公式为：

$$顶推位移 \Delta = 39 + 1.5 (T - 18) \text{ mm}$$

$$参考顶推力（单幅桥）F = 1\,200 + 31 (T - 18) \text{ kN}$$

式中：$T$——现场实测环境温度（°C）。

（8）以 200 kN（各千斤顶推力之和）为级距，逐级加载并记录各测点位移。

（9）左右幅桥应同步顶推，同步锁定合龙骨架。

（10）加载至参考顶推力后，若实际位移量小于 5 mm，再次核查合龙段两端有无抵消顶推力的连接，有则清除之。

（11）以原级距继续逐级加载，并记录各测点位移，同时注意观察千斤顶传力骨架有无变形、千斤顶和传力骨架处梁体混凝土有无开裂现象，若有上述现象，应退顶后加强骨架或垫板后再重新顶推。

（12）当满足以下两条件中之一，顶推终止：顶推位移达到目标位移量；顶推力达到 2 400 kN（单幅桥）。

若加载终止时，实际位移与目标位移量相差在 10% 之内，则锁定骨架执行后续步骤，否则应即时与设计和监控沟通以修改或另行制订定合龙方案。

（13）安装钢筋和内模。

（14）浇筑合龙段混凝土，同步调节主跨侧水箱水量。

（15）合龙段混凝土强度达设计强度 90% 后拆除合龙骨架，再按要求分批张拉钢束并及时灌浆。

### 6.5.2 合龙段整体施工工艺

边跨合龙工艺流程如图 6-13 所示。

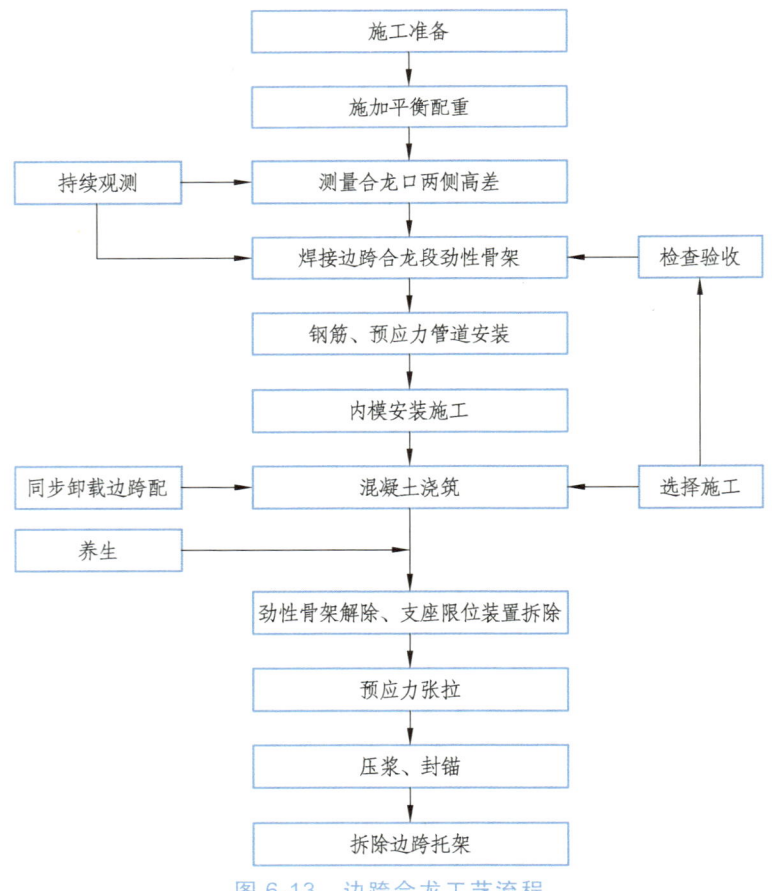

图 6-13 边跨合龙工艺流程

### 6.5.3 主要施工方法

#### 6.5.3.1 测量控制方法

为确保施工中结构的可靠性和安全性以及保证桥梁线形及受力状态符合设计要求,由第三方监控单位给出监控指令,现场根据监控指令施工,对刚构桥合龙段施工进行控制。

**1. 边、中跨合龙段数据采集布点**

在19#梁段和边跨现浇梁段合龙段侧梁顶预埋3个观测点,梁体高程及轴线偏位观测包括合龙段两侧梁段的观测。高程观测点如图6-14所示。

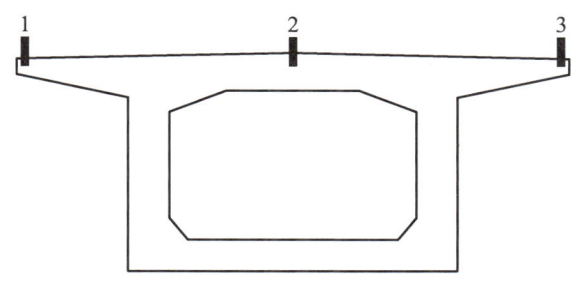

图6-14 梁段高程测点布置

**2. 边跨合龙段数据采集**

(1)在19#梁段浇筑完成后,对墩顶偏位原始数据进行采集,边、中跨合龙段数据采集前,对悬臂施工梁段及边跨现浇段上所有杂物进行清理,包括箱梁顶板及箱室内的杂物,部分机具可堆放于引桥桥面。

(2)在合龙前1周,对梁体温度、应力、高程、墩身位移、轴线偏位、承台高程等数据进行一次性采集,取得合龙前的第一手资料,对桥况作全面的评估,为后续施工打下坚实的理论基础。

(3)19#梁段配重施工完成后,对边跨合龙口进行连续48 h观测,取得合龙口时间-温度、时间-温度-高程、时间-温度-轴线偏位曲线,并将测得的数据报送监控单位。

(4)合龙段劲性骨架锁定施工前,选择合适天气测量气温,等待温度到达预定值。对合龙口进行高程、轴线偏位观测,发现异常情况立即报告。根据悬臂施工取得的温度、应力、偏位、挠度等数据,结合合龙口实测数据,计算出合龙温度、合龙底模高程。

(5)在劲性骨架锁定施工时,测量气温值和梁体温度是否符合合龙要求,进行劲性骨架焊接锁定施工。

(6)合龙段混凝土浇筑前,对当天气温和梁体温度进行监测,等待温度到达预定值,进行合龙段混凝土浇筑。在混凝土浇筑过程中,对合龙口两侧高程进行观测,同时对梁体温度、应力进行监测,发现异常立即停止混凝土浇筑,进行原因分析,采取相应措施后,再进行浇筑。

(7)在混凝土养护过程中,测量各高程观测点高程对梁体温度、应力进行监测记录。

(8)预应力张拉前,测量各高程观测点高程,对梁体温度、应力进行监测记录。

(9)预应力张拉完成后,测量各高程观测点高程,对梁体温度、应力进行监测记录,评估边跨合龙段预应力施工完成后的效果。

（10）监控单位根据之前悬臂施工取得的温度、应力、偏位、挠度等数据，结合合龙口实测数据，利用计算软件计算出边、中跨合龙段合龙温度，合龙口底模高程，给出相应的合龙时间段。以上数据以监控指令的形式进行表达。

3. 中跨合龙段高程控制措施

箱梁合龙段工高程控制程序如图 6-15 所示。

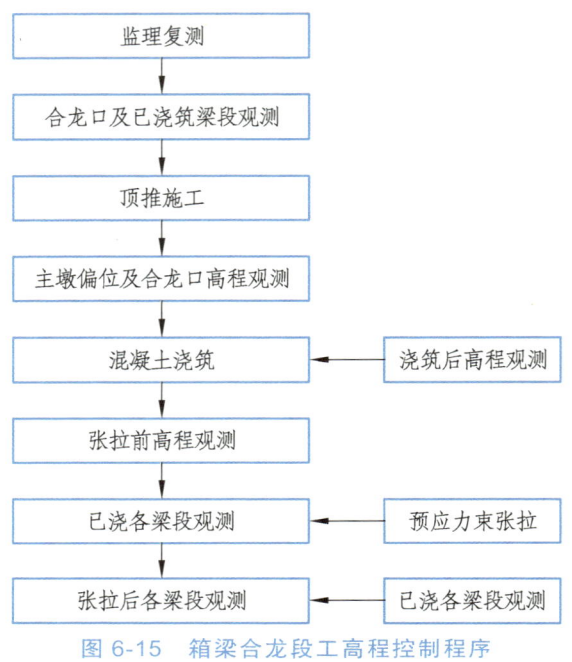

图 6-15　箱梁合龙段工高程控制程序

### 6.5.3.2　配重施工方法

1. 配重形式

合龙段吊架安装后，劲性骨架临时锁定前，应在合龙口悬臂端加配重，配重采用在水箱（桶）内加注水的形式，合龙段两侧水箱（桶）的容水重量对箱梁产生的效应，应相当于合龙段所浇混凝土重量产生的效应。在混凝土浇筑过程中，对应卸载，保证浇筑过程中 T 构重量平衡。

2. 合龙段荷载重量计算

边跨合龙段配重为钢筋混凝土 22.03 m³ × 2.6 t/m³ = 57.28 t。

3. 施加配重

（1）水箱（桶）制作。

储水装置采用在市面上广泛使用的 PE 塑胶储水桶，水桶直径 2 m，高 3 m，单个水桶储水量为 9.4 t，单个悬臂端并排布置 6 个水桶可满足储水量要求。该类储水桶由正规厂家通过一体成型工艺生产，质量可靠，且具有安置简便灵活、能节省自制水箱所需的人工及耗时的优点。水桶为白色半透明材质,可从水桶外面观察到桶内水位,在水桶外侧每隔 10 cm 标记刻度后,通过出水阀门实时控制泄水量。储水桶大样图如图 6-16 所示。

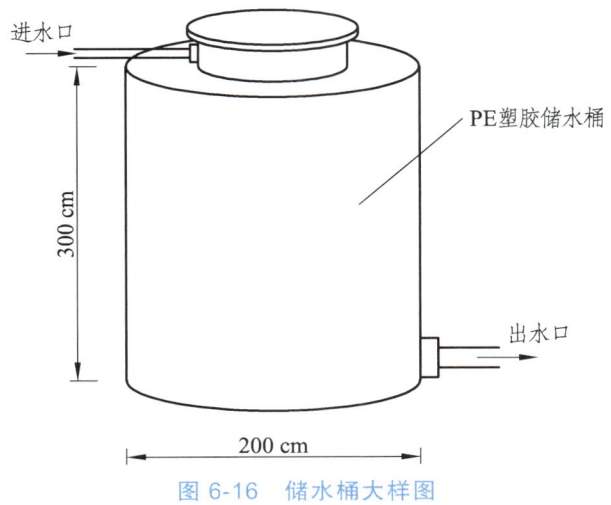

图 6-16 储水桶大样图

(2)合龙段施工时配重。

① 边跨合龙配重。

在合龙口 19′#块、19#块悬臂端端头位置各安置 6 个储水桶,每个储水桶最大储水量约为 9.4 t,水桶上的刻度间距为 10 cm,每两条刻度之间对应的水量为 0.314 t,通过水桶上的刻度控制 6 个储水桶总储水量达到 57.28 t,水桶并排布置于已浇筑的 19#块端头位置。需注意 T 构两端配重需同步加载,避免桥墩承受不平衡力矩。边跨合龙段配重参照计算书第 6 章配重技术结果。

② 中跨合龙配重。

中跨合龙段的钢筋混凝土为合龙段 + 横隔板 = 22.03 m³ + 5.81 m³ = 27.84 m³,密度为 2.6 t/m³,计算得质量约 72.38 t。19#块合龙口配重质量:1/2 合龙段混凝土质量 = 72.38/2 = 36.19 t。通过水桶上的刻度控制 4 个储水桶总储水量达到 36.19 t,水桶并排布置于已浇筑的 19#块端头位置。需注意 T 构两端配重需同步加载,避免桥墩承受不平衡力矩。

4. 配重的卸载

在合龙段混凝土浇筑过程中,通过控制储水桶底部的出水阀门,对水桶里的水同步卸载。卸载速率根据混凝土浇筑进度实时调节,具体为:根据混凝土浇筑方量,换算出已浇筑混凝土的重量,同步对水桶卸载同等重量的水量。混凝土浇筑完成后,该侧压重水箱同步卸载完毕。

(1)边跨合龙配重的卸载。

边跨合龙段混凝土浇筑时边跨 19′#块同步卸载,主跨 19#块水箱保持恒重不变。底板浇筑完成时 19′#块水箱卸载 16.85 t,腹板浇筑完成时水箱卸载 9.7 t(累计卸载 26.55 t),两侧翼缘板浇筑完成时水箱卸载 13.57 t(累计卸载 40.12 t),中间箱室顶板浇筑完成时水箱卸载 17.16 t(累计卸载 57.28 t)。

(2) 中跨合龙配重的卸载。

中跨合龙段混凝土浇筑时 19#块水箱同步卸载,底板浇筑完成时 19#块水箱卸载 8.41 t,腹板浇筑完成时水箱卸载 4.8 t(累计卸载 13.21 t),横隔板浇筑完成时水箱卸载 7.55 t(累计卸载 20.76 t),两侧翼缘板浇筑完成时水箱卸载 6.73 t(累计卸载 27.49 t),中间箱室顶板浇筑完成时水箱卸载 8.7 t(累计卸载 36.19 t)。

5. 合龙段温度、标高观测

在合龙段吊架安装过程中,测量人员对 T 构悬臂两端随时观测,当两侧标高变化超过 1 cm 时,适当增加高侧的配重或者减少低侧的配重。

在钢筋、模板施工过程中,安派专人每天按监控方案规定频率和要求对温度、合龙口两侧监控点标高、箱梁轴线、合龙口长度等进行测量并记录,总结温度对合龙段的影响参数。锁定前 2 d,加大观测频率,当合龙段两侧底板高差>20 mm 时,应通过调整压重的方式及时调整,直至合龙段梁端相对高差不超过 2 cm,相对轴线偏差不超过 1 cm。施工单位、监理工程师和监控单位联合对合龙口标高和轴线进行观测,各项数据满足要求后,方可进行钢筋焊接工作。

### 6.5.3.3 吊架安装

1. 边跨合龙吊架安装施工

(1) 边跨合龙采用挂篮施工,挂篮行走至前吊带距现浇段 15 cm 位置,挂篮底模包住现浇段 5 cm,锚固挂篮后锚,前吊带使用木模包住,采用挂篮浇筑边跨合龙段。

(2) 钢管脚手架搭设。

内模采用钢管支架支撑木模,用 $\phi$48 mm × 壁厚 3.2 mm 钢管脚手架。下设底托、上设顶托。纵、横向立杆按间距 60 cm × 60 cm 布置。上下距顶、底托 20 cm 处各设一道横、纵向水平杆及水平剪刀撑,其余横、纵向水平杆按间距 150 cm 布置。翼缘板处除上下各一道水平剪刀撑外,中间位置增设一道水平剪刀撑及内外侧各设一道纵向剪刀撑,剪刀撑均按 45°设置。横、纵向剪刀撑避免在搭设过程中发生偏斜和倾倒,剪刀撑与横杆、立杆同步安装,确保支架的稳定性。支架搭设完成后顶托上横桥向设 I12b 工字钢作主分配梁,纵桥向设置 10 cm × 10 cm 次分配梁,其间距腹板处为 20 cm,其余按 30 cm 布置,上设竹胶板。(支架除按标准间距搭设外,腹板边靠箱梁中 10 cm 处对应纵向间距增加一根立杆)。

2. 中跨合龙吊架安装施工

中跨合龙采用挂篮(两只)吊架法,两只挂篮行走至 19#块距离 22#块 1 m 的位置,两前吊带间距 1 m;移动钢模拼拢,锚固后锚,两前吊带均使用木模套上,所留孔洞,拆模之后补足。

挂篮拆除内模,行走到位后将后锚锚固于中跨端 18#梁段上(距 19#块 1 m 的位置),挂篮前吊带正好在合龙段距 19#块 1 m 的位置,两只挂篮与合龙段横向中心线完全对称,各向前移 50 cm 底模拼在一起。中跨合龙段除内模和横隔板模板使用木模外,其余均使用挂篮配套钢模。外侧钢模悬挂于外滑梁上,内模采用木模,搭设钢管支架支撑,以便拆模后从预留孔(在 17#块顶板预留 1 m × 0.5 m 人洞)取出。内顶模处脚手架立杆间距为横向、纵向、步距 90 cm × 60 cm × 120 cm。

#### 6.5.3.4 劲性骨架施工方法

1. 边跨合龙劲性骨架施工

为保证合龙段浇筑质量，在合龙段两侧标高、轴线调整到位后需形成临时刚性连接，本项目设置 6 道体外合龙劲性骨架，以满足合龙段临时刚性连接的要求。根据设计文件，在箱梁顶板表面、底板表面分别布置 3 道劲性骨架，横向间距 2.4 m。施工 19#、21#节段时需在相应位置安装预埋件 N2、N6。

预埋件在 21#块及边跨现浇段各预埋 3 个，当合龙口两侧平衡重量、标高调整到位后，即可进行合龙口劲性骨架焊接工作。

单根劲性骨架由 1 根 I28b 工字钢与钢板（上下面）组焊构成，长度为 1.755 m，焊接时先清理合龙口两端预埋钢板，将工字钢焊接在预埋钢板上，工字钢外边距预埋钢板外边为 2 cm；工字钢位置固定后，先按照设计图纸在两端顶部焊接 N4 钢板尺寸为 □1 560 mm × 300 mm × 16 mm，中间一块，两端各一块；焊接完成后再在工字钢顶部焊接 N3 钢板，尺寸为 □700 mm × 300 mm × 16 mm（钢板位置与预埋件对应）。

合龙段劲性骨架制作安装流程如下：

施工 19#节段、边跨现浇段时先行埋设劲性骨架预埋件→根据第三方监控提供合龙时温度，钢筋合龙（封焊）→安装临时锁定结构，两端与锚板焊接固定，中间端作为调节端→焊接时先焊底板后腹板，最后焊接顶板，焊接时要求焊缝长度、饱满度满足设计要求→两合龙口标高调整到位后封焊锁定调节端→调节端封焊完成，合龙段锁定施工中需特别注意劲性骨架的焊接质量。

2. 中跨合龙劲性骨架施工

经与监控单位沟通，设定中跨合龙顶推力，故在中跨合龙劲性骨架锁定前，采用 YCL-600 t 千斤顶（左右幅同步施工，每幅 4 个，共 8 个）对中跨合龙段两端进行顶推施工。在顶推施工过程中，通过对主墩预埋应力检测装置及位移检测装置随时观测，当应力、应变大于理论计算值时，停止顶推，分析原因，待监控单位给出原因，并针对性地解决后，方可进行下一步施工。

（1）顶推施工准备。

① 中跨合龙段施工时，在中跨合龙段两端 19#梁段靠近合龙段侧预埋顶推施工预埋件，预埋件为 25 cm × 25 cm，采用 1 cm 厚钢板。

② 采用 $\phi$200 mm × 8 mm 钢管制作顶推施工持力构件，钢管两端焊接钢板，钢管内部设置加劲板，钢管长度为 1.7 m，钢板尺寸为 25 cm × 25 cm × 1 cm。

③ 对刚构桥支座位置等进行全面检查，保证边跨现浇段下支座约束减除，梁体在移动时不受支座约束。

④ 中跨合龙段设计顶推合力为两个腹板顶推力之和，施工现场准备 2 台 25 t 千斤顶及 2 套液压设备，4 名专业操作人员，在刚构桥两端支座位置各设置 1 人进行观察，并配备对讲机，如遇突发情况，及时通知暂停顶推施工。

⑤ 顶推施工前，将钢管及千斤顶、液压设备根据设计图纸放置到位。

⑥ 采用全站仪测量顶推施工前主墩墩顶偏位并记录，顶推过程适时监控墩柱偏位情况。

（2）顶推施工。

① 当梁体外环境温度及梁体温度均符合要求时，由专业监理工程师下达施工命令，开始中跨合龙段顶推施工。

② 2台液压设备同时开启，带动千斤顶开始顶推，钢管、千斤顶、中跨22#梁段预埋件形成持力结构，对刚构桥箱梁进行顶推。

③ 顶推施工采用顶推力与墩身偏位值双控的方法，无论哪个值先达到预期值，即停止顶推，并进行持荷。

④ 分阶段顶推（0 t、25%$F$、50%$F$、100%$F$），每阶段持荷。采用全站仪测量主墩墩顶偏位，如发现墩身偏位达到监控指令给定的数值时，即通知现场停止顶推，防止墩身偏位超过预警值。

⑤ 刚构桥两端观察员对支座位移进行观察，如发现支座位移卡死、位移超过支座设计位移、支座脱空等现象，及时通知顶推施工现场人员，暂停顶推施工，采取应对措施后，方可继续进行。

⑥ 突发情况处理。

a. 支座位移卡死：立即停止顶推，根据现场实际情况采取措施解除位移限制，如清扫、撬移、割除等，对刚构桥再次进行限位排查，排查完成后方可继续顶推。

b. 位移超过支座设计位移：立即停止顶推，如支座损坏，则需更换；如支座能正常使用，则评估顶推效果的合理性。

c. 主墩位移超过设计值：立即停止顶推，监控单位对梁体及墩身应力进行监测，查看梁体及墩身应力是否超限，评估顶推施工合理性，根据实际情况对脱空的支座进行处理。

d. 评估顶推施工效果并提出相应对策，直到顶推施工符合骨架锁定施工要求。

（3）合龙段劲性骨架安装。

① 劲性骨架参数。

为保证合龙段浇筑质量，在合龙段两侧标高、轴线调整到位后需形成临时刚性，设置6道体外合龙劲性骨架，以满足合龙段临时刚性连接的要求。根据设计文件，在箱梁顶板表面、底板表面分别布置3道劲性骨架，横向间距2.4 m。施工19#节段时需在相应位置安装预埋件。

预埋件在19#及19'#各预埋6个，当合龙口两侧平衡重量、标高调整到位后，即可进行合龙口劲性骨架焊接工作。

单根劲性骨架由I28b工字钢构成，长度为23 m，焊接时先清理合龙口两端预埋钢板，将工字钢焊接在预埋钢板上，工字钢外边距预埋钢板外边为2 cm；工字钢位置固定后，先按照设计图纸在两端和中间焊接N3钢板，尺寸为760 mm×300 mm×16 mm，中间一块，两端各一块；焊接完成后再在工字钢顶部焊接N4钢板，尺寸为2 560 mm×300 mm×16 mm（钢板位置与预埋件对应）。

② 合龙段劲性骨架锁定施工准备。

a. 根据监控单位给定的模板高程值调整好施工平台底模高程。

b. 先将中跨合龙段劲性骨架单侧与19#梁段预埋锚固杆提前焊接，中跨合龙段连接杆与另一侧19#梁段锚固杆采用4块1 cm厚钢板焊接。对焊缝进行严格检查，确保焊接质量符合设计及规范要求。

c. 人员及机械准备：中跨合龙段准备 4 名经验丰富的焊工、5 台焊机及相应机具；准备一台 250 kW 的发电机，防止突发停电事故；配备电工保证施工供电的连续性。

d. 技术准备：随时关注当地天气预报及变化情况，选择合适的天气条件。当天准备一支激光温度计，监控单位同时对梁体温度进行监控测量。中跨合龙段准备 2 名测量员，对合龙口两端高程控制点进行动态观测，并进行记录，得出时间、温度、高程、轴线偏位曲线，发现异常应及时告知总工程师、监控单位、设计单位等，并提出相应对策。

e. 中跨合龙段锚固杆锁定施工前应及时通知专业监理工程师。

③ 合龙段劲性骨架锁定施工。

a. 当梁体温度达到监控指令下达的合龙温度时，进行合龙口劲性骨架锁定施工。

b. 同时开动焊机，专业焊工进行劲性骨架锁定施工，将合龙段劲性骨架与 19#梁段预埋锚固杆进行快速焊接。

c. 焊接施工时，先对劲性骨架与锚固杆焊缝进行短距离焊接，各焊接点均快速施焊，完成后再进行各条焊缝的完整焊接。

d. 焊接完成后，及时对焊接质量进行检查，完成中跨合龙段劲性骨架的锁定施工。

e. 锁定施工完成后，对合龙口进行 24 h 观测，确保锁定施工达到预期效果。

#### 6.5.3.5 模板施工

1. 模板参数

（1）底模。

在吊架上安装主分配梁双拼 I40b 工字钢，间距为 1.2 m，主分配梁上安装底模支架［12b 槽钢组焊，间距为 0.75 m，在底模支架铺装底模板。合龙段底模面板采用厚度为 6 mm 的钢板，加劲肋采用［8 槽钢，间距为 30 cm。

（2）外模。

合龙段外模长度为 4.5 m。挂篮模板面板采用厚 6 mm、边框—80×12 钢板和 L80×80×8 角钢，背筋［8，桁架［12，桁架连接板厚 12 mm，桁架外连接角钢采用 L80×80×8；连接孔为 $\phi 20$ mm×28 mm 条孔，含面板边距 41 mm。外模采用钢制排架进行支撑，排架采用［12 加工制作而成，竖杆间距为 138 cm，顺桥向间距为 88.3～100 cm，排架在纵向采用 L75×8 角钢连接系加强稳定性，外侧模安装后用直径 25 mm 精轧螺纹钢作为对拉杆与内侧模对拉固定，其间距为 1 m×1 m，呈梅花形布置。模板纵横轴与墩顶纵横轴相吻合，两侧侧模用拉杆和内支撑加固防止模板倒塌。

（3）横隔板模板及内侧模、顶板内模。

内模及横隔板模板（仅中跨合龙段有横隔板）采用木模，其面板采用厚度为 15 mm 的竹胶板，外用 100 mm×100 mm 方木作为纵向背肋进行加强，其间距为 30 cm。方木外侧采用 2×［10 作为分配梁，分配梁间距与内模支架间距一致，内侧模安装好后，用对拉杆进行内侧模、外模的加固，其间距与外模一致，为 1 m×1 m，呈梅花形布置。内模采用满堂支架支撑，纵向、横向间距 0.9 m×0.6 m，步距 1.2 m，顶部采用顶托进行支撑。

2. 模板安装

待托架安装完毕后，铺设好行走通道及操作平台，围好护栏，挂好安全网等安全保证措施，再进行模板的安装。首先安装底板模板，紧接着安装外侧模板，再安装顶板底板，然后安装箱梁底板钢筋、预应力管道等，最后安装内侧模板，在底板面与腹板接头的倒角底部，可外加一块压板，防止腹板混凝土翻浆。模板安装完后，测量人员要对模板进行检测，合格后方可施工下道工序。

在安装内模时，腹板厚度视实际情况稍微缩小一点，浇筑混凝土时由于重力作用可扩至设计尺寸。

### 6.5.3.6 钢筋施工

梁体钢筋种类较多，预应力管道纵横交错，结构较为复杂。钢筋绑扎总体顺序为：底板钢筋绑扎、预应力管道安装→腹板钢筋绑扎、预应力管道安装→顶板（含翼板）钢筋绑扎、预应力管道安装。

1. 底板、腹板及横隔板钢筋绑扎

底板纵向钢筋和横向钢筋的位置及间距控制：在底模上梅花形布置混凝土垫块，焊设井形架立钢筋定位，并且要有足够的数量以确保钢筋骨架的强度，防止在绑扎、浇筑过程中变形。在绑扎腹板筋时，注意保证主梁顶面的保护层厚度，保护层过大或过小均严重影响主梁质量。在认真复核图纸、精准推算顶板保护层尺寸后，反算控制骨架主筋、高度。底板钢筋绑扎前要按钢筋布间距在主梁模板或钢筋上作出标记，绑扎时严格按标记布设、绑扎钢筋。

2. 顶板钢筋绑扎

底板、腹板钢筋绑扎完成，内模安装并调整标高后，进行顶板钢筋绑扎。在顶板钢筋绑扎前，在主梁各跨每个截面留设挠度及沉降观测点，沉降及挠度观测标按要求埋设，设立位置选择在仪器便于观测部位。绑扎顶板上层钢筋时，要注意梁体钢筋与各种预埋钢筋的连接。

3. 钢筋的保护层

梁体钢筋最小净保护层厚度外侧为 2 cm，内侧为 4.0 cm，采用不低于主梁混凝土强度的垫块控制净保护层。放置的保护层垫块成梅花形分布，垫块间距不大于 1 m，保护层垫块数量以不少于 4 块/$m^2$，钢筋骨架底部的垫块需要承担整个骨架的重量，因此要求适当增加垫块数量。所有垫块必须安装在钢筋骨架最外层箍筋上，充分保证钢筋骨架刚度。保护层垫块施工还需满足以下规定：

（1）混凝土垫块要有足够的强度和密实性，垫块支座厚度不应出现负误差，正误差不大于 1 mm。

（2）垫块应与钢筋绑扎牢固，且其绑扎的丝头不应进入混凝土保护层内。

（3）混凝土浇筑前，应对垫块的数量、位置和紧固程度进行检查，不符合要求及时处理，应保证钢筋的混凝土保护层厚度满足设计和规范要求。

### 6.5.3.7 波纹管、预应力筋制作及安装方法

1. 概　述

主梁合龙段为三向预应力体系，预应力钢束型号为 15-2、15-4、15-19、15-21，预应力束

采用符合《预应力混凝土用钢绞线》(GB/T 5224—2003)标准的低松弛钢绞线,公称直径 15.20 mm,抗拉强度标准强度为 $f_{pk}$ = 1 860 MPa,弹性模量 $1.95 \times 10^5$ MPa,控制张拉应力为 1 395 MPa。

预应力管道采用高密度聚乙烯(HDPE)制成的塑料波纹管(纵向)及金属波纹管(竖向、横向),材料应满足《高密度聚乙烯树脂》(GB/T 11116—89)、《预应力混凝土用金属波纹管》(JG 225—2007)的要求。波纹管外观应光滑,色泽均匀,内外壁不允许有隔体破裂、气泡、裂口、硬块及影响使用的划伤。波纹管环刚度应不小于 6 $kN/m^2$,壁厚不小于 2.5 mm。波纹管进场后,检查产品质检证书,采用游标卡尺检测波纹管尺寸,及时取样送中心实验室作检测。

锚具均采用 I 类优质锚具,并采用与相应钢绞线匹配的成套产品,包括锚垫板、锚板、夹片和螺旋筋等。锚固体系技术性能应符合《预应力筋用锚具、夹具和连接器》(GB/T 14370—2015)的要求,锚固效率系数大于 95%。锚垫板强度不小于 HT200,其尺寸应使锚下混凝土应力满足规范要求。

2. 预应力管道安装

(1)纵向预应力管道安装。

纵向波纹管在腹板钢筋绑扎完成后安装,并设置井字筋或 U 形箍固定牢靠。主梁标准节段纵向预应力钢束采用错节段单端张拉,纵向预应力钢束采用两端张拉。预应力管道在直线段每 1 m 设置一道井字形定位钢筋,曲线段每 0.15 m 设置一道防崩钢筋,波纹管要求水平向偏差≤10 mm,竖向偏差≤5 mm。

波纹管安装前,应仔细检查有无踩扁、孔洞或砂眼等现象,安装时要求控制坐标点位置尽可能准确,线形流畅自然。

两根波纹管连接,一般采用大一号的同类波纹管进行套接,在接头处将波纹管接口用小锤整平,以防在穿束时引起波纹管翻卷导致管道堵塞。套接时两波纹管端头应顶紧,接头处用胶带与套管缠紧。

纵向预应力筋先穿内衬管后穿束,为防止混凝土进入波纹管,纵向波纹管内还应套接长度大于预应力管道 2 m 的内衬管,内衬管采用软质 PVC 管。

压浆时,为保证压浆的密实度,较长的纵向波纹管在其高处需设置一定数量的排气软管。排气软管需用胶带缠紧防止混凝土进入。

(2)横向及竖向预应力管道安装。

横向预应力管道为金属波纹管,竖向预应力管道为塑料波纹管,在钢筋绑扎完成后安装,其安装较为简单,预应力钢束工作长度为 50 cm,横向采用单端单根张拉,钢束型号采用 15-2,竖向采用单端整束张拉。

为防止混凝土进入管道,安装前需仔细检查有无砂眼等缺陷,如有采取胶带缠绕包裹,但胶带不宜缠绕过长,以免影响波纹管与混凝土间的黏结力。顶板横向预应力采取后穿束方式,穿束完成后用棉纱封堵管道端部防止混凝土进入。

3. 锚垫板安装

锚垫板进场时,应按要求进行检查验收,抽检试验合格后才能使用。

锚垫板安装位置要准确，安装与孔道垂直，定位完成后及时固定，固定好锚垫板后应及时安装锚垫板加强钢筋（即螺旋钢筋）。

安装好的锚垫板尾部与波纹管套接，锚垫板张拉面与波纹管轴线应垂直，波纹管套入锚垫板的深度不小于 10 cm，其接缝填塞严密，并用防水胶布缠裹，锚垫板口及预留孔内用棉纱或其他材料填塞，并用防水胶布封闭，防止在浇筑混凝土时水泥浆渗入。

锚垫板安装完成后，及时绑扎锚下螺旋筋及防崩钢筋网片。

4. 钢绞线穿束

纵向钢绞线考虑为用卷扬机整束穿束，穿束前宜将钢束端头做成锥状，表面要用砂轮修平滑，以防钢束在波纹管接头处引起波纹管翻卷，堵塞孔道。

穿束前需将钢绞线理顺后编束，用扎丝绑扎好，张拉时如果各根钢绞线受力不均，可能导致部分钢绞线达不到张拉控制应力，而另一部分钢绞线则可能被拉断。

如果在钢束穿进过程中堵塞，要立即停止，找准堵塞管位置，凿开混凝土，清除管道内的堵管杂物，然后再穿束。

堵管桥面开仓时不可损坏邻近的波纹管，封仓前应先把割断的桥面钢筋焊好，最好在封仓处埋设排气孔，便于压浆。

### 6.5.3.8 混凝土施工

浇筑顺序一般为：底板→腹板→顶板→翼板。

先浇筑腹板与底板交接的倒角处，底板混凝土由顶板预留泵管孔流入，当底板需要补料时，泵管（软管）直接从梁端下弯伸到主梁底板。

面板混凝土由两侧翼缘板边缘向中间对称均衡浇筑，悬臂端混凝土由前端向后浇筑。两悬臂必须对称浇筑，入仓混凝土的不平衡重量不大于 1/5 梁段重。

1. 混凝土浇筑

（1）将导管移至底板位置，浇筑底板混凝土。

（2）导管分别转到高低侧腹板位置，从腹板下料，对称浇筑底板和腹板交接处混凝土，采用插入式振动棒捣固密实，保证混凝土不从底板翻出。

（3）浇筑底板剩余混凝土，并及时对底板进行压实抹光和收面工作。

（4）底板浇筑完成后，应暂停浇筑腹板混凝土，直至底板混凝土不外翻为止（防止腹板混凝土过高，将混凝土从底板顶面的模板处反压出来），再开始浇筑腹板混凝土。采用纵向分段水平分层的方式对称浇筑，浇筑 0.8~1 m 厚时，暂时停止 15~20 min 后再浇筑，直至浇筑到倒角。

（5）浇筑顶板混凝土，同一截面浇筑时注意从翼缘板向梁体中部浇筑，浇筑顶板混凝土时应注意控制好顶板厚度和坡度，桥面设置标高控制线，用刮尺进行刮平收面，待混凝土初凝再收第二次面并压光。

2. 混凝土振捣

混凝土振捣采用插入式振捣器进行。振捣时，应避免振捣器碰撞模板、钢筋及其他预埋件。混凝土振捣时间要适宜，不得出现漏振、欠振或过振现象。振捣延续时间一般掌握在混凝土不再下沉、无显著气泡上升、顶面平坦一致并开始浮现水泥浆为止，一般振捣时间不宜超过 30 s。振捣棒拔出时应缓慢匀速，严禁过快过猛，以免留下孔迹和空洞。

振捣棒每次插入的间距不得超出其有效作用半径的 1.5 倍。对于横隔墙和预应力锚固区等钢筋密集处，需减小插入间距，并延长振捣时间，使其充分振捣密实。如钢筋空隙过小，须换用 $\phi 30$ 振捣棒进行振捣。

振捣棒每次插入振捣时，需插入下层混凝土面 5~10 cm，以加强上下两层混凝土的结合，避免出现施工冷缝。振捣不可插入下层混凝土过深，避免因振捣造成底板处翻浆。

振捣混凝土时，对各种预应力管道、预应力锚固区、预埋件、锚头等处加强振捣，防止锚下混凝土崩裂，但应避免其因振捣棒的撞击造成破损、跑位等。

在振捣底腹板区域时，振捣棒须从腹板上口插入进行振捣，严禁从底板压脚模处横向插入振捣而造成倒角处混凝土被拖空。

在进行底腹板倒角区域及腹板区域浇筑时，安排专人在内箱内用钢筋棍或小段型钢敲打模板，根据敲打处发出的声音判别该处混凝土是否已振捣密实。若敲打声音较为清脆，则表明该处未振捣密实，仍有空洞，立即告知顶板人员重新下料并振捣密实。

3. 混凝土收面及养护

在混凝土初凝前应完成收面工作，底板表面收面 2 次以上。顶底板面至少进行 3 次找平收面，以防止表面收缩裂纹的产生。混凝土浇至顶面时会有少量浮浆，收面时用工具将浮浆清理干净，方可进行收面。

混凝土顶面标高控制需在顶面钢筋绑扎完成后，在顶面钢筋上焊接标高控制筋，顺桥向与横桥向均设置每 3 m 一道。混凝土浇筑到标高后，利用 6 m 长铝合金刮尺抹平，抹平后将工作筋拉出，重复使用。

待混凝土初凝时，用细竹条在混凝土面划痕，划痕深度在 1 mm 左右。

混凝土初凝后及时用喷洒养护液养护，混凝土初凝后覆盖湿养时间不少于 7 d。

底板底面及斜腹板养护，采用喷洒水养护。

4. 施工缝处理

为使拆模后混凝土表面接缝美观，在施工中，拟采取以下措施进行预控：

（1）断面模板应保证其线形的顺直，模板面保证光滑，混凝土浇筑前进行润湿。凿毛由人工完成，当处理层混凝土强度达到 2.5 MPa 时，由人工开始凿除混凝土表面的水泥砂浆和松软层，露出粗骨料。

（2）混凝土浇筑前，再次对凿毛后的接缝表面进行检查清理（若有杂物，应清理干净，以防夹渣）；接缝两侧的混凝土应充分振捣，以使缝线饱满密实。

（3）梁段浇筑前 1 h 应用清水将施工缝充分润湿，便于前后节段混凝土的有效结合，同时这也是裂缝控制的重要手段之一。

### 6.5.3.9　解除劲性骨架

混凝土达到张拉强度要求、纵向束张拉前，解除合龙口劲性骨架。解除顺序为先顶板、后底板，并且左右对称进行。切割时注意不要烧伤混凝土，焊缝切割完成后，用千斤顶把槽钢顶离预埋钢板，确保完全切割开。最后把预埋板顶面修平，底板处用水泥浆涂刷处理。

### 6.5.3.10 预应力张拉

**1. 边跨合龙预应力张拉顺序**

当主梁混凝土强度到达设计的 90%且龄期达 7 d 时，方可进行张拉。横向及竖向预应力滞后一个节段张拉。塔吊冲突处的两根横向预应力在后期塔吊拆除之后，相应部位槽口等强修复并在混凝土强度及弹性模量达到设计要求后再进行张拉及压浆作业施工。

总体张拉顺序：边跨合龙段施工→纵向预应力→横向预应力→竖向预应力。

（1）纵向（单端张拉）：B1→B2→B3→B4→LT1→LT2→LT3。张拉时左右对称进行。

（2）横向及竖向：先中间束后两边束，系横预应力钢束 NH2 采用两端张拉，横隔板横向束 NH1 采用单端张拉。

**2. 中跨合龙预应力张拉顺序**

主跨合龙束分两批张拉：

（1）合龙段混凝土满足张拉条件后，张拉第一批钢束并灌浆，其张拉顺序为：D7→D6→D3→D2→CT1。

（2）第一批钢束管道内浆体强度达设计强度的 90%后，张拉第二批钢束并灌浆，其张拉顺序为：D9→D8→D5→D4＋D1→CT2。

**3. 张拉前准备工作**

（1）张拉设备的校验准备。

（2）锚垫板面检查，保证锚垫板面清洁、干净，无水泥浆。

（3）检查梁体有无缺陷，如有，应事先征得监理工程师同意修补完好且达到设计强度，否则不允许张拉。

（4）由试验室出具的强度报告，当箱梁混凝土强度达到设计强度的 90%，弹性模量达到 28 d 设计弹性模量的 80%且龄期达 7 d，方可张拉预应力。

**4. 张拉施工步骤**

当主梁混凝土强度到达设计的 90%且龄期达 7 d 时，方可进行张拉。横向及竖向预应力滞后一个节段张拉。塔吊冲突处的两根横向预应力在后期塔吊拆除之后，相应部位槽口等强修复并在混凝土强度及弹性模量达到设计要求后再进行张拉及压浆作业施工。

张拉一般步骤为：安装工作锚板→安装工作锚夹具→安装限位板→安装千斤顶→安装工具锚→安装工具锚夹片→张拉→回油卸荷。

张拉力控制过程一般如下：0→初应力 10%$\sigma_k$→张拉控制应力 100%$\sigma_k$（持荷 5 min），需待油缸伸缩及油表读数稳定后再量伸长值，张拉完毕持荷 5 min，待油表读数稳固后回油锚固。

塔吊预留洞占用桥面板处位置 3 束横向预应力筋，需将 3 束横向预应力筋增加至 4 束，施工到 1#块时张拉一组（锚垫板在预留洞一侧的预应力筋），最后塔吊拆除后张拉剩下的一组横向预应力筋。

纵向预应力张拉时，每个悬臂端使用两台千斤顶对称、同步、缓慢张拉，要防止主梁大偏心受压。张拉时应采用对讲机保持适时通信联络。

张拉控制力见表 6-6。

表 6-6 主梁张拉控制力

| 锚具规格 | 单根钢绞线面积/mm² | 整束断面面积/mm² | 张拉控制应力/MPa | 张拉控制力/kN |
|---|---|---|---|---|
| 15-2 锚具 | 140 | 280 | 1 395 | 390.6 |
| 15-4 锚具 | 140 | 560 | 1 395 | 781.2 |
| 15-19 锚具 | 140 | 2 660 | 1 395 | 3 710.7 |
| 15-21 锚具 | 140 | 2 940 | 1 395 | 4 101.3 |

5. 伸长值校核

张拉采用双控，以张拉力控制为主，用伸长值进行校核。伸长值容许误差控制在 ±6% 以内，同一断面的断丝率不得大于 1%，且每束钢绞线断丝不得超过 1 根。

（1）油表读数。

张拉过程以油表读数控制为主。油表读数根据各束钢绞线各张拉阶段张拉力和千斤顶、油表配套标定的回归线性方程计算而得。

（2）钢绞线实际伸长值。

实际伸长值应扣除钢束的非弹性变形影响，钢束实际伸长值根据实测伸长值按下式推算：

$$\Delta = \frac{\Delta_0}{P - P_0} P - \delta$$

式中：$\Delta$——实际伸长值（mm）；

$P$——设计张拉吨位（t）；

$P_0$——初始张拉吨位 10%$P$，具体视伸长值是否线性变化而定；

$\Delta_0$——由 $P_0 \to P$ 的实测伸长值（mm）；

$\delta$——夹片回缩值（mm），由实测确定。

（3）钢绞线理论伸长值计算。

根据《公路桥涵施工技术规范》（JTG/T 3650—2020），预应力筋伸长值 $\Delta L$ 按下式计算：

$$\Delta L = \frac{P_p L}{A_p E_p}$$

式中：$\Delta L$——伸长值（mm）。

$P_p$——预应力筋的平均张拉力（N），直线筋取张拉端的拉力，两端张拉的曲线筋计算方法为 $P_p = \frac{P(1 - e^{(kx + \mu\theta)})}{kx + \mu\theta}$，其中，$P$ 为预应力筋张拉端的张拉力（N）；e 为常数，约等于 2.718 281 828；$x$ 为从张拉端至计算截面的孔道长度（m）；$\theta$ 为从张拉端至计算截面曲线孔道部分切线的夹角之和（rad）；$k$ 为孔道每米局部偏差对摩擦的影响系数；$\mu$ 为预应力筋孔道壁的摩擦系数。$k$ 值和 $\mu$ 值见表 6-7。

$L$——预应力筋长度（mm）。

$A_p$——预应力筋截面积。

$E_p$——预应力筋弹性模量，理论取值一般为 $1.95 \times 10^5$ MPa，与实测值有差别。

表 6-7　《公路桥涵施工技术规范》（JTG/T 3650—2020）的 $k$ 值及 $\mu$ 值

| 孔道成型方式 | $k$ 值 | $\mu$ 值 | | |
|---|---|---|---|---|
| | | 钢丝束、钢绞线、光面钢筋 | 带肋钢筋 | 精轧螺纹钢 |
| 预埋铁皮管道 | 0.003 | 0.35 | 0.4 | — |
| 抽芯成型管道 | 0.001 5 | 0.55 | 0.6 | — |
| 预埋金属螺旋管道 | 0.001 5 | 0.20～0.25 | — | 0.5 |

（4）钢绞线回缩量。

钢绞线一端回缩量不得大于 6 mm，否则应重新张拉。回缩量的测量方法为：张拉至控制应力时测量千斤顶活塞的外露长度 $L_1$，然后关闭电源打开回油阀，回油至 2～3 MPa 时再测量千斤顶活塞的外露长度 $L_2$，$L_1$ 与 $L_2$ 之差再减去一端自由长度的伸长值即为钢束该端回缩量。

（5）夹片回缩量。

张拉后回油卸顶，并测量工作锚夹片外露量。取限位板的槽深与工作锚夹片的外露量的差值作为夹片回缩量，回缩量不得大于 6 mm。

6. 施工注意事项

（1）张拉前千斤顶应与所标定的油表配套使用，张拉力与油表的读数应相匹配，张拉力通过标定方程进行计算。

（2）如果钢绞线在波纹管内比较松弛，张拉伸长量较大时，应采取循环倒顶的方式多次张拉，单次张拉千斤顶行程一般控制在 19 cm 以内。

（3）若伸长量不足或过大，要及时分析原因，一般是管道布置不准，增大孔道摩阻，应力损失过大，有时也可能是设计计算使用的钢绞线弹模值与实际使用的弹模值不相同。总之要及时查明原因，采取相应的措施后方可进行下一步施工。

（4）锚固时应缓慢关闭送油油路阀门，使千斤顶活塞缓慢回缩，工作夹片锚紧钢绞线。按顺序取下工具夹片、工具锚板、张拉千斤顶、限位板。

（5）钢束张拉完毕，严禁撞击锚头，采用砂轮切割机切割，留下的锚头长度为 1.5$d$（$d$ 为钢筋直径）且不小于 3 cm。

（6）当一束出现少量滑丝时，如果夹片没问题，可用单根张拉油顶进行补拉，如夹片有问题，应更换夹片，重新张拉。当一束内出现多根钢绞线滑丝时，须退锚放松钢绞线束并重新装夹片整束补拉。退锚时用退锚器进行。

（7）如果出现断丝数超过规范允许时，必须整束退锚，换线重拉。

### 6.5.3.11　管道压浆及封锚

（1）应力筋张拉锚固后，孔道应尽早压浆，且应在 48 h 内完成，否则应采取避免预应力筋锈蚀的措施。预应力孔道应采用专用压浆料或专用压浆剂配制的浆液进行压浆，浆体 28 d 抗压强度不得小于 50 MPa。压浆采用智能压浆工艺进行。

浆液拌好检验合格后启动压浆泵，当压浆泵输出的浆体达到要求稠度时，将泵上的输送管接到锚垫板上的引出管上，开始压浆。当水泥浆从排气阀顺畅流出，且稠度与灌入的浆体相当时，关闭抽真空端所有的阀门。压浆泵继续工作，在 0.5~0.7 MPa 下持压 1~2 min。关闭压浆泵及压浆端阀门，完成压浆。

（2）封锚。

压浆完成后，对箱梁及时封锚。封锚施工时，先对锚具周围的箱梁混凝土进行人工凿毛，冲洗干净后，支立模板并浇筑混凝土。封锚混凝土采用与箱梁同强度等级混凝土。

① 封锚混凝土浇筑。

② 张拉完成后，应在 48 h 内封锚，封锚混凝土可分次填塞，保证填塞密实，并用钢筋棍捣固密实，不能有空洞、不饱满现象，如有塑性变形造成其与原混凝土之间有缝隙的现象，必须在混凝土未凝固前重新捣固，与原混凝土之间达到密实状态。

③ 封端混凝土要平整光滑，与梁体颜色基本一致，封锚混凝土要加强捣固，要求混凝土密实，无蜂窝麻面，与梁端面平齐。封端混凝土各处与箱梁混凝土的错台不超过 2 mm。

④ 封锚混凝土养护。

⑤ 封锚混凝土表面应喷涂养护剂，并采取保温措施，禁止对混凝土洒水。在初凝后的 12 h 之内必须加强养护，防止封端混凝土与箱梁之间产生裂纹。

### 6.5.3.12 吊架拆除

**1. 边跨合龙吊架拆除施工**

边跨合龙段施工（张拉压浆）完成后方可拆除边跨托架。首先拆除底模外的所有模板，然后通过调卸荷块和挂篮底篮锚固螺栓落底模，利用卷扬机、电动葫芦通过箱梁上预留的孔洞，配合汽车吊从上到下拆除吊架，汽车吊在交界墩引桥桥面上。

**2. 中跨合龙吊架拆除施工**

中跨合龙段施工（张拉压浆）完毕后，方可拆除吊架及挂篮。先拆除吊架，再拆除挂篮；将汽车吊开至桥面先拆除边跨挂篮，再拆除中跨挂篮。挂篮拆除应对称进行，拆除顺序为：箱内支架→侧模系统→底模系统→主桁架。吊带系统及行走锚固系统在其过程中交叉操作。箱内拱顶支架采取拆零取出，侧模、底模系统采用卷扬机整体吊放。用滑轮组和卷扬机先拆除前、后下横梁，然后拆除底模、外模，主桁架、前上横梁用汽车吊配合拆除。挂篮拆除时必须由专人指挥，有专人打信号，严禁违章指挥。

（1）准备工作。

① 中跨合龙施工完成后，即可拆除挂篮。

② 在挂篮拆除前，确保已完成梁体纵向预应力张拉、孔道压浆及封端施工，梁体强度达到施工强度。

③ 挂篮内模已下放至内箱解体拆除，侧模及底模已脱离梁体。

④ 挂篮前上横梁、中门架最外侧 4 根连接底篮的钢板吊带连接可靠，同时每个吊点使用 10 t 手动葫芦做保险，以确保安全。

⑤ 交通疏导、场地警戒工作已完成。

（2）内模拆除。

内模体系为小钢模，通过卷扬机下放至内箱底板处，在箱梁室内解体拆除。

挂篮内模拆除时，先进行内滑梁拆除，内滑梁按常规拆除施工进行；内模板需进行分解，然后完成拆除；内模板及内滑梁利用吊车从预留人孔处起吊上桥，吊至桥面上装车运输。

（3）固定侧模

将挂篮底篮系统下落 1 m（后横梁离梁体底板 1 m），使底板水平，侧模与混凝土面完全分离，利用倒链及卷扬机钢丝绳将外侧模缓慢下放，使外滑梁承载在底篮前后横梁上，并用吊杆固定外滑梁与下横梁，同时用链条葫芦将外模与下横梁拉紧，避免外模晃动，防止挂篮后退时侧模及外滑梁滑落，并拆除妨碍挂篮后退的平台。

（4）锁定侧模、拆除底篮系统。

采用 ZLJ5323JQZ25V 汽车吊开至桥面上，选取钢丝绳为 6×19、绳径 31 mm，此时挂篮底篮位于 18#块位置，利用吊杆通过箱梁翼缘板预留的外滑梁吊杆孔，将挂篮外侧模的外滑梁提紧，临时将外模、外滑梁锚固在 1#块翼缘板上，同时使外模与底篮分离。

使用 4 台 10 t 卷扬机钢丝绳分别捆绑底篮前后横梁，拉紧，解除前后下横梁的吊带，利用卷扬机将底篮缓慢下落至墩下平台。底篮下落完成后，将卷扬机钢丝绳从底篮上解除，收起卷扬机钢丝绳。

（5）拆除侧模。

利用两台 10 t 卷扬机钢丝绳捆绑外模外滑梁，拉紧，解除锚固外滑梁的吊杆，利用卷扬机依次将两侧外模及外滑梁缓慢下落至墩下平台。

（6）拆除主桁架。

底篮系统及外侧模拆除完毕后，将主桁架及前上横梁分解拆除。主要步骤如下：

① 先用钢丝绳或链条葫芦临时在每片主桁架两侧分别将主桁拉紧，防止主桁侧倒。
② 拆除前上横梁。
③ 拆除中门架。
④ 然后利用汽车吊吊起单片主桁，解除后锚、前支点、反口轮等，将菱形架吊至地面拆解。
⑤ 轨道拆除、梁面清理。

先拆除轨道锚固精轧钢，然后将轨道吊至地面。将钢枕等细小部件装箱吊至地面，拆除完毕检查有无遗漏，做好桥面清理工作。

⑥ 左右幅挂篮错位分步拆装。

在悬臂浇筑过程中，左右幅错开施工，以左幅先施工为例，左幅合龙先施工完成，左幅挂篮后退，右幅挂篮拆除横梁的短节避让左幅挂篮后退。

左右幅挂篮的上、下横梁及中门架有交错重叠，解决右幅挂篮无法前移、左幅挂篮无法后退的问题。

# 7 连拱隧道施工技术

## 7.1 隧道概况

### 7.1.1 隧道简介

永大高速连拱隧道共 6 座（表 7-1），以大湾子 2 号隧道为例介绍。大湾子 2 号隧道起止点里程桩号为 K50+757.71~K51+068，长 310.29 m；隧道起点~K50+757.71 位于 $R=3\,300$ m 的左转圆曲线上，K50+914.396~止点位于 $R=3\,300$ m、$L_s=250$ m 的左转缓和曲线上；隧道所在路段纵坡为+0.700%；最大埋深约 91 m。

表 7-1 隧道设置一览

| 序号 | 隧道名称 | 布置形式/幅 | | 起点桩号 | 终点桩号 | 长度/m |
| --- | --- | --- | --- | --- | --- | --- |
| 1 | 上拉古隧道 | 分离式 | 左幅 | K26+265 | K26+800 | 535 |
| | | | 右幅 | K26+240 | K26+830 | 590 |
| 2 | 沙拉么隧道 | 分离式 | 左幅 | K30+295 | K32+240 | 1 945 |
| | | | 右幅 | K30+295 | K32+195 | 1 900 |
| 3 | 大湾子 1 号隧道 | 连拱 | 整幅 | K50+275 | K50+605.33 | 330.33 |
| 4 | 大湾子 2 隧道 | 连拱 | 整幅 | K50+757.71 | K51+068 | 310.29 |
| 5 | 大沟口隧道 | 连拱 | 整幅 | K51+985 | K52+495 | 510 |
| 6 | 龙潭箐隧道 | 连拱 | 整幅 | K53+605 | K53+995 | 390 |
| 7 | 上屯隧道 | 连拱 | 整幅 | K56+220 | K56+660 | 440 |
| 8 | 元家冲隧道 | 连拱 | 整幅 | K58+230 | K58+622 | 392 |

### 7.1.2 设计参数、施工组织及减震措施

1. 设计参数

大湾子 2 号隧道为双向 4 车道高速公路连拱隧道，主要设计参数见表 7-2、表 7-3，围岩等级及衬砌类型见表 7-4、表 7-5。

表 7-2 大湾子 2 号隧道设计参数表（1）

| 序号 | 隧道名称 | 布置方式 | 起止点桩号 | 隧道长度/m | 净空（宽×高）/（m×m） | 隧道平纵线形 | |
|---|---|---|---|---|---|---|---|
| | | | | | | 坡度/%<br>坡长/m | 平面线形 |
| 1 | 大湾子2号隧道 | 连拱 | K50+757.71<br>K51+068 | 310.29 | (11+11)×7.1 | +0.700<br>310.29 | 起点~K50+757.71位于左转圆曲线上，K50+914.396~止点位于 $R=3300$ m、$L_s=250$ m 的左转缓和曲线上 |

表 7-3 大湾子 2 号隧道设计参数（2）

| 序号 | 隧道名称 | 工程地质概况 | 最大埋深/m | 衬砌类型及长度/m | | | | 洞门形式 | | 照明方式 | 通风方式 |
|---|---|---|---|---|---|---|---|---|---|---|---|
| | | | | SLma | SLmb | SL5a | SL4a | 永仁端 | 大姚端 | | |
| 1 | 大湾子2号隧道 | 围岩包括粉质黏土、强、中风化砂岩、岩体破碎，易坍塌 | 91 | 5.29 | 3 | 112 | 190 | 明洞式 | 端墙式 | 电光 | 自然 |

表 7-4 围岩等级分布

| 右洞 | 衬砌类型 | 总长度 | SLma | SLmb | SL5a | SL4a |
|---|---|---|---|---|---|---|
| | 长度/m | 310.29 | 5.29 | 3 | 112 | 190 |
| 左洞 | 衬砌类型 | 总长度 | SLma | SLmb | SL5a | SL4a |
| | 长度/m | 310.29 | 5.29 | 3 | 112 | 190 |

表 7-5 左、右线超前支护及衬砌

| 衬砌类型 | SL5a | SL5a | SL4a | SL5a |
|---|---|---|---|---|
| 长度/m | 30 | 50 | 190 | 30 |
| 超前支护类型 | 长管棚 | 超前小导管 | 超前小导管 | 长管棚 |

2. 施工组织措施

隧道设计均为无中隔墙连拱结构，设计单位对无中隔墙连拱隧道从施工组织、抗减振等方面进行了设计，情况如下：

（1）施工组织：严格按照设计明确的先行洞及后行洞进行施工组织，先行洞二衬掌子面应超前后行洞掌子面距离不小于 40 m，且后行洞开挖时应对应先行洞二衬段落。设计图纸中明确大湾子 2 号隧道左洞为先行洞。

（2）抗减震设计：先行洞初期支护与二衬之间铺设 2 cm 厚 EPS 泡沫减震材料。

（3）为防止左幅（先行洞）右侧拱、墙部喷射混凝土开裂，并确保喷射混凝土施工质量、提高其整体性，在先行洞内侧拱、墙部施作三层钢筋网。

（4）对隧道中墙两侧拱部采用 $\phi 42 \times 4$、$L=3.5$ m 的注浆小导管进行注浆加固。中墙基础采用 $\phi 76 \times 6$、$L=4.5$ m 的钢管注浆进行加固，间距（横向×纵向）SL5a/b 为 80 cm×60 cm，SL4a 为 80 cm×80 cm。

(5)隧道左幅(先行洞)右侧边墙二衬厚度采用渐变设计,从拱脚渐变至(起拱线位置)。

(6)对先行洞中墙位置工字钢进行加强 SL5a 中墙部位采用 I22a,SL5b、SL4a 采用 I20a。

(7)大湾子 2 号隧道位于西高东低的山坡地形,大姚端洞口进洞段存在较为明显的地形偏压。针对大姚端浅埋偏压段(K51+057~K51+068)采取反压回填措施进行处理;设计采用混凝土挡墙,设有偏压墙、套拱、C15 混凝土反压回填措施。偏压挡墙高 9.7 m,采用 C25 混凝土。

**3. 抗震与减震措施**

(1)严格控制边仰坡开挖高度和面积。边仰坡开挖高度大于 10 m 设置碎落台。洞口边仰坡防护采用锚杆+钢筋网+喷射混凝土。

(2)采用明洞式洞门。采用墙式洞门时,端墙采用现浇混凝土结构,其与洞口衬砌接缝间采用钢筋连接,且端墙临空高度控制在 15 m 以内。

(3)明洞衬砌边墙两侧采用浆砌片石回填,提高约束刚度。

(4)二次衬砌采用现浇钢筋混凝土结构,并提高洞口浅埋偏压段、断层破碎带段二次衬砌分布钢筋及箍筋(拉筋)的配筋率,且沿纵向每 25~30 m 设一道环向减震缝(变形缝)。

(5)对支护背后空洞进行回填注浆,使围岩与支护密贴。

### 7.1.3 工程相关水文、地质、气象

**1. 水 文**

(1)地表水。

隧道穿越地形为侵蚀河谷堆积、构造剥蚀中低山,地表水体主要为蜻蛉河。隧道区地形坡度陡峭,雨季时,大气降雨沿斜坡向底部蜻蛉河处排泄,水量受区内降雨及季节性影响较大。蜻蛉河水位与隧道有一定高差,隧道区地表水体对隧道影响较小。

(2)地下水。

隧道区段地下水为第四系松散岩类孔隙水类型、基岩裂隙水类型,第四系散岩类孔隙水多赋存于第四系松散土体中,多以潜水形式出现,隧道区覆盖层厚度较薄,水量较小;基岩裂隙水赋存于下伏基岩裂隙中,富水性中等,主要受大气降雨补给,沿岩体裂隙排泄至底部。其受地形条件影响,隧道区补给条件较差,排泄条件好,大气降雨汇集于沟谷处。隧道区总体地下水含量较贫乏,地下水接受大气降雨补给,向下方蜻蛉河排泄,沟谷处有利于地下水的富集。

**2. 地 质**

地质调查显示进出口为不良地质区域。隧道进口区位于滑坡体位区,该滑坡位于自然斜坡的中下部,由于地形坡度较大,一般为 40°~50°,表层土体产生变形开裂,局部会产生滑塌,对进口段施工存在较大影响。建议进口施工前对地表进行注浆处理。

隧道出口位于危岩地段:因人工采石(放炮、开挖)形成陡崖,岩体分布较多松石,打破了山体稳定,在外因作用下会出现崩塌。建议:出口洞口顶部地表注浆,右洞右侧采用柔性防护网进行防护,以保证施工和营运安全。

根据地质调查、钻探揭露结果,隧道区出露地层自上而下分述如下:

（1）粉质黏土：紫褐色，可塑状，含约少量碎石及角砾。承载力基本容许值 150 kPa，摩阻力标准值 50 kPa。

（2）碎石土：紫褐色，松散，碎石含量在 42%～53%，粒径一般为 2～52 mm，承载力基本容许值 280 kPa，摩阻力标准值 80 kPa。

（3）卵石土：杂色，松散，卵石含量约 62%，粒径一般为 2～231 mm，承载力基本容许值 250 kPa，摩阻力标准值 70 kPa。

（4）泥岩：紫红色，强风化，泥质结构，中厚层状，岩体破碎，承载力基本容许值 350 kPa，摩阻力标准值 120 kPa。

（5）泥岩：灰绿色，中风化，泥质结构，中厚层状，岩体较完整，承载力基本容许值 700 kPa，摩阻力标准值 160 kPa。

（6）砂岩：紫红色，强风化，粉砂质结构，中厚层状，岩体破碎，承载力基本容许值 500 kPa，摩阻力标准值 140 kPa。

（7）砂岩：紫红色，中风化，粉砂质结构，中厚层状，岩体较完整，摩阻力标准值 1 000 kPa。

（8）泥灰岩：灰绿色，强风化，泥晶质结构，中层层状，岩体较破碎，承载力基本容许值 500 kPa，摩阻力标准值 140 kPa。

（9））泥灰岩：灰绿色，中风化，泥晶质结构，中层层状，岩体较完整，承载力基本容许值 500 kPa，摩阻力标准值 140 kPa。

K50+757.71～K50+810 段隧道围岩以可塑粉质黏土、强、中风化砂岩为主，岩体较破碎，小里程段埋深较浅，围岩易坍塌。岩土体富水性较弱，开挖时可能出现较小量的渗水，雨季水量将有所增大。要做好地下水监测及疏导排工作，且施工中做好超前地质预报工作。

K50+810～K51+020 段隧道围岩以中风化砂岩、泥岩为主，岩体较完整。岩土体富水性较弱，开挖时可能出现较小量的渗水，雨季水量将有所增大。要做好地下水监测及疏导排工作，且施工中做好超前地质预报工作。

K51+020～K51+068 段隧道围岩以可塑粉质黏土，强、中风化泥岩为主，岩体较破碎，大里程段埋深较浅，围岩易坍塌。岩土体富水性较弱，开挖时可能出现较小量的渗水，雨季水量将有所增大。要做好地下水监测及疏导排工作，且施工中做好超前地质预报工作。

### 3. 气　象

隧道区地处北亚热带季风气候区域，属亚热带干燥气候，具有气候温和，日照充足，干湿季明显，雨热同季，冬无严寒、夏无酷暑，年温差小，日温差大，无霜期长等气候特点。年平均气温 15.6 ℃，7 月平均气温 21.4 ℃，极端最高气温 33 ℃；1 月平均气温 9.3 ℃，极端最低气温 -6.2 ℃。年日均气温 5 ℃ 以上的持续期 361 d，日照年平均 2 526 h，霜期年均 56.8 d，相对湿度 65%，风速 3.5 m/s。大姚县年平均降水 796.3 mm，雨日 113 d；极端降水年最大雨量 1 078 mm，极端年最小雨量 520 mm，日最大雨量 164 mm。

## 7.1.4　工程相关周边施工环境条件

隧道区海拔介于 1 853～1 965 m，相对高差约 80 m。该段地势陡峻，地形起伏较大，现多为田地及林地，属侵蚀河谷堆积、构造剥蚀低中山地貌。隧道进出口地形较陡，地形变化大。隧道区有乡村道路通过，交通较为便利。

交通情况：隧道区有乡村道路通过，国道 G227 平行于大湾子 2 号隧道旁通行，交通便利，适当修建临时便道即可到达隧道进出洞口处。

弃土场：暂不设置弃土场，隧道洞渣土石方调配去十分部立交区做路基填料。

临时用电：由总包负责修建一条全线贯通临时用电线路，在大湾子 2 号隧道出口设 1 000 kV·A 变压器，变压器容量满足隧道施工需要。

临建布置：在隧道进口左侧征用临时用地约 3 000 m² 用于修建隧道施工的生产区、生活区相关设施。

供水情况：于蜻蛉河抽水满足隧道施工生产用水。

周边建筑物：大湾子 2 号隧道进口距离 G227 国道较近，仅 60 m。出口左侧距爆破点 126.9 m，有农户 2 户（砖混结构）。

### 7.1.5　工程数量

专项工程数量见表 7-6。

表 7-6　隧道主要项目清单

| 序号 | 名称 | 单位 | 数量 |
| --- | --- | --- | --- |
| 1 | Ⅴ级开挖 | m³ | 24 359 |
| 2 | Ⅳ级开挖 | m³ | 40 157 |
| 3 | 18、20a 工字钢 | kg | 843 111 |
| 4 | $\phi$108×6，140×8、114×8 管棚钢管 | m | 5 122 |
| 5 | $\phi$42×4 小导管 | m | 63 376 |
| 6 | C25 喷混凝土 | m³ | 14 459 |
| 7 | C30 混凝土 | m³ | 10 768 |
| 8 | C20 混凝土 | m³ | 100 |
| 9 | C15 混凝土 | m³ | 4 612 |
| 10 | HPB300、HRB400 钢筋 | kg | 1 306 800 |
| 11 | $\phi$22 砂浆锚杆 | kg | 3 550 |
| 12 | D25 中空注浆锚杆 | m | 22 803 |
| 13 | Q235 钢板、槽钢 | kg | 127 681 |
| 14 | 土工布 400 g/m² | m² | 16 511 |
| 15 | PVC-1.5 mm 防水板 | m² | 10 088 |
| 16 | 双壁 HDPE DN110 引、排水管 | m | 1 446 |
| 17 | 单壁 HDPE DN75 排水管 | m | 1 510 |
| 18 | 混凝土路面（下面层） | m³ | 1 153.2 |

## 7.1.6 隧道重难点分析

本隧道施工的主要重点难点工程有：无中导洞连拱隧道，地形偏压，进口段破碎易滑坍层，出口段危岩，进口桥隧相连无施工场地，距离爆破距离 300 m 范围内有构筑物。

### 1. 重点难点分析

大湾子 2 号隧道设计采用无中隔墙连拱形式，其后行洞钢拱架焊接于先行洞钢拱架，使初期支护相互搭接形成了连拱隧道中墙，从而避免了中导洞开挖。因后行洞初支钢架要与先行洞初支钢架搭接，施工中要准确控制先行洞钢架与后行洞钢架的位置，并且后行洞开挖爆破也会对先行洞二衬造成影响，后行洞爆破是控制的重点。

隧道位于一西高东低的山坡地形段，即位于偏压地形段，特别是左洞左侧段存在较为明显的地形偏压（K51+057～K51+068），隧道施工难度或将有所增加。进口段处于易滑塌层，容易发生滑塌。隧道出口段处于陡崖，危岩段一有外力作用易坍塌、落石，对施工产生造成严重的安全隐患。

隧道进口距离 G227 国道较近，仅 60 m。出口左侧距爆破点 126.9 m，涉及农户 2 户（砖混结构），对洞口爆破施工时要采取相应的防护措施，保证 G227 国道的通行安全和构筑物安全。

隧道进口便道利用原道路，因人工取土形成边坡存在垮塌隐患，距离隧道洞身 20 m 可能垮塌影响洞身安全。

### 2. 技术保证条件

（1）选择有资质的作业队伍，作业人员进场后及时进行安全技术交底，交底中除了安全措施外还要着重强调设计中针对连拱隧所采取的加强措施。

（2）进场材料必须符合国家出厂使用的材质技术标准要求。进场材料进行抽检，检测合格后方可使用，不合格材料不得入场。

（3）隧道施工时严格按照设计规定的施工顺序组织施工。本隧道左洞为先行洞，当先行洞二衬达到 40 m 后及时施工后行洞，严禁贯通先行洞再施工后行洞。

（4）施工中严格做好施工记录，用全站仪测量先行洞每榀工字钢的准确位置。后行洞严格控制好后行洞初支与先行洞初支搭接处安装精度及焊接质量。

（5）大姚端浅埋偏压段（K51+057～+068）设计采取偏压墙、C15 混凝土回填措施进行处理，大姚端先进行偏压墙及回填施工，套拱强度达到设计强度后再进行洞身开挖。

（6）严格控制后行洞的开挖，后行洞爆破制订专项方案，严格按方案实施。进、出口段 20～30 m 采用机械开挖。其余段落爆破开挖时采用弱爆破、多打眼、少装药的方案。后行洞中墙一侧采用预裂爆破，后行洞爆破震动速度<15 cm/s；爆炸冲击波对先行洞中墙一侧衬砌结构的冲击压力<0.1 MPa。施工前后行洞爆破制订专项方案，严格按方案实施。进口段爆破时阻断 G227 国道通行。

（7）合理组织施工，先施工隧道工程，隧道施工完成后再施工大湾子大桥，在隧道出口 30 m 处修建挡土墙，填土形成施工平台。

（8）进口端先用机械开挖，洞身完成 10 m，具有台车施工工作面停止开挖，及时施作明洞，明洞、端墙、洞顶回填完成后方可机械洞身开挖。出口端洞口施工前先人工清除山体表面松动危岩，施作被动防护网。进口端施工时加强地表沉降观测，安排专人每班施工前对洞顶进行巡查。

（9）原道路边坡采用修建挡墙、反压回填措施进行处理。

（10）进出口采用机械开挖，进洞后采用爆破开挖时在洞口挂棉絮卷帘，爆破时对 G227 国道进行交通管制，对隧道口前后 500 m 设置临时路障，安排专职交通导行人员。禁止车辆、行人通行，爆破后确定无盲炮后方可通行。

## 7.2 施工工艺技术参数

1. 长管棚施工参数

进出口管棚长度各 30 m。采用 $\phi$108 mm 钢管，壁厚 6 mm，节长 3 m、6 m，环向间距 40 cm；倾角 1°～3°，方向与线路中线平行；钢管施工误差，管棚前端不大于 15 cm，相邻钢管之间环向不大于 10 cm；隧道纵向同一横断面内接头数不大于 50%。长管棚注浆采用水灰比 1∶1 水泥浆；注浆压力初压 0.5～1.0 MPa，终压 2.0 MPa；注浆结束后，用 M20 水泥砂浆填塞管棚钢管。注浆水泥的强度等级为 42.5。

2. 超前小导管技术参数

SL5a、SL5b 超前小导管 $L$ = 4.5 m，环向间距 30 cm；SL4a 超前小导管 $L$ = 4.5 m，环向间距 40 cm。采用 $\phi$42×4.0 钢管，钢管前端呈尖锥状，管壁四周钻 8 mm、间距 15 cm 的压浆孔，但尾部有 1 m 不设压浆孔。超前小导管注浆采用水泥液浆，注浆参数如下：水泥浆水灰比为 1∶1，注浆压力为 0.5～1.0 MPa，水泥强度等级为 42.5 级。

3. 主要系统锚杆技术参数

（1）洞门边仰坡支护采用 $\phi$22 砂浆锚杆：$L$ = 3 m、5 m；按 100 cm×100 cm 间距呈梅花形布置，锚杆极限抗拉力不小于 180 kN，锚杆抗拔力不小于 70 kN。

（2）洞身采用 $\phi$25 中空注浆锚杆。SL5a、SL5b 中空注浆锚杆 $L$ = 3.5 m，间距为 100 cm×60 cm；SL4a 中空注浆锚杆 $L$ = 3.5 m，间距为 100 cm×80 cm。安装配套锚杆注浆头。按规范检查、注浆。水灰比控制在（0.45～0.5）∶1、注浆压力控制在 0.5～1 MPa。

4. 洞身开挖施工技术参数

洞身开挖施工技术参数见表 7-7。

表 7-7 洞身开挖技术参数

| 衬砌类型 | 适用范围 | 预留变形量/cm | 施工方法 | 上台阶步距 | 中台阶步距 | 下台阶距仰拱步距 | 仰拱距二衬步距 | 二次衬砌至掌子面 |
|---|---|---|---|---|---|---|---|---|
| 先行洞 SL5a | Ⅴ级围岩浅埋段 | 15 | 三台阶开挖留核心土法 | ≥4.5 m | <1.5B | <15 m | <15 m | <50 m |
| 先行洞 SL4a | Ⅳ级围岩浅埋段 | 12 | 三台阶开挖法 | <30 m | 整体<20 m | | <30 m | <80 m |

续表

| 衬砌类型 | 适用范围 | 预留变形量/cm | 施工方法 | 上台阶步距 | 中台阶步距 | 下台阶距仰拱步距 | 仰拱距二衬步距 | 二次衬砌至掌子面 |
|---|---|---|---|---|---|---|---|---|
| 后行洞 SL5a | V级围岩浅埋偏压及洞口段 | 15 | 两台阶开挖留核心土法 | ≥4.5 m | <1.5B | <15 m | <15 m | <50 m |
| 后行洞 SL4a | IV级围岩浅埋段 | 12 | 两台阶开挖留核心土法 | 整体<20 m | | <15 m | <15 m | <50 m |

注：$B$ 为隧道跨度，$B = 12.6$ m（SL4a）、12.84 m（SL5a/b）。

## 7.3 施工方法

（1）大湾子2号隧道为连拱隧道，由永仁端进洞，左洞为先行洞，采用单向掘进施工。V级围岩采用三台阶预留核心土开挖，IV级采用三台阶开挖。

（2）后行洞V级采用两台阶预留核心土开挖；IV级围岩采用两台阶预留核心土开挖。

隧道开挖方法见表7-8。

表7-8 隧道开挖方法一览

| 序号 | 里程桩号 | 围岩级别 | 施工方法 | 辅助施工措施 |
|---|---|---|---|---|
| 1 | K50+761～K50+810 | V级 | 左洞：三台阶预留核心土<br>右洞：二台阶留核心土 | 超前管棚/超前小导管 |
| 2 | K50+810～K51+020 | IV级 | 左洞：三台阶开挖<br>右洞：二台阶留核心土 | 超前小导管 |
| 3 | K51+020～K51+065 | V级 | 左洞：三台阶预留核心土<br>右洞：二台阶留核心土 | 超前管棚/超前小导管 |

### 7.3.1 施工测量

项目部成立专业测量组，组长2人，由测量工程师担任，测量员6人。

在测量工作的各个环均实行换手复测，以保证测量的准确性。

施工测量组应对设计提供的导线及水准点进行复核，复核成果经项目技术部门主管复核签认，总工程师审核签后上报监理，监理复核批复后才可用于施工。

控制测量、定位测量和重要的放样测量必须坚持"换手复核"制度，利用已知点进行引测、加密的测量点，必须坚持"先检测后利用"的原则。

因本隧道为短隧道，洞口平面控制闭合导线按一级导线精度要求布设，闭合导线用全站仪测量，测量、整理平差后，用全站仪对进、出口两个闭合导线进行校核，满足要求后再进行洞内施工测量，否则进行调整和平差。

闭合导线控制点的埋设点要选在地势较高、相邻两点通视良好、地面坚固、不易被破坏的地方，桩身用混凝土包钢筋组成，桩径不小于40 cm，埋深不小于100 cm。闭合导线点布设完成，投入使用后要定期对其进行观察、维护和复核测量，以满足隧道施工精度要求。

### 7.3.2 洞口及明洞工程

#### 7.3.2.1 洞口截水沟及边仰坡开挖、支护

1. 洞顶截水沟

在开挖前,测量放出明洞开挖开口线,在开挖边线外侧 5 m 外设置 C25 混凝土截水沟,以稳定坡面和防止地表水影响洞口的稳定。截水沟与两侧排水沟相连。

2. 洞口及明洞土石方开挖

先期对征地红线内植被及腐殖土进行清表处理,土方及软石采用挖掘机开挖,人工配合挖掘机刷坡。石方开挖采用光面爆破或者采用松动爆破自上而下分层进行,梯段高度控制在 2~4 m。

土石方运输采用 20 t 自卸车装运,运至 9-1 号弃土场。

3. 洞口边、仰坡支护

洞口刷坡完成后,首先清除坡面危石,然后局部喷混凝土封闭围岩,并打设 $\phi 22$ 砂浆锚杆、挂 $\phi 8$ 钢筋网(间距 25 cm × 25 cm),喷射 C20 混凝土厚 10 cm。支护工程施工在每一层开挖完成后进行,以保证开挖过程中岩体的稳定及施工设备和人员的安全。分台阶高度以 2 m 为宜。

洞口支护施工步骤:施工放样→初喷→钻孔→安设砂浆锚杆→挂钢筋网→喷射混凝土。

(1)砂浆锚杆施工。

边、仰坡防护砂浆锚杆直径为 $\phi 22$,间距为 100 cm × 100 cm,呈梅花形布置。

① 砂浆锚杆孔施工要点。

a. 孔位根据设计要求和围岩情况,施工前由测量人员在待钻孔位置做出标记,孔位允许偏差 ± 15~50 mm。

b. 钻孔方向尽可能与岩层面垂直。

c. 钻孔深度误差不宜大于 ± 50 mm。

d. 孔径应大于锚杆直径 15 mm。

② 砂浆锚杆施工的要求。

a. 洞口边、仰坡开挖后,尽快安设锚杆。

b. 锚杆孔位、孔径、孔深及布置形式符合设计要求。

c. 锚杆体露出岩面长度不大于喷射混凝土的厚度。

d. 锚杆施工质量符合设计及规范要求。

(2)挂钢筋网。

挂网钢筋采用 $\phi 8$ 钢筋网格,间距为 25 cm × 25 cm;将加工好的钢筋材料运至现场后,由人工现场绑扎,利用锚杆头点焊或绑扎固定。

(3)喷射混凝土施工。

采用 C20 混凝土,喷射厚度为 10 cm,根据现场施工条件,采用湿喷法施工工艺。

① 喷射混凝土配合比。

喷射混凝土配合比由实验室提供,速凝剂以及其他外加剂的掺量应通过现场试验确定,喷射混凝土的强度应符合施工图纸要求。

② 配料、拌和及运输。

拌制混合料严格按配合比配料，采用机械现场拌制，电子自动计量。

③ 喷射混凝土工艺。

喷射距离和喷射方向：喷射混凝土时，喷嘴在可能条件下，应保持与岩面距离 0.8 m，喷射方向大致垂直于岩石面。

喷射混凝土作业应分段分片依次进行，喷射顺序自下而上，分层喷射时，后一层应在前一层混凝土终凝后进行，若终凝 1 h 后再行喷射，应先用风水清洗喷层面。

喷射机作业应严格执行喷射机的操作规程：应连续向喷射机供料；保持喷射机工作风压稳定；因故中断喷射作业时，应将喷射机和输料管内的积料清除干净。

（4）边仰坡支护质量保证措施。

① 砂浆锚杆质量保证措施。

a. 严格按设计角度和孔深实施钻孔作业。

b. 严格按设计要求配合比拌制水泥浆，确保水泥浆强度。

c. 确保注浆效果。

d. 严格按规范要求进行拉拔试验。

② 喷混凝土质量保证措施。

a. 严格按设计配合比拌制混凝土，确保混凝土强度。

b. 采取预埋钢筋条控制喷混凝土厚度，确保满足设计要求。

c. 严格按规范要求进行喷混凝土取样试验。

#### 7.3.2.2 偏压墙的施工

大湾子 2 号隧道大姚端存在明显偏压情况，K51+057~K51+068 段采取偏压墙及回填反压措施，采用 C15 片石混凝土护脚/换填 + C25 混凝土挡墙，对洞顶偏压段套拱施工后用 C15 混凝土进行回填反压。

（1）施工放样：采用全站仪按照施工图纸及相关资料，放出挡墙基础的边线，并施打木桩，用红油漆标记，标出开挖深度，用石灰撒出挡墙基础开挖范围。

（2）开挖偏压挡墙基础：挡墙基础采用机械配合人工进行开挖，偏压挡墙长度 14 m，采用全段分层开挖方式。挖至接近挡墙基础标高时要预留 30 cm，用人工进行清底，避免基础扰动。基底清理至设计标高后进行承载力检测，偏压墙基底承载力 350 kPa，承载力达不到设计要求，上报总包、监理及设计代表。

（3）基础混凝土厚度 1.55 m，采用钢模板一次性浇筑成，用 $\phi 14$ 对拉螺杆及脚手架钢管固定。

（4）墙身高 9 m，采用 C25 混凝土。模板采用钢模板，安装前用磨光机进行打磨处理，做到光洁、平整，并应涂刷脱模剂，且不得污染混凝土。钢管作肋，采用 $\phi 14$ 对拉螺杆，对拉杆每块不少于 4 根，外侧用钢管架支撑固定；模板板面之间应平整，接缝严密，以确保混凝土墙及实体工程外露面美观，线条流畅。模板拼装时严格按设计图纸尺寸进行作业，其垂直度、轴线偏位、标高、内部尺寸等必须满足施工技术规范要求。模板内应无污物、砂浆及其他杂物。混凝土采用分次泵送浇筑。施工缝处设接茬钢筋，采用 $\phi 25$ 螺纹钢筋，长度 1 m，外露 0.5 m，间距 500 mm。混凝土分层厚度为 30 cm，采用插入式振捣器振捣，振捣棒移动距离不应超过其作用半径的 1.5 倍,并与侧模保持 5~10 cm 的距离,切勿漏振或过振。

(5)偏压墙施工完成后进行注浆小导管施工。套拱小导管采用外径 42 mm、壁厚 4.0 mm 钢管,长度 3 m。每排两根纵向间距 50 cm,钢管前端呈尖锥状,尾部焊上 $\phi 8$ 加劲箍。套拱采用 I18 工字钢,间距 50 cm。混凝土采用 C30 混凝土,厚 65 cm。套拱底模采用土胎模,用人工修整成设计断面,夯实。混凝土采用泵送插入式振捣器振捣,混凝土不得触碰套拱工字钢。

(6)套拱混凝土强度达到设计强度后方可进行 C15 混凝土回填,混凝土分层厚度为 30 cm,采用插入式振捣器振捣。

### 7.3.2.3 明洞衬砌及回填

大湾子 2 号隧道明洞进口端长均为 5.29 m,出口端长为 3 m,进口洞门为明洞式、出口洞门为端墙式。

明洞工程施工步骤:洞口段及基槽开挖支护→基底物探及承载力试验→达不到洞门墙底地基承载力 $[\sigma] \geqslant 250$ kPa 的要求→地基处理→仰拱钢筋绑扎→仰拱混凝土浇筑→仰拱填充→二衬台车就位→绑扎拱墙钢筋→安装外模→浇筑拱墙混凝土→拆模→混凝土养护→防水层施作→排水管连接→回填→绿化。

1. 基础开挖

洞口开挖时预留 50 cm 左右厚土石层,待施作明洞时再行开挖。明洞基础开挖后应清除表面松渣,超挖部分用同强度等级混凝土充填。明洞基础地基承载力不小于 250 kPa,当不满足要求时进行换填处理。

2. 明洞衬砌施工

(1)仰拱钢筋绑扎、模板安装:
① 绑扎仰拱钢筋,并预埋小边墙钢筋。
② 仰拱钢筋绑扎完后安装端模和小边墙侧模,模板采用组合钢模,钢管支撑。
(2)浇筑仰拱及小边墙混凝土:

明洞衬砌混凝土为 C30 防水钢筋混凝土,抗渗等级不低于 P8。仰拱混凝土在搅拌站集中生产,混凝土罐车运输至现场,泵送入模,振动棒捣固。

仰拱混凝土初凝后浇筑 C15 填充混凝土,方法同仰拱混凝土浇筑,浇筑混凝土终凝后开始洒水养护。

仰拱填充混凝土浇筑 12 h 后,安装小边墙内模板,浇筑小边墙混凝土。

(3)明洞拱墙衬砌:
① 待仰拱填充混凝土和小边墙混凝土达到设计强度的 70% 后,从暗洞内移动模筑台车在明洞处就位,测量调整好中线、水平。用台车作为明洞衬砌内模。
② 搭设脚手架平台,绑扎明洞身拱墙钢筋。明洞钢筋在加工场制作,搬运至现场后绑扎安装。钢筋接头采用单面焊接,焊接长度不小于 10d(d 为钢筋直径)。
③ 明洞身钢筋绑扎完毕,经监理工程师验收合格后,安装明洞外模,外模采用木模,外模支架用工字钢支撑,用对拉螺杆固定在台车上,以防浇筑混凝土时跑模变形。

④ 混凝土浇筑：混凝土在搅拌站集中生产，混凝土罐车运输至现场，泵送入模，振动棒捣固。泵送管从预留窗口接入墙模内浇筑混凝土，拱顶部利用天窗直接浇筑混凝土。

⑤ 混凝土强度达到 2.5 MPa 后即可拆除外模，内模待混凝土强度达到设计值的 70%方可拆除移动内模（台车）。

⑥ 拆模后对明洞混凝土洒水养护，养护时间不少于 7 d。

（4）明洞防、排水系统施工。

明洞段的防水层施工在明洞混凝土完成并达到设计强度后进行。明洞防水系统主要由明洞衬砌结构混凝土自防水、外贴式和结构缝防水三种综合防水措施防水。

（5）回填层施工。

回填层施工在明挖段混凝土衬砌施作完成并达到设计强度后，施作回填层。回填要两侧对称分层夯实，每层回填夯实厚度为 0.2 m，两侧回填土顶面高差不得大于 0.5 m，以免造成偏压。

### 7.3.2.4 套拱及超前长管棚施工

设于两端洞口明暗交界面，通过注浆提高围岩自身承载能力，提高岩体对结构的弹性抗力，改善结构受力条件。

套拱截面厚 60 cm，纵长 200 cm，设置 I18 工字钢拱架 4 榀，钢拱架由加工场按设计加工并试拼合格后运至现场进行安装，$\phi 140 \times 8$ 导向管按仰角 2°设置（不含纵向坡比），其环向间距 40 cm，并与线路中线方向平行，用 $\phi 20$ 钢筋作固定筋，固定筋与钢拱架采用双面焊焊接在一起，焊缝长度大于 13 cm。

钢拱架及导向钢管安装、检查合格后，即可安装套拱模板安装。套拱尺寸为厚 0.6 m、纵向长 2 m，环向到两拱脚部。套拱混凝土底模和端头模采用 5 cm 厚木板拼装，木板纵向长度不小于 2.0 m，底模抵至围岩开挖面，用 4 根 $\phi 22$ 螺纹钢钢筋做环向箍筋，沿环向钢拱架底部固定，保证满足设计套拱厚度要求；套拱外模距起拱线 1.5 m 处两侧及拱顶处各预留一个 50 cm 宽混凝土浇筑口。

堵头模采用 5 cm 厚木板，拼装成弧形，模板加固采用钢管进行支撑，内拉外撑的方式，以保证模板刚度和稳定性。拼装时，在模板间粘贴双面胶以保证拼缝不漏浆。

混凝土采用人工辅助机械浇筑，分层对称连续浇筑，每层 30 ~ 50 cm，两侧混凝土浇筑面高差宜控制在 50 cm 以内。混凝土振捣采用 $\phi 50$ 软轴振捣棒进行振捣，需变换其在混凝土中的位置时应竖向缓慢拔出，不得在混凝土浇筑仓内平拖。

测量人员准确放样，标出洞中心线及拱顶标高，开挖预留核心土作为管棚施工的工作平台，开挖进尺为 2.5 m。开挖结束后，人工两边对称开挖（品字形）工作平台，台阶宽度 1.5 m、高度 2.0 m，作为施工套拱和管棚施钻的平台。

（1）采用跃建 TDL100B 管棚钻孔机钻孔，挖掘机辅助钻机将钢管顶入孔内。

（2）长管棚施工前先将钢管打孔，第一根钢管头部做成尖锥形，每钻完一根孔眼便顶进一根钢管，钻进中应经常测量钢管的偏斜度，发现超越设计要求时，应及时纠正。

（3）钢管的接头采用丝扣连接，丝扣长度为 15 cm，施工应使钢管接口错开，对钢管进行编号，编号为奇数的第一节管采用 3 m 钢管，编号为偶数的第一节管采用 6 m 钢管，以后每节均采用 6 m 的钢管，以错开接头位置。

（4）长管棚注浆浆液扩散半径1 m，采用从两侧底部钢管往顶部钢管对称注浆的方法施工。

施工注意事项：管棚超前支护，应在隧道暗洞开挖之前完成。管棚需按设计位置施工，尤其要严格控制管棚打设方向，并做好每个钻孔地质记录，以为注浆参数的调整提供科学依据。管棚施工时，应对钢管主要材料进行材质检验。管棚施工地段，应加强对洞口坡面的监测，以保证施工安全。洞内超前支护应与洞口管棚有不小于300 cm的纵向搭接长度。注浆时注浆量达到设计注浆量或注浆压力达到设计终压时方可结束注浆。

### 7.3.3 隧道洞身开挖及支护

先行洞Ⅴ级围岩开挖采用三台阶预留核心土法施工，Ⅳ级围岩先行洞采用三台阶法施工，后行洞开挖采用二台阶预留核心土。后行洞开挖时严格按设计采用控制爆破（预裂、微振爆破），爆破振动速度控制指标值应小于15 cm/s，先行洞二衬完成段与后行洞掌子面距离不得小于40 m。为确保后行洞开挖爆破地震烈度对先行洞的影响最小，后行洞开挖时中隔墙部位预留岩柱，中岩柱尽量采用机械开挖，如需钻爆，采用多打眼（周边眼）、少药量、多循环开挖方案，并严格控制其爆破振动速度，加强爆破振动监测工作。

为防止先行洞中墙侧拱、墙部喷射混凝土开裂，并确保喷射混凝土质量、提高其整体性，采取在中墙侧拱、墙部施作钢筋网，其中内侧（隧道净空侧）钢筋网采用$\phi$16单层钢筋网，待第一层第二层钢筋网已施作完成，隧道已成洞后再施作；隧道中间位置钢筋网采用$\phi$8单层钢筋网，靠围岩侧钢筋网采用$\phi$12单层钢筋网。

**1. 超前小导管及超前锚杆施工**

超前小导管：用于衬砌类型SL5a、SL5b、SL4a的围岩地段。通过小导管注浆提高围岩自身承载能力，改善结构受力条件。超前小导管采用外径42 mm、壁厚4.0 mm的钢管，钢管前端呈尖锥状，尾部焊上$\phi$8加劲箍，管壁按15 cm间距梅花形布置6 mm注浆孔。超前管按环向间距30（40）cm，外倾角10°~15°布置。

**2. 洞身开挖**

大湾子2号隧道进口先行洞（左洞）Ⅴ级围岩开挖采用三台阶预留核心土法施工，后行洞采用二台阶环形开挖预留核心土法施工，软岩部分采用人工配合挖掘机开挖。

台阶开挖高度宜为2.5~3.5 m，环形开挖每循环进尺，Ⅴ级围岩宜不大于1榀钢架间距，Ⅳ级围岩宜不大于2榀钢架间距。中下台阶每循环进尺，不得大于2榀钢架间距。核心土面积不小于断面积的50%。拱部超前支护完成后，方可开挖上台阶环形导坑，核心土长度宜为3~5 m，宽度宜为隧道开挖宽度的1/3~1/2。核心土与下台阶开挖应在上台阶支护完成且喷混凝土强度达到设计强度的70%后进行，下台阶左、右侧开挖应错开3~5 m，同一榀钢拱架两侧不得同时悬空。

仰拱每循环开挖长度不大于3 m，开挖后应及时施作仰拱初期支护、二次衬砌及填充。应控制仰拱到掌子面的距离，必要时仰拱紧跟掌子面。

爆破应进行专门设计，并现场进行爆破实验，根据现场测试结果，严格控制爆破振动速度，尽量减少后行洞爆破开挖对先行洞的影响。及时施作初期支护，及时封闭成环。针对本隧道的主要开挖方法如下：

主洞开挖支护施工步骤（每个循环）：测量放样→超前支护→钻孔→爆破→出渣→找顶、修整→初喷→打锚杆→挂网→安装钢拱架→挂网（先行洞中墙位置）→复喷→→挂网（先行洞中墙位置）→复喷→检查验收→进入下一循环。

（1）Ⅴ级围岩开挖。

大湾子1号隧道为连拱隧道，隧道洞口浅埋段Ⅴ级围岩先行洞采用三台阶环形开挖预留核心土法施工，人工配合机械开挖；后行洞采用二台阶环形开挖预留核心土法施工，人工配合机械开挖。衬砌类型为SL5a。

施工步骤：

① 左洞左侧上台阶弧形导坑开挖，左洞左侧上台阶初期支护。

② 左洞上台阶核心土开挖。

③ 左洞中台阶开挖，左洞中台阶初期支护。

④ 左洞下台阶开挖，左洞下台阶、仰拱初期支护。

⑤ 浇筑左洞仰拱二次衬砌、仰拱填充。

⑥ 铺设防水层、浇筑左洞拱墙二次衬砌。

⑦ 右洞上台阶弧形导坑开挖，右洞上台阶初期支护。

⑧ 右洞上台阶核心土开挖。

⑨ 右洞右侧下台阶开挖，右洞右侧下台阶、仰拱初期支护。

⑩ 右洞左侧下台阶开挖，右洞左侧下台阶、仰拱初期支护。

⑪ 浇筑右洞仰拱二次衬砌、仰拱填充。

⑫ 铺设防水层、浇筑右洞拱墙二次衬砌。

Ⅴ级围岩尽量采用机械开挖，如局部遇较坚硬岩石，必要时应采用控制爆破（预裂、微振爆破）施工，爆破振动速度控制标准值应小于15 cm/s，过程应加强后行洞开挖爆破对先行洞初期支护和二次衬砌振动影响的监测，实时调整爆破设计方案及参数，并及时反馈给设计单位。左、右幅先行隧道二衬完成段与后行隧道掌子面的距离不得小于40 m。

（2）Ⅳ级围岩开挖。

Ⅳ级围岩地段先行洞采用三台阶法施工，后行洞采用二台阶环形开挖预留核心土施工，后行洞预留中岩柱，为减少对先行洞的不利影响，中岩柱尽量使用机械开挖，如采用钻爆法开挖须采用微振动爆破。本隧道Ⅳ级围岩衬砌类型为SL4a。

施工步骤：

① 左洞上台阶开挖，左洞上台阶初期支护。

② 左洞中台阶开挖，左洞中台阶初期支护。

③ 左洞下台阶开挖，左洞下台阶初期支护。

④ 浇筑左洞仰拱二次衬砌、仰拱填充。

⑤ 铺设防水层、浇筑左洞拱墙二次衬砌。

⑥ 右洞上台阶开挖，右洞上台阶初期支护。

⑦ 右洞上台阶核心土开挖。

⑧ 右洞右侧下台阶开挖，右洞右侧下台阶初期支护。

⑨ 右洞左侧下台阶开挖，右洞左侧下台阶、仰拱初期支护。

⑩ 浇筑右洞仰拱二次衬砌、仰拱填充。
⑪ 铺设防水层、浇筑右洞拱墙二次衬砌。

Ⅳ级围岩段落应采用控制爆破（预裂、微振爆破）开挖掘进，爆破振动速度控制标准值应小于15 cm/s。施工过程中应加强后行洞开挖爆破对先行洞初期支护和二次衬砌振动影响的监测，实时调整爆破设计方案及参数，并及时反馈给设计单位。左、右幅先行隧道二衬完成段与后行掌子面的距离不得小于40 m。

3. 钻爆施工

连拱隧道后行洞采用爆破开挖施工的段落，要采用控制爆破和微振爆破，以减小爆破振动对先行洞支护混凝土及中岩柱的振动破坏；依据《爆破安全规程》（GB 6722—2014）的规定，后行洞的爆破最大临界振动速度应控制在15 cm/s以内；为控制爆破振动速度，需做控制爆破的相关实验，依据设计要求后行洞开挖需在先行洞二衬完成后能进行，因此在隧道先行洞二衬完成后，右洞开挖2.4 m×3.0 m导洞进行爆破试验。

试验方案：在后行洞掘进至中硬岩地层时，首先在先行洞靠近中夹岩侧二衬表面同一断面设置3个爆破振速监测点，沿先行洞隧道纵向每5 m设置一个断面，共设置5个监测断面，然后在后行洞中部爆破掘进一小导洞，采用毫秒雷管微差顺序爆破，全断面一次爆破成型。小导洞掘进每循环进尺为1 m，每爆破掘进一个循环，监测先行洞设置的爆破振速监测点，共掘进5个循环，如此，测得25组监测数据。

（3）对监测数据进行回归分析，可以得出后行洞主洞爆破开挖时的单段爆破用药量，从而指导后行洞爆破设计，避免后行洞爆破对先行洞二衬产生不利影响。后行洞开挖对先行洞二衬的爆破振动速度控制标准值要求小于15 cm/s。

4. 隧道出渣、弃渣

出渣方式采用无轨运输，采用挖掘机配合侧铲装载机装渣，15 t自卸汽车运输。出渣完毕后，用挖掘机处理工作面，清除掌子面下部残渣，为下一循环的开挖创造条件。洞渣按要求弃至规定的弃土场。

5. 超、欠挖控制

（1）当岩层完整、岩石抗压强度大于30 MPa并确认不影响衬砌结构和强度时，允许岩石个别突出部分（每平方米内不宜大于0.1 m²）欠挖，但其隆起量不得大于50 mm。

（2）超挖部分要用同等级混凝土回填密实，防止空洞；不得使用其他材料填充。

（3）局部欠挖时，采用机械配合人工、风镐进行修正，确保开挖面的圆顺，然后再进行下道工序。

（4）拱脚、墙脚以上1 m范围内断面严禁欠挖。

6. 施工排水

（1）隧道施工前必须根据设计提供的工程及水文地质资料，结合现场实际情况，进行分析研究，预计可能出现的地下水情况，估计水量，制订排水方案。

（2）施工前应对地表水进行处理并及早修建洞口防排水设施，防止地表水渗漏及冲刷边仰坡，危及结构及施工安全。

（3）顺坡排水在洞内两侧设临时排水沟排水，排水沟应经常清理，保持畅通，防止淤塞。

（4）围岩松软散地段，铺砌水沟。

（5）隧道施工排水，应重视环境保护，经过处理符合现行国家标准的规定后方可排放。

（6）施工排水作业应进行检查，对检查中发现的不符合规定的情况，应签发整改通知单，限期整改，并跟踪验证。

7. 隧道通风

根据实施性施工组织设计及施工任务划分情况，施工通风采用管道压入式通风，与风机相接的风管选用$\phi1\ 200$风管。根据实际情况，洞外风机进风口至洞门距离>5 m，并将风机架高，高度为2 m，风管出风口至掌子面距离$L=15$ m左右。

采用压入式通风，独头通风最远距离根据实际情况按右洞310 m考虑。

通风设施的布设安装要求如下：

（1）通风管的送风口距开挖面不宜大于15 m。

（2）通风管的安装应做到平顺，接头严密、转弯半径不小于风管直径的3倍。

（3）通风井应装有保险装置，当发生故障时能自动停机。

（4）应有专人负责通风工作。

## 7.3.4　洞口浅埋、偏压段施工

大湾子2号隧道出口段均位于偏压地段施工，施工严格按浅孔控制爆破方法和《爆破安全规程》操作。

洞口开挖前施工好松洞危岩的清除工作，设置被动防护网。在施工超前长管棚、小导管注浆等预加固措施时，进洞前做好洞顶截水沟等排水工作，保证进洞开挖施工安全，开挖时遵循"管超前、严注浆、短进尺、强支护、早封闭、勤量测"原则。

开挖前利用地质雷达等超前地质预报先进手段，了解前方地质情况，预先制定合理的施工方案和应急措施，保证施工安全，其他工序施工工艺不变。

通过超前地质预报对掌子面前方可能存在的软弱破碎围岩及不良地质体进行预判，提前选择安全合理的施工方法和加固措施。

施工过程中加强监控量测工作，特别是要加强净空收敛量测及拱顶下沉量测。一旦发现围岩变形异常，就立刻采取措施予以处理。当变形值趋于稳定时，要及时施作二次衬砌。软弱围岩地段衬砌要紧跟，使衬砌尽快成环，形成完全封闭体系。

## 7.3.5　洞身初期支护

洞身支护施工步骤：清理危石→初喷混凝土→施作锚杆、小导管→挂网→安装钢架→挂网（先行洞中墙位置）→复喷混凝土→挂网（先行洞中墙位置）→复喷混凝土。

进行初期支护测量时，应考虑洞身沉降预留变形量，以保证断面尺寸满足设计要求，初期支护设计厚度：SL5b预留沉降量15 cm，喷射混凝土厚度27 cm；SL5b/4a预留沉降量12 cm，喷射混凝土厚度25 cm。

初期支护采用复合式支护，每循环支护长度与各类围岩衬砌类型及开挖进尺相匹配，支护施工紧跟开挖掌子面进行，以确保洞内围岩的稳定和施工安全。

初期支护施工前，应清除开挖表面松动的岩块、浮渣。喷射混凝土施工作业前，先冲吹岩面，并保持岩面干净，埋设控制混凝土厚度的检验钢筋，并检查和试运行各施工工作面照明和风水管路。

连拱隧道先行洞在施作初期支护时（衬砌类型 SL5a、SL5b、SL4a），要严格按设计在两洞间内侧加设 $\phi$8 mm 的 15 cm×15 cm（20 cm×20 cm）单层钢筋网及 $\phi$16 mm 的 15 cm×15 cm（20 cm×20 cm）单层钢筋网，增强先行洞初期支护的强度，以确保减少后行洞开挖爆破施工时对先行洞支护的影响，钢筋网及 EPS 泡沫减震材料布置位置准确。

1. 系统锚杆

本隧道系统锚杆：洞口段边仰护坡 $\phi$22 砂浆锚杆，暗洞 $\phi$25 中空注浆锚杆，$\phi$12 砂浆锚杆（用于两洞联体处固定钢筋网喷浆施工）。

施工工艺控制要点：

打孔前做好量测工作，严格按设计要求布孔并做好标记，打孔偏差不大于 ±50 mm；锚杆孔的孔轴方向满足施工图纸的要求。

锚杆孔深、间距和锚杆长度、根数均要符合设计及规范要求。孔位偏差值不大于 ±50 mm。用高压风冲洗、清扫锚杆孔，确保孔内不留石粉，不得用水冲洗钻孔。

钻孔深度不应小于锚杆杆体的有效长度，但深度超长值不应大于 100 mm。

锚杆应尽量与岩面垂直。所有锚杆必须安装垫板，垫板应与喷射混凝土表面紧密接触。

锚杆施工宜在初喷后及时进行。系统锚杆尾端应预留足够长度，确保锚杆垫板能够在初喷完成后安装，以便于锚杆质量检测。

锚杆抗拔力检测：根据设计和施工规范要求，每 300 根为一组，每组随机抽样 3 根做拉拔试验，要求锚杆平均抗拔力不小于设计值，最小值不小于设计值的 80%。检测用锚杆专用拉拔器，由具有资质的计量单位标定后方可使用。

2. 钢筋网施工

挂网钢筋采用 $\phi$8 钢筋，网格尺寸为（15 cm×15 cm）20 cm×20 cm。严格按设计加工制作；钢筋网可预先加工成 1 m×2 m 的网片，使用时将加工好的钢筋材料运至现场后，由人工现场安装、绑扎，利用锚杆头焊接固定。

为防止先行洞左侧拱、墙部喷射混凝土开裂，并确保喷射混凝土施工质量、提高其整体性，采取在左幅（先行洞）右侧拱、墙部施作钢筋网，其中内侧（隧道净空侧）钢筋网采用 $\phi$16 单层钢筋网，待第一层第二层钢筋网已施作完成，隧道已成洞后再施作；隧道中间位置钢筋网采用 $\phi$8 单层钢筋网，靠围岩侧钢筋网采用 $\phi$12 单层钢筋网。其余位置（拱、墙部）钢筋网待开挖面初喷 2 cm 混凝土后进行设置，并紧贴喷混凝土面挂设。

第一层钢筋网 $\phi$12，间距 15 cm×15 cm（20 cm×20 cm）（代替相同位置的 $\phi$8 钢筋网片）；

第二层钢筋网 $\phi$8，间距 15 cm×15 cm（20 cm×20 cm）；

第三层钢筋网 $\phi$16，间距 15 cm×15 cm（20 cm×20 cm）（待第一层第二层钢筋网已施作完成，隧道已成洞后再施作，钢筋连接同主洞钢筋），钢架网采用 $\phi$12 固定钢筋，$L$ = 50 cm，间距 100 cm×100 cm，梅花形布置。

（1）钢筋网片加工。

钢筋网片采用Ⅰ级$\phi 8$钢筋焊制，在钢筋加工场内集中加工。先用钢筋调直机把钢筋调直，再截成钢筋条。

钢筋焊接前要先将钢筋表面的油渍、漆污、水泥浆和用锤敲击能剥落的浮皮、铁锈等均清除干净；加工完毕后的钢筋网片应平整，钢筋表面无削弱钢筋截面的伤痕。

（2）成品的存放。

制作成型的钢筋网片必须轻抬轻放，避免摔地产生变形。钢筋网片成品堆放在指定的成品堆放场地上。存放和运输过程中要避免潮湿的环境，防止锈蚀、污染和变形。

（3）挂网。

按图纸标定的位置挂设加工好的钢筋网片，钢筋片随初喷面的起伏铺设，绑扎固定于先期施工的系统锚杆之上，再把钢筋片焊接成网，网片搭接长度为1~2个网格。挂设时利用垫块衬垫在钢筋和初喷层之间，以保证钢筋和初喷层之间保持不大于30 mm的间隙。

3. 中墙基底注浆小导管施作

中隔墙基础地基处理中墙底设注浆小导管[$\phi 76 \times 6$，$L = 4.5$ m，间距 80 cm（横向）×60 cm（纵向）/梅花形交错布置]，小导管嵌入中墙底 0.4 m，末端与工字钢钢架焊接连接。注浆材料采用水泥浆，水灰比为 0.5∶1~1∶1，注浆压力为 0.6~1.0 MPa。

4. 钢拱架施作

SL5a拱架是采用工字钢I20a、I22a，SL5b、SL4a拱架是采用工字钢I18、I20a，采用冷弯加工技术制作、两端焊接连接钢板、拼装用高强螺栓连接，尺寸严格按设计图纸加工，满足设计要求。

严格按技术交底制作，加工好的第一榀钢拱架，在钢筋加工场地按1∶1放样，进行预拼装，满足技术交底后才能进行批量生产（考虑预留变形量）。

钢架按设计尺寸在钢筋加工场下料分节焊接制作，制作时严格按设计图纸技术交底进行，保证每节的弧度与尺寸均符合设计要求，每节两端均焊连接钢板，拼装节点用高强螺栓连接牢靠，严禁不合格品进场。

钢架通过汽车运输至现场，隧道开挖后应在初喷混凝土后及时架设。

（1）作钢架用型钢的规格、型号、材质必须合格，满足设计要求和国家有关现有技术标准的规定。

（2）后行洞与先行洞钢架拱腰位置通过 H 单元 A 接头连接，施工时 A 接头与先行洞钢架焊接连接，焊缝连接高度 7 mm。A 接头与后行洞连接采用螺栓连接。拱脚位置通过 G 单元"D 接头"用螺栓进行连接。施工时用全站仪对先行洞的工字钢A、D 接头位置进行定位，做好施工记录（记录里程、偏距、高程）。施工中各钢架利用径向定位钢筋进行定位，控制好垂直度以确保钢架的安装质量。其中拱部、边墙每一单元钢架设定位钢筋2处，仰拱部钢架不设；每处定位钢筋为两根，每根长800 mm。

（3）钢架安装应符合下列条件：

① 安装前应清除底脚的虚渣及杂物；拱脚基层平整坚固。

② 安装允许偏差：间距误差 ± 5 cm，垂直度为 ± 2°；同榀两端中线应在同一里程段。

③ 各节钢架间应以高强螺栓连接，连接板应密切，紧固牢靠，连接板局部缝隙不超过 2 mm。
④ 沿钢架外缘每榀采用钢楔或混凝土预制块楔紧。
⑤ 钢架之间采用直径为 20 mm 的钢筋焊接连接加固，环向间距 1 m 符合设计要求。
⑥ 由于采用台阶开挖方法，分台阶立架，钢架安装后，钢架暂时不能全断面封闭成环，因此，每台阶钢架的拱脚上部每榀采取 2 根 $L = 4.5$ m、$\phi42$ 钢管与拱架焊接注浆技术措施，将钢架两底脚牢固锁定，以加强钢架的稳定。以防止钢架下沉或拱脚回弹侵限。如地质较差时，可采用加长锁脚锚（管）杆或增设锁脚锚（管）杆等措施。
⑦ 钢架应经常检查，如发现破裂、倾斜、弯扭、变形以及接头松脱填塞漏空等异状，必须立即加固。
⑧ 钢架的抽换、拆除，应本着"先顶后拆"的原则进行，防止围岩松动坍塌。
⑨ 后行洞工字钢必须与先行洞中墙处加强工字钢一一对应连接牢固。
⑩ 接头处采用 I14 工字钢作为纵向连接工字钢，满焊牢固。
⑪ 拱脚处 E、C 接头采用 32a 槽钢垫平且用螺栓连接牢固，使之成形整体。

5．喷射混凝土（初喷、复喷）

钢架安装完成后，及时喷射混凝土，喷射时分层、分段进行，钢架应全部被喷射混凝土覆盖，保护层厚度不得小于 20 mm。

喷射混凝土厚度：依据不同的支护类型而有所不同，严格按设计厚度施工；每循环开挖爆破、排烟、找顶、清理断面后，首先初喷 2 cm 左右的混凝土，然后进行钢拱架、锚杆、钢筋网支护，最后喷混凝土至设计厚度。在开挖过程中对已完成支护设施造成破坏的，及时进行补喷。

（1）喷射混凝一般要求。
① 洞身初期支护喷混凝土分初喷和复喷两步进行，当围岩整体性较好时可一次性喷射到位，另外当掌子面围岩自稳能力较差时，必要时对上部台阶掌子面采用 5 cm 厚喷射混凝土封闭。
② 隧道支护喷射混凝土均为 C25 混凝土。
③ 混凝土喷射时加入速凝剂，要求混凝土初凝时间 15 s，终凝时间不超过 2 h。
④ 喷射混凝土采用湿喷技术，机械设备为 TK-96 型混凝土湿喷机。
⑤ 喷射混凝土的回弹物料不得重复利用，所有的回弹混凝土均须从工作面清除。

（2）喷射工艺。
① 喷射机安装调试好后，接通喷射管、喷嘴，接通风管路，先用高压风水吹洗受喷面。
② 连续上料，经常保持机筒内料满，在料斗上口安设一层孔径 12 mm 筛网，避免超径骨料进入机内。
③ 工作顺序：喷射机先开风后上料，喷射手开风后，初调出水量，喷射时先注水，后出料。根据受喷面和喷出物的情况，调整注水量，以喷后易黏着、回弹小和表面呈湿润光泽为度。
④ 喷射部位顺序应分段、分片、分层进行，隧道内纵向 1～3 m 为一段，喷混凝土应自墙向拱的顺序，即在下部起水平方向旋转移动往返一次喷射，然后向上移行，喷射前个别受喷面凹洼处应先找平。

⑤ 最佳喷射距离与喷射角度：喷嘴口至受喷面以 1.0 m 为宜，喷射料束以垂直喷面为最佳，不大于 10°的倾角。

⑥ 喷射料束运动轨迹，环形旋转水平移动一圈并压半圈。环形旋转直径约为 0.3 m，喷射第二行时，依顺序由第一行起点上方开始，行间搭接约为 2~3 cm。

⑦ 喷射料束旋转速度以及一次喷射厚度：以 2 s 左右转动一圈为宜，一次喷混凝土厚以不坠落时的临界状态或所需厚度为准，一般控制在 5~8 cm 为宜。

⑧ 风压和喂料量，应根据喷射部位的不同进行调整，可参考表 7-9。

表 7-9　不同喷射部位工作风压与喷射机喂料量

| 喷射部位 | 工作风压 | 喂料量 |
| --- | --- | --- |
| 拱部 | 控制在 0.12~0.15 MPa | 3 $m^3/h$ |
| 边墙 | 控制在 0.15~0.18 MPa | 4 $m^3/h$ |

（3）喷射混凝土的养护。

喷射混凝土层一般较薄，外表面系数大，当空气中水分不足时，极易发生干缩裂纹，同时所掺入的速凝剂，在一定程度上抑制了水泥的水化反应，影响了强度的发展，所以要加强养生，在终凝 2 h 后喷水（土质地段的受喷面应喷雾化水）养护，并经常保持潮湿状态。

（4）施工注意事项。

① 喷射前应仔细检查危石并处理，喷射机应布置在安全地带，并应尽量靠近喷射部位，以便司机与喷射手联系，随时调整工作风压。

② 经常检查喷射机出料弯头，输料管和管路接头，发现问题要及时处理。

③ 按设计配合比及喷射位置调整液体速凝剂用量，应避免未加速凝剂的料喷出，喷射作业结束时，应将机器和管路中的拌和料用完再停机、关水和断风。

④ 经常测定作业区内粉尘浓度，如超过标准应找出原因，采取相应措施。

⑤ 拌和地点距喷射地段较远，速凝剂应在喷射机喷射口加入，若在拌和时加入，则应自加入速凝剂时起，拌和料在 15 min 内喷完，否则会影响质量。

⑥ 按配合比投料，计量要准确，定时校验计量器具，施工时风压要稳定，运输道路要畅通，电源、照明应保持良好。

⑦ 喷射人员要穿戴防护用品。

### 7.3.6　仰拱开挖、衬砌及仰拱回填

#### 1. 仰拱开挖方法

（1）为避免开挖震动对已形成的初衬结构造成不利的影响和尽量控制超挖，仰拱开挖软岩人机配合或短进尺弱爆破，快速支护形成支护成环。

（2）仰拱开挖适宜连续作业循环。即开挖—支护—开挖—支护。最好与二衬同步，即时施作仰拱。如果支护弱应及时施工仰拱。

（3）仰拱每循环开挖长度不大于 3 m，整环开挖施作支护。

（4）仰拱初期支护、仰拱混凝土、仰拱填充混凝土应分层施作，各结构层横向施工缝应错位 50 cm 以上。仰拱应整幅关模浇筑、栈桥通过。

2. 仰拱初支结构

严格按不同支护类型的钢拱架型号、间距安装仰拱的钢拱架，仰拱钢架用冷弯机弯制成符合弧度要求的形状。严禁将整榀钢架做成几段折线形的钢架。当整榀钢架分段制作时，其接头必须按设计要求制成板式连接。个别需采用对焊连接时，在钢架接头腹板中必须双面拼焊钢板，或采用四孔双面夹板螺栓连接。用混凝土掩埋钢架前必须清除所有钢架外表的油污、泥土、锈迹。严禁用废旧钢材制作钢架。初支不设拱架时，按照图纸设计要求施工。

3. 仰拱施工

仰拱与掌子面间距Ⅳ级围岩不得大于 50 m，Ⅴ级围岩不得大于 35 m，必要时，仰拱应紧跟掌子面。钢筋由洞外钢筋加工厂集中加工下料，洞内现场绑扎、焊接成型。施工中应注意预留预埋及防水卷材、排水管、止水条、止水带的预埋设。

（1）仰拱混凝土施工。

仰拱混凝土强度等级及厚度同洞身二衬，一次性整体浇筑，振动棒配合平板振动器振捣，混凝土浇筑时，搭设临时栈桥，保证交通不断，实现浇筑与开挖平行作业。

① 基底处理：无仰拱地段，基底开挖至设计标高后，人工配合挖掘机清理松渣，清除仰拱顶面的碎渣、粉尘，并冲洗干净，不得有积水，超挖部分用同级混凝土填充。

② 仰拱钢筋绑扎：钢筋在洞外加工，搬运至洞内后手工绑扎，严格按设计图纸施工，仰拱钢筋绑扎时预埋小边墙钢筋，经监理工程师检查验收合格后方可进入下道工序。

③ 仰拱模板安装：仰拱采用立模整体浇筑，端模设在分段施工缝处，采用大块钢模，端模支撑牢固，防止浇筑过程中变形，以保证施工缝平直。

④ 仰拱混凝土浇筑。

仰拱混凝土浇筑采用输送泵浇筑，输送管前端接软管，移动灵活。浇筑混凝土纵横分块顺序进行。采用振动棒捣固混凝土。

仰拱回填达到设计强度的 100%后才能放车通行。

（2）仰拱填充混凝土浇筑。

仰拱填充混凝土可在仰拱已浇筑混凝土初凝后进行，填充混凝土浇筑可分二次进行，第一次浇筑至水沟底标高，第二次安装水沟侧模后浇筑至设计标高。因仰拱混凝土浇筑时间不长，不得在上面行走机械。填充混凝土浇筑用输送泵，人工振动棒捣固。当设栈桥施工时，混凝土由运输罐车在栈桥上直接入模，人工分摊。

### 7.3.7 隧道结构防排水

按照"以排为主，防、截、排、堵、因地制宜、综合治理"的原则，针对隧道区地表水、地下水做以下处理：

（1）隧道明洞段采用黏土隔水层作为第一道防水措施防止地表水渗入，明洞衬砌外铺设土工布防水板作为第二道防水措施。

（2）岩性接触带富水区，基岩岩溶裂隙富水区开挖后，采用径向钢花管进行堵水注浆；破碎带富水区开挖前，采取超前帷幕注浆作为堵水减渗措施，注浆材料选用水泥浆或水泥-水玻璃双液浆，并掺加防水剂，注浆参数经现场试验确定，以达到最佳注浆堵水效果，相应段落的 PVC 防水卷材改为 HDPE 自粘胶膜防水卷材。

（3）隧道暗洞段在初期支护与二衬间敷设排水管、土工布、PVC 防水卷材作为防水措施，防水板铺设范围为隧道拱顶至边墙下部纵向排水管，隧道变形缝处设置橡胶止水带、施工缝处设置遇水膨胀止水条进行止水。

（4）明洞衬砌、二衬拱墙部采用防水混凝土浇筑，其抗渗等级不低于 P8。

（5）在洞外采取截水措施即在洞顶、边仰坡顶施作截水沟，洞顶截水沟与洞口排水沟、路基边沟组成洞外排水系统。

1. 防水层施工

初期支护与二衬之间防水层设计为 400 g/m² 无纺土工布及 1.5 mm 厚 PVC 防水板，防水层按环进行铺设，按设计长度下料尺寸，将裁剪好的防水层平铺，按规范要求搭接，再焊接成一个循环所需要的防水层；对焊接好的防水层进行抽样检查，合格后进行防水层铺设，防水层在自制台车上进行铺设。

防水层铺设前，将初支表面的钢筋头和锚杆头先切除，再用手持砂轮机磨平，对凹凸不平部位应修凿喷补，使混凝土表面平顺，凹凸量不得超过 5 cm，有局部渗水处，应进行处理。

对于连拱隧道（衬砌类型 SL5a、SL4a）先行洞铺设防水层前，按设计要求在隧道内侧初期支护表面铺设 2 cm 厚 EPS 泡沫减震材料，后铺设土工布防水板，以降低后行洞爆破震动对先行洞二衬混凝土的影响。

2. 隧道排水系统组成

（1）墙背有股水处设 DN50 的 PVC 引水管，每延米按 5 m 计；墙背渗水处设 Ω 形弹簧排水管一道，每延米按 15 m 计。

（2）墙背设 DN75 的 HDPE 单壁打孔环向排水管，间距 10 m。

（3）隧道左右边墙背后设置 DN110 的 HDPE 双壁波纹管各一道，其纵坡与路面相一致。

（4）隧道行车道路缘带设置开口式明沟以排泄路面水及清洗污水，开口式明沟下设矩形清水沟。

（5）隧道边墙底部横向每隔 10～15 m 设置一道 DN110 的 HDPE 双壁波纹排水支管，使墙背水排入矩形清水沟内。

（6）隧道路面下设碎石盲沟，盲沟水引入清水沟内。

3. 施工缝、沉降缝处止水带施工

（1）施工缝处设止水带，沉降缝处设背贴式止水带和中埋式止水带（衬砌类型变化位置以及洞身每 80 m 设置一道），中埋式止水带设在衬砌 1/2 处。

（2）衬砌台车就位后，在邻近施工缝或沉降缝处的拱架外侧按一定间距安装止水带固定装置。在混凝土结构施工缝处，沿结构厚度的中心线将止水带的两翼分别埋入结构中。混凝土施工时，安排专人通过衬砌台车的窗口对止水带进行观察、保护，确保挡头部位混凝土灌注及止水带居中埋设。

（3）在安装过程中，止水带的长度应逐段留有一定的余量，不能绷紧；灌注衬砌混凝土时，应随时注意止水带位置的变化，不能被混凝土横向压弯变形，止水带周围混凝土要振捣密实。

4. 洞内沟槽

洞内沟槽主要包括电缆沟、排水沟等。在仰拱回填和铺底时预留排水沟槽，无仰拱处铺底前开挖出排水沟槽位，待排水沟安装好后将槽位上方的仰拱回填混凝土或底板混凝土按要求补齐。

### 7.3.8 二次筑模衬砌

二衬模板采用衬砌台车，由厂家定型制作，台车长度 9 m，洞身衬砌 9 m 为一个循环，为防止跑模以及台车变形侵入隧道净空界限，一般将台车提高 5 cm，两侧各加宽 5 cm。二衬混凝土均为 C30 防水混凝土，抗渗等级为 P8。

1. 二衬混凝土浇筑时间的确定

当围岩量测结果表明围岩收敛已趋于稳定时，可以施工二次衬砌。若围岩有失稳迹象，需提前施作二次衬砌。二次衬砌施工必须满足以下前提条件，隧道周边位移速率有明显减缓趋势：

（1）水平收敛（拱脚附近）速度小于 0.2 mm/d，或拱顶位移速率小于 0.15 mm/d。

（2）施作二次衬砌的收敛量已达总收敛量的 80%。

2. 二衬混凝土施工步骤

二衬混凝土施工步骤：仰拱混凝土→仰拱填充混凝土→小边墙混凝土→防、排水管安装→土工布、防水板挂设→二衬钢筋绑扎→台车就位加固→二衬混凝土浇筑。

3. 洞身二衬施工

（1）拱墙二衬钢筋（若有时）：钢筋在洞外加工，搬运至洞内后手工绑扎，与小边墙钢筋绑扎搭接，绑扎搭接长度不小于 $35d$（单面焊不小于 $10d$）。严格按设计图纸施工，经监理工程师检查验收合格后方可进入下道工序。

（2）二衬台车安装、定位：钢模台车在洞口外组装，封头模板采用钢木组合模板封堵。模板台车组装后进行断面检查，满足设计断面尺寸后方可投入使用。待仰拱混凝土、仰拱填充混凝土和小边墙混凝土达到设计强度的 70% 后，钢筋安装完毕并检查合格后，移动台车就位，安装端头模板。

（3）二衬混凝土浇筑：混凝土拌和站集中拌和，运输车运送至施工现场，浇筑采用输送泵浇筑，浇筑从模筑台车预留天窗从下到上进行，两边交错分层浇筑，左右台面相对高差不大于 50 cm。振动棒配合附着式振动器振捣。衬砌混凝土应连续浇筑，不得不间歇时，间歇时间及处理方法应符合有关规定。

（4）拆模：二衬混凝土加入早强剂，保证混凝土 12 h 强度大于 2.5 MPa，浇筑 12 h 后即可进行拆模。V 级围岩段拆模时间应适当延长，初期支护还存在较大变形时，混凝土结构达到设计强度的 70% 时方可拆模。

（5）养护：拆模后即应对混凝土进行洒水养护，洒水次数应以混凝土表面保持湿润状态为准，养护时间不宜低于 7 d。操作时不得使混凝土受到污染和损伤，养护用水与拌制用水相同。

4. 充填注浆

为保证二衬拱顶空隙不脱空,二衬施工时拱顶每隔 5 m 预留回填注浆孔,待二衬混凝土达到设计强度后进行充填注浆。

预埋注浆孔采用 φ42 钢管,预埋注浆管时应注意避免破坏防水板,注浆管端头用棉纱等密封,压浆孔口焊接止浆阀。

在衬砌混凝土达到设计强度 70%后,即可进行充填注浆,注浆压力应小于 0.5 MPa,注浆材料采用水泥砂浆,注浆达到设计压力即可终止注浆,注浆结束后将注浆孔封闭填塞密实。

5. 隧道预留设备洞室、预留槽、预埋钢管

(1)大湾子 2 号隧道预留设备洞室、预留槽有:隧道照明设施 20 处;隧道监控设施 28 处;隧道消防及横通道设施 14 处。

(2)大湾子 2 号隧道预埋 DN100×5 镀锌管 200 m。

各种预留洞槽的模板、预埋镀锌钢管在绑扎二衬时固定在主筋上。预留洞室二衬时用木模嵌入二衬内,表面与台车面紧密接触,防止浇筑混凝土时漏浆;预留洞室深度侵入初期支护范围时,对初期支护的钢拱架进行截断,重新进行加固、连接处理。

### 7.3.9 隧道裂缝控制措施

施工中,结构承担的过程荷载大于建成后的荷载,即先行隧道的支护需要承担后行隧道开挖引起的偏压和爆破振动等不利作用,加之地基沉降因素的共同作用引起先行洞二衬的开裂。为避免后行洞二衬的开裂,从以下几个方面进行控制:

(1)后行洞开挖时严格按设计采用控制爆破(预裂、微振爆破),爆破振动速度控制指标值应小于 15 cm/s,先行洞二衬完成段与后行洞掌子面距离不得小于 40 m。为确保后行洞开挖爆破地震烈度对先行洞的影响最小,后行洞开挖时中隔墙部位预留岩柱,中岩柱尽量采用机械开挖,如需钻爆,采用多打眼(周边眼)、少药量、多循环开挖方案,并严格控制其爆破振动速度,加强爆破振动监测工作。振动速度超过控制指标时及时调整装药量及孔眼间距、深度。

(2)及时施作中隔墙基底的地基处治,严格按照设计,向隔墙下打 φ76×6 的钢管并注浆,有效起到地基注浆与钢管桩的效果。

(3)对拱部三角区进行加固,先行洞上台阶、中台阶每一循环初喷完后及时施工拱部三角区注浆小导管(φ42×4)。仰拱开挖完成后及时施作中墙基底注浆导管(φ76×6)再进行除喷、挂网、钢架等工序。对拱部三角区进行加固,在后行洞开挖时,先行洞曲中墙一侧是属于悬空状态,大部分应力都由先行洞承担。因此严格按照设计控制超挖,保护岩体本身承载力不受影响;严格按照设计施工径向超前注浆小导管和环向系统注浆小导管,能够使围岩连接成一个有效整体,提高围岩的帷幕堵水和围岩强度等级;严格按设计施工中墙处的加强工字钢及纵向工字钢,能够增强先行洞对三角区域的支撑力。

(4)为防止先行洞中墙侧拱、墙部喷射混凝土开裂,并确保喷射混凝土质量、提高其整体性,采取在中墙侧拱、墙部施作钢筋网,其中内侧(隧道净空侧)采用 φ16 单层钢筋网,待第一层、第二层钢筋网施作完成,隧道已成洞后再施作;隧道中间位置采用 φ8 单层钢筋网,靠围岩侧采用 φ12 单层钢筋网。

（5）精准对接后行洞拱架 A 接头，后行洞初期支护应尽快与中隔墙的上端部连接为一体共同受力，以改善中隔墙的偏压受力状态。

（6）在初期支护完成后在先行洞曲内侧拱、墙部位施作减震层，EPS 泡沫减震材料紧贴先行洞初期支护喷混表面布设，布设范围从先行洞靠近中夹岩侧拱腰位置至墙脚位置。

（7）拆模后加强对二衬混凝土的养护。

### 7.3.10 贯通方案

根据大湾子 2 号隧道工期计划及设计图纸的围岩等级、支护类型，大湾子 2 号隧道从隧道进口单向掘进，严禁隧道单向掘进出洞，洞贯通位置选择距离出口端明暗交界 30 m 处，桩号初步定为 K51+035。双向开挖距离 25 m 时，两端施工要加强联系、统一指挥，并采取浅眼低药量，控制爆破振动。当两开挖面间的距离为 15 m 时，应改为单向开挖，将另一端人员机具撤走，并在安全距离处设立警告标志；开挖端每次爆破作业时应提前 30 min 通知另一端。出口端掘进至 K51+035 位置停止掘进，继续由进口端施工。隧道洞身采用超前导坑先行贯通隧道，预留光爆层。后行洞的贯通必须在先行洞二衬全部完成后进行。

贯通段围岩等级为 V 级，衬砌类型为 SL5a；贯通段采用超前导坑预留光爆层开挖法施工，即在隧道开挖掌子面中下部开挖 4 m×4 m 的城门洞形状的超前导坑，开挖时采用短进尺、弱爆破，每循环进尺 0.6 m，周边喷射 10 cm 厚 C25 混凝土支护，直到隧道贯通，超前导坑预留光爆层施工方法。

隧道贯通后，及时进行贯通测量，贯通中误差洞外≤±45 mm，洞内≤±60 mm，整个贯通区间±75 mm。高程中误差洞外≤±25 mm，洞内≤±25 mm，整个贯通区间±35 mm。

# 8 连拱隧道转分离式隧道施工技术

## 8.1 隧道概况

沙拉么隧道左线起讫桩号 ZK30+295~ZK32+195，长 1 900 m，隧道所在路段纵坡为+1.00%，隧道路面横坡随平曲线半径变化，最大埋深 113 m；隧道右线起止桩号为 K30+295~K32+240，长 1 945 m，隧道所在路段纵坡为+1.00%，隧道路面横坡随平曲线半径变化，最大埋深 123 m。隧道结构布置形式分段见表 8-1。

表 8-1 隧道结构布置形式分段

| 结构形式 | 连拱 | 过渡型连拱 | 中岩柱加固小净距 | 一般小净距 | 分离式 |
|---|---|---|---|---|---|
| 右幅桩号 | K30+295~K30+554.859 | K30+554.895~K30+594.630 | K30+593.630~K30+710 | K30+710~K30+730 | K30+730~K32+730 |
| 左幅桩号 | ZK30+295~ZK30+554.87 | ZK30+554.870~ZK30+593.61 | ZK30+593.608~ZK30+710 | ZK30+710~ZK30+730 | ZK30+730~ZK32+195 |
| 测中线间距/m | $D=2.3$ | $D=2.3~4.5$ | $D=4.5~13.8$ | $D=13.8~25$ | $D\geq 25$ |
| 围岩级别 | Ⅳ、Ⅴ | Ⅳ | Ⅳ、Ⅴ | Ⅳ、Ⅴ | Ⅳ、Ⅴ |
| 措施 | 采用对称型无中导连拱隧道结构，通过加固两洞间三角区域围岩及适当施工措施进行处置 | 采用不对称型无中导连拱隧道结构（后行洞扩大开挖断面内轮廓位置随测中线渐变），通过加固两洞间三角区域围岩及适当施工措施进行处置 | 采用小净距隧道结构，通过加固两洞中夹岩柱及适当施工措施进行处置 | 严格按照小净距隧道先后行洞相关施工规定施工，严格控制爆破振动 | 严格按照分离式隧道相关规定施工，严格控制左右幅掌子面间距 |

## 8.2 工程重难点分析

1. 隧道多次下穿箐沟、水泥电杆

本隧道所处地形起伏较大，地面沟壑纵横，在隧址处的地面沟壑大多轴向为东西走向，西边高，东边低；隧道中线大多段与箐沟中线呈约垂直方向从箐沟下方穿过，一处箐沟较深，即 K30+750 处，隧道顶部为一条深切、陡壁的箐沟，沟上游 500 m 处还有一处生产用蓄水池/水塘；K31+600 位置隧道顶上方为箐沟汇水、水塘蓄水；部分桩号隧道线路附近原地面有一条 10 kV 高压水泥电杆，对隧道爆破施工有略微影响。

2. 无中导连拱隧道

隧道进口端 K30+295～K30+554.86 段为连拱隧道，K30+554.86～K30+593.63 段为连拱隧道与小净距隧道过渡段，该段施工质量、安全是本工程质量、安全控制的难点和重点，在后面的施工方法中有相关技术措施。

3. 小净距隧道

隧道进口端 K30+593.63～K30+730 段为小净距隧道，左右幅之间的中岩柱加固是本工程的关键点，同样该段施工质量、安全是本工程质量、安全控制的难点和重点，在后面的施工方法中有相关技术措施。

## 8.3 施工工艺技术

1. 隧道围岩分级等级及长度

左线长 1 900 m，其中 Ⅴ1 围岩 170 m，Ⅳ 围岩 1 730 m（Ⅳ2 级 1 020 m，Ⅳ3 级 710 m）。
右线长 1 945 m，其中 Ⅴ1 围岩 185 m，Ⅳ 围岩 1 760 m（Ⅳ2 级 1 020 m，Ⅳ3 级 740 m）。

2. 隧道衬砌形式及长度汇总

隧道衬砌形式及长度汇总见表 8-2

表 8-2 隧道衬砌形式及长度汇总

| | 衬砌类型 | SLma | SFma | SL5a | SL4a | SL4b | SG4 | SF5x | SF4x | SF5a | SF5b | SF5c | SF4a | SF4b | SF4c | S4jt |
|---|---|---|---|---|---|---|---|---|---|---|---|---|---|---|---|---|
| 右洞 | 长度/m | 10 | 10 | 85 | 90 | 74.86 | 38.77 | 20 | 116.37 | 70 | 20 | 70 | 335 | 705 | 200 | 100 |
| 左洞 | 衬砌类型 | SLma | SFma | SL5a | SL4a | SL4b | SG4 | SF5x | SF4x | SF5a | SF5b | SF5c | SF4a | SF4b | SF4c | S4jt |
| | 长度/m | 10 | 5 | 85 | 90 | 74.87 | 38.74 | 20 | 116.39 | 50 | 30 | 70 | 330 | 680 | 200 | 100 |

3. 隧道左、右洞各桩号、支护类型、长度

隧道左、右洞各桩号、支护类型、长度见表 8-3、表 8-4。

表 8-3 隧道左洞桩号、支护类型、长度

| 起止桩号 | K30+295<br>K30+305 | K30+305<br>K30+390 | K30+390<br>K30+480 | K30+480<br>K30+554.87 | K30+554.87<br>K30+593.608 | K30+593.608<br>K30+710 | K30+710<br>K30+730 | K30+730<br>K30+770 |
|---|---|---|---|---|---|---|---|---|
| 衬砌类型 | SLma | SL5a | SL4a | SL4b | SG4 | SF4x | SF5x | SF5c |
| 长度/m | 10 | 85 | 90 | 74.87 | 38.738 | 116.392 | 20 | 40 |
| 起止桩号 | K30+770<br>K30+790 | K30+790<br>K30+810 | K30+810<br>K30+840 | K30+840<br>K30+890 | K30+890<br>K31+120 | K31+120<br>K31+320 | K31+320<br>K31+550 | K31+550<br>K31+660 |
| 支护类型 | SF5a | SF4a | SF4b | S4jt | SF4b | SF4c | SF4b | SF4a |
| 长度/m | 20 | 20 | 30 | 50 | 230 | 200 | 230 | 110 |

续表

| 起止桩号 | K31+660<br>K31+710 | K31+710<br>K31+900 | K31+900<br>K32+100 | K32+100<br>K32+130 | K32+130<br>K32+160 | K32+160<br>K32+190 | K32+190<br>K32+195 |
|---|---|---|---|---|---|---|---|
| 支护类型 | S4jt | SF4b | SF4a | SF5b | SF5a | SF5c | SFma |
| 长度/m | 50 | 190 | 200 | 30 | 30 | 30 | 5 |

表 8-4　隧道右洞桩号、支护、类型长度

| 起止桩号 | K30+295<br>K30+305 | K30+305<br>K30+390 | K30+390<br>K30+480 | K30+480<br>K30+554.859 | K30+554.859<br>K30+593.63 | K30+593.63<br>K30+710 | K30+710<br>K30+730 | K30+730<br>K30+770 |
|---|---|---|---|---|---|---|---|---|
| 支护类型 | SLma | SL5a | SL4a | SL4b | SG4 | SF4x | SF5x | SF5c |
| 长度/m | 10 | 85 | 90 | 74.859 | 38.771 | 116.37 | 20 | 40 |
| 起止桩号 | K30+770<br>K30+790 | K30+790<br>K30+820 | K30+820<br>K30+870 | K30+870<br>K31+120 | K31+120<br>K31+320 | K31+320<br>K31+570 | K31+570<br>K31+655 | K31+655<br>K31+705 |
| 支护类型 | SF5a | SF4a | S4jt | SF4b | SF4c | SF4b | SF4a | S4jt |
| 长度/m | 20 | 30 | 50 | 250 | 200 | 250 | 85 | 50 |
| 起止桩号 | K31+705<br>K31+910 | K31+910<br>K32+130 | K32+130<br>K32+150 | K32+150<br>K32+200 | K32+200<br>K32+230 | K32+230<br>K32+240 | | |
| 支护类型 | SF4b | SF4a | SF5b | SF5a | SF5c | SFma | | |
| 长度/m | 205 | 220 | 20 | 50 | 30 | 10 | | |

**4. 衬砌类型及支护参数**

超前支护及衬砌表、隧道衬砌类型及支护参数见表 8-5～表 8-8。

表 8-5　隧道支护结构参数

| 衬砌类型 | 适用范围 | 初期支护 | | | | 预留变形/cm | 二衬C30混凝土厚度/cm | 辅助施工 | 施工方法 |
|---|---|---|---|---|---|---|---|---|---|
| | | 锚杆型号、间距（纵/cm×环/cm） | $\phi 8$钢筋网尺寸/（cm×cm） | C25喷射混凝土厚/cm | 钢拱架 | | | | |
| SF5a | V级围岩浅埋偏压及洞口段 | $\phi 25$中空注浆锚杆$L=3.0$ m，间距60×100 | 15×15 | 25 | I18拱架间距60 cm | 15 | 拱部、仰拱50 | $\phi 42$小导管 | 环形开挖预留核心土法 |
| SF5b | V级围岩深埋段 | $\phi 25$中空注浆锚杆$L=3.0$ m，间距80×100 | 20×20 | 25 | I18拱架间距80 cm | 12 | 拱部、仰拱50 | $\phi 42$小导管 | 环形开挖预留核心土法 |
| SF5c | V级围岩洞口段 | 洞口管棚 | 15×15 | 27 | | 15 | 拱部、仰拱60 | | 环形开挖预留核心土法 |

续表

| 衬砌类型 | 适用范围 | 初期支护 ||||| 预留变形/cm | 二衬C30混凝土厚度/cm | 辅助施工 | 施工方法 |
| --- | --- | --- | --- | --- | --- | --- | --- | --- | --- |
| | | 锚杆型号、间距（纵/cm×环/cm） | $\phi 8$钢筋网尺寸/(cm×cm) | C25喷射混凝土厚/cm | 钢拱架 | | | | |
| SF4a | Ⅳ级围岩浅埋段 | $\phi 22$砂浆锚杆$L=2.5$ m，间距$80\times100$ | 25×25 | 23 | I16拱架间距80 cm | 12 | 拱部、仰拱45 | $\phi 42$小导管 | 台阶法 |
| SF4b | Ⅳ级围岩深埋段 | $\phi 22$药卷锚杆$L=2.5$ m，间距$100\times100$ cm | 25×25 | 22 | I16拱架间距1.0 m | 10 | 拱部、仰拱40 | $\phi 22$超前锚杆 | 台阶法 |
| SF4c | Ⅳ级围岩深埋，基底较好段 | $\phi 22$药卷锚杆$L=2.5$ m，间距$120\times120$ | 25×25 | 15 | — | 8 | 35厚C30混凝土，无仰拱 | — | 台阶法 |
| SL5a | Ⅴ级围岩浅埋偏压及洞口段 | $\phi 25$中空注浆锚杆$L=3.5$ m，间距$60\times100$ | 15×15 | 27 | I20a拱架间距60 cm | 15 | 拱部、仰拱60 | $\phi 42$小导管 | 环形开挖预留核心土法 |
| SL4a | Ⅳ级围岩浅埋段 | $\phi 25$中空注浆锚杆$L=3.5$ m，间距$80\times100$ | 20×20 | 25 | I18拱架间距80 cm | 12 | 拱部、仰拱50 | $\phi 42$小导管 | 台阶法 |
| SL4b | Ⅳ级围岩深埋段 | $\phi 25$中空注浆锚杆$L=3.5$ m，间距$100\times100$ | 20×20 | 22 | I16拱架间距1.0 m | 10 | 拱部、仰拱40 | $\phi 22$超前锚杆 | 台阶法 |
| SG4 | Ⅳ级围岩分岔段 | $\phi 25$中空注浆锚杆$L=3.5$ m，间距$80\times100$ | 20×20 | 25 | I20a拱架间距80 cm | 12 | 拱部、仰拱50 | $\phi 42$小导管 | 台阶法 |
| SF5x | Ⅴ级围岩测中线距离4.5~13.8 m段 | $\phi 25$中空注浆锚杆$L=3.0$ m，间距$60\times100$ | 15×15 | 25 | I18拱架间距60 cm | 15 | 拱部、仰拱50 | $\phi 42$小导管 | 台阶法 |
| SF4x | Ⅳ级围岩测中线距离4.5~13.8 m段 | $\phi 22$砂浆锚杆$L=2.5$ m，间距$80\times100$ | 25×25 | 22 | I16拱架间距80 cm | 12 | 拱部、仰拱45 | $\phi 42$小导管 | 台阶法 |

表8-6 紧急停车带支护结构参数

| 衬砌类型 | 适用范围 | 初期支护 |||| 预留变形 | 二次衬砌 | 辅助施工 | 施工方法 |
| --- | --- | --- | --- | --- | --- | --- | --- | --- | --- |
| | | 锚杆 | 钢筋网 | 喷射混凝土 | 钢拱架 | | | | |
| S4j4 | Ⅳ级围岩 | $\phi 25$砂浆锚杆$L=3.5$ m，间距$80$ cm$\times100$ cm（纵×环） | $\phi 8$钢筋网$20$ cm×$20$ cm | C25喷射混凝土厚24 cm | I18拱架间距80 cm | 12 cm | 50 cm厚C30钢混凝土 | $\phi 42$小导管 | 台阶法 |

表 8-7  左线超前支护及衬砌

| 衬砌类型 | SL5a | SL5a | SL4a | SL4b | SG4 | SF4x | SF5x | SF5c |
|---|---|---|---|---|---|---|---|---|
| 长度/m | 30 | 55 | 90 | 74.87 | 38.738 | 116.392 | 20 | 40 |
| 超前支护类型 | 长管棚 | 超前小导管 | 超前小导管 | 超前小导管 | 超前小导管 | 超前小导管 | 超前小导管 | 超前小导管 |
| 衬砌类型 | SF5a | SF4a | S4jt | SF4b | SF4b | SF5b | SF5c | SF4c |
| 长度 | 50 | 220 | 100 | 30 | 650 | 30 | 30 | |
| 超前支护类型 | 超前小导管 | 超前小导管 | 超前小导管 | 超前小导管 | φ25超前砂浆锚杆 | 超前小导管 | 长管棚 | 无 |

表 8-8  右线超前支护及衬砌

| 衬砌类型 | SL5a | SL5a | SL4a | SL4b | SG4 | SF4x | SF5x | SF5c |
|---|---|---|---|---|---|---|---|---|
| 长度/m | 30 | 55 | 90 | 74.859 | 38.771 | 116.370 | 20 | 40 |
| 超前支护类型 | 长管棚 | 超前小导管 | 超前小导管 | 超前小导管 | 超前小导管 | 超前小导管 | 超前小导管 | 超前小导管 |
| 衬砌类型 | SF5a | SF4a | SF4b | S4jt | SF5b | SF5c | SF4c | |
| 长度/m | 290 | 115 | 705 | 100 | 20 | 30 | | |
| 超前支护类型 | 超前小导管 | 超前小导管 | φ25超前砂浆锚杆 | 超前小导管 | 超前小导管 | 长管棚 | 无 | |

钢管参数:热轧钢管 φ108 mm,壁厚 6 mm,节长 3 m、6 m;管距:环向间距 40 cm;倾角:1°~3°,方向与线路中线平行;钢管施工误差:管棚前端不大于 15 cm,相邻钢管之间环向不大于 10 cm;隧道纵向同一横断面内接头数不大于 50%。

注浆参数:水泥浆水灰比 1∶1;注浆压力初压 0.5~1.0 MPa;终压 2.0 MPa;注浆结束后,用 M20 水泥砂浆填塞管棚钢管,以增强管棚强度,注浆水泥的强度等级为 42.5。

5. 超前小导管技术参数

超前小导管技术参数见表 8-9、表 8-10。

表 8-9  连拱隧道超前支护参数

| 衬砌类型 | SL5a | SL5b | SL4a | SL4b |
|---|---|---|---|---|
| 支护(注浆小导管)/mm | φ42×4 | φ42×4 | φ42×4 | φ42×4 |
| 支护单根长度/m | 4.5 | 4.5 | 4.5 | 4.5 |
| 环向间距/cm | 30 | 30 | 40 | 40 |
| 上仰角 α/(°) | 10~15 | 10~15 | 10~15 | 10~15 |
| 纵向水平搭接长度/m | 1.5 | 1.5 | 1.3 | 1.5 |
| 钢拱架类型 | I20a | I18 | I18 | I16 |
| 钢管根数 N | 88 | 88 | 64 | 64 |
| 钢拱架榀数/(榀/循环) | 5 | 5 | 4 | 3 |
| 钢管数量/(m/循环) | 396 | 396 | 288 | 288 |
| 注浆量/(m³/循环) | 9.48 | 9.48 | 9.18 | 9.18 |

表 8-10 分离式隧道超前支护参数

| 衬砌类型 | SF5a | SF5b | SF5c | SF4a | SF4b |
|---|---|---|---|---|---|
| 支护（注浆小导管）/mm | $\phi 42 \times 4$ | $\phi 42 \times 4$ | $\phi 42 \times 4$ | $\phi 42 \times 4$ | $\phi 42 \times 4$ |
| 支护单根长度/m | 4.5 | 4.5 | 4.5 | 4.5 | 4.5 |
| 环向间距/cm | 30 | 30 | 30 | 40 | 40 |
| 上仰角 $\alpha$/(°) | 5~15 | 5~15 | 5~15 | 5~15 | 5~15 |
| 纵向水平搭接长度/m | 1.5 | 1.3 | 2.7 | 1.3 | 1.5 |
| 钢拱架间距/m | 0.6 | 0.8 | 0.6 | 0.8 | 1.0 |
| 钢管根数 $N$ | 45 | 45 | 45 | 27 | 27 |
| 钢拱架榀数/(榀/循环) | 5 | 4 | 4 | 4 | 3 |
| 钢管数量/(m/循环) | 202.5 | 202.5 | 202.5 | 121.5 | 121.5 |
| 注浆量/(m³/循环) | 4.96 | 4.96 | 4.96 | 4.96 | 4.96 |

超前小导管采用 $\phi 42$ mm $\times 4.0$ mm 热轧钢管，钢管前端呈尖锥状，管壁四周钻 8 mm、间距 15 cm 的压浆孔，但尾部有 1 m 不设压浆孔。每打完一排钢管注浆后，开挖拱部及第一次喷射混凝土、架设钢架，初期支护完成后，根据支护类型，隔 3~5 榀拱架再打另一排钢管、注浆。

超前小导管注浆采用水泥液浆，注浆参数为：水泥浆水灰比：1:1；注浆压力：0.5~1.0 MPa；水泥强度等级：42.5。

6. 超前锚杆技术参数

适用于Ⅳ级围岩 SF4b（硬质围岩段），采用 HRB400 级螺纹钢筋、长 450 cm 的 $\phi 25$ 砂浆锚杆形式，环向间距约 40 cm，每循环 32 根，外倾角约 5°~10°，纵向排距 3 榀拱架。

7. 系统锚杆技术参数

（1）$\phi 22$ 砂浆锚杆施工。

① 杆体：$\phi 22$ 药卷锚杆采用 HRB400 级螺纹钢筋。
② 锚杆杆体抗拉力：大于 150 kN。
③ 锚杆抗拔力：大于 70 kN。
④ 锚杆尺寸、间距（环×纵）见表 8-11，梅花形布置。

表 8-11 锚杆尺寸、间距（环×纵）

| 衬砌类型 | SF4a | SF4b | SF4c |
|---|---|---|---|
| 锚杆长度/m | 250 | 250 | 250 |
| 布置间距/(cm×cm) | 100×60 | 100×100 | 120×120 |

（2）$\phi 25$ 中空注浆锚杆。

中空注浆锚杆设计参数：

① 组成：锚头、止浆塞、垫板、螺母、注浆嘴、钎套、杆体。

② 锚杆尺寸、间距见表 8-12，梅花形布置（环×纵）。

表 8-12 锚杆尺寸、间距

| 衬砌类型 | SL5a | SL4a | SL4b | SG4 | SF5a | SF5b | SF5c |
| --- | --- | --- | --- | --- | --- | --- | --- |
| 锚杆长度/m | 350 | 350 | 350 | 350 | 300 | 300 | 400 |
| 布置间距/(cm×cm) | 100×60 | 100×80 | 100×100 | 100×80 | 100×60 | 100×80 | 100×60 |

③ 注浆材料：水泥浆，水灰比 0.5~1.0:1。

沙拉么隧道为 1 座分岔隧道，隧道从小桩号到大桩号方向依次为连拱、小净距、分离式形式布设，隧道结构复杂，开挖、初期支护、衬砌类型多，施工技术难度大，特别是连拱隧道、小净距隧道的开挖和支护较复杂。为表述清晰明了，我们将对隧道进口端到出口端的连拱隧道（K30+295~K30+554.86）、过渡型连拱隧道（K30+554.86~K30+593.63）、小净距隧道（K30+593.63~K30+730）和分离式隧道（K30+730~K32+240）施工的开挖及初期支护工艺及主要施工方法分别表述，其他共性的施工工艺及施工方法合在一起表述。

## 8.4 工程工艺及施工方法

### 8.4.1 隧道进、出口洞顶截水沟、边、仰坡开挖、支护施工工艺及方法

#### 8.4.1.1 施工工艺

沙拉么隧道进口端为连拱隧道，左、右幅洞口处的边、仰坡整体开挖、支护。

沙拉么隧道出口端为分离式隧道，左、右幅洞口处的边、仰坡分别开挖、支护；隧道进、出口的边仰坡开挖、支护工艺相同。洞口边、仰坡主要施工工序如下：

（1）施作洞顶截水沟。
（2）洞口段开挖（成洞面要求保留核心土）。
（3）施作边坡及仰坡临时防护工程（边开挖边防护）。
（4）非核心土部分开挖至成洞面，洞口段基底处理。

沙拉么隧道洞口施工工艺流程如图 8-1 所示。

#### 8.4.1.2 施工方法

1. 洞顶截水沟

在开挖前，测量放出明洞开挖开口线，在开挖边线外侧 5 m 外设置 M7.5 浆砌片石截水沟，以稳定坡面和防止地表水影响洞口的稳定。截水沟与两侧排水沟相连。

2. 洞口及明洞土石方开挖

先期对征地红线内植被及腐殖土进行清表处理，土方及软石采用挖掘机开挖，人工配合挖掘机刷坡。石方开挖

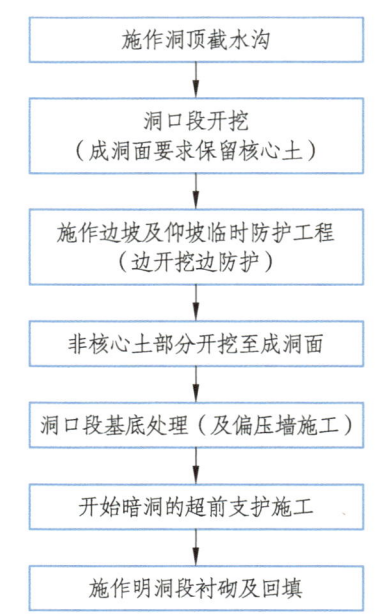

图 8-1 沙拉么隧道洞口施工工艺流程

采用 YT28 型风钻钻孔,采用光面爆破或者采用松动爆破自上而下分层进行,梯段高度控制在 2~4 m。

土石方运输采用 20 t 自卸车装运,根据区间土石方调配,作为路基填筑或者运至弃土场。

洞口刷坡完成后,首先清除坡面危石,然后局部喷混凝土封闭围岩,并打设 $\phi$22 砂浆锚杆、挂网复喷混凝土 10 cm。

3. 洞口边、仰坡支护

为保证边坡稳定,支护工程施工在每一层开挖完成后进行,以保证开挖过程中岩体的稳定及施工设备和人员的安全。分台阶高度以 2 m 为宜。

洞口支护施工步骤:施工放样→初喷→钻孔→安设砂浆锚杆→挂钢筋网→喷射混凝土。

(1)砂浆锚杆施工。

边、仰坡防护先进行砂浆锚杆的施工,砂浆锚杆直径为 22 mm,长度为 300 cm,间距为 100 cm×100 cm,呈梅花形布置,再进行挂网喷射混凝土的施工,挂网钢筋网片直径为 8 mm、间距为 25 cm×25 cm,喷射混凝土厚度为 10 cm 的 C20 混凝土,确保强度符合设计要求。

① 砂浆锚杆孔施工要点:

a. 孔位根据设计要求和围岩情况,施工前由测量人员在待钻孔位置做出标记,孔位允许偏差 ±15~50 mm。

b. 钻孔方向尽可能与岩层面垂直钻孔。

c. 钻孔深度误差不宜大于 ±50 mm。

d. 孔径应大于锚杆直径 15 mm。

② 砂浆锚杆施工的要求:

a. 洞口边、仰坡开挖后,尽快安设锚杆。

b. 锚杆孔位、孔径、孔深及布置形式符合设计要求。

c. 锚杆体露出岩面长度不大于喷射混凝土的厚度。

d. 锚杆施工质量符合设计及规范要求。

(2)挂钢筋网。

挂网钢筋采用 $\phi$8 钢筋网格,间距为 25 cm×25 cm;将加工好的钢筋材料运至现场后,由人工现场绑扎,利用锚杆头点焊或绑扎固定。

(3)喷射混凝土施工。

采用 C20 混凝土喷射厚度 10 cm,根据现场施工条件,采用湿喷法施工工艺。

① 喷射混凝土配合比。

喷射混凝土配合比,应通过室内试验和现场试验选定,并应符合施工图纸要求,在保证喷层性能的前提下,尽量减少水泥和水的用量。速凝剂以及其他外加剂的掺量应通过现场试验确定,喷射混凝土的强度应符合施工图纸要求,配合比试验成果应报送监理工程师批准。

② 配料、拌和及运输。

拌制混合料严格按配合比配料,采用机械拌制,电子自动计量。

③ 喷射混凝土工艺。

喷射距离和喷射方向：喷射混凝土时，喷嘴在可能条件下，应保持与岩面距离 0.8 m，喷射方向大致垂直于岩石面。

喷射混凝土作业应分段分片依次进行，喷射顺序自下而上，分层喷射时，后一层应在前一层混凝土终凝后进行，若终凝 1 h 后再行喷射，应先用风水清洗喷层面。

喷射机作业应严格执行喷射机的操作规程：应连续向喷射机供料；保持喷射机工作风压稳定；因故中断喷射作业时，应将喷射机和输料管内的积料清除干净。

4. 连拱隧道开挖、支护施工工艺及方法

隧道进口端为连拱隧道，起止桩号为 K30+295～K30+593.61，围岩等级为Ⅴ、Ⅳ级；支护类型及参数见表 8-13～表 8-16。

表 8-13 隧道进口端连拱隧道右洞桩号、支护类型、长度

| 起止桩号 | ZK30+305<br>ZK30+390 | ZK30+390<br>ZK30+480 | ZK30+480<br>ZK30+554.87 | K30+554.87<br>K30+593.608 |
|---|---|---|---|---|
| 支护类型 | SL5a | SL4a | SL4b | SG4 |
| 长度/m | 85 | 90 | 74.87 | 38.738 |

表 8-14 连拱隧道支护结构参数

| 衬砌类型 | 适用范围 | 初期支护 | | | | 预留变形/cm | 二衬 C30 混凝土厚度/cm | 辅助施工 | 施工方法 |
|---|---|---|---|---|---|---|---|---|---|
| | | 锚杆型号、间距（纵/cm×环/cm） | φ8 钢筋网尺寸/（cm×cm） | C25 喷射混凝土厚/cm | 钢拱架 | | | | |
| SL5a | Ⅴ级围岩浅埋偏压及洞口段 | φ25 中空注浆锚杆 L=3.5 m，间距 60×100 | 15×15 | 27 | I20a 拱架间距 60 cm | 15 | 拱部、仰拱 60 | φ42 小导管 | 环形开挖预留核心土法 |
| SL4a | Ⅳ级围岩浅埋段 | φ25 中空注浆锚杆 L=3.5 m，间距 80×100 | 20×20 | 25 | I18 拱架间距 80 cm | 12 | 拱部、仰拱 50 | φ42 小导管 | 台阶法 |
| SL4b | Ⅳ级围岩深埋段 | φ25 中空注浆锚杆 L=3.5 m，间距 100×100 | 20×20 | 22 | I16 拱架间距 1.0 m | 10 | 拱部、仰拱 40 | φ22 超前锚杆 | 台阶法 |
| SG4 | Ⅳ级围岩分岔段 | φ25 中空注浆锚杆 L=3.5 m，间距 80×100 | 20×20 | 25 | I20a 拱架间距 80 cm | 12 | 拱部、仰拱 50 | φ42 小导管 | 台阶法 |

表 8-15 连拱隧道左、右幅衬砌类型及超前支护

| 衬砌类型 | ZSL5a | ZSL4a | ZSL4b | YSL5a | YSL4a | YSL4b |
|---|---|---|---|---|---|---|
| 长度/m | 55 | 90 | 74.87 | 55 | 90 | 74.859 |
| 超前支护类型 | 超前小导管 | 超前小导管 | 超前小导管 | 超前小导管 | 超前小导管 | 超前小导管 |

表 8-16 连拱隧道超前小导管支护参数

| 衬砌类型 | SL5a | SL5b | SL4a | SL4b |
|---|---|---|---|---|
| 支护（注浆小导管）/mm | $\phi42\times4$ | $\phi42\times4$ | $\phi42\times4$ | $\phi42\times4$ |
| 支护单根长度/m | 4.5 | 4.5 | 4.5 | 4.5 |
| 环向间距/cm | 30 | 30 | 40 | 40 |
| 上仰角 $\alpha$/(°) | 10~15 | 10~15 | 10~15 | 10~15 |
| 纵向水平搭接长度/m | 1.5 m | 1.5 | 1.3 | 1.5 |
| 钢拱架类型 | I20a | I18 | I18 | I16 |
| 钢管根数 $N$ | 88 | 88 | 64 | 64 |
| 钢拱架榀数/(榀/循环) | 5 | 5 | 4 | 3 |
| 钢管数量/(m/循环) | 396 | 396 | 288 | 288 |
| 注浆量/(m³/循环) | 9.48 | 9.48 | 9.18 | 9.18 |

## 8.4.2 连拱隧道 V 级围岩

沙拉么隧道进口端为连拱隧道，衬砌类型为 SL5a、SL4a、SL4b；隧道洞口段为 V 级围岩（衬砌类型为 SL5a，长度 85 m，起止桩号 K30+305~K30+390），连拱隧道左洞为先行洞，右洞为后行洞，左、右洞洞口部分均采用三台阶留核心土法施工，挖掘机开挖，人工配合，超前大管棚和超前小导管支护，围岩较硬时可采用三台阶控制爆破开挖施工。

1. 主要施工工艺

（1）先行洞：超前地质预报→测量放线→拱部超前支护→上部留核心土环形开挖、出渣、支护→中部开挖、出渣、支护→下部开挖、出渣、支护→仰拱开挖、出渣、支护→仰拱、仰拱回填混凝土施工→下一循环→二衬混凝土浇筑。

先行洞环形开挖预留核心土法施工顺序为：
① 环形开挖上断面 I 。
② 施作上断面初期支护 1。
③ 开挖上断面核心土 II 。
④ 跳槽开挖下断面 III 。
⑤ 施作下断面初期支护 2。
⑥ 跳槽开挖下断面 IV 。
⑦ 施作下断面初期支护 3。
⑧ 施作仰拱、仰拱回填。
⑨ 整体模筑二次衬砌。

（2）后行洞：与先行洞二衬混凝土相距 40 m 以上开始施工后行洞，施工工艺同（1）。后行洞施工顺序为：
① 环形开挖上断面 V 。
② 施作上断面初期支护 6。

③ 开挖上断面核心土Ⅵ，上台阶临时仰拱支护。
④ 跳槽开挖下断面Ⅶ。
⑤ 施作下断面初期支护 7。
⑥ 全断面开挖下断面Ⅷ。
⑦ 全断面施作下断面初期支护 8。
⑧ 施作仰拱、仰拱回填 9。
⑨ 整体模筑二次衬砌 10。

2. 主要施工方法

进口端连拱隧道左洞为先行洞，洞口段为V级围岩，支护衬砌类型为 SL5a，SL5a 衬砌采用 I20a 钢拱架，钢拱架间距 0.6 m。在开挖前，准确放出洞口断面设计轮廓线，洞顶标高要考虑预留沉降量 15 cm，施工过程中根据监控量测实测的洞顶沉降量进行适当调整；上断面开挖、支护循环进尺按 1 榀钢架间距 0.6 m 控制，下台阶每循环开挖、支护循环长度不得超过 1.5 m。先行洞开挖、支护进尺快到 40 m 时及时施作仰拱及仰拱回填，先行洞掌子面开挖进尺快到 70 m 时，开始施作二衬钢筋混凝土；在进行初期支护施工时，要按设计要求在先行洞内侧初期支护内侧增加的 $\phi 16$、$\phi 8$ 抗震钢筋网，抗震钢筋网必须严格按设计要求的位置、钢筋型号及间距施工，以确保后行洞施工时不对先行洞质量产生影响。先行洞第一板二衬混凝土从洞口内 10~20 m 处开始做，第二板二衬钢筋混凝土从洞口 0~10 m 处做，第三板做明洞钢筋混凝土。待洞口处的二衬钢筋混凝土强度达到设计值后，开始开挖、支护后行洞（右洞），后行洞开挖的掌子面与先行洞完成的二衬桩号距离不小于 40 m，后行洞采用爆破开挖时采用控制爆破（光面、微振爆破），并严格控制爆破用药量。

### 8.4.3 连拱隧道Ⅳ级围岩

1. 主要施工工艺

沙拉么隧道进口端为连拱隧道，衬砌类型为 SL5a、SL4a、SL4b；隧道洞内连拱段为Ⅳ级围岩，衬砌类型为 SL4a、SL4b，长度 164.86 m，其中衬砌支护类型 SL4a 长度 90 m（K30+390~K30+480），衬砌支护类型 SL4b 长度 74.86 m（K30+480~K30+554.859）。连拱隧道左洞为先行洞，右洞为后行洞，左洞Ⅳ级围岩先行洞采用二台阶留核心土法施工，右洞后行洞采用三台阶法施工；Ⅳ级围岩开挖采用控制爆破施工。

（1）先行洞：上台阶采用具环形开挖预留核心土法施工顺序为：
① 环形开挖上断面Ⅰ。
② 施作上断面初期支护 1。
③ 开挖上断面核心土Ⅱ。
④ 跳槽开挖下断面Ⅲ。
⑤ 施作下断面初期支护 2。
⑥ 分段全断面开挖仰拱。
⑦ 施作仰拱、仰拱回填。
⑧ 整体模筑二次衬砌。

（2）后行洞：采用三台阶开挖法施工顺序为：
① 开挖上断面Ⅳ。
② 施作上断面初期支护5。
③ 连拱隧道台阶法开挖支护。
④ 跳槽开挖中台阶Ⅴ。
⑤ 施作中台阶初期支护6。
⑥ 分段全断面开挖仰拱8。
⑦ 分段全断面浇筑二衬仰拱混凝土。
⑧ 施作仰拱回填。
⑨ 整体模筑二次衬砌。

2. 主要施工方法

连拱隧道Ⅳ级围岩衬砌段衬砌类型为SL4a、SL4b。拱架间距0.8、1.0 m，上台阶开挖前要准确放出开挖轮廓线，拱顶设计开挖轮廓线要考虑预留沉降量（SL4a 为 12 cm、SL4b 为 10 cm），施工过程中根据监控量测实测的洞顶沉降量进行适当调整；上台阶每循环开挖进尺控制在 1.0~1.5 m，下台阶开挖进尺最大不超过 1.5 m，台阶长度 3~5 m。上台阶开挖采用光面爆破、微振爆破开挖，并严格控制爆破用药量；下台阶开挖应在上台阶支护完成后、喷射混凝土强度达到设计强度的70%后进行，下台阶施工时要预防止拱架悬空而发生坍塌事故发生，严禁左右两边墙同一断面同时施工，要错开 5 m 左右，每侧边墙开挖支护中控制在 3 榀拱架。Ⅳ级围岩仰拱距离掌子面不得大于 50 m，二衬距离掌子面不得大于 90 m。

（1）爆破开挖：无中隔墙连拱隧道开挖、支护是沙拉么隧道施工质量控制的重点难点，围岩爆破开挖施工尤为重要；特别是先行洞中、下台阶右侧围岩开挖尤为重要，在先行洞开挖过程中要严格控制炸药用量，降低先行洞（左洞）右侧爆破开挖炸药用量，减少对两洞间围岩的破坏，必要时采用松动爆破，人工辅助机械开挖先行洞（左洞）右侧部分，有利于后行洞（右洞）的开挖支护。

后行洞（右洞）爆破开挖前，为减少和降低爆破对先行洞支护混凝土的破坏，需做相关爆破用炸药量的试验。《爆破安全规程》（GB 6722—2014）规定，后行洞的爆破最大临界震动速度应控制在 15 cm/s 以内；为控制爆破振动速度，需做相关控制爆破的试验，依据设计要求，后行洞开挖需在先行洞二衬完成才能进行，因此在隧道进口端左洞（先行洞）二衬完成后，才允许右洞开挖 2.4 m×3.0 m 城门洞型爆破实验小导洞。

本试验方案为：在后行洞掘进至中硬岩地层时，首先在先行洞靠近中夹岩侧二衬表面同一断面设置 3 个爆破振速监测点，沿先行洞隧道纵向每 5 m 设置一个断面，共设置 5 个监测断面，然后在后行洞中部爆破掘进一小导洞，采用毫秒雷管微差顺序爆破，全断面一次爆破成型，小导洞掘进每循环进尺为 1 m，每爆破掘进一个循环，监测先行洞设置的爆破振速监测点，共掘进 5 个循环，如此，测得 25 组监测数据。

针对上述监测数据，根据《爆破安全规程》（GB 6722—2014）的规定，通过以下公式进行分析：

$$R = \left(\frac{K}{V}\right)^{\frac{1}{\alpha}} Q^{\frac{1}{3}}$$

式中：$R$——爆破振动安全允许距离（m），本方案中为监测点至后行洞小导洞之间的水平距离；

$Q$——炸药量（kg），齐发爆破为总药量，延时爆破为最大单段药量；

$V$——监测点二衬安全允许质点振速（cm/s），本项目隧道取 15 cm/s；

$K$、$\alpha$——与爆破点至监测点间的地形、地质条件有关的系数和衰减系数，应通过现场试验确定。

根据以上计算公式，对监测数据进行回归分析，可得出中硬岩地层的 $K$、$\alpha$ 值，依此，可得出后行洞主洞爆破开挖时的单段爆破药量（其中 $R$ 值为后行洞主洞开挖边线至先行洞二衬监测点的最近距离），从而指导后行洞爆破设计，避免后行洞爆破对先行洞二衬产生不利影响。

现场后行洞的爆破设计方案应按本设计爆破试验方案要求，通过现场试验并报设计单位分析后确定。

（2）初期支护：

钢拱架安装：连拱隧道 SL5a 采用 I20a 钢拱架，间距 60 cm，SL4a 采用 I18 钢拱架，间距 80 cm，SL4b 采用 I16 钢拱架，间距 100 cm；连拱隧道先行洞钢拱架加工时，根据钢拱架设计位置，在钢拱架右侧左右洞钢拱架搭接处位置用土工布做包裹防护，预防混凝土浆黏结到钢拱架上，不利于后行洞钢拱架接头焊接质量；在后行洞钢拱架安装时，先将后行洞钢拱架接头焊接在先行洞钢拱架接头位置处，再安装搭接后行洞钢拱架；为保证后行洞钢拱架安装位置与先行洞钢拱架搭接处偏位满足规范要求，在先行洞钢拱架安装时，要精确测定先行洞右侧每榀钢拱架安装的准确位置坐标（或间距），做好相关记录，在后行洞钢拱架安装到同一位置时，从上台阶就严格控制后行洞左侧钢拱架安装位置（用坐标法或间距法），确保两洞钢拱架连接的误差满足规范要求。

两拱间三角区域围岩加固：为确保后行洞左侧两拱间三角区域围岩稳定，减少后行洞开挖时三角区域围岩坍塌，在先行洞初期支护时，对先行洞右上角两洞间三角区域加强注浆小导管加固，后行洞开挖左侧三角区域附近时，控制爆破炸药用量，采用光面或微差松动爆破，减少由于爆破振动对围岩的破坏，同时在后行洞左上角三角区域采用注浆小导管对三角区域进行注浆加固。

初期支护钢筋网加固措施：为确保后行洞爆破开挖时先行洞初期支护钢筋混凝土结构的稳定，在 V 级围岩先行洞初期支护右侧的钢拱架内边中下部位（20°＋17°10′55″）范围内增加 $\phi 8$ 的 15 cm×15 cm 钢筋网片和在先行洞初期支护右侧的钢拱架内边增设 $\phi 16$ 螺纹钢 15 cm×15 cm 钢筋网片（SL5a）；在 IV 级围岩先行洞初期支护右侧的钢拱架内边中下部位（20°＋28°8′23″）范围内增加 $\phi 8$ 的 20 cm×20 cm 钢筋网片和在先行洞初期支护右侧的钢拱架内边增设 $\phi 16$ 螺纹钢 20 cm×20 cm 钢筋网片（SL4a、SL4b），同时增加先行洞右下角初期支护混凝土厚度。

### 8.4.4 连拱隧道过渡段 SG4 开挖及支护施工方法

连拱隧道过渡段 SG4：该连拱隧道衬砌类型位于分岔隧道左右幅隧道设计标高线间距由

4.3 m 至 6.5 m 过渡段的Ⅳ级围岩，后行洞开挖中线与后行洞隧道中线间距 $d$ 由 $-110$ cm 向 110 cm 过渡；隧道开挖部分与连拱隧道相似，隧道先行洞开挖采用三台阶法，后行洞开挖采用三台阶预留核心土法。

隧道单洞开挖采用光面、微差松动爆破，主要控制好先行洞和后行洞爆破炸药用量，先行洞爆破减少和降低对两洞间围岩的破坏，后行洞的爆破减少对先行洞支护混凝土的影响，特别是后行洞开挖左边墙部分，采用松动爆破，上台阶开挖每循环进尺控制在 1 榀拱架，为确保后行洞左侧拱架正常搭接在先行洞钢拱架上，上台阶开挖时左下拱脚适当降低开挖高度，降到左右幅钢拱架交接处附近，把先行洞的钢拱架挖出清理干净，后行洞上台阶支护时，钢拱架可直接搭接在先行洞的钢拱架上，避免钢拱架搭接错位；后行洞左边墙开挖时采用机械开挖或微差松动爆破，严格控制左边墙每循环的开挖长度，最多不能超过 3 榀拱架，确保后行洞开挖对先行洞的影响降低到最低程度。

连拱隧道过渡段的初期支护与连拱隧道支护基本相同，初期支护及时跟进，先行洞的初期支护钢拱架内侧增加 $\phi 8$ 的 20 cm×20 cm 的钢筋网片和 $\phi 16$ 螺纹钢 20 cm×20 cm 的钢筋网片，同时在先行洞和后行洞两洞间的三角区域和中岩柱部分采用注浆小导管要加强围岩加固。

### 8.4.5 连拱隧道 SG4 与小净距隧道 SF4x 过渡段开挖及支护施工方法

连拱隧道 SG4 与小净距隧道 SF4x 过渡段的开挖及支护，由于左、右幅隧道洞口间的中岩柱宽度在由窄逐渐变宽，在先行洞开挖时采用光面、微差爆破，降低和减少因爆破对左右幅隧道间中岩柱的破坏，同时在先行洞初期支护时，在先行洞（左洞）右侧沿隧道中线方向 45°往中岩柱打入小导管，注水泥浆，浆液水灰比 0.5∶1～1∶1，注浆压力 0.6～1.0 MPa，用于加固中岩柱，减少后行洞开挖时围岩坍塌。同样后行洞开挖时要采用光面、微差松动爆破，减少和降低爆破振动对中岩柱围岩的破坏，后行洞支护时，用注浆小导管加强两洞间三角区和中岩柱围岩进行加固，确保三角区和中岩柱围岩的稳定。

### 8.4.6 小净距隧道开挖、支护施工工艺及方法

隧道进口端的小净距隧道起止桩号为 K30+593.63～K30+730，围岩等级为Ⅴ、Ⅳ级；支护类型为 SF4x（K30+593.63～K30+710）、SF5x（K30+710～K30+730）。

1. 小净距隧道 SF4x

SF4x 型衬砌适用于隧道左右幅测中线距离于 13.8 m≥$B$≥4.5 m 的Ⅳ级围岩地段，SF4x 型衬砌的超前支护、工字钢架、配筋、防排水等参数与分离式隧道 SF4a 相同，Ⅳ级施工工艺采用上、下台阶法开挖支护，开挖预留变形量 15 cm，同时预留变形量可根据监控量测结果适当调整，施工工艺在后面的分离式隧道 SF4a 或 SF4b 中详述；由于小净距隧道两洞间距离较近，隧道先行洞施工的二衬与后行洞施工开挖掌子面仍需保持在 40 m 以上的距离；同时为减少和降低由于爆破对中岩柱围岩的破坏，在两洞间一侧爆破开挖时仍然采用光面、微差松动爆破，爆破最大临界振动速度控制在 15 cm/s 以内，需做相关爆破实验，具体实验方法同连拱隧道，不再重复叙述。

## 2. 小净距隧道 SF5x

SF5x 型衬砌适用于隧道左右幅测中线距离于 13.8 m≥B≥4.5 m 的 V 级围岩地段，SF5x 型衬砌的超前支护、工字钢架、配筋、防排水等参数与分离式隧道 SF5a 相同，施工工艺采用三台阶法开挖支护，开挖预留变形量 15 cm，同时预留变形量可根据监控量测结果适当调整，施工工艺在后面的分离式隧道 SF5a 或 SF5b 中详述；由于小净距隧道两洞间距离较近，隧道先行洞施工的二衬与后行洞施工开挖掌子面仍需保持 40 m 以上的距离；同时为减少和降低由于爆破对中岩柱围岩的破坏，在两洞间一侧爆破开挖时仍然采用光面、微差松动爆破，爆破最大临界振动速度控制在 15 cm/s 以内，需做相关爆破实验，具体方法同连拱隧道和 SF4x，不再重复叙述。为确保 SF5x 型衬砌类型两洞间中岩柱安全稳定，在先行洞和后行洞初期支护施工时，在先行洞（左洞）的右侧和后行洞（右洞）的左侧拱圈45°范围内，与隧道中线呈45°角度，用$\phi42×4$、$L=450$ cm、间距 100 cm×60 cm 的小导管进行注水泥浆加固，水灰比1∶1，注浆量 = 注浆范围×5%。

## 3. 小净距隧道中岩柱预应力锚杆加固

对于左右幅隧道间中岩柱净距小于等于 9 m 的小净距隧道，采用$\phi25$对拉预应力锚杆加固，对拉锚杆的长度按现场实际确定，在架设完钢拱架并初喷 5 cm 厚 C25 混凝土后进行，锚杆打设方向与地面水平，且与隧道掘进方向垂直。

对拉工艺要求：

（1）锚杆安装前向孔内灌注早强 M20 水泥砂浆，砂浆要求 12 h 后的抗压强度不低于 20 MPa，然后插入锚杆。

（2）先行洞开挖并待钻孔内水泥砂浆强度达到设计强度后施加 40 kN 预应力。

（3）后行洞开挖暴露锚杆端部后，拆除安装的丝口保护包装，施加预应力 90 kN。

（4）最后将先行洞锚杆的预应力补拉至 90 kN。

预应力通过扭力扳手扭紧螺丝而施加，锚杆端部必须设置垫板，否则无法施加预应力，垫板尺寸 15 cm×15 cm×1.6 cm；对拉锚杆每环设置 6 根，单根长度为设置部位的中岩柱净距 + 0.52 m。

### 8.4.7 分离式隧道开挖、支护施工工艺及方法

分离式隧道起止桩号为 K30+730 到隧道出洞口处（ZK32+190、YK32+230）围岩等级、支护类型及桩号见表 8-17、表 8-18。

表 8-17 隧道左洞桩号、支护类型、长度

| 起止桩号 | K30+730 K30+770 | K30+770 K30+790 | K30+790 K30+810 | K30+810 K30+840 | K30+840 K30+890 | K30+890 K31+120 | K31+120 K31+320 | K31+320 K31+550 |
|---|---|---|---|---|---|---|---|---|
| 支护类型 | SF5c | SF5a | SF4a | SF4b | S4jt | SF4b | SF4c | SF4b |
| 长度/m | 40 | 20 | 20 | 30 | 50 | 230 | 200 | 230 |

| 起止桩号 | K31+550<br>K31+660 | K31+660<br>K31+710 | K31+710<br>K31+900 | K31+900<br>K32+100 | K32+100<br>K32+130 | K32+130<br>K32+160 | K32+160<br>K32+190 |
|---|---|---|---|---|---|---|---|
| 支护类型 | SF4a | S4jt | SF4b | SF4a | SF5b | SF5a | SF5c |
| 长度/m | 110 | 50 | 190 | 200 | 30 | 30 | 30 |

表 8-18　隧道右洞桩号、支护、类型长度

| 起止桩号 | K30+730<br>K30+770 | K30+770<br>K30+790 | K30+790<br>K30+820 | K30+820<br>K30+870 | K30+870<br>K31+120 | K31+120<br>K31+320 | K31+320<br>K31+570 |
|---|---|---|---|---|---|---|---|
| 支护类型 | SF5c | SF5a | SF4a | S4jt | SF4b | SF4c | SF4b |
| 长度/m | 40 | 20 | 30 | 50 | 250 | 200 | 250 |
| 起止桩号 | K31+570<br>K31+655 | K31+655<br>K31+705 | K31+705<br>K31+910 | K31+910<br>K32+130 | K32+130<br>K32+150 | K32+150<br>K32+200 | K32+200<br>K32+230 |
| 支护类型 | SF4a | S4jt | SF4b | SF4a | SF5b | SF5a | SF5c |
| 长度/m | 85 | 50 | 205 | 220 | 20 | 50 | 30 |

1. 分离式隧道Ⅴ级围岩开挖、支护施工工艺及施工方法

Ⅴ级围岩衬砌支护类型有三种：SF5a、SF5b、SF5c。

SF5a 衬砌形式适用于Ⅴ级围岩浅埋段和强风化段，SF5b 衬砌形式适用于Ⅴ级围岩深埋段和中风化段，SF5c 衬砌形式适用于Ⅴ级围岩进洞段、破碎带或下穿箐沟段。

（1）主要施工工艺。

衬砌支护类型 SF5c 适用于Ⅴ级围岩隧道出口端洞口进洞段或下穿箐沟段，采用环形开挖预留核心土法（进洞段）和三台阶法（下穿箐沟段）施工，机械开挖，人工配合，超前大管棚（进洞段）、超前小导管（下穿箐沟段）支护。

SF5a、SF5b 采用三台阶法施工，机械开挖，人工配合，超前中空注浆锚杆支护。

Ⅴ级围岩 SF5a、SF5b、SF5c（下穿箐沟段）采用三台阶法施工，施工工艺与 SF5c 环形开挖预留核心土法施工工艺基本相同，区别在于上台阶开挖时不留核心土；施工顺序中同样在上台阶开挖施工时不留核心土，不再单独列Ⅴ级围岩 SF5a、SF5b 三台阶法施工工艺框图和施工顺序。

（2）施工程序。

超前地质预报→测量放线→拱部超前支护→上部环形开挖、出渣、支护→中部开挖、出渣、支护→下部开挖、出渣、支护→仰拱开挖、出渣、支护→仰拱混凝土施工→仰拱混凝土填充施工→下一循环。

（3）主要施工方法。

SF5a 衬砌段采用 I18 钢拱架，钢拱架间距 0.6 m，C25 喷射混凝土厚 25 cm，预留变形量 15 cm；SF5c 衬砌段采用 I20a 钢拱架，拱架间距 0.6 m，C25 喷射混凝土厚 27 cm，预留变形量 15 cm；SF5b 衬砌段采用 I18 钢拱架，拱架间距 0.8 m，C25 喷射混凝土厚 25 cm，预留变形量 12 cm；上台阶开挖每循环进尺按 1 榀钢架间距 0.6 m（SF5a、SF5c）、0.8 m（SF5b）控

制，中、下台阶开挖每循环进尺不得超过 1.5 m。核心土面积应不小于整个断面积的 50%。核心土与下台阶开挖应在上台阶支护完成后、喷射混凝土达到设计强度的 70% 后进行。为了确保施工安全，在施工中严守"管超前、严注浆、短进尺，强支护，勤量测、早封闭"的施工方针，仰拱与二次衬砌需及时跟进；Ⅴ级围岩仰拱距离掌子面不得超过 40 m，二衬距离掌子面不得超过 70 m。

2. 分离式隧道Ⅳ级围岩上、下台阶法开挖、支护施工工艺及施工方法

Ⅳ级围岩衬砌支护类型有三种：SF4a、SF4b、SF4c。

SF4a 衬砌形式适用于Ⅳ级围岩较差段，SF4b 衬砌形式适用于Ⅳ级围岩一般段，SF4c 衬砌形式适用于Ⅳ级围岩较好段。

（1）主要施工工艺

Ⅳ级围岩隧道采用二台阶法施工，机械开挖，人工配合，超前砂浆锚杆支护。

（2）分离式隧道Ⅳ级围岩台阶法开挖支护顺序。

① 开挖上断面①。
② 施作上断面初期支护（Ⅰ）。
③ 跳槽开挖下断面②。
④ 施作下断面初期支护（Ⅱ）。
⑤ 分段全断面开挖仰拱。
⑥ 跳槽开挖下断面④。
⑦ 施作仰拱初期支护（Ⅲ）。
⑧ 作仰拱二衬及仰拱回填混凝土。
⑨ 整体模筑二次衬砌。

（3）主要施工方法。

SF4a 衬砌段采用 I16 钢拱架，钢拱架间距 0.8 m，C25 喷射混凝土厚 23 cm，预留变形量 12 cm；SF4b 衬砌段采用 I16 钢拱架，拱架间距 1.0 m，C25 喷射混凝土厚 22 cm，预留变形量 10 cm；SF4c 衬砌段不设钢拱架，C25 喷射混凝土厚 15 cm，预留变形量 8 cm；上台阶开挖每循环进尺按 2 榀钢架间距 1.5 m（SF4a、SF4b）控制和 2.0 m（SF5c）控制，下台阶开挖应在上台阶支护完成后、喷射混凝土达到设计强度的 70% 后进行。为了确保施工安全，在施工中严守"管超前、严注浆、短进尺，强支护，勤量测、早封闭"的施工方针，仰拱与二次衬砌需及时跟进；Ⅳ级围岩仰拱距离掌子面不得超过 50 m，二衬距离掌子面不得超过 90 m。

3. 分离式隧道Ⅳ级围岩紧急停车带开挖、支护施工工艺及施工方法

沙拉么隧道左右幅共设 4 处紧急停车带，具体桩号如下：

左幅 1#K30+840~K30+890，左幅 2#K31+660~K31+710。

右幅 1#K30+820~K30+870，右幅 2#K31+655~K31+705。

（1）支护参数。

$\phi 22$ 砂浆锚杆，$L = 350$ cm，间距 100 cm×80 cm；I18 钢拱架，间距 80 cm；C25 喷射混凝土厚 24 cm，$\phi 8$ 钢筋网 20 cm×20 cm；预留变形量 12 cm；C30 二衬混凝土 50 cm。

（2）主要施工工艺。

Ⅳ级围岩隧道紧急停车带采用三台阶法施工，机械开挖，人工配合，超前砂浆锚杆支护。隧道紧急停车带开挖、支护方式采用三台阶法，开挖、支护施工顺序见下附图：

（3）主要施工方法。

S4jt衬砌段采用I18钢拱架，间距80 cm；C25喷射混凝土厚24 cm，$\phi$8钢筋网20 cm×20 cm；预留变形量12 cm；上台阶开挖每循环进尺按2榀钢架间距1.5 m（SF4a、SF4b）控制和2.0 m（SF5c）控制，中、下台阶开挖应在上台阶支护完成后、喷射混凝土达到设计强度的70%后进行。为了确保施工安全，在施工中严守"管超前、严注浆、短进尺，强支护，勤量测、早封闭"的施工方针，仰拱与二次衬砌需及时跟进，确保安全。

为了不影响总体施工进度和节约成本，紧急停车带开挖、初期支护完成后，为1台钢模台车单独加工1套紧急停车带加宽一侧的二衬台车模板，用于紧急停车带二衬混凝土浇筑，在进行紧急停车带二衬混凝土浇筑时，对加宽一侧的钢模台车进行加固，确保浇筑二衬混凝土时不发生钢模台车移位变形问题。

总之，紧急停车带宽度约是高度的2倍，较扁平，基本接近矩形，因此从结构上来说，该段受力较差，自然拱的作用不明显，围岩的自重基本靠初期支护与围岩的自承力来平衡。施工不当容易引起坍塌。对该段施工的指导思想就是多打眼，少装药，弱爆破，早封闭。尽量减少对围岩的扰动，充分利用围岩的自承力。

### 8.4.8 隧道下穿箐沟、蓄水塘、高压水泥电杆、初支下沉变形、涌水突泥、隧道坍塌的施工方案

1. 箐 沟

分离式隧道段（K30+730~230）地面有3处较深箐沟，隧道从箐沟下部一定深度穿过，经现场实地勘测：

① K30+750处的箐沟底部现为坚硬岩石，沟底纵坡坡度不大，经实测沟底与隧道洞顶开挖面垂直距离27.8 m，平时沟底无积水，雨季时坡面流水从沟底流出。

② K31+970处的箐沟底部现为风化岩石，两沟边有小灌木，沟底纵坡坡度不大，经实测沟底与隧道洞顶开挖面垂直距离43.5 m，平时沟底无积水，雨季时坡面流水从沟底流出。

为预防隧道施工时箐沟流水渗入地层中对隧道开挖支护产生影响，隧道施工到上述段落附近时，隧道施工尽可能地避开雨季，不能避开时，对隧道顶部箐沟采取工程措施予以解决渗水问题，即：

（1）隧道施工穿越箐沟段落/位置附近时，做好相关施工组织工作，尽量避开雨季施工。

（2）箐沟不可堵塞、积水，为减少地表水下渗对隧道施工影响，对隧道顶部箐沟较深的各条冲沟采取工程措施进行处理，即在隧道左右边线两侧外不少于50 m范围修建工程措施（如浆砌片石排水沟、砂浆抹面、铺设防渗膜等）进行隔水；特别是在K30+750位置隧道顶的箐沟，下方隧道施工尽可能避开雨季期间施工，同时提前对沟底、沟壁进行渠化防渗处理，减少和降低雨季、地表水渗水对隧道施工的影响。

（3）对隧道顶部在隧道右侧（沟底较高一侧）一定距离有水塘/蓄水池的箐沟，可提前几个月，从水塘/蓄水池坝址处采取工程措施（如浆砌片石排水沟、砂浆抹面、铺设防渗膜等）

进行工程隔水，工程措施一直修到隧道左洞左侧 50 m 以外，减少箐沟渗水对隧道开挖支护的影响。

2. 蓄水塘

沙拉么隧道在 K31+600 处洞顶部地面的箐沟中有一座蓄水塘，为确保隧道施工安全，隧道施工时必须采取如下工程措施进行处理：

（1）在隧道快施工到蓄水塘附近时，项目部提前与当地相关部门及蓄水塘主人交流沟通，提前 3~4 个月将水塘/蓄水池中的水放干，并将水塘/蓄水池挖沟填平，并按一定坡度砌筑水沟进行渠化处理，跨过隧道顶部左右边线一侧不小于 50 m，以减少水沟渗水对隧道施工影响。如水塘/蓄水池主人不同意将蓄水塘挖除填平，也可采取将蓄水塘中的水抽干的办法进行处理，即在蓄水塘坝址外处往冲沟下游方向修建浆砌片石排水沟，排水沟修至隧道左侧 50 m 外；提前 3~4 个月将蓄水塘中的蓄水抽干排至排水沟中排出，在蓄水塘内最低洼处挖一积水坑，不定时地用污水泵及时将汇入积水坑中的地表水和渗水抽入蓄水塘坝址后的排水沟中，从排水沟流出隧道顶部范围以外。

（2）为防止隧道施工到冲沟中的水塘/蓄水池附近时发生渗水或涌突水，必要时采取超前预注浆堵水的工程措施。

（3）在冲沟（水塘/蓄水池）附近开挖支护施工时，尽可能地采用机械开挖或静态爆破开挖，若采取爆破开挖，尽可能采用控制爆破或松动爆破，减少爆破震动对岩体的破坏，降低突涌水地质灾害的发生。

3. 高压混凝土电杆

经现场勘查，隧道路线原地面右侧附近有一条 10 kV 的高压混凝土电杆，混凝土电杆均由拉线检修固定，地面电杆与隧道爆破开挖面的垂直距离和水平距离较远，爆破对电杆影响不大。

4. 初支下沉变形

（1）根据监控量测数据，若某段隧道顶部下沉变形超过警戒值时，隧道变形段到开挖掌子面间的施工全部停止，人员、机械等全部撤到拱顶变形处至洞口安全地带。

（2）在保证安全的条件下，用工字钢对初期支护变形段进行支撑，减少和降低变形发展。

（3）首先查明初期支护下沉原因，是地质条件发生变化引起的，还是施工工程造成的，如果是地质原因造成的，及时与设计、项目公司、总包部联系进行现场实地勘察，确定处置方案，及时进行处理；如果是施工造成的，修改施工工艺，严格按设计的开挖、支护参数进行施工。

5. 涌水突泥

（1）沙拉么隧道所处的位置地势较高，隧道进口附近的江底河河底高程比隧道洞口低近 300 m，隧道出口附近的深沟沟底比隧道低 200 m 以上，隧道出口处的地下水位在洞口 300 m 以下。

（2）沙拉么隧道段的地质情况，主要以中风化砂岩为主，岩体总体较完整，岩土体总体富水性较弱，无发生涌水突泥地质条件。

（3）在隧道开挖支护施工过程中，重点做好隧道穿越较深箐沟处的地质超前预报，依据地质超前预报，采取合理的超前支护措施，同时减少每循环的开挖进尺，做到"短进尺、弱爆破、勤支护"，稳扎稳打地穿过箐沟地质条件较差的地段。

（4）对断面的箐沟采取工程措施降低渗水量，具体措施见上"1.箐沟"部分。

6. 隧道坍塌

沙拉么隧道容易发生坍塌的地段主要有连拱隧道段，小净距隧道段和穿越较深箐沟段。针对这几种情况，我们主要采取以下措施进行预防：

（1）对连拱隧道、小净距隧道段施工期间，主要从隧道超前支护做起，严格按设计要求超前小导管进行支护，围岩差时加强支护。

（2）隧道爆破开挖时采用光面爆破、微差控制爆破和微差松动爆破，控制炸药用量，降低爆破震动对围岩的破坏。

（3）严格控制上台阶每循环进尺长度，Ⅴ级围岩每循环进尺控制在1榀拱架的长度，Ⅳ级围岩控制在1.5榀拱架的长度。

（4）及时进行钢拱架的安装支护，必要时增加锁脚锚杆数量，以加强钢拱架的支撑能力，如果是由于围岩渗水造成的围岩变差，承载能力减低，可采取地面工程措施减少渗水，洞内采取超前注浆或帷幕注浆措施进行封堵渗水，加固围岩的措施。

# 9 滇中红层运用研究及创面生态修复创新实践技术

## 9.1 云南滇中红层概况

红层是外观以红色为主色调的中、新生代的碎屑沉积岩，以陆相沉积为主，岩性以砂岩、泥岩、页岩为主，岩性组合以互层为特征。我国红层面积约 61 万平方千米，西南、西北和东南分布最广。滇中红层主要是侏罗系、白垩系、老第三系的地层，以侏罗系和白垩系的地层为主。滇中红层主要分布于云南省昆明、楚雄、玉溪区域。

地质年代与成因：晚中生代晚期至新生代早期的一套地层，由火山喷发和风化侵蚀形成，主要为侏罗系、白垩系、第三系紫红色砂岩、页岩及砾岩地层。岩性特征：多由薄～中厚层状的泥岩、泥质粉砂岩、粉砂质泥岩、粉砂岩、砂岩等组成，呈互层状产出。白垩系以紫色、灰紫色砂岩、泥质粉砂岩夹泥岩为主；侏罗系上统为紫色、灰紫色泥岩等；中统为紫红、褐红等泥岩夹砂岩等；下—中统为紫红色砂岩、泥岩、泥质粉砂岩互层。矿物成分：碎屑矿物有石英、长石、云母、方解石等，黏土矿物主要为伊利石、蒙脱石、高岭石等，其中影响工程性质的主要是黏土矿物。

滇中红层工程特性：俗称"羊肝石"，工程力学性质较差，多以软岩为主，水稳定性差，易风化、崩解、浸水软化。具有"见光死"特性，即"原状坚硬，开挖一段时间后自行风化"，需爆破或机械开挖。

滇中红层区域属中亚热带季风气候区，受季风气候影响，具有气温日差大，年差小的气候特点。年平均温度 18.3 ℃，历史最高气温 42 ℃，历史最低气温 −8.4 ℃；年平均日照 2 450 h；年降雨量 816 mm，多集中在 7—10 月份，具有明显的滇中干旱气候特点。以永仁县为例，日照时间长，年均日照达 2 824.4 h，居全国第二，是仅次于西藏拉萨的"日光城"，具有丰富的光热资源。年平均气温 17.8 ℃，年均降水量 840 mm，地表冲蚀严重，植被脆弱，破坏难恢复，属于干旱地区。

工程设计施工中的应对措施：

勘察设计方面：永大高速详细查明红层的分布范围、厚度、岩性变化、地质构造、地下水等情况；采用地质测绘、钻探、物探等多种手段，结合室内试验和现场原位测试，准确获取红层的物理力学性质参数。

边坡工程：永大高速对于开挖边坡，尽量减小开挖坡度，采用分级放坡的方式，并设置平台和截排水设施；及时对边坡进行防护，可采用浆砌片石、混凝土护坡、锚杆支护、挂网喷浆等防护措施。

地基基础工程：根据建筑物的荷载和红层地基的特性，选择合适的基础形式；对红层地基进行加固处理，如采用换填法、压实法、强夯法、注浆法等，提高地基的承载力和稳定性。

隧道工程：采用超前地质预报技术，如地质雷达、超前探孔等，提前了解前方围岩的地质情况；加强初期支护，采用钢拱架、锚杆、钢筋网、喷射混凝土等联合支护形式，及时封闭围岩，控制围岩变形。

路基工程：对红层填料进行改良处理，如添加石灰、水泥等固化剂，提高填料的强度和水稳定性；控制路基填筑的压实度，采用重型压实标准，确保路基的压实质量。

## 9.2 滇中红层红砂岩粗集料在高速公路水稳基层中的运用研究

### 9.2.1 综述

永大高速针对道路工程施工中水泥稳定碎石基层材料地域性及水泥稳定碎石裂缝问题两方面，进行相应的分析论证，并在此基础上提出了施工技术的质量管理方法，希望能够进一步促进道路工程施工质量的提升。为此申报红砂岩水泥稳定碎石基层应用施工工法，对此红砂岩水泥稳定碎石基层施工工艺进行了系统研究，获得实用新型专利1项（一种红砂岩崩解性对比实验装置，专利号：ZL202320306077.6），形成了"红砂岩水泥稳定碎石基层应用施工工法"。该工法在云南楚雄州境内永大高速得到推广应用，实施效果良好，赢得建设、设计、监理各方的广泛好评。经专家鉴定，工法关键技术达到同行业领先水平，不仅降本增效，且在该地区践行绿色发展理念，更为后续元大、楚雄东南绕等高速路面工程红砂岩水泥稳定碎石基层应用提供技术保障。

### 9.2.2 工法特点

采用滇中特有的红砂岩代替当地较为缺乏的石灰岩作为水泥稳定碎石基层粗集料施工；拌和用水添加2‰氯化钙；采用水稳定碎石基层预切缝+灌缝+玻璃纤维格栅施工。

### 9.2.3 工艺原理

1. 红砂岩替代石灰岩作为水泥稳定碎石基层粗集料施工

通过遴选优质红砂岩母岩，选择碎屑型红砂岩作为基层粗集料，根据矿料筛分结果，参照《公路路面基层施工技术细则》（JTG/T F20—2015）及设计文件中的水泥稳定碎石级配范围要求，按照组合计算法，计算出合理优化的目标曲线，其掺配比例为：红砂岩（4.75~31.5 mm）：石灰岩（0~4.75 mm）= 66%：34%。

2. 拌和用水添加2‰氯化钙

拌和用水添加2‰氯化钙，充分发挥水泥中的钙离子，提高水稳强度。

3. 采用水稳定碎石基层预切缝+灌缝+玻璃纤维格栅施工

水泥稳定碎石基层施工完成养护24 h后，对基层表面按15 m的间距切缝，切缝垂直道路中线，缝宽0.5 cm缝深基层厚度1/3~1/4切完后冲洗干净采用SBS（苯乙烯-丁二烯-苯乙烯嵌段共聚物)改性沥青灌缝。待沥青混凝土下面层铺筑时提前在切缝位置铺玻璃纤维格栅，格栅宽1 m，切缝位置整幅铺设，切缝位置距两侧各50 cm。使基层裂缝发生于切缝位置，把基层的无规则开裂变为有规则，提前防护处置，延缓或消除面层反射裂缝的产生。避免反射至沥青混凝土面层，延长道路使用寿命，同时节约后期养护运营成本。

### 9.2.4 工艺流程及操作要点

1. 原材料检验与堆放

（1）到场的原材料严格按照《公路路面基层施工技术细则》（JTG/T F20—2015）、施工指导意见和图纸设计要求进行检测验收，对于检测指标不合格的原材料坚决予以清场处理。

（2）原材料堆放的场地必须经过硬化处理，具有良好的防雨及排水系统。检验合格的集料进场后分类堆放，杜绝出现混料的现象。水泥应存放在干燥、洁净，能自由流出的水泥罐仓内，储存时间不超 90 d。所涉及玻璃纤维格栅、氯化钙等材料统一存放仓库、运输过程中均不得受损受潮。

（3）红砂岩本身种类繁多，且不同种类砂岩差异性较大，通过遴选优质红砂岩母岩，选择碎屑型红砂岩，采用一级鄂破，二级反击破的破碎工艺，得到规格符合且粒型良好的红砂岩集料。因红砂岩独有特性，杜绝选用黏土型红砂岩作为基层材料。

2. 水泥稳定碎石基层混合料配合比设计

为了保证施工质量，委派具有丰富材料经验的专人负责材料管理工作，全面管理材料的供应、运输、上料工作。同时由试验室加大对材料的抽检频率，保证材料质量符合要求；在材料进场前试验室检测人员进行材料检测分析，待自检的各项检测指标符合规范要求后报请试验监理工程师审批，经审批合格后，材料才可进场使用。水泥稳定碎石基层集料按照《公路工程集料试验规程》（JTG E42—2005）规定的方法进行检验，基层集料分为 4 挡生产加工，分别为 0~4.75 mm、4.75~9.5 mm、9.5~19.0 mm、19.0~31.5 mm，最大干密度为 2.398 g/cm³，最佳含水量为 4.8%，水泥剂量为 4.5%，7 d 无侧限抗压强度 5 MPa，具体施工用料必须满足各项技术指标要求：

水泥稳定碎石级配范围见表 9-1。

表 9-1 通过下列筛孔（mm）的质量百分率（%）

| 筛孔 | 31.5 | 19 | 9.5 | 4.75 | 2.36 | 0.6 | 0.075 | 液限/% | 塑性指标/% |
|---|---|---|---|---|---|---|---|---|---|
| 百分率 | 100 | 68~86 | 38~58 | 22~32 | 16~28 | 8~15 | 0~3 | <28 | <5 |

按不同水泥剂量分组试验，采用重型击实法确定各组混合料最大干密度和最佳含水量。重型击实时，预加含水量以 1%为间隔，水泥含量建议不易太高。

确定最佳含水量，静压法制件后，标准条件养护 6 d，浸水 1 d 后做无侧限抗压强度，抗压强度值应为 4~6 MPa。且应验证 7 d 龄期无侧限抗压强度与 90 d 或 180 d 龄期弯拉强度的关系。

水泥稳定碎石基层粗集料要求：宜采用路基开挖红砂岩加工，应采用反击破碎的加工工艺。

粗集料应洁净，干燥、表面粗糙，并选用大于 5 cm 石料加工。杜绝选用黏土型红砂岩作为基层材料。高速公路、一级公路极重交通基层粗集料技术要求：压碎值小于等于 26%，针片状颗粒含量小于等于20%，0.075 mm以下粉尘含量小于等于2%，软石含量小于等于5%。其技术指标见表9-2。

表9-2 粗集料技术标准

| 试验项目 | 单位 | 技术要求 | 试验方法 |
|---|---|---|---|
| 压碎值不大于 | % | 26 | T0316 |
| 针片状颗粒含量不大于 | % | 20 | T0312 |
| 0.075 mm以下粉尘含量不大于 | % | 2 | T0310 |
| 软石含量不大于 | % | 5 | T0320 |

水泥稳定碎石基层细集料要求：细集料主要为机制砂和石屑，应洁净、干燥、无风化、无杂质，并有适当的颗粒级配。其技术指标见表9-3。

表9-3 细集料技术标准

| 试验项目 | 单位 | 技术要求 | 试验方法 |
|---|---|---|---|
| 塑性指数不大于 | % | 17 | T0118 |
| 有机质含量不大于等于 | % | 2 | T0336 |
| 硫酸盐不大于 | % | 0.25 | T0341 |
| 0.075 mm以下颗粒含量不大于 | % | 15 | T0334 |

**3. 水泥稳定碎石基层投入机械设备**

水泥稳定碎石基层投入机械设备一览见表9-4。

表9-4 水泥稳定碎石基层投入机械设备一览

| 序号 | 设备名称 | 规格型号 | 单位 | 数量 | 技术状况 | 备注 |
|---|---|---|---|---|---|---|
| 1 | 稳定土拌和设备 | 600 | 台 | 1 | 优良 | |
| 2 | 摊铺机 | 宽9~12 m | 台 | 1 | 优良 | |
| 3 | 双钢轮压路机 | 13 t | 台 | 1 | 优良 | |
| 4 | 单钢轮压路机 | 26 t | 台 | 2 | 优良 | 备用1台 |
| 5 | 胶轮压路机 | 32 t | 台 | 1 | 优良 | |
| 6 | 双钢轮压路机 | 3 | 台 | 1 | 优良 | 边角补压 |
| 7 | 自卸汽车 | 30 t | 辆 | 15 | 优良 | |
| 8 | 洒水车 | 12 t | 辆 | 1 | 优良 | |
| 9 | 平板运输车 | 20 t | 辆 | 1 | 优良 | |
| 10 | 交通车 | — | 辆 | 2 | 优良 | |
| 11 | 水泥浆洒布机 | ZNP-4 | 辆 | 1 | 优良 | |
| 12 | 切割机 | — | 台 | 1 | 优良 | |

4. 施工准备

（1）水泥稳定碎石基层摊铺前，应保证底基层验收合格，并做好测量放线工作，拌和设备调机试运行合格。

（2）施工前必须进行三级技术交底和全员安全技术交底，现场操作人员和辅助工人必须进行操作培训。

（3）保证原材料的及时供应，并对各种材料进行检验，经检验合格的材料方能投入使用。

（4）委托有资质的试验检测单位（甲级）进行原材料检测和目标配合比设计，工地试验室根据目标配合比设计成果完成生产配合比试配及验证，形成正式的施工标准配合比，经业主、监理批准后使用。

（5）各种机械设备准备到位并作全面检查验收，保证机械设备性能处于良好状态；拌和站的称量系统必须经技术监督部门校核，计量准确才能使用。

5. 水泥稳定碎石基层混合料拌和

拌和站拌和能力与混合料摊铺能力相匹配，拌和产量宜大于 500 t/h，拌和所有计量电子称重设备拌和前需专业计量单位现场标定。每天拌和前，应检查各拌和设备的工作参数，使混合料配合比和含水率达到规定要求。根据生产配合比及原材料含水量，计算拌和用水量，按 2‰ 添加氯化钙，并使其充分搅拌均匀无沉淀杂质。集中厂拌如图 9-1 所示，拌和用水添加氯化钙如图 9-2 所示。

图 9-1　集中厂拌

图 9-2　拌和用水添加氯化钙

6. 水泥稳定碎石基层混合料运输

采取前-后-中或后-前-中的装料顺序，运输车辆卸料时，按三步法均匀卸料。即第一次升起全高的 1/4，待下料停止后再第二次升高至全高的 2/5 卸料，下料第二次停止后，第三次升起全高卸料，以最大幅度降低集料离析，运输车辆出站必须覆盖，防止水分散失、防雨、防污染，如图 9-3 所示。

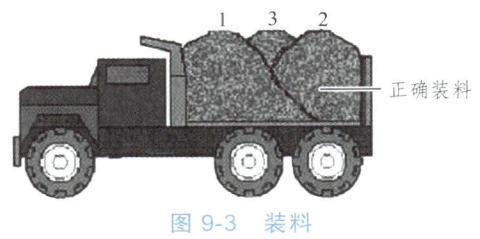

图 9-3 装料

**7. 水泥稳定碎石基层混合料摊铺、碾压**

（1）在基层边缘设置好高程控制线支架，待等候卸料车多于 5 辆后开始摊铺，并应保持连续摊铺。

（2）现场摊铺时，宜采用两台摊铺机梯队作业的方式，在单向双车道路面施工过程中，采用两台摊铺机上下层平行作业方式，第一层采用一台摊铺机半幅摊铺，上层采用单台大功率摊铺机单机全断面摊铺的方式，双机梯队作业时，两台摊铺机型号应相同，前后相距为 5～10 m，前后两台摊铺机重叠 50～100 mm，中缝辅以人工修整。

（3）摊铺前及过程中，应检查摊铺机各部分运转情况，调整好传感器臂与导向控制线的关系；严格控制基层厚度和高程，以保证横坡满足设计要求，梯队作业两台摊铺机夯锤频率须一致。

（4）摊铺机的螺旋布料器应有至少 2/3 埋入混合料中，摊铺机在安装、操作时，应采取混合料防离析措施，摊铺机后应设专人消除离析现象，铲除局部粗集料集中部位，并用新拌混合料填补，如图 9-4 所示。

（5）碾压成型后每层的摊铺厚度不宜小于 190 mm，最大不宜大于 210 mm，摊铺完成后，禁止无关人员随意走动。

（6）压路机即在摊铺的全宽范围内紧跟碾压，一次碾压段落长度为 50～80 m，碾压遵循"先轻后重、先慢后快、横断面从低到高"的原则，碾压段落必须层次分明，如图 9-5 所示。碾压应遵循试验段确定的程序与工艺进行，严禁压路机在正在施工和刚完成的路段上掉头或紧急制动，压实后表面做到平整均匀，无轮迹。过程中及时用 3 m 直尺进行平整度检测。

图 9-4 摊铺

图 9-5 碾压

（7）碾压时应重叠 1/3 轮宽，碾压宜在水泥初凝前及试验确认的延迟时间内完成，并达到要求的压实度。

（8）严禁压路机在已完成的或正在碾压的路段上调头或急刹车，换挡要轻且平顺，应保证水泥稳定碎石层表面不受破坏，压路机停机应错开，相互间距约 3 m，且停在已碾压好的路段上。

8. 水泥稳定碎石基层接缝处理

水泥稳定碎石基层摊铺时，应连续作业，若因故中断时间超过 2 h，则应设横缝。每天收工之后，第二天开工的接头断面也应设置横缝，并应符合下列规定：

（1）施工横缝采 3 m 测尺检查，将端部不合格基层采用人工或机械铲除，第一层与第二层基层错台 3 m 设置，提前计划材料。

（2）施工纵缝前一台摊铺基层预留 50 cm 不碾压，作为后面摊铺机摊铺基准面，且两台摊铺机重合 20~30 cm。

（3）在重新开始摊铺混合料之前，施工横缝处喷洒水泥浆，并将下承层顶面清扫干净。

施工缝的检测和处理如图 9-6 ~ 图 9-9 所示。

图 9-6　施工横缝检测

图 9-7　施工横缝预留

图 9-8　横缝处理

图 9-9　纵缝处理

9. 水泥稳定碎石基层养生

碾压完毕后，经质量检查合格后，表面均匀洒水一次。采用铺设节水保湿养护膜，搭接处堆压沙袋，立即开始养生，保持现场整洁。巡视检查中发现养护膜局部地方被风掀起，及时覆盖并养生。养生期间封闭交通，禁止车辆通行。

10. 预切缝、灌缝及玻璃纤维格栅施工

（1）按间隔15 m间距采用切割机垂直于道路中心线进行切缝，缝宽0.5 cm，缝深基层厚度1/3～1/4（永大项目采用1/4），切缝完成后，清理干净，缝内保持干燥。

（2）采用SBS改性沥青热沥青灌缝，沥青温度使沥青能自由流通即可。

（3）待沥青混凝土下面层铺筑时提前在切缝位置铺玻璃纤维格栅，格栅宽1 m，切缝位置整幅铺设，切缝位置两侧各50 cm，采用20 cm×20 cm×0.3 mm铝片+2.5 cm水泥钉按梅花形布置固定（按5处/m² 布置）。

## 9.2.5 材料与设备

红砂岩粗集料与石灰岩技术指标相同，按《公路工程集料试验规程》（JTG E42—2005）规定的方法进行检验；氯化钙按《工业氯化钙》（GB/T 26520—2011）规定的方法进行检验；玻璃纤维格栅按《玻璃纤维土工格栅》（GB/T 21825—2008）规定的方法进行检验，氯化钙、玻璃纤维格栅等材料有出厂合格证、检测报告，材料进场后还要进行现场见证抽样检查，并出具复检报告。

## 9.2.6 质量控制

1. 采用的规范标准

（1）《公路土工试验规程》（JTG 3430—2020）。

（2）《公路工程集料试验规程》（JTGE42—2005）。

（3）《公路路基路面现场测试规程》（JTG 3450—2019）。

（4）《公路路面基层施工技术细则》（JTG/T F20—2015）。

（5）《混凝土节水保湿养护膜》（JG/T 188—2010）。

（6）《工业氯化钙》（GB/T 26520—2011）。

（7）《玻璃纤维土工格栅》（GB/T 21825—2008）。

（8）《公路工程质量检验评定标准》（JTG F80/1—2017）。

2. 水泥稳定碎石基层质量标准

水泥稳定碎石基层质量标准见表9-5。

3. 质量保证措施

（1）拌和站应对水泥稳定碎石基层混合料的各种材料的用量进行严格控制，正式生产混合料之前，必须进行试运行，必须连续两锅混合料满足要求时，方可进行正式生产，施工期间必须严格把握混合料初凝时间。

表 9-5 水泥稳定碎石基层质量标准

| 检查项目 | 质量要求 | | 检查规定 | | 备注 |
|---|---|---|---|---|---|
| | 要求值或容许误差 | 质量要求 | 最低频率 | 方法 | |
| 压实度/% | ≥98 | 符合技术规范要求 | 4 处/200 m/层 | 每处每车道测一点，用灌砂法检查，采用重型击实标准 | |
| 平整度/mm | 不大于 8 | 平整、无起伏 | 2 处/200 米 | 用三米直尺连续量 10 尺，每尺取最大间隙 | |
| 纵横高程/mm | +5，-10 | 平整顺适 | 1 断面/20 m | 每断面 3~5 点用水准仪测量 | |
| 厚度/mm | 代表值 -8<br>合格值 -15 | 均匀一致 | 1 处/200 m/车道 | 每处 3 点，路中及边缘任选挖坑丈量 | 可与压实度同步 |
| 宽度/mm | 不小于设计 | 边缘线整齐顺适，无曲折 | 1 处/40 m | 用皮尺丈量 | |
| 横坡度/% | ±0.3 | | 3 个断面/100 m | 用水准仪测量 | |
| 水泥剂量/% | ±0.5 | | 每 2 000 m² 取 6 个以上样品 | EDTA 滴定及总量校核 | 拌和机拌和后取样 |
| 级配/% | ≥9.5 mm ±6<br>≤4.75 mm ±5<br>0.075 mm ±2 | | 2 000 m²/次 | 水洗筛分 | 拌和机拌和后取样 |
| 强度/MPa | 代表值不小于设计值 | 符合设计要求 | 2 组/每天 | 7 d 浸水抗压强度 | 上、下午各一组 |
| 含水率/% | -1，+2 | 最佳含水率 | 随时 | 烘干法 | |
| 外观要求 | ① 表面均匀、平整密实，无浮石、弹簧现象；② 无明显压路机轮迹。 | | | | |

（2）施工完成后，水泥稳定碎石基层表面应平整，整体密实；不应有松散、裂缝和明显离析等现象；搭接处应紧密、平顺。

（3）工后基层性能检测，无侧限抗压强度、劈裂强度、干缩、温缩性能等必须满足设计要求，表面不得有积水现象。

（4）基层表面切缝必须垂直道路中线，并清理干净缝内干燥后及时进行灌缝，玻璃纤维格栅铺设平整并固定。

## 9.2.7 安全措施

（1）所有机械操作手都必须持证上岗，严禁酒后操作设备。

（2）做好施工机械设备的日常维修保养，做好施工机械的安装、使用、检测和自检记录。

（3）施工现场设专人指挥施工机械设备，施工中车辆前禁止站人。运输车辆进入现场应注意控制车速，安全行驶。

（4）施工作业现场进行封闭围挡，设置安全警示标牌。

### 9.2.8 环保措施

（1）施工过程中严格遵守国家和地方政府颁发的有关环境保护的法律、法规和规章制度。

（2）水泥稳定碎石基层混合料拌和设备必须有良好的二级除尘装置并能有效地进行除尘，使空气质量标准符合当地环保部门的要求。

（3）生产、运输过程中产生的废渣、废料运送到指定弃土点；拌和站必须有二级除尘装置。

（4）拌和站的水泥应存放在密封的水泥罐中，防止扩散污染环境。

（5）配备必要的洒水车，在施工过程中随时对道路进行洒水降尘，降低粉尘污染。

（6）保持施工区域和生活区域的环境卫生，及时清理垃圾，并运至指定地点进行处理。

### 9.2.9 效益分析

**1. 工程效益**

红砂岩应用于水泥稳定碎石基层施工，在滇中红砂岩地区大幅节约成本，避免高价远距离采购。预切缝工艺使干缩、温缩等基层病害提前处置，延长道路使用寿命，更为后续管养运营节约成本。综上所述，采用红砂岩水泥稳定碎石基层施工工艺，具有可观的工程效益。

**2. 经济效益**

综合效益对比见表 9-6。

表 9-6 综合效益对比

| 项目 | 石灰岩 | 红砂岩 + 预切缝工艺 |
|---|---|---|
| 路用性能 | 优异 | 优异 |
| 材料来源 | 远距离购买 | 路基开挖弃方 |
| 质量控制 | 干缩、温缩性反射至沥青面层 | 干缩、温缩等基层病害提前处置，延长道路使用寿命 |
| 工期 | 1 d 施工 + 7 d 封闭养护 | 1 天施工 + 7 天封闭养护 |
| 经济性 | 99.44 元/t，以 1 000 m$^2$、40 cm 厚、10 m 宽基层为例：所需材料 920 t，99.44 × 920 = 91 845 元 | 22.6 元/t，以 1 000 m$^2$、40 cm 厚、10 m 宽基层为例：所需红砂岩 607.2 t，石灰岩 312.8 t，99.44 × 312.8 = 31 105 元  22.6 × 607.2 = 13 723 元  31 105 元 + 13 723 元 = 44 828 元  1 000 m$^2$ 需切缝 7 条，每条缝切缝 + 沥青灌缝 + 格栅铺设共计 259 元，为延长道路使用寿命及管养运营节约成本巨大。 |

### 9.2.10 工程实例

云南省 S35 永金高速永仁至大姚段是云南省高速公路网规划中第 12 条纵线永仁—大姚—姚安—牟定—楚雄—双柏—元江—红河—元阳—蛮耗—金平—金水河高速公路的重要组成部分。S35 永金高速是云南省北进四川等西部省级行政区及南下东南亚的国际大通道之一，也是楚雄州骨架路网重要组成部分，为云南省、州（市）、县的一条地方经济干线。项目本项目路线全长 62.97 km，按双向 4 车道高速公路标准建设，设计速度 80 km/h，整体式路基宽度 25.50 m。特大桥 7 977.82 m/5 座，长隧道 1 922.5 m/1 座，涵洞 95 道，通道 6 道，天桥 19 座，互通立交 6 座，服务区 2 处，停车区 1 处，收费站 4 处，加水站 1 处，以及其他必要的交通工程和设施，桥隧比例 44.31%，连接线全长 3.112 km。

红砂岩水泥稳定碎石基层永仁连接线 K1+500 至 K1+800 左幅，路面结构类型为 4 cm 细粒式 SBS 改性沥青混凝土（AC-13）+6 cm 中粒式 SBS 改性抗车辙剂沥青混凝土（AC-20C）+8 cm 粗粒式沥青混凝土（AC-25C）+1 cm SBS 改性沥青同步碎石封层+38 cm 红砂岩水泥稳定级配碎石+20 cm 级配碎石，总厚度为 77 cm。

江底河大桥景观平台 K28+400 至 K28+600 左幅路面结构类型为 SMA4 cm 细粒式改性沥青混凝土（AC-13）+6 cm 中粒式沥青混凝土（AC-20C）+1 cm SBS 改性沥青同步碎石封层+35 cm 水泥稳定级配碎石+20 cm 级配碎石，总厚度为 66 cm，应用效果良好，如图 9-10 所示。

图 9-10　铺筑效果

主线 K51+300 段大姚至永仁原老路改路段桩号 GLK0+210 至 GLK0+410，路面结构类型为 4 cm 中粒式沥青混凝土（AC-16）+7 cm 粗粒式沥青混凝土（AC-25C）+1 cm SBS 改性沥青同步碎石封层+30 cm 水泥稳定级配碎石+20 cm 级配碎石，总厚度为 62 cm，应用效果良好。

经总监理工程师及各上级单位批准于 2023 年 4 月 18 日施工完成，养护完成自检合格后报检，经监理单位和第三方检测单位进行检测，施工质量符合《公路路面基层施工技术细则》（JTG/T F20—2015）、《公路工程质量检验评定标准》（JTG F80/1—2017）的相关要求，效果良好，赢得建设、设计、监理各方的一致好评，更为路面施工中非常规材料的应用做好了技术储备，增强了市场竞争力。

## 9.3 滇中红层干旱区域工程创面生态修复创新实践

### 9.3.1 滇中红层干旱区域生态修复面临难题

(1) 干旱季节坡面表层土体储水量低而水分蒸发量高,岩土风化、剥落、碎落与崩塌严重。

(2) 雨季坡面下层岩土对降水的入渗能力差,表土冲刷、坍塌、流失严重。

(3) 在极端干旱情况下,地表下保水性差,土层坚硬,种植植物根系难以深入岩土层,导致死亡率较高。

如何结合项目实际,使工程创面"当年通车当年复绿",尤其是极端气候区域生态修复,一直是建设"难题"。

### 9.3.2 项目概况

为贯彻落实《中共中央 国务院关于全面推进美丽中国建设的意见》,全面推进交通运输领域美丽中国建设,根据交通运输部、云南省委、云南省人民政府提出的绿美交通建设要求,结合项目实际情况及《绿美交通三年行动方案》要求,围绕如何有效解决传统修复方案工艺复杂、工期较长、原材料消耗量较大、成本造价高等问题,围绕如何解决采用新技术工艺、工期及成本控制的问题,围绕如何解决极端干旱区域植播植物死亡率较高、生态修复难的问题,永大高速在建设期针对边坡创面推广钻孔植播、抗侵蚀纤维生态技术,打造"一面边坡一片花园"景观,取得了实质性成效,如图9-11所示。

图 9-11 永大高速生态修复效果

### 9.3.3 钻孔植播

**1. 初拟植生孔最小深度**

基于我国西南区域"当土层深度大于 50 cm,地层土壤湿度较稳定,而且湿度大于 17% 时,利于植物生长"的理论,经工程类比分析,鉴于永仁、大姚属于滇中红层干旱区域的实际情况,将永大高速钻孔植播植生孔最小深度初步拟定为 70 cm。

2. 试验验证

下部植生孔已经深入到地下常态化湿气层，能够通过吸收地下水气、热量以调节、平衡植生孔内水温状态，能够充分保证孔内植物正常生长。

改善土壤生长的活性基质，为植物成活创造适宜生长条件。

采用活性基质取代惰性基质，有效解决惰性基质保水、保土、保肥、保温性能差，材料消耗大、工期长、成本高、植物生长速度缓慢问题。育苗苗木与种植苗木直观活性基质形态如图所示

在苗圃内，将泥浆状活性基质灌注营养袋并于袋内植播苗木幼苗以后，在当地"练苗"2~3个月，使各类益生菌以生物颗粒母体为栖息地而形成群落，并与基质、苗木根系形成生长共同体。

### 9.3.4 钻孔植播综合比较优势

（1）节约土壤原材料消耗：1 000 $m^2$ 绿化面积钻孔植播消耗基质料约 18 $m^3$，与传统 30 cm 厚植生袋绿化方法需要 3 00 $m^3$ 土壤比，原材料消耗量与运力仅占传统方法的 6%。

（2）环境影响小，适宜多种地形条件，施工不受季节性等因素影响：永大高速 K14＋200～K14＋360 段右侧原设计为"锚索框格梁＋植生袋"防护，路基施工时，出现大量天然"土洞"，经多次踏勘、论证、比选后改为"喷浆＋钻孔植播"，每平方米降低造价约 400 元，共计节约投资约 400 万元。

（3）植物生长快：植生孔的结构设计符合植物生长条件，成活率大于 98%，植物生长速度较传统种植方法快 50%。上部植生孔：在寒、热季节起保温、保湿作用；在雨季起通过坡面径流收集水肥作用，深度 40 cm。下部植生孔：吸收地下水气、热量以调节、平衡植生孔内水温状态，作为植物主根系发育、舒展的通道，深度 30 cm。

（4）管养成本低：植生孔内创造了有利于植物生长条件，较大程度减少了植物生长期与缺陷责任期的浇水和维护频次（频次仅为常规养护的 1/10），尤其在干旱区域，大量节约了用水和管养成本。边坡高度越高、干旱区域，管养经济优势越显著。

（5）施工高效：有利于组织标准化、规模化、集约化施工。正常情况下，每天可种植 3 500 $m^2$ 左右。施工速度快，可进行规模化施工。

### 9.3.5 钻孔植播环保效益

（1）采用活性基质取代惰性基质，有效解决惰性基质保水、保土、保肥、保温性能差，原材料消耗大、工期长、成本高问题（图 9-12）。

（2）节约用水，缺陷期管养成本低。植生孔的结构设计、施工方法及孔内基质料对温度、湿度起稳定、恒定作用，降低了缺陷责任期浇水管养次数。

图 9-12　钻孔植播效果

## 9.4　抗侵蚀纤维

1. 抗侵蚀矩阵

抗侵蚀生态矩阵产品是采用特殊生产工艺制成的多种混合植物纤维。实施后在边坡表面形成保护层，这个保护层能够迅速和土壤黏结，能够最大限度地防止侵蚀破坏和水分蒸发；保护层还具有保温隔热作用，高温季节可有效降低地表温度，寒冷季节保护植物根系。

2. 植物根系微生物根际技术组成

永大高速路采用的生物复绿技术与常规绿化使用的化肥或者菌肥技术是完全不同性质的生态恢复技术，是利用微生物蛋白唤醒技术，把土壤中处于休眠状态的微生物重新唤醒。植物与土壤中的微生物是互利共生的。

抗侵蚀纤维（ECM）防护利用微生物蛋白唤醒技术，将土壤内沉睡的微生物激活，使属地微生物重新参与工作，起到改善土壤的作用。ECM 抗侵蚀纤维主要材料组成：人工合成蛋白——由人工配对、提取，根据特定的环境、气候等条件进行不同组合的多种植物和微生物的合成蛋白质，能够唤醒属地微生物，调节微生物种群平衡，提高植物抗逆性；硅藻土——提高土壤肥力，有效抑制病虫害；白云石——提供钙、镁，调节土壤酸碱度，抑制土传疾病；火山矿物质——多达 64 种矿物质，满足植物生长需求；天然驱虫剂-丁香，薰衣草等。

3. 环保性能

产品经国际权威机构检测评估确认其无害，产品能生物降解，不会对生态环境造成污染。该产品使用过程中无须添加任何化肥，避免了对周围环境造成二次污染，做到了真正的生态环保（图 9-13）。

图 9-13 抗侵蚀纤维绿化效果

4. 抗侵蚀纤维综合比较优势

（1）代替表土节约表土资源：土壤原材料消耗：1 000 m² 绿化面积抗侵蚀纤维（5 cm 厚客土喷播计）消耗基质料约 50 m³，与传统 30 cm 厚植生袋绿化方法需要 300 m³ 土壤比，原材料消耗量与运力仅占传统方法的 1/6。

（2）抗侵蚀解决前期雨水冲刷问题。

（3）不添加化肥避免对周围环境造成二次污染。

（4）减少后期养护及高效施工解决大面积机械化高效率作业问题。

## 9.5 采用上述两项创面修复技术的经济效益及社会效益

钻孔植播生态修复技术，推广实施 30 万平方米，与传统种植模式（如植生袋）比较，降低原设计及其附属工程防护造价约 3 000 万元。抗侵蚀纤维生态修复技术，推广实施 20 万平方米，在边坡稳定的地段，取消工程防护，经济效益和绿美效果较为显著，节约投资 2 000 万元。以上生态修复技术，免去人工工序（如大量多层人工码砌植生袋），采用机械施工，工程施工效率提高近一倍。栽植的植被成活率、保存率较传统施工提高 2 倍以上；施工安全风险进一步降低，达到了在滇中红层干旱地区"多快好省"生态修复的目标。

钻孔植播、抗侵蚀纤维（ECM）生态修复技术应用受到省交通运输厅、楚雄州交通运输局、集团、公司的好评，于 2023 年 8 月被省交通运输厅指定为集团唯一示范项目在省厅"绿美交通"会议线上交流发言。2024 年 6 月，"山区高速公路边坡钻孔植播及抗侵蚀生态修复综合技术"获得云南省公路学会"云南公路交通科学技术三等奖"，同年 12 月获得云南省市政工程协会"云南省市政工程科学技术二等奖"。

永大高速公路推广钻孔植播、抗侵蚀纤维（ECM）生态修复技术，推进绿美交通建设，提高了驾乘舒适体验，得到驾乘人员、社会各界一致好评。